조합설립실무지침서

한권으로 끝내는
협동조합·사회적 협동조합 설립절차 실무총람

법학박사 · 조합설립 전문행정사 김동근

- 협동조합, 사회적 협동조합
- 협동조합연합체, 이종협동조합연합회
- 협동조합 기본법, 시행령, 시행규칙 전체 개관
- 협동조합 정관작성례
- 협동조합 의사록작성례
- 협동조합 / 사회적 협동조합 등 설립관련 서류 일체

법률출판사

머리말

협동조합은 사업을 하기 위한 조직입니다. 다만 그 목적과 조직을 운영하는 방식이 일반적인 영리를 추구하는 사업조직과 다릅니다. 1844년에 설립된 영국의 로치데일공정선구자조합은 협동조합 역사상 최초의 성공적인 모델로 전해지고 있습니다. 이후 160여 년 동안 여러 가지 유형의 협동조합이 생겨나면서 협동조합에 대한 '정의'도 다양해졌습니다.

이러한 협동조합을 설립할 경우, 소비자는 원하는 맞춤형 물품(유기농산물 등), 서비스(의료, 돌봄, 보육 등)를 저렴하고 안정적으로 구매할 수 있고, 생산자는 소비자조합 등과 연계하여 직거래 및 사전계약재배 등을 통해 안정적이고 높은 수익을 보장받을 수 있으며, 근로자는 직원으로 구성된 협동조합을 설립해 고용불안을 해결하고 임금수준 향상도 기대할 수 있습니다. 그 밖에 민주적 운영(1인 1표)에 따른 의사 결정에 조합원 참여를 보장하여 구성원의 만족감 및 주인의식을 높일 수 있다는 장점이 있습니다.

뿐만 아니라 그 설립절차 등에 관하여도 서울시의 경우 서울시협동조합지원센터에서 그 설립을 위한 관련 교육 등을 지원하고 있을 뿐만 아니라 비영리 목적으로 하는 영세한 사회적협동조합의 세금을 경감해주기도 하는 등 여러 장점도 있습니다.

이러한 이유로 최근 협동조합을 설립하여 사업을 영위하려는 분들이 많은데, 본서는 이러한 사회적 현상에 착안하여 협동조합설립 시 필요한 신청서 등 관계서류 일체 및 그 절차(절차도로 정리함) 그리고 관련 법규를 일목요연하게 정리를 함으로써, 누구라도 이 한 권의 책만으로 협동조합의 설립 및 그 운영이 가능하도록 구성하였다는 점이 이 책의 특징입니다.

아무쪼록 본서가 직접 협동조합을 설립하려는 당사자나 관련 분야 전문가들에게 협동조합설립의 지침서로서의 역할을 충분히 해낼 수 있기를 바라고, 혹 부족하거나 미흡한 점에 대하여는 독자 여러 분들의 지도편달을 바라며, 계속 판을 거듭하면서 이를 보완하고자 합니다.

이제 본서의 출간에 도움을 주신 분들께 감사를 표하고자 합니다. 먼저 본서의 저술에 필요한 각종 일들을 맡아준 정진석 행정사의 도움에 감사의 뜻을 전합니다. 또한 본서를 기꺼이 출간해 주신 법률출판사 김용성 사장님께 감사드리며, 편집과 교정을 맡아 준 편집부 직원 분들께도 감사를 표하는 바입니다.

2021. 3.

저자 김 동 근 씀

차 례

부록

제1장
총 칙

1. 협동조합설립 기본법의 제정목적

가. 제정목적

한국에서는 2011년 12월 29일 협동조합 기본법이 통과하고, 2012년 12월 1일 본격적으로 시행되면서 협동조합의 시대가 열렸다. 기존에 농협, 신협, 생협 등 8개 개별법 협동조합이 존재했지만 일정 규모 이상의 자본금과 발기인수를 갖추어야 하기 때문에 일반 사람들이 설립할 수 없었지만, 협동조합 기본법이 제정되면서 5명이 모이면 자본금 규모에 상관없이 모든 업종(금융·보험 일부 업종 제외)에서 다양한 형태의 협동조합을 설립할 수 있게 된 것이다.

이러한 협동조합설립 기본법(이하 '이 법'이라고 함)은 협동조합의 설립·운영 등에 관한 기본적인 사항을 규정함으로써 자주적·자립적·자치적인 협동조합 활동을 촉진하고, 사회통합과 국민경제의 균형 있는 발전에 기여함을 목적으로 한다.

[협동조합 기본법 정리]

숫자	내용		의의
	요약	상세	
1	1인 1표	출자액수에 관계없이 1인 1개의 의결권과 선거권 부여	주식회사(1주 1표)와 다른 민주적 운영방식
2	2개의 법인격	일반협동조합/사회적협동조합	영리·비영리 부분의 정책수요 모두 반영
3	최소설립조합수 3개	3이상의 협동조합이 모여 연합회 설립가능	협동조합 활성화 촉진
4	자본주의 4.0 (대안적 기업모델)	기존 주식회사, 비영리법인과 달리 소액·소규모 창업, 취약계층 자활을 통한 '공생발전' 모델	양극화 해소·서민경제 활성화의 대안모델
5	최소설립인원 5인	5인 이상 자유롭게 설립가능 (기존 개별법 : 300~1000명)	자발적 소규모활동 지원
6	기본법 제6조 (협동조합 기본원칙)	조합원을 위한 최대 봉사 자발적 결성·공동소유·민주적운영 투기·일부조합원 이익 추구 금지	협동조합 정신 반영
7	7월 첫 토요일	협동조합의 날(7월 첫 토요일)	협동조합 활성화 촉진

	('협동조합의 날')	협동조합주간(그 전 1주간)	
8	8개 협동조합법의 일반법	기존 8개 법과 독립적인 일반법– 농협, 수협, 신협, 중기협, 생협, 새마을, 엽연초, 산림조합법	협동조합 설립 범위 확대 개별법과 관계 정립

나. 협동조합의 종류

협동조합 기본법은 설립 가능한 수많은 협동조합을 다음과 같은 종류로 나누고 있다.

종류	내용
협동조합	• 조합원 필요를 5명 이상이 모여서 설립가능 • 재화 또는 용역의 구매 · 생산 · 판매 · 제공 등을 협동으로 영위함으로써 조합원의 권익을 향상하고 지역 사회에 공헌하고자 하는 사업조직 · 사업자 협동조합(생산자 협동조합) : 사업자 수익 창출을 위한 공동판매 · 공동자재구매, 공동브랜드 개발 등 · 다중이해관계자 협동조합 : 다양한 이해관계자의 복리증진 등에 기여 · 직원 협동조합(노동자협동조합) : 직원이 직접 조합을 소유 · 관리하며 일자리 마련 · 소비자 협동조합 : 조합원의 소비생활 향상을 위한 물품의 공동구매 또는 서비스 공동이용
협동조합연합회	협동조합의 공동이익을 도모하기 위하여 설립된 협동조합의 연합회
사회적협동조합	• 사회적 목적실현, 비영리법인, 다중이해관계자로 구성 • 협동조합 중 지역주민들의 권익 · 복리 증진과 관련된 사업을 수행하거나 취약계층에게 사회서비스 또는 일자리를 제공하는 등 영리를 목적으로 하지 않는 협동조합 · 의료복지사회적협동조합 : 의료의 공공성 실현, 비영리법인, 조합원 500명 이상, 출자금 1억 원 이상 모아야 설립 가능
사회적협동조합 연합회	사회적협동조합의 공동이익을 도모하기 위하여 설립된 사회적협동조합의 연합회
이종(異種)협동 조합연합회	「협동조합 기본법」 또는 다른 법률에 따른 협동조합이 공동이익을 도모하기 위하여 설립한 연합회

2. 용어의 정의

협동조합설립 기본법에서 사용의 뜻은 다음과 같다.

가. 협동조합

(1) 개념

'협동조합(協同組合, 영어: cooperative (coop), co-operative (co-op), coöperative (coöp))'이란 재화 또는 용역의 구매·생산·판매·제공 등을 협동으로 영위함으로써 조합원의 권익을 향상하고 지역 사회에 공헌하고자 하는 사업조직을 말한다. 한편 국제협동조합연맹(ICA)은 협동조합을 공동으로 소유하고 민주적으로 운영되는 사업체를 통하여 공통의 경제적, 사회적, 문화적 필요와 욕구를 충족시키고자 하는 사람들이 자발적으로 결성한 자율조직으로 정의하고, 미국 노무성(USDA)은 이용자가 소유하고 이용자가 통제하며 이용규모를 기준으로 이익을 배분하는 사업체로 정의하고 있다.

(2) 주식회사와의 차이점

협동조합도 사업을 영위하기 위한 조직, 즉 기업이다. 다만, 일반적인 기업보다 공익적인 가치와 책임이 강조된 기업인 것이다. 일반적인 기업과 다른 협동조합의 특징을 '주식회사'와 비교해보면 명확해 진다. ⅰ) 주식회사가 투자자(주주) 소유기업이라면, 협동조합은 사업 이용자들이 출자·소유하는 이용자 소유기업이며 ⅱ) 주식회사는 자본이 중심이므로 1주 1표의 의결권을 가지지만, 협동조합은 출자액에 관계없이 1인 1표라는 사람 중심의 의결권을 갖는다. 따라서 일반적으로 주식회사의 경우 실제적인 의사결정이 소수의 대주주에 의해 결정되지만 협동조합은 다수에 의한 평등한 지배가 가능하다. ⅲ) 사업을 통해 이익이 발생하면 주식회사는 출자배당을 우선하지만 협동조합은 이용배당을 우선한다는 점 등에서 분명한 차이가 있다.

구분		협동조합	주식회사
소유제도	소유자	조합원	주주
	투자한도	개인의 출자한도 제한	원칙적으로 출자제한 없음
	지분거래	없음	가능
	가치변동	출자가격 변동 없음	주식시장에서 수시로 변동
	투자상환	상환책임 있음	상환책임 없음
통제제도	의결권	1인1표, 다수의 평등한 지배	1주1표, 소수 대주주의 지배
	경영기구	조합원에 의해 선출된 이사회, 이사회에서 선출된 경영자 또는 선출직 상임조합장	주주에 의해 선출된 이사회, 이사회에서 선출한 경영자 또는 대주주의 자체경영
수익처분 제도	내부유보	내부유보를 강하게 선언, 사회적 협동조합은 100% 유보	내부유보는 제한적
	이용배당	협동조합 배당의 원칙, 출자배당에 선행함	없음
	출자배당	출자금의 이자로 이해하며 배당률 제한함(일부 협동조합의 경우 실시하지 않음)	위험을 감수한 대가로 간주하며 배당률 제한 없음

나. 협동조합연합회

'협동조합연합회'란 협동조합의 공동이익을 도모하기 위하여 제1호에 따라 설립된 협동조합의 연합회를 말한다.

다. 사회적협동조합

'사회적협동조합'이란 협동조합 중 지역주민들의 권익 · 복리 증진과 관련된 사업을 수행하거나 취약계층에게 사회서비스 또는 일자리를 제공하는 등 영리를 목적으로 하지 아니하는 협동조합을 말한다.

라. 사회적협동조합연합회

'사회적협동조합연합회'란 사회적협동조합의 공동이익을 도모하기 위하여 제3호에 따라 설립된 사회적협동조합의 연합회를 말한다.

마. 이종(異種)협동조합연합회

'이종(異種)협동조합연합회'란 이 법 또는 다른 법률에 따른 협동조합이 공동이익을 도모하기 위하여 설립한 연합회를 말한다.

바. 협동조합과 사회적협동조합의 비교

협동조합연합회나 사회적협동조합연합회의 경우는 결국 각각이 협동조합이나 사회적협동조합들이 연합하여 이루는 조직이므로 결국 협동조합을 만들 경우, 협동조합으로 할 것인지 아니면 사회적협동조합으로 할 것인지를 선택해야 한다. 그렇다면 협동조합과 사회적협동조합의 차이점을 꼼꼼히 따져봐야 할 텐데 기본적으로 대부분의 요건과 사항에서 협동조합과 사회적협동조합의 차이는 크지 않다. 다만, 몇 가지 중요한 차이점도 있는데요. 표로 정리해보면 다음과 같습니다.

[협동조합과 사회적협동조합 비교]

구분	항목	협동조합	사회적 협동조합
공통점	최소설립인원	5인(「협동조합 기본법」 제15조제1항 및 제85조제1항)	
	의결권	1인 1표(「협동조합 기본법」 제23조제1항 및 제91조)	
	조합원자격	협동조합의 설립 목적에 동의하고 조합원으로서의 의무를 다하고자 하는 자는 누구나 가능(「협동조합 기본법」 제20조 및 제91조)	
차이점	목적	조합원의 권익 향상(「협동조합 기본법」 제2조제1호)	공익적인 측면과 비영리성 강조 (「협동조합 기본법」 제2조제3호)
	사업범위	사실상 제한 없음(「협동조합 기본법」 제45조)	주사업(목적사업이 협동조합 전체 사업의 40% 이상인 경우를 의미

		함) 이 공익증진에 이바지 하는 사업이어야 함(「협동조합 기본법」 제93조)
설립	시 · 도지사에 설립신고(「협동조합 기본법」 제15조제1항)	주 사업 소관 중앙행정기관의 장의 인가(「협동조합 기본법」 제85조제1항)
배당	이용실적 및 출자액에 따라 배당가능(「협동조합 기본법」 제51조)	금지(「협동조합 기본법」 제98조제2항)
세제상 혜택	없음	조세외의 부과금 면제(「협동조합 기본법」 제99조)
잉여금적립	잉여금의 10/100 이상 적립(「협동조합 기본법」 제50조제1항)	잉여금의 30/100 이상 적립(「협동조합 기본법」 제97조제1항)
행정기관의 감독	없음	있음(「협동조합 기본법」 제111조)

3. 명칭

가. 협동조합

협동조합은 협동조합이라는 문자를, 협동조합연합회는 협동조합연합회라는 문자를, 사회적협동조합은 사회적협동조합이라는 문자를, 사회적협동조합연합회는 사회적협동조합연합회라는 문자를, 이종협동조합연합회는 이종협동조합연합회라는 문자를 각각 명칭에 사용하여야 한다(법 제3조 제1항).

나. 협동조합연합회 등

이 법에 따라 설립되는 협동조합 · 사회적협동조합(이하 '협동조합 등'이라 한다)과 이 법에 따라 설립되는 협동조합연합회 · 사회적협동조합연합회 · 이종협동조합연합회(이하 '협동조합연합회 등'이라 한다)는 다른 협동조합 등 및 협동조합연합회 등의 명칭과 중복되거나 혼동되는 명칭을 사용해서는 아니 되며(법 제3조 제2항), 이에 따라 1) 사업의 분야와 내용,

2) 사업구역, 3) 조합원의 구성 등 사용을 고려하여 다른 협동조합 등 및 협동조합연합회 등과 구별되는 명칭을 사용해야 한다(법 시행령 제2조 제1항).

다. 유사명칭 사용금지

이 법에 따라 설립된 협동조합 등 및 협동조합연합회 등이 아니면 위 가.항에 따른 문자 또는 이와 유사한 문자를 명칭에 사용할 수 없다.

라. 국가 등 명칭사용 제한

(1) 원칙(사용제한)

협동조합연합회 등은 그 명칭에 국가나 특별시 · 광역시 · 특별자치시 · 도 또는 특별자치도 (이하 '시 · 도'라 한다)의 명칭을 사용하여 국가나 시 · 도의 대표성이 있는 것으로 일반인의 오해나 혼동을 일으켜서는 아니 된다. 또한, 협동조합 등과 협동조합연합회 등은 같은 특별 시 · 광역시 · 특별자치시 · 특별자치도 또는 시 · 군에서 다른 협동조합 등이나 다른 협동조 합연합회 등이 등기한 명칭을 사용해서는 안 된다(법 시행령 제2조 제2항)

(2) 예외

다만, 출자금, 회원 등 대통령령으로 정하는 요건을 충족하는 경우에는 기획재정부장관의 인가를 받아 국가나 시 · 도의 명칭을 사용할 수 있다. 여기서 출자금, 회원 등 대통령령으로 정하는 요건이란 다음의 구분에 따른 요건을 말한다(법 시행령 제2조 제항).

(가) 협동조합연합회 등으로서 국가 명칭을 사용하려는 경우: 다음의 요건을 모두 갖출 것
1) 출자금이 2억원 이상일 것
2) 특별시 · 광역시 · 특별자치시 · 도 · 특별자치도(이하 '시 · 도'라 한다) 중 2분의 1 이상 의 시 · 도에 회원이 분포되어 있을 것
3) 회원 총수의 3분의 1 이상이 1개 시 · 도에 집중되어 있지 아니할 것
4) 그 밖에 협동조합연합회 등의 회원수 등 기획재정부장관이 정하여 고시하는 요건을 갖출 것

(나) 협동조합연합회 등으로서 시·도 명칭을 사용하려는 경우: 다음의 요건을 모두 갖출 것. 다만, 특별자치시 또는 특별자치도의 명칭을 사용하려는 경우에는 2) 및 3)의 요건을 적용하지 않는다.

1) 출자금이 5천만원 이상일 것
2) 해당 시·도의 관할 구역 안에 있는 시·군·구(자치구를 말한다. 이하 이 항에서 같다) 중 2분의 1 이상의 시·군·구에 회원이 분포되어 있을 것
3) 회원 총수의 3분의 1 이상이 1개 시·군·구에 집중되어 있지 아니할 것
4) 그 밖에 협동조합연합회 등의 회원수 등 기획재정부장관이 정하여 고시하는 요건을 갖출 것

(3) 명칭사용금지, 수정명령

(가) 사용금지 등

기획재정부장관은 협동조합연합회 등이 그 명칭에 국가나 시·도의 명칭을 사용함으로써 국가나 지역에 대한 대표성 등에 일반인의 오해나 혼동을 일으킬 우려가 있는 경우에는 협동조합연합회 등에 그 명칭의 사용을 금지하거나 수정을 명할 수 있다(법 제3조 제5항). 이에 따라 명칭의 사용을 금지하거나 수정을 명할 때에는 해당 협동조합연합회 등에 그 사유를 서면으로 통지해야 한다(법 시행령 제3조 제5항).

(나) 불복방법 - 이의신청, 행정심판, 행정소송

통지를 받은 협동조합연합회 등은 통지를 받은 날부터 30일 이내에 기획재정부령으로 정하는 바에 따라 서면으로 기획재정부장관에게 이의를 신청할 수 있으며, 이에 따른 이의신청을 받은 기획재정부장관은 이의신청을 받은 날부터 30일 이내에 그 처리 결과를 서면으로 회신하여야 한다.

그 외 이의를 신청한 협동조합연합회 등은 그 이의신청과 관계없이 「행정심판법」에 따른 행정심판이나 「행정소송법」에 따른 행정소송을 제기할 수 있다.

4. 법인격과 주소

가. 법인격

협동조합·협동조합연합회 및 제115조의8 제1항을 적용받는 이종협동조합연합회(같은 조 제2항에 해당하는 경우는 제외한다. 이하 같다)는 법인으로 한다(법 제4조 제1항).

> 법 제115조의8(준용규정)
> ① 이종협동조합연합회의 회계에 관하여는 제47조부터 제49조까지, 제50조부터
> 제55조까지 및 제96조의2를 준용한다. 이 경우 '협동조합', '사회적협동조합' 및
> '사회적협동조합연합회'는 '이종협동조합연합회'로, '조합원'은 '회원'으로 본다.

나. 비영리법인

사회적협동조합·사회적협동조합연합회 및 제115조의8 제2항을 적용받는 이종협동조합 연합회는 비영리법인으로 한다.

> ② 제1항에도 불구하고 비영리법인 성격의 이종협동조합연합회의 회계에 관하여는
> 제47조, 제48조, 제52조부터 제55조까지, 제96조, 제96조의2, 제97조 및 제98조를
> 준용한다. 이 경우 '협동조합', '사회적협동조합' 및 '사회적협동조합연합회'는
> '이종협동조합연합회'로, '조합원'은 '회원'으로 본다.

다. 법인이 주소

협동조합 등 및 협동조합연합회 등의 주소는 그 주된 사무소의 소재지로 하고, 정관으로 정하는 바에 따라 필요한 곳에 지사무소를 둘 수 있다.

5. 설립 목적

협동조합 등 및 협동조합연합회 등은 구성원(협동조합의 경우 조합원을, 연합회의 경우 회원을 말한다. 이하 '조합원등'이라 한다)의 복리 증진과 상부상조를 목적으로 하며, 조합원

등의 경제적 · 사회적 · 문화적 수요에 부응하여야 한다(법 제5조).

6. 기본원칙

협동조합 등 및 협동조합연합회 등은 그 업무 수행 시 조합원등을 위하여 최대한 봉사하여야 하며, 나아가 자발적으로 결성하여 공동으로 소유하고 민주적으로 운영되어야 한다. 또한, 협동조합 등 및 협동조합연합회 등은 투기를 목적으로 하는 행위와 일부 조합원등의 이익만을 목적으로 하는 업무와 사업을 하여서는 아니 된다.

7. 협동조합 등의 책무

협동조합 등 및 협동조합연합회 등은 조합원등의 권익 증진을 위하여 교육 · 훈련 및 정보 제공 등의 활동을 적극적으로 수행하여야 한다(법 제7조).

8. 다른 협동조합 등과의 협력

협동조합 등 및 협동조합연합회 등은 다른 협동조합, 다른 법률에 따른 협동조합, 외국의 협동조합 및 관련 국제기구 등과의 상호 협력, 이해 증진 및 공동사업 개발 등을 위하여 노력하여야 하며, 이의 목적 달성을 위하여 필요한 경우에는 다른 협동조합, 다른 법률에 따른 협동조합 등과 협의회를 구성 · 운영할 수 있다(법 제8조).

9. 공직선거 관여 금지

협동조합 등 및 협동조합연합회 등은 공직선거에서 특정 정당을 지지 · 반대하는 행위 또는 특정인을 당선되도록 하거나 당선되지 아니하도록 하는 행위를 하여서는 아니 되며, 누구든지 협동조합 등 및 협동조합연합회 등을 이용하여 제1항에 따른 행위를 하여서는 아니 된다(법 제9조).

10. 국가 및 공공단체의 협력 등

가. 국가 및 공공단체의 협력

(1) 국가 등의 자율성 침해금지

국가 및 공공단체는 협동조합 등 및 협동조합연합회 등의 자율성을 침해하여서는 아니 된다 (법 제10조).

(2) 국가 등의 적극 협조

국가 및 공공단체는 협동조합 등 및 협동조합연합회 등의 사업에 대하여 적극적으로 협조하여야 하고, 그 사업에 필요한 자금 등을 지원할 수 있다.

(3) 협동조합 등의 의견청취 및 반영

국가 및 공공단체는 협동조합 등 및 협동조합연합회 등의 의견을 듣고 그 의견이 반영되도록 노력하여야 한다.

(4) 국제기구 등과 교류 및 협력 등

국가 및 공공단체는 협동조합과 관련하여 국제기구, 외국 정부 및 기관과 교류·협력 사업을 할 수 있다.

나. 경영지원

기획재정부장관은 협동조합 등 및 협동조합연합회 등의 설립·운영에 필요한 경영·기술·세무·노무(勞務)·회계 등의 분야에 대한 전문적인 자문 및 정보 제공 등의 지원을 할 수 있다(법 제10조의2).

다. 교육훈련 지원

기획재정부장관은 협동조합 등 및 협동조합연합회 등의 설립·운영에 필요한 전문인력의 육성, 조합원등의 능력향상을 위하여 교육훈련을 실시할 수 있다(법 제10조의3).

11. 협동조합에 관한 정책

가. 기본계획 수립

기획재정부장관은 협동조합에 관한 정책을 총괄하고 협동조합의 자율적인 활동을 촉진하기 위한 기본계획(이하 '기본계획'이라 한다)을 3년마다 수립하여야 한다(법 제11조).

나. 기본계획에 포함될 내용

기본계획에는 다음의 내용이 포함되어야 한다.

• 협동조합 등 및 협동조합연합회 등을 활성화하기 위한 기본방향

• 협동조합 등 및 협동조합연합회 등을 활성화하기 위한 관련 법령과 제도의 개선

• 협동조합 등 및 협동조합연합회 등의 발전 전략 및 기반 조성에 관한 사항

• 협동조합 등 및 협동조합연합회 등의 상호협력 및 협동조합 정책과 관련된 관계 기관 간 협력에 관한 사항

• 제6항에 따른 협동조합 실태조사의 결과 및 협동조합 정책의 개선에 관한 사항

• 그 밖에 협동조합을 활성화하기 위한 여건 조성에 관한 사항

다. 기본계획 수립시 중앙행정기관의 장과 협의 등

(1) 협의 등

기획재정부장관은 가.항, 나.항에 따라 협동조합에 관한 정책을 총괄하고 기본계획을 수립할 때 관계 중앙행정기관의 장과 협의, 조정할 수 있으며, 특별시장·광역시장·특별자치시장·도지사·특별자치도지사(이하 '시·도지사'라 한다), 관계 기관 및 단체의 장에게 의견의 제출을 요청할 수 있다. 이 경우 그 요청을 받은 자는 정당한 사유가 없으면 그 요청에 따라야 한다(법 제11조 제4항).

(2) 시 · 도 협동조합정책협의회 설치

가) 시 · 도 협동조합정책협의회 설치

협의 · 조정을 하기 위하여 기획재정부장관 소속으로 시 · 도 협동조합정책협의회(이하 '협의회'라 한다)를 둔다(법 시행령 제4조).

나) 협의회의 협의 및 조정사항

협의회는 다음 각 호의 사항을 협의 · 조정한다.

• 협동조합의 신고와 경영공시 등 협동조합 정책에 관한 사항

• 협동조합의 교육 · 홍보에 관한 사항

• 기본계획의 수립과 법 제11조제7항에 따른 실태조사에 관한 사항

• 그 밖에 협동조합을 활성화하기 위하여 필요한 사항

다) 협의회 의장

협의회의 위원장은 기획재정부장관이 지명하는 고위공무원단에 속하는 공무원이 되며, 위원은 각 시 · 도에서 협동조합 업무를 담당하는 국장 또는 본부장이 된다.

라) 협의회 간사

협의회의 사무를 처리하기 위하여 협의회에 간사를 두며, 간사는 기획재정부장관이 소속 공무원 중에서 임명한다.

마) 전문가 등의 의견청취

협의회의 위원장은 필요하다고 인정할 때에는 관계 공무원 또는 전문가를 참석하게 하여 의견을 듣거나 관계 기관 · 단체 등에 자료 또는 의견의 제출 등 필요한 협조를 요청할 수 있다.

바) 협의회 구성 등 필요사항

위에서 각 규정한 사항 외에 협의회의 구성과 운영 등에 필요한 사항은 협의회의 의결을 거쳐 협의회의 위원장이 정한다.

라. 기본계획 소관상임위 제출 및 공표

기획재정부장관은 기본계획을 수립한 경우 지체 없이 국회 소관 상임위원회에 제출하고, 이를 공표하여야 한다(법 제11조 제6항).

마. 협동조합의 실태파악

기획재정부장관은 협동조합의 활동현황·자금·인력 및 경영 등에 관한 실태파악을 위하여 2년마다 실태조사를 실시한 후 그 결과를 공표하고, 국회 소관 상임위원회에 보고하여야 한다(법 제11조 제7항). 이때 관계 중앙행정기관의 장 또는 시·도지사는 실태조사를 위하여 필요한 자료를 기획재정부장관에게 제출하여야 한다.

12. 협동조합정책심의위원회

가. 심의회설치

협동조합의 정책에 관한 주요 사항을 심의하기 위하여 기획재정부장관 소속으로 협동조합 정책심의위원회(이하 '심의회'라 한다)를 둔다(법 제11조의2).

나. 심의사항

심의회는 다음의 사항을 심의한다.

- 기본계획의 수립·변경에 관한 사항
- 협동조합 등 및 협동조합연합회 등의 설립·합병·분할의 신고 또는 인가에 관련된 사항
- 협동조합 등 및 협동조합연합회 등의 관리·감독에 관련된 사항
- 협동조합 정책과 관련된 관계 행정기관과의 협의·조정 등에 관련된 사항

- 그 밖에 협동조합과 관련된 법·제도의 개선 등 협동조합 등 및 협동조합연합회 등의 활성화를 위하여 대통령령으로 정하는 사항. 여기서 대통령령으로 정하는 사항이란 다음의 사항을 말한다.
- 협동조합 등 및 협동조합연합회 등과 관련된 법·제도의 개선에 관한 사항
- 법 제11조제1항에 따른 기본계획(이하 '기본계획'이라 한다)의 추진실적 점검에 관한 사항
- 협동조합 등 및 협동조합연합회 등에 대한 교육 및 홍보 계획의 수립에 관한 사항
- 그 밖에 법 제11조의2제1항에 따른 협동조합정책심의위원회(이하 '심의회'라 한다)의 위원장이 필요하다고 인정하여 심의에 부치는 사항

다. 심의회 구성

(1) 심의회의 위원장 및 위원

심의회의 위원장은 기획재정부차관이 된다.

위원은 1) 대통령령으로 정하는 관계 중앙행정기관의 고위공무원단에 속하는 공무원(여기서 '대통령령으로 정하는 관계 중앙행정기관'이란 과학기술정보통신부, 행정안전부, 농림축산식품부, 보건복지부, 고용노동부, 해양수산부, 중소벤처기업부, 공정거래위원회, 금융위원회 및 산림청 및 그 밖에 심의회의 위원장이 안건 심의를 위하여 필요하다고 인정하는 관계 중앙행정기관, 다음 각 호의 기관을 말한다(법 시행령 제3조의2 제1항).} 및 2) 협동조합에 관한 학식과 경험이 풍부한 사람 중에서 기획재정부장관이 위촉하는 사람으로 구성한다.

(2) 심의회 구성

심의회는 위원장 1명을 포함하여 20명 이내의 위원으로 성별을 고려하여 구성한다(법 시행령 제3조의2 제3항).

(3) 위원의 임기

법 제11조의2제3항제2호에 따라 위촉하는 위원의 임기는 2년으로 한다(법 시행령 제3조의2 제4항).

(4) 위원의 해촉사유

기획재정부장관은 위원이 다음의 어느 하나에 해당하는 경우에는 해당 위원을 해촉(解囑)할 수 있다(법 시행령 제3조의 제5항).

• 심신장애로 인하여 직무를 수행할 수 없게 된 경우
• 직무와 관련된 비위사실이 있는 경우
• 직무태만, 품위손상이나 그 밖의 사유로 인하여 위원으로 적합하지 아니하다고 인정되는 경우
• 위원 스스로 직무를 수행하는 것이 곤란하다고 의사를 밝히는 경우

라. 심의회 운영

(1) 개최

심의회는 분기별 1회 개최하는 것을 원칙으로 하되, 효율적인 심의를 위하여 필요하면 심의 일정을 조정할 수 있다(법 시행령 제3조의3).

(2) 의결정족수

심의회의 회의는 재적위원 과반수의 출석으로 개의(開議)하고, 출석위원 과반수의 찬성으로 의결한다.

(3) 구성원 외 제3자 출석 및 발언

위원장은 필요한 경우 심의회의 구성원이 아닌 사람을 회의에 출석시켜 발언하게 할 수 있다.

(4) 실무위원회 설치

심의회의 회의에 부칠 안건을 검토 · 조정하고 그 밖에 심의회의 운영을 지원하기 위하여 실무위원회를 둘 수 있다. 이 경우 실무위원회의 구성과 운영 등에 필요한 사항은 심의회의 의결을 거쳐 기획재정부장관이 정한다.

13. 협동조합의 날

국가는 협동조합에 대한 이해를 증진시키고 협동조합의 활동을 장려하기 위하여 매년 7월 첫째 토요일을 협동조합의 날로 지정하며, 협동조합의 날 이전 1주간을 협동조합 주간으로 지정하며, 위 날의 취지에 적합한 행사 등 사업을 실시하도록 노력하여야 한다(법 제12조).

14. 다른 법률과의 관계

가. 타법률에 근거하여 설립된 협동조합

다른 법률에 따라 설립되었거나 설립되는 협동조합에 대하여는 이 법을 적용하지 아니하며, 협동조합의 설립 및 육성과 관련되는 다른 법령을 제정하거나 개정하는 경우에는 이 법의 목적과 원칙에 맞도록 하여야 한다(법 제13조).

나. 독점규제 및 공정거래에 관한 법률 적용여부

(1) 독점규제 및 공정거래에 관한 법률 적용여부

대통령령으로 정하는 요건에 해당하는 협동조합 등 및 협동조합연합회 등의 행위에 대하여는 「독점규제 및 공정거래에 관한 법률」을 적용하지 아니한다. 다만, 불공정거래행위 등 일정한 거래분야에서 부당하게 경쟁을 제한하는 경우에는 그러하지 아니하다.

(2) 대통령령으로 정하는 요건

위 (1)에서 '대통령령으로 정하는 요건에 해당하는 협동조합 등 및 협동조합연합회 등'이란 다음의 요건을 모두 갖춘 협동조합 등 및 협동조합연합회 등을 말한다(법 시행령 제5조).

- 소규모 사업자 또는 소비자의 상부상조를 목적으로 할 것
- 임의로 설립되고, 조합원 또는 회원이 임의로 가입하거나 탈퇴할 수 있을 것
- 각 조합원 또는 회원이 평등한 의결권을 가질 것
- 조합원 또는 회원에게 이익을 배분하는 경우에는 그 한도가 정관에 정해져 있을 것

다. 보험업법의 적용여부

협동조합연합회 등의 공제사업에 관하여는 「보험업법」을 적용하지 아니한다.

15. 다른 법률의 준용

가. 상법 준용

법 제4조 제1항의 협동조합 · 협동조합연합회 및 제115조의8제1항을 적용받는 이종협동조합연합회에 관하여 이 법에서 규정한 사항 외에는 「상법」 제1편 총칙, 제2편 상행위, 제3편제3장의2 유한책임회사에 관한 규정을 준용한다. 이 경우 '상인'은 '협동조합 · 협동조합연합회 및 제115조의8제1항을 적용받는 이종협동조합연합회'로, '사원'은 '조합원 등'으로 본다.

나. 민법준용

제4조 제2항의 사회적협동조합 · 사회적협동조합연합회 및 제115조의8제2항을 적용받는 이종협동조합연합회에 관하여 이 법에서 규정한 사항 외에는 「민법」 제1편제3장 법인에 관한 규정을 준용한다. 이 경우 '사단법인'은 '사회적협동조합 · 사회적협동조합연합회 및 제115조의8제2항을 적용받는 이종협동조합연합회'로, '사원'은 '조합원 등'으로, '허가'는 '인가'로 본다.

제2장 협동조합

협동조합은 공동의 경제적, 사회적, 문화적 필요를 해결하려는 사람들이 자발적으로 만든 기업으로 함께 소유하고 민주적으로 운영되며, 흔히 알고 있는 썬키스트나 버거킹, FC바르셀로나, AP통신도 대표적인 협동조합 중 하나이다. 협동조합은 2008년 글로벌 금융위기 당시 위기를 안정적으로 극복하면서 사회문제를 해결하는 대안경제 모델로 주목받고 있다. 협동조합기본법 제2조에서는 협동조합을 '재화 또는 용역의 구매 · 생산 · 판매 · 제공 등을 협동으로 운영함으로써 조합원의 권익을 향상하고 지역 사회에 공헌하고자 하는 사업조직'으로 정의하고 있다.

제1절 협동조합 설립

1. 협동조합 설립절차도

협동조합의 경우 5인 이상의 발기인(조합원)이 모여 시 · 도지사에게 신고하고 설립등기신청을 거쳐 설립할 수 있다. 사정에 따라 설립동의자 모집 후 정관을 작성할 수 있지만, 이 경우에도 창립 총회 개최 이전에 정관을 작성하여야 한다.

5인 이상의 발기인(조합원)이 모여 시·도지사에게 신고 및 설립등기를 거쳐 설립할 수 있습니다.

* 사정에 따라 설립동의자 모집 후 정관을 작성할 수 있지만, 이 경우에도 창립 총회 개최 이전에 정관을 작성해야 함

일반협동조합 설립 절차도

발기인 모집　조합원 자격을 갖춘 5인 이상

▼

정관 작성 · · · · · · · · · · · · · · ▷ 정관 필수 기재 사항 (정관 작성)
목적, 명칭, 구역 등 포함

1. 목적	8. 적립금의 적립 방법 및 사용에 관한 사항
2. 명칭 및 주된 사무소의 소재지	9. 사업의 범위 및 회계에 관한 사항
3. 조합원 및 대리인 자격	10. 기관 및 임원에 관한 사항
4. 조합원의 가입, 탈퇴 및 제명에 관한 사항	11. 공고의 방법에 관한 사항
5. 출자 1좌의 금액과 납입 방법 및 시기, 조합원의 출자좌수 한도	12. 해산에 관한 사항
	13. 출자금의 양도에 관한 사항
6. 조합원의 권리와 의무에 관한 사항	14. 그 밖의 총회, 이사회의 운영 등에 필요한 사항
7. 잉여금과 손실금의 처리에 관한 사항	

▼

설립동의자 모집　조합원 자격을 갖춘 5인 이상

▼

창립 총회　설립동의자 과반수 출석
2/3 이상 찬성

▼

설립 신고 · · · · · · · · · · · · · · ▷ 필수 제출 서류 (설립 신고)
발기인 → 시/도지사

1. 정관 사본	5. 사업 계획서
2. 창립총회 개최 공고문	6. 수입 지출 예산서
3. 창립총회 의사록 사본	7. 출자 1좌(座)당 금액과 조합원별로 인수하려는 출자수를 적은 서류
4. 임원명부	8. 설립 동의자 명부
• 임원 명부에 임원의 이력서 및 사진 첨부	9. 합병 또는 분할을 의결한 총회 의사록
• 사진 : 가로 3cm, 세로 4cm	* 협동조합기본법 제56조에 따른 합병 및 분할에 의한 설립의 경우 해당
• 이력서에 사진을 붙인 경우 사진 추가 제출 불필요	

▼

사무인수인계　발기인 → 이사장

▼

출자금 납입　조합원 → 이사장

▼

설립등기　관할 등기소

▼

협동조합　법인격 부여

2. 창립총회 및 설립신고 등

가. 창립총회

(1) 설립동의자 모집

협동조합기본법에 따른 '협동조합'을 설립하고자 하는 경우, 5인 이상의 '발기인[1]'을 모집하여야 한다. 발기인은 정관 및 사업계획안을 작성하고, 협동조합의 설립에 동의하는 자를 모집하여 이들을 구성원으로 한 창립총회를 개최하여야 한다. 설립동의자는 '조합원의 자격을 갖춘 자'로서 창립총회 개최 전까지 발기인에게 설립동의서를 제출한 자를 말하며, 발기인은 곧 설립동의자로서, 추가적인 설립동의자 모집 없이도 창립총회를 개최할 수 있다.

[설립동의서 양식]

설 립 동 의 서

본인은 귀 회가 발기한 ○○시장상인 협동조합(가칭)의 목적과 취지에 동의하여 설립에 참여하고자 동의서를 제출합니다.

2012년 12월 1일

주 소 : 서울시 동작구 신대방동 녹번동 *** (전화번호: 010-****-1234)

주민등록번호 : 68**** - 1234567

성 명 : ○○○ (서명 또는 인)

○○○협동조합(가칭) 발기인 대표 귀하

---

1) '발기인'이란 협동조합에 뜻을 같이하고 설립을 주도하는 사람으로, 설립하고자 하는 협동조합의 조합원 자격을 가진 자에 한하여 참여할 수 있다. '발기인' 즉 조합원이 될 수 있는 자는 자연인뿐만 아니라 모든 형태의 법인도 가능하며, 외국인등록번호가 있는 외국인도 가능하다. 그리고 외국법인은 외국인출자규제 관련법률(예: 외국인투자촉진법, 외국환거래법)에 적합한 경우에 한하여 외국인 평등주의에 따라 가능하다. 다만, 지방자치단체는 지방재정법 제18조에 따라 출자가 제한되기 때문에 발기인 및 조합원으로 참여할 수 없다

(2) 창립총회 개최 공고

창립총회는 일정기간 이상의 공고를 거쳐야 하며, 조합원 자격이 있는 자가 쉽게 구독할 수 있는 일간지에 게재하는 방법으로 한다. 단, 게시에 의한 공고, 등기우편발송, 전자우편 발송 등 설립동의자가 충분히 알 수 있는 방법으로 대신할 수 있다. 공고에는 1) 총회의 일시 및 장소(When/Where) 2) 조합원의 자격요건(Who) 3) 창립총회에서 의결해야 할 사항(What)의 내용 등이 포함되어야 한다.

[창립총회 개최 공고문 양식]

창립총회 개최공고

○○○협동조합(가칭)의 창립총회를 다음과 같이 개최하오니, 설립동의자는 창립총회에 참석하여 주시기 바랍니다.

– 다 음 –

1. 일 시 : 2012년 12월 5일 14:00
2. 장 소 : 서울시 은평구 ○○동 주민센터 회의실
3. 조합원의 자격요건 : 서울시 은평구 ○○시장에 입주하여 점포를 운영하는 자
4. 부의안건
    가. 정관확정
    나. 사업계획 및 예산확정
    다. 임원선출
    라. 기타 총회에서 필요하다고 결정되는 사항

2012년 11월 18일

○○○협동조합(가칭)발기인 (대표) △ △ △ (인)

---

(3) 창립총회

창립총회는 발기인 대표가 의장으로서 사회를 보게 된다. 다만, 의장은 발기인이 아닌 설립
동의자 중 1인을 선출할 수도 있으나, 동 협동조합의 목적·철학을 가장 잘 알고 있는 사람이
발기인이므로, 불가피한 경우를 제외하고는 발기인이 임시의장을 하는 것이 바람직하다.
의장은 미리 준비한 설립동의자 명부에 근거해 창립총회에 참석한 설립동의자 수를 확인한
후에 의사록 서명날인인 3명 이상을 선출한다. 선출된 자는 즉석에서 승낙여부를 밝혀 서명
날인인을 확정한다. 의장은 미리 정한 의안의 심의 순서를 참석한 설립동의자의 의견을
물어 의사일정을 확정한 후에 순서대로 의안을 심의한다.

(4) 총회의 의결사항

(가) 의결사항 및 정족수

창립총회에서는 다음의 사항을 의결하여야 하며, 창립총회의 의사는 설립동의자의 과반수
출석, 출석자의 2/3 이상 찬성으로 의결한다.

- 정관
- 사업계획과 예산
- 임원의 선출
- 설립 경비 등 설립에 필요한 사항

(나) 의사록 작성 및 기명날인

창립총회의 의사(議事)에 관하여는 의사록을 작성하여야 한다. 이에 따른 의사록에는 의사
의 진행 상황과 그 결과를 적고, 의장과 창립총회 개의(開議) 전까지 발기인에게 설립동의서
를 제출한 자 가운데 창립총회에서 선출한 3인 이상이 기명날인(記名捺印)하거나 서명해야
한다.

나. 협동조합 설립신고

(1) 정관작성 및 설립신고

가) 설립신고 등

1) 설립신고서 제출 등

창립총회를 거쳐 협동조합을 설립하려는 자(발기인)는 설립신고서와 함께 관련 서류를 첨부하여 주 사무소 소재지를 관할하는 시·도지사에게 제출하여야 한다(법 시행령 제7조). 다만, 시·도에 따라 협동조합 신고업무를 시·군·구로 위임할 수 있다. 시·군·구로 협동조합 신고 업무가 위임된 경우에는 해당 시·군·구로 신고하여야 한다(법 제15조 제1항). 신고한 사항을 변경하는 경우에도 또한 같다.

2) 설립신고 시 공고사항

법 제15조제1항 전단에 따라 협동조합의 설립신고를 하려는 자는 다음의 사항을 7일 이상 공고한 후 창립총회를 개최하여야 한다(법 시행령 제6조).

- 창립총회의 일시와 장소
- 조합원의 자격요건

나) 설립신고 필요서류

설립신고(신고한 사항을 변경하는 신고도 포함)는 발기인이 주된 사무소의 소재지를 관할하는 특별시장·광역시장·특별자치시장·도지사·특별자치도지사에게 하며, 신고 시에는 협동조합 설립신고서에 다음의 서류를 첨부하여 제출해야 한다(법 제15조제1항, 「법 시행령」 제7조제1항, 「법 시행규칙」 제5조 및 별지 제2호서식)

- 정관 사본
- 창립총회 개최 공고문
- 창립총회 의사록 사본
- 임원 명부(「협동조합 기본법 시행규칙」 별지 제3호서식)
- 사업계획서(「협동조합 기본법 시행규칙」 별지 제4호서식)

- 수입 · 지출 예산서(「협동조합 기본법 시행규칙」 별지 제5호서식)

- 출자 1좌(座)당 금액과 조합원 또는 회원별로 인수하려는 출자좌수를 적은 서류

- 발기인 및 창립총회가 열리기 전까지 발기인에게 설립동의서를 제출한 자 또는 협동조합의 명부 (「협동조합 기본법 시행규칙」 별지 제6호서식)

- 합병 또는 분할을 의결한 총회 의사록(합병 또는 분할로 인하여 설립되는 경우만 해당하며, 합병 또는 분할로 인하여 존속하거나 설립되는 협동조합이 승계하여야 할 권리 · 의무의 범위가 의결사항으로 적혀 있어야 함) 사본

[ ] 협동조합
[ ] 협동조합연합회 　　　　설립신고서

※ 첨부서류를 확인하시기 바라며, 색상이 어두운 난은 신고인이 작성하지 않습니다.

접수번호		접수일	처리기간	20일

설립신고인	성명(법인명)		생년월일(법인등록번호)	
	주소		전화번호	

신고내용	설립동의자 수(명)	출자금 납입총액(원)	창립총회 개최일

법 인	조합명(연합회명)		전화번호	
	소재지			
	이사장(회장) 성명(법인명)		주민등록번호(법인등록번호)	
	전화번호		전자우편주소	
	주소			
	협동조합(연합회) 임원의 「협동조합 기본법」 제36조제1항 각 호 해당 여부		해당[ ]	해당되지 않음[ ]
	협동조합(연합회) 이사장의 「협동조합 기본법」 제44조제1항에 따른 겸직 여부		해당[ ]	해당되지 않음[ ]

「협동조합 기본법」 제15조제1항 전단 또는 제71조제1항 전단에 따라 위와 같이 설립했음을 신고합니다.

년　　 월　　 일

신고인 　　　　　　　　　　　　(서명 또는 인)

기획재정부장관 또는 시·도지사 　　　귀하

첨부서류	1. 정관 사본 1부 2. 창립총회 개최 공고문 1부 3. 창립총회 의사록 사본 1부 4. 임원 명부 1부 5. 사업계획서 1부 6. 수입·지출 예산서 1부 7. 출자 1좌당 금액과 조합원 또는 회원별로 인수하려는 출자좌수를 적은 서류 1부 8. 발기인 및 설립동의자(또는 설립에 동의한 협동조합) 명부 1부 9. 합병 또는 분할을 의결한 총회 의사록(「협동조합 기본법」 제56조제1항·제2항 및 제83조에 따라 합병 또는 분할로 인해 설립되는 경우만 해당하며, 합병 또는 분할로 인해 존속하거나 설립되는 협동조합이 승계해야 할 권리·의무의 범위가 의결사항으로 적혀 있어야 합니다) 사본 1부	수수료 없음

처리절차

설립신고서 작성	→	접 수	→	서류 확인 및 검토	→	결 재	→	신고확인증 교부
신고인		처리기관 (기획재정부장관 또는 시·도지사)		처리기관 (기획재정부장관 또는 시·도지사)		처리기관 (기획재정부장관 또는 시·도지사)		

210mm×297mm[백상지 80g/㎡]

다) 변경신고

1) 변경신고 및 첨부서류

변경신고를 하려는 자는 변경신고서에 기획재정부령으로 정하는 서류를 첨부하여 시·도지사에게 제출하여야 한다. 협동조합 및 협동조합연합회의 변경신고서는 별지 제7호서식과 같다. 여기서 기재부령으로 정하는 서류란 다음과 같다(법 시행규칙 제6조).

- 신고한 사항 중 변경하려는 사항을 적은 서류
- 신고한 사항의 변경을 의결한 총회 의사록(신고한 사항 중 정관, 임원 등 변경 시 총회의 의결이 필요한 경우만 해당한다) 사본
- 신고한 사항을 변경한 후의 별지 제4호서식에 따른 사업계획서와 별지 제5호서식에 따른 수입·지출 예산서(사업계획이 변경되어 신고한 사항을 변경하는 경우만 해당한다)
- 대차대조표와 출자감소의 의결, 채권자 공고 및 이의신청의 처리 등 출자감소에 관한 사실관계를 증명하는 서류(출자 1좌당 금액이 감소하여 신고한 사항을 변경하는 경우만 해당한다)
- 별지 제8호서식에 따른 신고확인증(협동조합 또는 협동조합연합회 명칭, 이사장 또는 회장, 주된 사무소의 소재지가 변경되어 신고한 사항을 변경하는 경우만 해당한다)

변경신고 사항 및 추가 첨부서류 (시행규칙 제6조 제2항)	
① 명칭, 이사장(회장), 주된 사무소의 소재지 변경	가. 신고확인증 1부 나. 명칭 변경시 정관 변경 첨부서류 각 1부 다. 이사장(회장) 변경시 임원 변경 첨부서류 각 1부 라. 주된 사무소의 소재지 변경시 정관 변경 첨부서류 각 1부 (정관상 세부주소를 기재한 경우)
② 임원 변경	가. 임원명부(이력서 및 사진 첨부) 1부 나. 임원 선출을 의결한 총회 의사록 1부
③ 정관 변경	가. 정관 중 변경하려는 사항을 적은 서류 1부 나. 정관 변경을 의결한 총회 의사록 1부 다. 정관 변경 후의 사업계획서와 수입·지출예산서 1부(사업계획이 변경되어 정관을 변경하려는 경우) 라. 대차대조표와 출자감소의 의결, 채권자 공고 및 이의신청의 처리 등의 사실관계를 정명할 수 있는 서류 각 1부(출자 1좌당 금액 감소에 따라 정관을 변경하려는 경우)

■ 협동조합 기본법 시행규칙 [별지 제7호서식] 〈개정 2020. 9. 29.〉

[   ] 협동조합
[   ] 협동조합연합회　　　변경신고서

※ 첨부서류를 확인하시기 바라며, 색상이 어두운 난은 신고인이 작성하지 않습니다.

접수번호		접수일		처리기간	20일
신고인	성명(법인명)			생년월일(법인등록번호)	
	주소			전화번호	
법 인	조합명(연합회명)			전화번호	
	소재지				
	이사장(회장) 성명(법인명)			주민등록번호(법인등록번호)	
	전화번호			전자우편주소	
	주소				

신고내용	첨부서류 참조

「협동조합 기본법」 제15조제1항 후단 또는 제71조제1항 후단에 따라 위와 같이 설립신고사항 중 변경사항을 신고합니다.

　　　　　　　　　　　　　　　　　　　　　　　　　　　년　　　월　　　일

　　　　　　　　　　　　　신고인　　　　　　　　　　　(서명 또는 인)

기획재정부장관 또는 시 · 도지사　　　귀하

첨부서류	1. 신고한 사항 중 변경하려는 사항을 적은 서류 1부 2. 신고한 사항의 변경을 의결한 총회 의사록(신고한 사항 중 정관, 임원 등 변경 시 총회의 의결이 필요한 경우만 제출합니다) 사본 1부 3. 신고한 사항을 변경한 후의 사업계획서와 수입 · 지출 예산서 1부(사업계획이 변경되어 신고한 사항을 변경하는 경우만 제출합니다) 4. 대차대조표와 출자감소의 의결, 채권자 공고 및 이의신청의 처리 등 출자감소에 관한 사실관계를 증명하는 서류 각 1부(출자 1좌당 금액이 감소하여 신고한 사항을 변경하는 경우만 제출합니다) 5. 신고확인증 1부(협동조합 또는 협동조합연합회 명칭, 이사장 또는 회장, 주된 사무소의 소재지가 변경되어 신고한 사항을 변경하는 경우만 제출합니다)	수수료 없음
신고인 제출서류	법인 등기사항증명서 (변경신고 사항이 「협동조합 기본법」제61조제2항 각 호에 해당하는 경우)	

처리절차

신고서 작성	→	접 수	→	서류확인 및 결재	→	신고확인증 뒷면 기재	→	발급
신고인		처리기관 (기획재정부장관 또는 시 · 도지사)		처리기관 (기획재정부장관 또는 시 · 도지사)		처리기관 (기획재정부장관 또는 시 · 도지사)		처리기관 (기획재정부장관 또는 시 · 도지사)

210mm×297mm[백상지 80g/㎡]

[ ] 협동조합

[ ] 협동조합연합회

사업계획서

(쪽 중 1쪽)

조직 개요	조합명(연합회명)		업종(표준산업분류번호)	
	설립 연월일		업태	
	신고번호		사업자등록번호	
	연합회 가입 현황(* 협동조합만 작성)			
	주소	주사무소		
		제1 지사무소		
		제2 지사무소		
	출자금			
		백만원		

조직 연혁	연월일	주요내용

설립 목적	

의사결정 기구	[ ]조합원(회원) 총회 [ ]대의원 총회 [ ]이사회 ※ 중복 표시 가능

조직도	

임원 현황	직위	성명	경력	직원 겸직 여부

조합원 현황 (* 협동조합만 작성하고, 해당유형에만 표기)	생산자	소비자	직원	자원봉사자	후원자	계
	명	명	명	명	명	명

직원 고용계획	
	명

작성방법

최초 설립신고 시 조직 개요에 조합명(연합회명), 주소, 출자금만 적어주시기 바랍니다.

210mm×297mm[백상지 80g/㎡]

■ 협동조합 기본법 시행규칙 [별지 제5호서식] 〈개정 2020. 9. 29.〉

[　] 협동조합
[　] 협동조합연합회

수입 · 지출 예산서

회계연도: 000년도			

조직 개요	조합명(연합회명)		업종(표준산업분류번호)	
	설립 연월일		업태	
	신고번호		사업자등록번호	
	주소	주사무소		
		제1 지사무소		
		제2 지사무소		
	출자금			
		백만원		

수입 (단위: 원)		지출 (단위: 원)		
구분	**금액**	**구분**		**금액**
전기이월금		경상비	인건비	
사업수입 — 00사업			운영비	
사업수입 — 〃			소계	
사업수입 — 〃		사업비	00사업	
사업수입 — 소계			〃	
사업외수입 — 기부출연금			〃	
사업외수입 — 지원금			소계	
사업외수입 — 기타		사업외지출	기부출연금	
사업외수입 — 소계			지원금	
출자금			기타	
차입금			소계	
기타수입		출자금반환		
〃		차입금상환		
〃		배당금		
〃		기타지출		
〃		차기이월금		
합계		합계		

작성방법

1. 최초 설립신고 시 조직 개요에 조합명(연합회명), 주소, 출자금만 적어주시기 바랍니다.

2. 예시된 항목 외의 수입 또는 지출 항목이 있을 경우 모두 적습니다.

3. 사업수입 및 사업비 항목은 정관으로 정한 사업명에 준해 작성합니다.

210mm×297mm[백상지 80g/㎡]

신고번호 제 호

(협동조합 · 협동조합연합회)
(설립 · 변경) 신고확인증

1. 조 합 명 :
(연 합 회 명)

2. 이사장(회장) 성명 :

3. 주   소 :

「협동조합 기본법」 제15조제1항 또는 제71조제1항에 따라 위와 같이 설립을 신고했음을 확인합니다.

년   월   일

기획재정부장관 ┌─────┐
시 · 도지사   │ 직인 │
          └─────┘

210mm×297mm[백상지 150g/㎡]

2) 변경신고 관할

협동조합은 다른 특별시장·광역시장·특별자치시장·도지사·특별자치도지사(이하 '시·도지사'라 한다)의 관할 구역으로 주된 사무소의 소재지를 이전하는 경우에는 새로운 주된 사무소의 소재지를 관할하는 시·도지사에게 변경신고를 해야 하며(법 시행령 제6조 제3항), 이에 따른 변경신고를 받은 시·도지사는 그 사실을 주소가 변경되기 전 주된 사무소의 소재지를 관할하는 시·도지사에게 지체 없이 통보하여야 한다. 이 경우 통보를 받은 시·도지사는 협동조합 설립신고 시 제출받은 서류를 새로운 주된 사무소를 관할하는 시·도지사에게 지체 없이 보내야 한다(같은 조 제4항).

(2) 기획재정부장관에 설립신고 사실을 통보

시·도지사는 위 (1)항에 따라 협동조합의 설립신고를 받은 때에는 즉시 기획재정부장관에게 그 사실을 통보하여야 한다.

다. 신고수리 여부 통지 및 신고수리 간주 등

(1) 신고수리 여부 통지

시·도지사는 협동조합 설립 신고 또는 변경신고를 받은 날부터 20일 이내에 신고수리 또는 변경신고수리 여부를 신고인에게 통지하여야 한다.

(2) 신고수리 간주 등

만일 시도지사가 20일 기간 내에 신고수리 또는 변경신고수리 여부나 민원 처리 관련 법령에 따른 처리기간의 연장을 신고인에게 통지하지 아니하면 그 기간(민원 처리 관련 법령에 따라 처리기간이 연장 또는 재연장된 경우에는 해당 처리기간을 말한다)이 끝난 날의 다음 날에 신고수리 또는 변경신고수리를 한 것으로 본다.

라. 설립동의자 모집 및 창립총회 개최

창립총회의 의사는 창립총회 개의 전까지 발기인에게 설립동의서를 제출한 자 과반수의 출석과 출석자 3분의 2 이상의 찬성으로 의결한다(법 제15조 제4항).

3. 신고확인증 발급 등

신청 제출 서류가 미비할 경우, 행정절차법에 따라 신청인은 시 · 도지사로부터 자료보완 요청을 받을 수 있다. 또한 발기인은 특별한 사유가 없는 한 접수일로부터 14일 이내에 설립신고서를 접수받은 시 · 도지사로부터 설립신고필증을 교부받는다.

가. 신고확인증 발급

시 · 도지사는 설립신고 또는 변경신고를 수리한 경우(신고 또는 변경신고를 수리한 것으로 보는 경우를 포함한다)에는 신고확인증을 발급하여야 한다(법 제15조의2). 다만, 법 제60조 의2제6항에 따른 협동조합으로의 조직변경 신고확인증은 별지 제8호의2서식과 같다(법 시행규칙 제7조 단서).

신고번호 제　호

(협동조합 · 협동조합연합회)
(설립 · 변경) 신고확인증

1. 조　합　명 :
(연 합 회 명)

2. 이사장(회장) 성명 :

3. 주　　　소 :

「협동조합 기본법」 제15조제1항 또는 제71조제1항에 따라 위와 같이　　　설립을
신고했음을 확인합니다.

년　　　월　　　일

기획재정부장관
시 · 도지사　｜직인｜

210mm×297mm[백상지 150g/㎡]

신고번호 제   호

협동조합 조직변경 신고확인증

1. 조 합 명:

2. 이사장 성명:

3. 주   소:

4. 조직변경 이전 법인명:

「협동조합 기본법」 제60조의2제6항에 따라 위와 같이 조직변경을
신고하였음을 확인합니다.

년   월   일

시 · 도지사   직인

210mm×297mm[백상지 150g/㎡]

나. 보완요구

시·도지사는 설립신고서에 적어야 할 사항이 누락되거나 첨부서류를 제출하지 아니하는 등 설립신고에 보완이 필요할 때에는 20일 이내의 기간을 정하여 보완을 요구하여야 한다. 이 경우 보완된 설립신고서를 제출받았을 때에는 제출받은 날부터 14일 이내에 신고확인증을 발급하여야 한다(법 시행령 제8조 제1항).

다. 신고반려사유

시·도지사는 다음 각 호의 어느 하나에 해당하는 경우에는 설립신고를 반려할 수 있다.
- 협동조합의 설립 절차가 법령에 위반되는 경우
- 정관과 사업계획서의 내용이 법령에 위반되는 경우
- 제2항 전단에 따른 보완 요구에도 불구하고 정해진 기간 이내에 보완을 하지 아니하는 경우

라. 관련규정준용

협동조합연합회의 신고확인증 발급에 관하여는 제2항 및 제3항을 준용한다. 이 경우 '시·도지사'는 '기획재정부장관'으로, '협동조합'은 '협동조합연합회'로 본다.

4. 정관의 작성

'정관'이란, 협동조합의 조직형태, 운영방법 및 사업 활동 등에 관한 기본적인 사항을 규정한 최고의 자치법규를 말한다. 모든 법인(협동조합포함)의 설립행위에는 반드시 정관작성이 포함되어야 한다. '정관'은 단체의 기본규범에 해당하는 것으로 단체활동의 근거가 되므로 반드시 구비되어야 한다. 따라서 법인격을 취득하기 위해 모든 단체는 반드시 서면으로 작성한 정관을 가지고 등기를 통해 공시하는 절차를 거쳐야 하는 것이다. 앞서 모집된 5인 이상의 발기인은 회사의 근본규칙이 될 '정관'을 함께 작성하고 이를 서면에 기재한 후 각자 정관에 기명날인 또는 서명을 해야 한다. 형편에 따라서 설립동의자 모집 이후에 발기인

및 설립동의자가 모두 참여하여 정관을 작성할 수도 있으나, 이때에도 발기인만이 기명날인 또는 서명을 하여야 한다.

가. 정관작성 및 정관에 포함될 사항[2]

정관에는 반드시 기재하여야 하는 사항인 '필수적 기재사항'과 그렇지 않은 '임의적 기재사항'이 있다. 필수적 기재사항 중 한 가지라도 누락되면 정관 전체가 무효가 되며 임의적 기재사항은 기재하지 않아도 정관 자체의 효력에는 영향이 없지만 기재하지 않으면 그 사항에 대해서 법률상의 효력이 발생하지 않게 된다. 협동조합기본법에는 협동조합의 '정관'에 반드시 포함되어야 할 14가지 항목(필수적 기재사항)을 규정하고 있다. 각 항목을 작성할 때는 협동조합기본법의 관련 조항에 위배되지 않아야 한다. 각 항목 및 작성시 유의 사항은 다음과 같다(법 제16조)

• 목적

• 명칭 및 주된 사무소의 소재지

ㅇ 명칭에 '협동조합'이라는 문자가 반드시 포함되어 있어야 한다.

– 다만, 협동조합이라는 문자를 명칭 맨 뒤뿐만 아니라, 맨 앞에도 사용 가능하다.

예) 000협동조합 및 협동조합 000 둘 다 가능

ㅇ 동일한 특별시, 광역시, 특별자치시, 시·군에서는 타 협동조합이 등기한 명칭을 등기하지 못한다.

– 다만, 이 구역을 벗어나는 경우에는 동일한 명칭을 사용할 수 있다.

예) 부산시에 '대리운전기사협동조합'이 등기되어 있는 경우 부산시에서 동일명칭으로 등기할 수 없으나, 서울 등 타 지역에서는 가능

ㅇ 다른 협동조합과 유사하거나 혼동 가능한 명칭 사용 시 협동조합기본법 및 타법령에 위반 가능성이 있으므로 사용할 수 없다.

* 상법, 부정경쟁방지 및 영업비밀보호에 관한 법률, 농협·수협·신협법 등 개별협동조합법 등

– 기존 8개 개별 협동조합법에서 고유하게 사용하는 명칭은 사용하지 못한다.

예) 00농업협동조합, 00수산업협동조합, '00엽연초조합', '00산림조합',

---

2) 별첨 1 협동조합 정관예시 참조

'00중소기업협동조합', '00신용협동조합', '00소비자생활협동조합' 사용 금지
- 8개 개별법상 협동조합의 줄임말이 들어간 명칭은 사용하지 못한다.
예) 00농협협동조합, 00수협협동조합, 00엽연초조합협동조합, 00산림조합협동조합,
    00중기협협동조합, 00신협협동조합, 00소비자생협협동조합 사용 금지
○ 설립 당시에는 반드시 상설 사무실을 둘 필요는 없으며, 설립동의자의 집을 주된
    사무소로 할 수도 있다. 그리고 상근 직원을 반드시 둘 필요는 없다.

▶ 참고 - 동일명칭의 확인 방법

1. 대법원 인터넷등기소(http://www.iros.go.kr)에 접속한다.

2. '법인등기' → '열람' 선택 → '상호로 검색'에서 '전체등기소' 선택 → 법인종류에서 설립할 법인의 종류로
검색 → '상호' 검색

• 조합원 및 대리인의 자격

• 조합원의 가입, 탈퇴 및 제명에 관한 사항

• 출자 1좌의 금액과 납입 방법 및 시기, 조합원의 출자좌수 한도

○ 협동조합기본법에서는 조합 설립의 출자금 최저한도나 1좌의 금액을 따로 정하고 있지
    않다.
○ 조합원은 1좌 이상 출자해야 하며 조합원 1인의 최대 출자좌수는 총 출자좌수의30%를
    넘을 수 없다.

• 우선출자에 관한 사항

• 조합원의 권리와 의무에 관한 사항

• 잉여금과 손실금의 처리에 관한 사항

○ 손실금은 미처분이월금, 임의적립금, 법정적립금 순으로 보전하고, 보전 후에도 부족 시
    다음 회계연도에 이월한다.
○ 손실금을 보전하고 법정적립금 및 임의적립금 등을 적립한 이후 조합원에게 잉여금을
    배당할 수 있다.
○ 잉여금 배당은 이용실적에 대해서는 전체 배당액의 50/100 이상 배당되어야 하고,
    납입출자액에 대한 배당은 납입출자금의 10/100을 초과해서는 안 된다.

- 적립금의 적립방법 및 사용에 관한 사항

> ○ 회계결산 결과 잉여금이 있는 때에는 자기자본의 3배가 될 때까지 잉여금의 10/100
> 이상을 적립(법정 적립금)하여야 한다.
> ○ 손실의 보전에 충당하거나 해산하는 경우 외에는 법정적립금을 사용해서는 안 된다.

- 사업의 범위 및 회계에 관한 사항

> ○ 설립목적을 달성하기 위하여 필요한 사업을 자율적으로 규정할 수 있으나, 한국표준산업
> 분류에 의한 금융 및 보험업은 제외된다.
> ○ 협동조합은 ① 조합원과 직원에 대한 상담, 교육, 훈련 및 정보 제공사업 ② 협동조합 간
> 협력을 위한 사업 ③ 협동조합의 홍보 및 지역사회를 위한 사업은 반드시 포함하여야 한
> 다.
> ○ 협동조합의 사업은 관계법령에서 정하는 목적·요건·절차·방법 등에 따라 적법하고 타
> 당하게 시행되어야 한다.

- 기관 및 임원에 관한 사항

> ○ 이사장은 협동조합기본법에 의해 설립된 다른 협동조합의 이사장을 겸직할 수 없다. ○ 이
> 사장을 포함한 이사와 직원은 감사를 겸직할 수 없다.
> ○ 임원은 해당 협동조합의 직원을 겸직할 수 없다. 다만, 조합원의 2/3 이상이 직원이고 조
> 합원인 직원이 전체 직원의 2/3 이상인 협동조합의 경우, 조합원 수가 10인 이하인 협동
> 조합의 경우에는 임원이 해당 협동조합의 직원을 겸직할 수 있다.

- 공고의 방법에 관한 사항
- 해산에 관한 사항
- 출자금의 양도에 관한 사항
- 그 밖에 총회·이사회의 운영 등에 필요한 사항

나. 출좌금액

출자 1좌의 금액은 균일하게 정하여야 한다.

다. 정관변경신고

협동조합의 정관의 변경은 설립신고를 한 시 · 도지사에게 신고를 하여야 그 효력이 발생한다.

5. 협동조합 규약 또는 규정

협동조합의 운영 및 사업실시에 필요한 사항으로서 정관으로 정하는 것을 제외하고는 규약 또는 규정으로 정할 수 있다(법 제17조).

6. 설립사무의 인계와 출자납입 등

가. 사무인계와 출자납입

(1) 사무 인수인계 등

시 · 도지사로부터 설립신고증을 받은 발기인은 신고확인증을 발급받으면 지체 없이 그 사무를 이사장에게 인계하여야 한다.

(2) 인계할 사무의 내용

사무인수인계 시 인계할 내용은 다음과 같다.

- 협동조합의 정관
- 사업계획서
- 조합원별로 인수하려는 출자좌수를 적은 서류
- 설립동의자 명부
- 조합설립 관련 각종 서류 등

나. 출자금 납입

이사장은 발기인으로부터 사무를 인수한 날로부터 기일을 정하여 조합원이 되려는 자에게 출자금을 납입하게 하여야 한다. 필요한 경우 정관이 정하는 바에 따라 현물출자도 가능하다. 조합원은 정관이 정하는바에 따라 1좌 이상, 총 출자좌수의 30/100 이내 범위에서 출자하여야 한다. 출자금은 이사장 계좌로 납입하며, 등기전이라도 납입된 출자금 중 일부를 협동조합 설립을 위하여 사용할 수 있다. 다만, 이 경우 증빙서류의 보관이 필요하다.

라. 현물출자자

현물출자란 현금 이외의 재산으로써 출자를 하는 것을 말하며, 현물출자자는 출자금 납입기일 안에 출자 목적인 재산을 인도하고 등기 · 등록, 그 밖의 권리의 이전에 필요한 서류를 구비하여 협동조합에 제출하여야 한다.

[출자자 증거에 기재할 사항]

－ 조합의 명칭 － 조합원의 성명(또는 명칭) － 조합 가입 연월일 － 출자금 납입 연월일－ 출자금액 또는 출자좌수 － 발행 연월일－ 조합 이사장의 기명날인

마. 자본금

자본금이란 협동조합의 조합원이 조합을 설립할 때 출자하는 금액을 기준으로 하여 계산하는 일정액을 말하는데, 협동조합의 자본금은 조합원이 납입한 출자금의 총액으로 한다.

7. 협동조합의 설립

협동조합은 출자금의 납입이 끝난 날로부터 14일 이내에 주 사무소소재지(등기소)에서 설립등기를 하여야 하고, 등기가 완료되면 비로소 협동조합으로서의 법인격이 부여된다. 참고로, 협동조합기본법에 따라 설립되는 법인은 법인등록번호를 구성하는 분류번호를 51번으로 부여받게 된다.

가. 설립등기

(1) 설립등기

협동조합은 주된 사무소의 소재지에서 이러한 설립등기를 함으로써 성립한다(법 제19조).

(2) 설립등기 시 필요서류

설립등기를 하려면 이사장이 신청인이 되어, 설립등기신청서에 다음과 같은 구비서류를 첨부하여야 한다.

- 정관– 사본을 제출하되, 원본을 가지고 가서 보여주어야 한다.
- 창립총회 의사록– 반드시 공증을 받아야 하며, 사본을 제출하되, 원본을 가지고 가서 보여주어야 한다.
- 임원의 취임승낙서와 인감증명서, 주민등록 등·초본– 임원 모두가 제출하여야 한다.
- 출자금 총액의 납입이 있음을 증명하는 서면– 반드시 금융기관이 작성한 증명서이어야 하는 것은 아니고, 대표자인 이사장 또는 회장의 출자금 영수증 등도 이에 해당함. 현물출 자가 있는 경우에는 그 부분에 대한 현물출자 재산인계서 또는 출자재산영수증을 첨부하 여야 한다.
- 대표자의 인감신고서
- 설립신고필증
- 등록면허세 영수필확인서
- 위임장(대리인이 신청할 경우)

설립등기신청서에 기재되는 1) 목적 2) 사무소 3) 목적 4) 이사(3명 이상)와 감사(1명 이상)의 성명·주민등록번호 5) 이사장의 성명·주민등록번호 및 주소 6) 출자 총좌수와 납입한 출자금의 총액 7) 설립신고연월일 등은 등기부에 등기되는 항목이다.

나. 설립 무효

협동조합의 설립 무효에 관하여는 「상법」 제328조를 준용한다. 즉 협동조합 설립의 무효는

주주·이사 또는 감사에 한하여 회사성립의 날로부터 2년 내에 소(訴)만으로 이를 주장할 수 있으며, 위 소는 사무소소재지 지방법원의 관할에 속한다. 설립무효의 소가 제기된 때에는 조합은 지체 없이 공고하여야 하고, 판결이 확정된 때에는 소재지에서 설립무효 등기를 하여야 한다.

(3) 사업자등록

가) 사업자 등록

설립등기를 마친 협동조합이 사업을 하려면 사업개시 일부터 20일 이내에 사업을 하고자 하는 장소(사업장)의 관할세무서장에게 사업자등록을 하여야한다.

나) 사업자등록증 신청시 제출서류
- 법인설립신고 및 사업자등록신청서 1부
- 법인등기부 등본 1부 – 담당 공무원의 확인에 동의하지 아니하는 경우 신청인이 직접 제출하여야 하는 서류
- (법인명의)임대차계약서 사본(사업장을 임차한 경우에 한함) 1부
- 주주 또는 출자자명세서 1부
- 사업허가·등록·신고필증 사본(해당 법인에 한함) 1부 – 허가(등록, 신고) 전에 등록하는 경우 : 허가(등록)신청서 등 사본 또는 사업계획서
- 현물출자명세서(현물출자법인의 경우에 한함) 1부

협동조합 설립 절차

1. 설립절차

① 발기인 구성 : 5인 이상

② 정관 작성 : 발기인이 작성(발기인 전원 기명날인, 간인)

③ 설립동의자 모집 : 발기인에게 설립동의서 제출(모집하지 않을 수 있음)

④ 창립총회 공고 : 창립총회 개최 7일전(공고일 제외)까지

⑤ 창립총회 : 발기인 및 설립동의자 과반수 출석 및 출석자 2/3 찬성으로 의결
  (총회의사록 작성)

⑥ 설립신고 : 주사무소 소재지 관할 구청에 신고 / 신고확인증 발급(20일 이내)

⑦ 사무인수인계 : 발기인 → 이사장

⑧ 출자금 납입 : 이사장 명의의 개인 통장

⑨ 설립등기 : 주사무소 소재지 관할 등기소(출자금 납입 완료일로부터 14일 이내 등기)

⑩ 사업자등록 : 주사무소 소재지 관한 세무서(사업 개시일로부터 20일 이내)

2. 설립신고 서류

① 설립신고서 : 시행규칙 별제 제2호 서식

② 정관 사본 : 정관예시 참고 (원본대조필 날인)

③ 창립총회 개최 공고문 : 주사무소에 게시한 사진 또는 메일 · 우편 발송문
  첨부

④ 창립총회 의사록 사본 : 원본에 (임시)의장과 총회에서 선출된 기명날인인 3
  인 총 4인 이상 인감으로 기명날인 및 간인(원본대조필 날인)

⑤ 임원 명부 : 시행규칙 별지 제3호 서식

⑥ 사업계획서 : 시행규칙 별지 제4호 서식

⑦ 수입 · 지출 예산서 : 시행규칙 별지 제5호 서식

⑧ 출자 1좌당 금액과 출자좌수를 적은 서류 : 임의 서식

⑨ 발기인 및 설립동의자 명부 : 시행규칙 별지 제6호 서식

⑩ 합병 또는 분할을 의결한 총회의사록 사본

 ※ 합병 또는 분할로 인하여 설립되는 경우만 해당되며, 합명 또는 분할로 인하여 존속하거나 설립되는 협동조합이 승계하여야 할 권리 및 의무의 범위가 의결사항으로 기재되어야 함

3. 설립 신고 접수

■ 주사무소 소재지를 관할하는 시 · 도지사에게 신고

▷ 서울특별시는 『서울특별시 사무위임 조례』에 따라 '13.8.31.부터 구청장이 신고를 수리하므로, 주사무소 소재지 관할 구청에 신고

■ '신고확인증'(구 신고필증)

▷ 설립신고 서류가 보완이 필요하거나 반려되는 경우 이외에는 접수일로부터 20일 이내에 '신고확인증'이 발급됨

▷ 신고확인증 발급 처리기간에 공휴일(일요일 포함)은 포함되지 않음

▷ 임원의 결격사유를 확인하기 위한 조사 등 부득이한 사유로 인하여 필요한 기간은 신고확인증 발급기간에 산입되지 않음

■ 설립신고의 보완요구

▷ 설립신고 기재사항이 누락되거나 첨부서류를 제출하지 않은 경우에는 보완을 요구할 수 있음

▷ 보완은 20일 이내의 기간을 정하여 요구하며, 이에 소요되는 기간은 신고확인증 발급기간에 포함되지 않음

▷ 보완된 설립신고서를 제출시 14일 이내에 신고확인증 발급

- 설립신고의 반려
  ▷ 협동조합의 설립절차나 정관, 사업계획서의 내용이 법령에 위반되는 경우나 보완 요구에도 불구하고 정해진 기간 이내에 보완하지 않은 경우 설립신고가 반려됨

4. 설립 신고 서류 작성시 유의사항

가. 정관 작성

- 협동조합 기본법 제16조 제1항에 따라 필수기재사항을 반드시 포함
  ▷ ① 목적 ② 명칭 및 주된 사무소의 소재지 ③ 조합원 및 대리인의 자격 ④ 조합원의 가입, 탈퇴 및 제명에 관한 사항 ⑤ 출자 1좌의 금액과 납입 방식 및 시기, 조합원의 출자좌수 한도 ⑥ 우선출자에 관한 사항 ⑦ 조합원의 권리와 의무에 관한 사항 ⑧ 잉여금과 손실금의 처리에 관한 사항 ⑨ 적립금의 적립방법 및 사용에 관한 사항 ⑩ 사업의 범위 및 회계에 관한 사항 ⑪ 기관 및 임원에 관한 사항 ⑫ 공고의 방법에 관한 사항 ⑬ 해산에 관한 사항 ⑭ 출자금의 양도에 관한 사항 ⑮ 그 밖에 총회·이사회의 운영 등에 필요한 사항

나. 협동조합의 명칭의 결정

- 명칭에 '협동조합'이라는 문자를 반드시 포함
- ※ '협동조합'이라는 문자의 위치는 무방함
- 기본 8개의 개별 협동조합 관련법에서 사용하고 있는 명칭은 사용 할 수 없음
- ※ 농업협동조합, 수산업협동조합, 엽연초협동조합, 중소기업협동조합, 소비자생활협동조합, 신용협동조합, 산림조합, 새마을금고
- 협동조합은 다른 협동조합 또는 사회적협동조합(각 연합회 포함)과 중복되거나 혼동되는 명칭을 사용하여서는 안 되며, 동일한 특별시·광역시·특별자치시·특별자치도·시·군에서 다른 협동조합이 이미 등기한 명칭을 사용할 수 없음

※ 대법원 인터넷 등기소 홈페이지(www.iros.go.kr)에서 '등기열람/발급 → 법인 → 상호찾기'에서 기존 등기된 상호가 있는지 확인

다. 사업계획서 및 수입·지출 예산서의 작성

- 사업계획서와 수지예산서는 사업의 목적 범위 이내에서 실현 가능한 사업이 구체적으로 기재되어야 하며, 서로 연계되어야 함
- 사업계획서 및 수입·지출 예산서는 창립총회의 승인이 필요함
- 사업계획의 '해당연도 사업계획'란에는 정관에 규정된 모든 사업에 대한 사업계획과 그 수행에 필요한 예산과 근거를 기재
- 수입·지출 예산서 상의 수입과 지출의 금액은 일치하여야 하며, 사업계획서 상의 사업의 수입과 지출 내역이 기재되어야 함
- <u>4/4분기 설립신고시에는 다음해 사업계획서도 제출을 요구받을 수 있으니 해당 설립 신고처에 사전 확인 필요</u>

라. 창립총회 개최 공고

- 창립총회 일시, 장소, 조합원의 자격요건, 의결사항을 포함하여 7일 이상 창립총회 개최를 공고해야 함
- ※ 7일에는 공휴일과 일요일이 포함되며, 공고일과 개최일은 포함되지 않음. 다만 말일이 토요일이나 공휴일인 경우에는 그 익일에 만료
- 개최 공고를 게시하였다는 증빙은 주사무소에 게시한 경우 사진, 신문 등에 공고한 경우 해당 신문, 우편, 전자우편 등으로 발송한 경우 그 발송내역 등을 함께 제출

마. 창립총회 의사록

- 의사록은 총회가 적법한 절차에 따라 진행되었음을 증명하는 중요한 기준이 되므로, 핵심내용을 포함하여 기재하여야 함

▷ 의사록에는 총회개최 일시와 장소, 참석대상 및 참석자, 의결권의 위임여부, 안건, 진행자, 의장 및 기명날인자의 선출, 설립에 필요한 사항(정관, 사업계획서 및 수입·지출 예산서, 임원의 선출, 설립 경비, 주사무소 소재지 등), 기명날인 또는 서명 등을 포함하여야 함

▷ 의사록에는 의장과 창립총회에서 선출한 3인 총 4인 이상이 기명날인과 간인을 해야 함

※ 의장과 이사장이 다른 경우에는 이사장과 의장 모두 기명날인, 간인

바. 임원 명부

※협동조합 기본법 제36조(임원 등의 결격사유)

1. 피성년후견인
2. 피한정후견인
3. 파산선고를 받고 복권되지 아니한 사람
4. 금고 이상의 실형을 선고받고 그 집행이 끝나거나(집행이 끝난 것으로 보는 경우를 포함한다) 집행이 면제된 날부터 3년이 지나지 아니한 사람
5. 금고 이상의 형의 집행유예를 선고받고 그 유예기간 중에 있는 사람
6. 금고 이상의 형의 선고유예를 받고 그 선고유예기간 중에 있는 사람
6의2. 「형법」 제303조 또는 「성폭력범죄의 처벌 등에 관한 특례법」 제10조에 규정된 죄를 범한 사람으로서 300만원 이상의 벌금형을 선고받고 그 형이 확정된 후 2년이 지나지 아니한 사람
7. 법원의 판결 또는 다른 법률에 따라 자격이 상실 또는 정지된 사람
② 제1항 각 호의 사유가 발생하면 해당 임원이나 제34조제4항에 따른 임원의 직무를 수행할 사람은 당연히 퇴직된다. 〈개정 2014. 1. 21.〉
③ 제2항에 따라 퇴직된 임원이나 제34조제4항에 따른 임원의 직무를 수행할 사람이 퇴직 전에 관여한 행위는 그 효력을 상실하지 아니한다. 〈개정 2014. 1. 21.〉

5. 설립등기

■ 협동조합은 출자금 납입이 끝난 날로부터 14일 이내에 주사무소 소재지 관할 등기

소에 다음의 서류를 구비하여 설립등기를 하여야 함

① 설립등기신청서

② 정관(사본) : 원본대조필 날인(원본지참 필수)

③ 창립총회 의사록 : 공증 받은 원본을 제출

④ 설립신고확인증

⑤ 임원 취임승낙서(인감도장 날인), 인감증명서, 주민등록등(초)본

※ 임원 전원의 서류를 제출하여야 하며, 법인이 임원인 경우에는 법인의 취임승낙서
  (법인인감도장날인), 법인인감 증명서와 법인등기부등본 제출

⑥ 인감신고서, 인감대지 3매

⑦ 출자금 총액 납입증명서

※ 금융기관이 작성한 잔고증명서나 이사장이 발행한 출자금납입확인서 등 모두 가
  능하며, 현물출자가 있는 경우 현물출자재산인계서 또는 출자재산영수증을 함께
  제출

⑧ 등록면허세 영수필 확인서 : 서울지역에서 협동조합 설립시에는 서울시지방세 인
  터넷납부시스템(etax.seoul.go.kr)에서 세금 납부 후 영수증을 출력하는 것을 권장

⑨ 위임장 : 대리인이 신청할 경우

⑩ 합병이나 분할로 인한 설립시 채권자 보호절차를 종료하였음을 증명하는 서류

6. 사업자등록

■ 협동조합은 사업을 시작한 날로부터 20일 이내에 주사무소 소재지를 관할하는 세
  무서민원봉사실에 다음의 서류를 구비하여 사업자등록을 신청하여야 함. 다만, 사
  업개시 전에도 신청 가능

① 법인설립신고 및 사업자등록신청서

② 정관 사본(원본대조필 날인)

③ 법인등기부등본

④ (법인명의) 임대차계약서 : 사업장을 임차한 경우

⑤ 주주 또는 출자자명세서 : 조합원 출자명세서

⑥ 사업허가 · 등록 · 신고필증 사본 : 해당 법인에 한함. 허가(등록, 신고)전에 등록하
   는 경우 허가(등록)신청서 등 사본 또는 사업계획서

⑦ 자금출처명세서 : 금지금 도 · 소매업 및 과세유흥장소의 영업을 영위하려는 경우

⑧ 현물출자명세서 : 현물출자법인의 경우에 한함

⑨ 위임장 : 대리인이 신청할 경우

제2절 조합원

1. 조합원의 자격 및 가입

가. 조합원의 자격

조합원은 협동조합의 설립 목적에 동의하고 조합원으로서의 의무를 다하고자 하는 자로 하며(법 제20조), 조합의 정관에 따라 일정 기간 내에 출자금을 납입하면 최종적으로 조합원으로 가입하게 된다. 조합이 설립된 후 새로운 조합원을 가입 받을 경우에는 조합원 가입신청서를 받는다.

나. 조합의 가입

협동조합은 정당한 사유 없이 조합원의 자격을 갖추고 있는 자에 대하여 가입을 거절하거나 다른 조합원보다 불리한 가입 조건을 붙일 수 없다. 이에도 불구하고 정관으로 정하는 바에 따라 협동조합의 설립 목적 및 특성에 부합되는 자로 조합원의 자격을 제한할 수 있다.

2. 출자 및 책임 등

가. 출자

출자란 조합원이 조합의 운영에 소요되는 돈이나 물건을 조합에 출연하는 것을 말하는데, 협동조합의 경우 조합원은 정관으로 정하는 바에 따라 1좌 이상을 출자하여야 한다. 다만, 필요한 경우 정관으로 정하는 바에 따라 현물을 출자할 수 있다(법 제22조).

나. 출자한도

조합원 1인의 출자좌수는 총 출자좌수의 100분의 30을 넘어서는 아니 된다.

다. 질권설정 제한

질권설정이란 채무자가 돈을 변제할 때까지 채권자가 담보물을 보관할 수 있고, 채무자가 돈을 변제하지 아니할 경우 그 담보물로부터 우선적으로 변제받을 수 있는 권리를 말하는데, 협동조합의 경우 조합원이 납입한 출자금은 이러한 질권의 목적이 될 수 없다.

라. 상계금지

협동조합에 납입할 출자금은 협동조합에 대한 채권과 상계하지 못한다.

마. 조합원의 책임

조합원의 책임은 납입한 출자액을 한도로 한다.

3. 우선출자

협동조합기본법은 협동조합의 자기자본 확충을 위해 우선출자제도를 신설하여 시행하고 있는데, 이는 경영의 투명성과 재무상태가 양호한 협동조합으로서 1) 우선출자를 발행하려는 연도의 직전연도(설립된 연도에 발행하려는 경우에는 그 설립연도)에 협동조합기본법에 따른 경영고시를 하고 있고, 2) 부채총액을 자기총자본(납입출자금, 우선출자금, 적립금, 기타 이익잉여금의 합계액)으로 나눈 비율이 200% 이하 일 것의 요건을 충족할 경우 자기자본의 확충을 통한 경영의 건전성을 도모하기 위해서 정관을 정하는 바에 따라 이익금 배당에서 우선적 지위를 가지는 우선출자를 발행할 수 있다.

가. 우선출자 발행

(1) 우선출자 발행

1) 우선출자 발행

경영의 투명성과 재무상태가 양호한 협동조합으로서 대통령령으로 정하는 협동조합은 자기자본의 확충을 통한 경영의 건전성을 도모하기 위하여 정관으로 정하는 바에 따라 잉여금

배당에서 우선적 지위를 가지는 우선출자를 발행할 수 있다(법 제22조의2 제1항).

2) 우선출자 발행의 공고

협동조합은 우선출자를 발행할 때에는 우선출자의 납입기일 2주 전까지 발행하려는 우선출자의 내용, 좌수(座數), 발행가액, 납입기일 및 모집방법을 공고하고 출자자 및 우선출자자에게 알려야 한다(법 시행령 제8조의3).

(2) 대통령령으로 정하는 협동조합

위 (1)항에서 '대통령령으로 정하는 협동조합'이란 다음 각 호의 요건을 모두 갖춘 협동조합을 말한다(법 시행령 제8조의2 제1항).

- 우선출자를 발행하려는 연도의 직전연도(설립된 연도에 발행하려는 경우에는 그 설립연도를 말한다)에 법 제49조의2에 따른 경영공시를 하고 있을 것
- 부채총액을 자기총자본(납입출자금, 우선출자금, 적립금, 기타 이익잉여금의 합계액을 말한다)으로 나눈 비율이 200퍼센트 이하일 것

나. 우선출자 1좌 금액

(1) 1좌 금액

우선출자 1좌의 금액은 출자 1좌의 금액과 같아야 하며, 우선출자의 총액은 1) 대통령령으로 정하는 바에 따라 산정한 자기자본, 2) 납입출자금 총액 다음 각 호에 해당하는 금액 중 더 큰 금액의 100분의 30을 초과할 수 없다. 여기서 '대통령령으로 정하는 바에 따라 산정한 자기자본'이란 제1항 제2호에 따른 자기총자본에서 우선출자금을 제외한 금액을 말한다(법 시행령 제8조의2 제2항).

(2) 조합원의 우선출자 참여시

조합원이 우선출자에 참여할 경우, 조합원 1인의 납입출자금 총액과 우선출자 총액을 합한 금액은 협동조합이 발행한 우선출자 총액의 100분의 30을 초과할 수 없다.

다. 우선출자의 청약

(1) 우선출자청약서 작성

우선출자의 청약을 하려는 자는 우선출자청약서에 인수하려는 우선출자의 좌수 및 인수가액과 주소를 적고 기명날인해야 한다(법 시행령 제8조의4).

(2) 우선출자청서에 포함될 사항

우선출자청약서의 서식은 해당 협동조합의 이사장이 작성하되, 다음의 사항이 포함되어야 한다.

- 협동조합의 명칭
- 출자 1좌의 금액 및 총좌수
- 우선출자 총좌수의 최고한도
- 이미 발행한 우선출자의 종류 및 종류별 좌수
- 제8조의2제1항제2호에 따른 협동조합의 자기총자본
- 발행하려는 우선출자의 액면금액, 내용 및 좌수
- 발행하려는 우선출자의 발행가액 및 납입기일
- 우선출자의 매입소각을 하려는 경우에는 그에 관한 사항
- 우선출자 인수금액의 납입을 취급하는 금융기관 등

(3) 우선출자금액의 납입

우선출자의 청약을 한 자는 이사장이 배정한 우선출자의 좌수에 대하여 우선출자를 인수할 수 있다(법 시행령 제8조의5). 이에 따라 우선출자를 인수하려는 자는 납입기일까지 우선출자 발행가액의 전액을 납입해야 하며, 이 경우 우선출자 발행가액의 납입기일의 다음날부터 우선출자자가 된다.

라. 우선출자자에 대한 의결권 등 제한

우선출자자에 대해서는 의결권과 선거권을 인정하지 아니한다.

마. 배당

우선출자자에 대한 배당은 출자에 대한 배당보다 우선하여 실시하되, 그 배당률은 정관으로 정하는 최저 배당률과 최고 배당률 사이에서 정기총회에서 정한다.

바. 우선출자증명서 발행 등

(1) 증서발행 시기

협동조합은 우선출자 발행가액의 전액납입이 있기 전에는 우선출자증서(이하 이 장에서 '증서'라 한다)를 발행할 수 없으며(법 시행령 제8조의6), 우선출자 발행가액의 납입기일 후 그 인수자에게 지체 없이 증서를 발행해야 한다.

(2) 증서의 형식

증서는 기명식으로 발행하여야 한다(법 시행령 제8조의7)

(3) 증서의 기재사항

증서에는 다음의 사항을 적고 이사장이 기명날인 또는 서명해야 한다(법 시행령 제8조의8).

- 협동조합의 명칭
- 우선출자자의 액면금액
- 우선출자의 내용
- 증서번호
- 발행 연월일
- 우선출자 좌수
- 우선출자자의 성명(법인인 경우에는 법인의 명칭을 말한다. 이하 이 장에서 같다)

(4) 우선출자자 명부비치 등

협동조합은 주된 사무소에 다음의 사항을 기재한 우선출자자명부를 갖춰 두어야 한다(법 시행령 제8조의9).

- 증서소유자의 성명과 주소
- 증서의 수와 번호
- 증서의 취득 연월일
- 의결권 및 선거권

사. 우선출자자 총회

협동조합은 우선출자자에게 손해를 미치는 내용으로 정관이 변경되는 경우 우선출자자 총회의 의결을 거쳐야 한다(법 시행령 제8조의 12). 이에 따른 우선출자자 총회의 의결은 발행한 우선출자 총좌수의 과반수 출석과 출석한 출자좌수 3분의 2 이상의 찬성으로 하며, 우선출자자 총회의 운영 등에 필요한 사항은 정관으로 정한다.

아. 통지와 최고

우선출자신청인 또는 우선출자자에 대한 통지나 최고는 따로 그 주소를 협동조합에 통지한 경우를 제외하고는 우선출자청약서 또는 우선출자자명부에 적힌 주소로 한다(법 시행령 제8조의13).

4. 조합원의 의결권 및 선거권

가. 의결권 등

의결권 및 선거권이란 조합원이 총회에 참석하여 그 결의에 참가하여 선거할 수 있는 권리로서 조합원은 출자좌수에 관계없이 각각 1개의 의결권과 선거권을 가진다(법 제23조).

나. 대리행사

조합원은 대리인으로 하여금 의결권 또는 선거권을 행사하게 할 수 있다. 이 경우 그 조합원은 출석한 것으로 보며, 이에 따른 대리인은 다른 조합원 또는 본인과 동거하는 가족(조합원의 배우자, 조합원 또는 그 배우자의 직계 존속·비속과 형제자매, 조합원의 직계 존속·비속 및 형제자매의 배우자를 말한다. 이하 같다)이어야 하며, 대리인이 대리할 수 있는 조합원의 수는 1인에 한정한다. 이 경우 대리인은 정관으로 정하는 바에 따라 대리권을 증명하는 서면을 협동조합에 제출하여야 한다.

5. 탈퇴

탈퇴란 협동조합이 존속하는 중에 조합원이 조합원으로서의 지위를 이탈하는 것을 말하며, 탈퇴에 의하여 조합원의 기존에 조합원으로서 갖고 있던 일체의 권리, 의무를 상실하게 되는데, 탈퇴에는 스스로 조합을 탈퇴하는 임의탈퇴와 당연탈퇴가 있다.

가. 임의탈퇴

조합원은 정관으로 정하는 바에 따라 협동조합에 탈퇴의사를 알리고 탈퇴할 수 있다(법 제24조).

나. 당연탈퇴

조합원이 다음의 어느 하나에 해당하면 당연히 탈퇴된다.
- 조합원의 자격이 없는 경우
- 사망한 경우
- 성년후견개시의 심판을 받은 경우
- 조합원인 법인이 해산한 경우
- 그 밖에 정관으로 정하는 사유에 해당하는 경우

다. 조합원지위 양도

조합원지위의 양도 또는 조합원지분의 양도는 총회의 의결을 받아야 한다. 여기서 조합원의 지위양도는 조합원의 기존에 갖고 있던 의결권, 선거권, 사업의 이용 배당 등의 권리와 선거운동제한, 겸직 금지 등의 의무를 새로운 조합원에게 양도하는 것을 의미하며, 지분의 양도는 조합원의 탈퇴한 조합원이 가지고 있던 지분을 새로운 조합원에게 양도하는 것으로 지분의 양수인은 양수한 지분에 관하여 양도인의 권리 의무를 승계하며 조합원으로 가입하는 것을 말한다.

6. 제명

가. 제명 사유

제명이란 협동조합이 특정한 조합원에 대하여 조합원의 지위를 박탈하는 것을 말하며, 협동조합은 조합원이 다음의 어느 하나에 해당하면 해당 조합원을 제명할 수 있다(법 제25조).

- 정관으로 정한 기간 이상 협동조합의 사업을 이용하지 아니한 경우
- 출자 및 경비의 납입 등 협동조합에 대한 의무를 이행하지 아니한 경우
- 그 밖에 정관으로 정하는 사유에 해당하는 경우

나. 제명절차

협동조합은 조합원을 제명하고자 할 때에는 총회 개최 10일 전까지 해당 조합원에게 제명사유를 알리고, 총회에서 의견을 진술할 기회를 주어야 하며, 이에 따른 의견진술의 기회를 주지 아니하고 행한 총회의 제명 의결은 해당 조합원에게 대항하지 못한다.

7. 지분환급청구권과 환급정지

가. 지분환급청구권

지분이란 조합원이 협동조합에 대하여 가지는 몫을 표시하는 계산상의 금액으로서 조합원

의 출자지분은 출자금 등으로 구성되는데, 탈퇴 조합원(제명된 조합원을 포함한다)은 탈퇴 (제명을 포함한다) 당시 회계연도의 다음 회계연도부터 정관으로 정하는 바에 따라 그 지분의 환급을 청구할 수 있으며(법 제26조), 이에 따른 지분은 탈퇴한 회계연도말의 협동조합의 자산과 부채에 따라 정한다.

나. 지분환급청구권의 소멸시효

(1) 소멸시효

소멸시효(消滅時效)는 권리자가 권리행사를 할 수 있음에도 불구하고 일정기간 동안 권리를 행사하지 않는 경우 그 권리가 실효되게 하는 제도를 말하는데, 지분환급청구권의 경우 2년간 행사하지 아니하면 시효로 인하여 그 권리가 소멸된다.

(2) 지분환급 정지

협동조합은 탈퇴 조합원이 협동조합에 대한 채무를 다 갚을 때까지는 지분의 환급을 정지할 수 있다.

8. 탈퇴 조합원의 손실액 부담

가. 탈퇴 조합원 손실액 부담

협동조합은 협동조합의 재산으로 그 채무를 다 갚을 수 없는 경우에는 지분의 환급분을 계산할 때 정관으로 정하는 바에 따라 탈퇴 조합원이 부담하여야 할 손실액의 납입을 청구할 수 있다.

나. 손실액부담청구권의 소멸시효

탈퇴조합원에 대한 손실액부담청구권은 2년간 행사하지 아니할 경우 시효로 인하여 소멸한다(법 제27조).

제3절 협동조합의 기관

1. 총회

총회는 협동조합의 최고의사결정기관으로, 조합원이 한자리에 모여서 중요한 의사결정을 하는 자리다. 한 해 동안 조합 내에서 벌어졌던 문제들을 돌아보고 어떻게 해결할 것인지를 조합원들과 함께 논의하고 결정하는 장이자, 조합원 조직으로서의 대의를 실현하고 민주주의 교육·훈련의 자리기도 하다. 협동조합 기본법 제28조에는 협동조합에 총회를 두고, 이사장과 조합원으로 구성하며 이사장은 총회를 소집하며 총회의 의장이 된다. 정기총회는 매년 1회 회계연도 종료 후 3개월 이내에 이사장이 소집한다. 이사장은 총회 개최 7일 전까지 회의목적, 안건, 일시 및 장소를 정해 정관으로 정한 방법에 따라 총회소집을 통지하도록 한다.

임시총회는 정관으로 정하는 바에 따라 필요하다고 인정될 때 소집할 수 있다. 임시총회를 소집하는 경우는 이사장 및 이사회가 필요하다고 인정하거나, 조합원이 조합원 5분의 1 이상의 동의를 받아 소집의 목적과 이유를 적은 서면을 제출해 이사장에게 소집을 청구할 때 가능하다. 또한 감사가 조합의 재산상황이나 업무집행에 부정한 사실이 있는 것을 발견했을 때도 소집할 수 있다.

가. 총회의 설치

총회란 협동조합의 전체 구성원(조합원)에 의하여 조직되고 종합적 의사를 결정하는 최고 의결기관을 의미하는데, 협동조합에는 이러한 총회를 두어야 한다(법 제28조 제1항).

나. 총회의 구성

총회는 이사장과 조합원으로 구성하며, 이사장은 총회를 소집하며, 총회의 의장이 된다.

다. 정기총회

(1) 정기총회 개최

정기총회란 일정하게 정해진 시기에 개최하는 총회를 말하는데, 정기총회는 그 회에서 가장 중요한 회의로서 이때 임원 개선, 회칙 개정, 1년 사업계획, 예산 편성 등이 이루어진다. 임시총회와 상대되는 개념이다. 협동조합의 정기총회는 매년 1회 정관으로 정하는 시기에 소집하고, 임시총회는 정관으로 정하는 바에 따라 필요하다고 인정될 때 소집할 수 있다.

(2) 정기총회 개최절차

이사장은 총회 개최 7일 전까지 회의목적 · 안건 · 일시 및 장소를 정하여 정관으로 정한 방법에 따라 총회소집을 통지하여야 한다.

[정기총회 진행순서]

1. 성원 보고 및 개회 선언
2. 의사록 서명 날인인 및 서기 선임
3. 의사 일정 확정
4. 전차 회의 의사록 낭독 및 승인
5. 상정 의안 심의
제 1호 의안 0000년도 감사보고서 승인에 관한 건
제 2회 의안 0000년도 사업보고 및 결산 승인에 관한 건
제 3회 의안 2010년도 이익잉여금 처분에 관한 건
제 4호 의안 정관 및 규약 개정의 건
제 5호 의안 0000년도 사업계획에 관한 건 제 0호 의안 000 000 0000 00006. 폐회선언

협동조합은 정기총회 7일 전까지 사업보고서, 대차대조표, 손익계산서, 잉여금[손실금]처분안 등이 포함된 결산보고서를 감사에게 제출해야 하고, 감사는 결산보고서와 감사의견서를 정기총회에 제출해 승인을 받아야 하며, 매 회계연도의 사업계획서와 수지예산서를 작성하여 총회의 의결을 얻어야 한다.

[결산 보고서의 주요 목차 및 내용]

---

1. 사업보고서
- 사업개요(조합원 현황, 임직원 현황, 사업부문별 종사인원 등 포함)
- 사업계획 대비 실적
- 수지예산 대비 실적
- 총회, 이사회 등 개최 현황(참여자, 주요 안건 포함)
2. 대차대조표
3. 손익계산서
4. 잉여금[손실금] 처분안
5. 기타 - 자산부채 세부 내역 등

---

2. 총회의 의결사항 등

가. 의결사항

다음의 사항은 총회의 의결을 받아야 한다(법 제29조).

- 정관의 변경

- 규약의 제정 · 변경 또는 폐지

- 임원의 선출과 해임

- 사업계획 및 예산의 승인

- 결산보고서의 승인

- 감사보고서의 승인

- 협동조합의 합병 · 분할 · 해산 · 휴업 또는 계속

- 조합원의 제명

- 탈퇴 조합원(제명된 조합원을 포함한다)에 대한 출자금 환급

- 다른 협동조합에 대한 우선출자

- 총회의 의결을 받도록 정관으로 정하는 사항

- 그 밖에 이사장 또는 이사회가 필요하다고 인정하는 사항

나. 의결정족수

의결정족수란 협동조합에서 그 의사를 결정하는 데 필요한 구성원의 수를 말한다. 특별한 규정이 없는 한 그 재적의원 과반수의 출석과 출석의원 과반수의 찬성으로 의결하며, 가부동수(可否同數)일 때는 부결된 것으로 간주한다.

(1) 총조합원 과반수의 출석과 출석자 3분의 2 이상의 찬성

1) 정관의 변경, 2) 협동조합의 합병·분할·해산·휴업 또는 계속, 3) 조합원의 제명, 4) 탈퇴 조합원(제명된 조합원을 포함한다)에 대한 출자금 환급, 5) 다른 협동조합에 대한 우선 출자 등에 관한 사항은 총조합원 과반수의 출석과 출석자 3분의 2 이상의 찬성으로 의결한다.

(2) 총조합원 과반수의 출석과 출석자 과반수의 찬성

그 밖의 사항은 총조합원 과반수의 출석과 출석자 과반수의 찬성으로 의결한다.

3. 총회의 의사록

가. 총회의사록 작성

총회가 의사를 결정하기 위해서는 반드시 의사록을 만들어야 한다. 의사록을 작성한 후에는 이를 비치할 의무가 있으며, 의사록에는 총회의 경과와 결과에 대하여 자세하게 기록하도록 한다.

나. 작성방법[3]

의사록에는 의사의 진행 상황과 그 결과를 적고 의장과 총회에서 선출한 조합원 3인 이상이 기명날인하거나 서명하여야 한다.

---

3) 별첨 2 총회의사록 작성방법 참조.

4. 대의원총회

조합원 수가 많아지면 조합원 총회의 성립 자체가 현실적으로 어려울 수 있다. 물론 조합원은 대리인으로 하여금 의결권 및 선거권을 행사할 수 있지만, 대리인이 대리할 수 있는 조합원 수는 1인으로 한정된다. 따라서 조합원 수가 200인 이상인 협동조합의 경우는 총회에 갈음하는 대의원총회를 둘 수 있다. 대의원총회는 조합원 중에서 선출된 대의원으로 구성된다. 대의원의 의결권은 대리인으로 하여금 행사하게 할 수 없다. 대의원 정수, 선출 방법은 정관에서 정한다. 대의원총회는 총회에 준하여 운영되고, 협동조합의 합병·분할 및 해산 사항을 제외한 총회의 모든 사항을 의결할 수 있다.

가. 대의원총회 설치

대의원 총회란 조합 내에서 조합원 투표로 대의원을 선출하여 총회에서 의결할 사항을 대의원이 의결하는 간접적인 방식을 말한다. 협동조합의 경우 조합원 수가 200인을 초과하는 경우 총회를 갈음하는 대의원총회를 둘 수 있다(법 제31조).

나. 대의원총회의 구성

대의원총회는 조합원 중에서 선출된 대의원으로 구성하며. 총회를 구성하는 대의원 정수는 대의원 선출 당시 조합원 총수의 100분의 10 이상이어야 한다. 다만, 그 대의원 총수가 100명을 초과하는 경우에는 100명으로 할 수 있다.

다. 의결권 등의 대리행위 금지

대의원의 의결권 및 선거권은 대리인으로 하여금 행사하게 할 수 없다.

라. 대의원의 임기 등

대의원의 임기, 선출방법 및 자격 등 대의원총회의 운영에 필요한 사항은 정관으로 정한다.

마. 총회규정 준용

대의원총회에 관하여는 총회에 관한 규정을 준용하며, 이 경우 '조합원'은 '대의원'으로 본다. 다만, 대의원총회는 협동조합의 합병·분할 및 해산에 관한 사항은 의결할 수 없다.

5. 이사회

이사회는 의장인 이사장 및 이사로 구성된다. 협동조합의 업무집행에 관한 의사를 결정하는 필수적 의결기관으로 이사회는 총회 소집의 능률화를 기하고 협동조합을 합리적으로 운용하려는 제도로서 총회에서 의결된 사항을 집행함에 필요한 세부사항을 의결한다. 그 밖에 이사회의 개의 및 의결방법 등 이사회의 운영에 관해 필요한 사항은 정관으로 정한다.

가. 이사회 설치 및 구성

협동조합에는 이러한 이사회를 두며(법 제32조), 이사회는 이사장 및 이사로 구성한다. 다만, 조합원 수가 10인 미만인 협동조합은 총회의 의결을 받아 이사회를 두지 아니할 수 있다.

나. 이사장의 권한

이사장은 이사회를 소집하고 그 의장이 된다.

다. 의결정족수

이사회는 구성원 과반수의 출석과 출석원 과반수의 찬성으로 의결하며, 그 밖에 이사회의 개의 및 의결방법 등 이사회의 운영에 관하여 필요한 사항은 정관으로 정한다.

라. 이사회의 의결사항

이사회는 다음의 사항을 의결한다(법 제33조).
• 협동조합의 재산 및 업무집행에 관한 사항

- 총회의 소집과 총회에 상정할 의안
- 규정의 제정 · 변경 및 폐지
- 사업계획 및 예산안 작성
- 법령 또는 정관으로 이사회의 의결을 받도록 정하는 사항
- 그 밖에 협동조합의 운영에 중요한 사항 또는 이사장이 부의하는 사항

6. 협동조합의 임원

가. 임원의 구성

(1) 임원의 구성

협동조합에 임원으로서 이사장 1명을 포함한 3명 이상의 이사와 1명 이상의 감사를 두어야
한다(법 제34조). 다만, 이에도 불구하고 사업의 성격, 조합원 구성 등을 고려하여 대통령령
으로 정하는 협동조합은 총회의 의결을 받아 감사를 두지 아니할 수 있다.

(2) 임원의 선출방법

이사의 정수 및 이사 · 감사의 선출방법 등은 정관으로 정하며, 이사장은 이사 중에서 정관으
로 정하는 바에 따라 총회에서 선출한다.

나. 조합원인 법인이 협동조합의 임원인 경우

조합원인 법인이 협동조합의 임원인 경우 그 조합원인 법인은 임원의 직무를 수행할 사람을
선임하고, 그 선임한 사람의 성명과 주소를 조합원에게 통지하여야 한다.

다. 임원의 임기 등

임원의 임기는 4년의 범위에서 정관으로 정하며(법 제35조), 연임할 수 있다. 다만, 이사장
은 두 차례만 연임할 수 있다. 한편, 결원으로 인하여 선출된 임원의 임기는 전임자의 임기종
료일까지로 한다.

라. 임원 등의 결격사유 등

(1) 임원의 결격사유

다음의 어느 하나에 해당하는 사람은 협동조합의 임원이나 조합원인 법인이 협동조합의 임원의 직무를 수행할 사람이 될 수 없다(법 제36조).

• 피성년후견인[4]

• 파산선고를 받고 복권되지 아니한 사람

• 금고 이상의 실형을 선고받고 그 집행이 끝나거나(집행이 끝난 것으로 보는 경우를 포함한다) 집행이 면제된 날부터 3년이 지나지 아니한 사람

• 금고 이상의 형의 집행유예를 선고받고 그 유예기간 중에 있는 사람

• 금고 이상의 형의 선고유예를 받고 그 선고유예기간 중에 있는 사람

•「형법」제303조(업무상위력 등에 의한 간음) 또는「성폭력범죄의 처벌 등에 관한 특례법」제10조에 규정된 죄를 범한 사람으로서 300만원 이상의 벌금형을 선고받고 그 형이 확정된 후 2년이 지나지 아니한 사람

> 형법 제303조(업무상위력등에 의한 간음) ① 업무, 고용 기타 관계로 인하여 자기의 보호 또는 감독을 받는 사람에 대하여 위계 또는 위력으로써 간음한 자는 7년 이하의 징역 또는 3천만원 이하의 벌금에 처한다.
>
> ② 법률에 의하여 구금된 사람을 감호하는 자가 그 사람을 간음한 때에는 10년 이하의 징역에 처한다.
>
> 성폭력범죄의 처벌 등에 관한 특례법 제10조(업무상 위력 등에 의한 추행) ① 업무, 고용이나 그 밖의 관계로 인하여 자기의 보호, 감독을 받는 사람에 대하여 위계 또는 위력으로 추행한 사람은 3년 이하의 징역 또는 1천500만원 이하의 벌금에 처한다.

---

4) 질병, 장애, 노령, 그 밖의 사유로 인한 정신적 제약으로 사무를 처리할 능력이 지속적으로 결여된 사람에 대하여 본인, 배우자, 4촌 이내의 친족, 미성년후견인, 미성년후견감독인, 한정후견인, 한정후견감독인, 특정후견인, 특정후견감독인, 검사 또는 지방자치단체의 장의 청구에 의하여 가정법원으로부터 성년후견개시의 심판을 받은 자를 말한다. 가정법원은 이때 본인의 의사를 고려하여 심판하여야 한다(민법 제9조). 피성년후견인의 법률행위는 취소할 수 있다.

② 법률에 따라 구금된 사람을 감호하는 사람이 그 사람을 추행한 때에는 5년 이하의 징역 또는 2천만원 이하의 벌금에 처한다.

- 법원의 판결 또는 다른 법률에 따라 자격이 상실 또는 정지된 사람

(2) 결격사유 발생시 당연퇴직

임원 등의 결격 사유가 발생하면 해당 임원이나 조합원인 법인이 협동조합의 임원의 직무를 수행할 사람은 당연히 퇴직되며, 이에 따라 퇴직된 임원이나 조합원인 법인이 협동조합의 임원의 직무를 수행할 사람이 퇴직 전에 관여한 행위는 그 효력을 상실하지 아니한다.

(3) 벌금형의 분리 선고

「형법」 제38조에도 불구하고 제36조 제1항 제6호의2에 규정된 죄(「형법」 제303조 또는 「성폭력범죄의 처벌 등에 관한 특례법」 제10조에 규정된 죄)와 다른 죄의 경합범(競合犯)에 대하여 벌금형을 선고하는 경우에는 이를 분리 선고하여야 한다(법 제36조의2).

형법 제38조(경합범과 처벌례) ① 경합범을 동시에 판결할 때에는 다음 각 호의 구분에 따라 처벌한다.

1. 가장 무거운 죄에 대하여 정한 형이 사형, 무기징역, 무기금고인 경우에는 가장 무거운 죄에 대하여 정한 형으로 처벌한다.
2. 각 죄에 대하여 정한 형이 사형, 무기징역, 무기금고 외의 같은 종류의 형인 경우에는 가장 무거운 죄에 대하여 정한 형의 장기 또는 다액(多額)에 그 2분의 1까지 가중하되 각 죄에 대하여 정한 형의 장기 또는 다액을 합산한 형기 또는 액수를 초과할 수 없다. 다만, 과료와 과료, 몰수와 몰수는 병과(倂科)할 수 있다.
3. 각 죄에 대하여 정한 형이 무기징역, 무기금고 외의 다른 종류의 형인 경우에는 병과한다.

② 제1항 각 호의 경우에 징역과 금고는 같은 종류의 형으로 보아 징역형으로 처벌한다.

7. 선거운동

가. 선거운동의 제한

(1) 선거운동 제한 사유

누구든지 자기 또는 특정인을 협동조합의 임원 또는 대의원으로 당선되도록 하거나 당선되지 아니하도록 할 목적으로 다음의 어느 하나에 해당하는 행위를 할 수 없다(법 제37조).

• 조합원(협동조합에 가입신청을 한 자를 포함한다. 이하 이 조에서 같다)이나 그 가족(조합원의 배우자, 조합원 또는 그 배우자의 직계 존속·비속과 형제자매, 조합원의 직계 존속·비속 및 형제자매의 배우자를 말한다. 이하 같다) 또는 조합원이나 그 가족이 설립·운영하고 있는 기관·단체·시설에 대한 1) 금전·물품·향응이나 그 밖의 재산상의 이익을 제공하는 행위, 2) 공사의 직을 제공하는 행위, 3) 금전·물품·향응, 그 밖의 재산상의 이익이나 공사의 직을 제공하겠다는 의사표시 또는 그 제공을 약속을 하는 행위의 어느 하나에 해당하는 행위

• 후보자가 되지 못하도록 하거나 후보자를 사퇴하게 할 목적으로 후보자가 되려는 사람이나 후보자에게 제1호 각 목에 규정된 행위를 하는 행위

• 위 각자에 해당하는 사람이(제1호 또는 제2호) 이익이나 직을 제공받거나 그 제공의 의사표시를 승낙하는 행위 또는 그 제공을 요구하거나 알선하는 행위

(2) 호별방문 또는 특정장소 모임제한

위 임원 또는 대의원이 되려는 사람은 선거일 공고일부터 선거일까지의 기간 중에는 선거운동을 위하여 조합원을 호별로 방문하거나 특정 장소에 모이게 할 수 없다.

(3) 후보자 비방금지 등

누구든지 협동조합의 임원 또는 대의원 선거와 관련하여 연설·벽보, 그 밖의 방법으로 거짓의 사실을 공표하거나 공연히 사실을 적시하여 후보자를 비방할 수 없다.

(4) 선거방법 제한

누구든지 임원 또는 대의원 선거와 관련하여 다음의 방법 외의 선거운동을 할 수 없다.]
- 선전 벽보의 부착
- 선거 공보의 배부
- 소형 인쇄물의 배부
- 합동 연설회 또는 공개 토론회의 개최
- 전화(문자메시지를 포함한다)·팩스·컴퓨터통신(전자우편을 포함한다)을 이용한 지지 호소

나. 선거관리위원회의 구성·운영

협동조합은 임원 및 대의원 선거를 공정하게 관리하기 위하여 선거관리위원회를 구성·운영할 수 있으며(법 제38조), 선거관리위원회의 기능·구성 및 운영 등에 관하여 필요한 사항은 정관으로 정할 수 있다.

8. 임원의 의무와 책임

가. 직무수행 의무

임원은 이 법, 이 법에 따른 명령, 정관·규약·규정 및 총회와 이사회의 의결을 준수하고 협동조합을 위하여 성실히 그 직무를 수행하여야 한다(법 제39조).

나. 손배책임

임원이 법령 또는 정관을 위반하거나 그 임무를 게을리하여 협동조합에 손해를 가한 때에는

연대하여 그 손해를 배상하여야 한다. 나아가 임원이 고의 또는 중대한 과실로 그 임무를 게을리하여 제3자에게 손해를 끼친 때에는 제3자에게 연대하여 그 손해를 배상하여야 한다.

다. 이사회 의결에 의한 행위

위 나.항의 행위가 이사회의 의결에 의한 것일 때에는 그 의결에 찬성한 이사도 위 나.항의 책임이 있다. 또한 이사회 의결에 참가한 이사로서 명백한 반대의사를 표시하지 아니한 자는 그 의결에 찬성한 것으로 본다.

라. 임원의 해임

조합원은 조합원 5분의 1 이상의 동의로 총회에 임원의 해임을 요구할 수 있으며(법 제40조), 임원의 해임을 의결하려면 해당 임원에게 해임의 이유를 알리고, 총회에서 의견을 진술할 기회를 주어야 한다.

9. 이사장 및 이사의 직무

가. 이사장의 직무

이사장은 협동조합을 대표하고 정관으로 정하는 바에 따라 협동조합의 업무를 집행한다(법 제41조).

나. 이사의 직무

이사는 정관으로 정하는 바에 따라 협동조합의 업무를 집행하고, 이사장이 부득이한 사유로 직무를 수행할 수 없을 때에는 정관으로 정하는 순서에 따라 그 직무를 대행한다.

다. 이사의 대표행위 제한

위 나.항의 경우와 이사장이 권한을 위임한 경우를 제외하고는 이사장이 아닌 이사는 협동조합을 대표할 수 없다.

10. 감사의 직무

감사는 협동조합의 업무를 감독하는 필수적 감독기관으로, 협동조합의 업무집행상황, 재산상태, 장부 및 서류 등을 감사하여 총회에 보고하여야 한다. 또한 이사장 및 이사가 협동조합기본법, 법에 따른 명령, 정관·규약·규정 또는 총회의 의결에 반하여 업무를 집행한 때에는 이사회에 그 시정을 요구하여야 한다.

가. 감사의 직무

(1) 총회보고 의무

감사는 협동조합의 업무집행상황, 재산상태, 장부 및 서류 등을 감사하여 총회에 보고하여야 한다(법 제42조).

(2) 장부 등 확인 권리

감사는 예고 없이 협동조합의 장부나 서류를 대조·확인할 수 있다.

(3) 시정요구

감사는 이사장 및 이사가 이 법, 이 법에 따른 명령, 정관·규약·규정 또는 총회의 의결에 반하여 업무를 집행한 때에는 이사회에 그 시정을 요구하여야 한다.

(4) 총회 등 의견진술

감사는 총회 또는 이사회에 출석하여 의견을 진술할 수 있다.

(5) 총회의 감사직무 수행

감사를 두지 아니하는 때에는 총회가 위 (1)부터 (3)까지의 규정에 따른 감사의 직무를 수행한다.

나. 감사의 대표권

협동조합이 이사장을 포함한 이사와 소송을 하는 때에는 감사가 협동조합을 대표한다(법 제43조). 만일, 감사를 두지 아니하는 협동조합이 이에 따른 소송을 하는 때에는 협동조합, 이사 또는 이해관계인은 법원에 협동조합을 대표할 자를 선임하여 줄 것을 신청하여야 한다.

11. 임직원의 겸직금지

가. 이사장

이사장은 다른 협동조합의 이사장을 겸직할 수 없으며(법 제44조), 이사장을 포함한 이사와 직원은 감사를 겸직할 수 없다.

나. 임원

(1) 원칙

임원은 해당 협동조합의 직원을 겸직할 수 없다.

(2) 예외

이에도 불구하고 임원은 사업의 성격과 조합원의 구성 등을 고려하여 다음의 어느 하나에 해당하는 경우 해당 협동조합의 임원이 직원을 겸직할 수 있다(법 시행령 제10조).

- 조합원의 3분의 2 이상이 직원이고, 조합원인 직원이 전체 직원의 3분의 2 이상인 경우(임원이 직원을 겸직하기 전의 시점을 기준으로 한다)
- 조합원 수가 10인 이하인 경우
- 그 밖에 협동조합의 규모 · 자산 · 사업 등을 고려하여 임원이 직원을 겸직할 필요가 있는 경우로서 기획재정부장관이 정하여 고시하는 경우

다. 국회의원 등 겸직 금지

협동조합의 임직원은 국회의원 또는 지방의회의원을 겸직할 수 없다.

제4절 협동조합의 사업

협동조합은 설립목적에 따라 필요한 사업을 자율적으로 정할 수 있다. 다만 조합원에 대한 교육 및 상담, 협동조합 간 협력, 지역사회기여 등 3가지 사업은 필수적으로 정관에 포함되어야 한다. 이렇게 보면 협동조합으로 못하는 사업이 없는 것처럼 보이지만, 두 가지 제약사항이 있다. 먼저, 협동조합의 사업은 관계법령이 정하는 목적·요건·절차·방법 등에 따라 적법하고 타당하게 시행되어야 한다. 쉽게 말해 협동조합으로 설립되었다 하더라도 인·허가가 필요한 사업을 하기 위해서는 관계법령에 따라 사업의 요건을 갖추고 신고·등록·허가·면허·승인·지정 등을 받아야 한다. 예를 들어 협동조합기본법에 따라 버스협동조합을 설립하였더라도, 여객자동차운수사업법에 따라 국토해양부장관의 면허를 받지 못하면, 운수사업을 할 수 없다. 따라서 협동조합 설립과 별개로, 사업을 시작하기에 앞서, 관계 법령을 점검할 필요가 있는 것이다. 다음으로, 협동조합을 설립하고 관계 법령에서 정한 인·허가 요건을 갖추었다 하더라도, 한국표준산업분류에 의한 금융 및 보험업을 영위하는 것은 엄격히 금지된다.

1. 사업

가. 협동조합의 사업 내용

(1) 사업에 포함될 내용

협동조합은 설립목적을 달성하기 위하여 필요한 사업을 자율적으로 정관으로 정하되, 다음의 사업을 포함하여야 하며(법 제45조), 이러한 사업은 관계 법령에서 정하는 목적·요건·절차·방법 등에 따라 적법하고 타당하게 시행되어야 한다.

• 조합원과 직원에 대한 상담, 교육·훈련 및 정보제공 사업
• 협동조합 간 협력을 위한 사업
• 협동조합의 홍보 및 지역사회를 위한 사업

(2) 금융 및 보험업 금지

협동조합은 위 (1)에도 불구하고 「통계법」 제22조 제1항에 따라 통계청장이 고시하는 한국표준산업분류에 의한 금융 및 보험업을 영위할 수 없다.

> **통계법 제22조(표준분류)** ① 통계청장은 통계작성기관이 동일한 기준에 따라 통계를 작성할 수 있도록 국제표준분류를 기준으로 산업, 직업, 질병 · 사인(死因) 등에 관한 표준분류를 작성 · 고시하여야 한다. 이 경우 통계청장은 미리 관계 기관의 장과 협의하여야 한다.

나. 조합원 등이 아닌 자의 사업이용

(1) 사업의 이용

협동조합은 대통령령으로 정하는 사업을 제외하고는 조합원의 이용에 지장이 없는 범위에서 정관으로 정하는 바에 따라 조합원이 아닌 자에게 그 사업을 이용하게 할 수 있다(법 제46조).

(2) 대통령령으로 정하는 사업

'대통령령으로 정하는 사업'이란 각각 다음의 어느 하나에 해당하는 사업을 말한다(법 시행령 제11조).

• 법 제80조의2제1항에 따른 공제사업
• 그 밖에 협동조합 또는 협동조합연합회의 성격 · 유형 등을 고려하여 기획재정부령으로 정하는 사업

제5절 회계

회계란 재산의 증감, 변동, 수입과 지출, 처리 등 재무에 대한 처리를 말하며, 회계연도란 수입과 지출을 구분하는 기간으로 통상 1년을 1회계연도라 한다. 협동조합의 회계처리는 그 고유기준이 필요한데 우리나라의 경우 아직까지 고유 회계기준이 마련되어 있지 않다. 따라서 국제회계기준, 일반기업회계기준, 중소기업 회계기준 중 기업의 실정에 맞게 선택을 하면 된다. 국제회계 기준은 주식회사로서 지금 상장되어 있는 유가증권 시장에는 코스닥 회사, 코스닥에 상장되어 있는 대상으로 하는 회계 기준이 있으며 일반기업 회계기준의 경우 외부감사를 받기는 하지만 상장되지 않은 비상장 기업을 대상으로 하는 회계기준이 된다.

협동조합에서 회계가 필요한 이유는 '회계정보를 이용해 의사결정을 하는 이해관계자들이 있기 때문'이며, 회계정보 이용자는 조합원, 경영진, 채권자가 있다. 조합원의 경우 협동조합 경영진은 조합원이 위탁한 자산을 잘 관리하고 조합의 목적에 맞게 운영하고 있는지 그리고 그 결과물이 적정하게 공시되고 있는지 그리고 활동적인 조합원에게 그에 부합하는 대가를 잘 지급하고 있는지를 파악한다. 조합경영진, 조합임원의 경우 조합원으로부터 위임받은 조합 자산을 잘 관리·운영해서 조합원들에게 다시 돌려주기 위하여 회계정보를 이용한다(재무회계, 원가회계, 관리회계 등 다양하게 이용함).

1. 회계연도 등

가. 회계연도

협동조합의 회계연도는 정관으로 정하며(법 제47조), 일반회계(협동조합의 일반적 업무활동에 관한 사항을 계리)와 특별회계(특정사업을 운영할 때, 특별자금을 보유 운영할 때, 일반회계와 구분하여 계리할 필요가 있을 경우 등 사용)로 구분하되, 각 회계별 사업부문은 정관으로 정한다.

나. 회계의 종류

회계는 재무정보를 제공하는 대상과 내용에 따라 다음과 같이 구분한다.

(1) 재무회계

공통적인 기업회계기준에 따라 일정기간 회사의 재무상태, 경영성과, 현금 흐름의 내용 등을 제공한 것을 그 목적으로 한다.

(2) 관리회계

내부자원관리에 대한 의사결정과 부서 및 개인의 실적 평가를 위해 회계정보를 구별, 측정, 분석하는 과정이다.

(3) 세무회계

세무회계(稅務會計)는 재무회계와 관련된 기업회계기준에 따라서 측정된 기업의 이익(경영성과)을 세법의 규정에 따라 과세소득을 측정하는 과정을 말한다.

2. 사업계획서와 수지예산서

가. 개념

사업계획서는 새로운 사업을 추진하고자 앞으로 사업 진행에 따른 구체적인 계획 내용을 기록하는 문서를 말하고, 수지예산서는 앞으로의 수입과 지출을 예상하여 설정한 금액을 기록한 문서를 말한다.

이 중 사업계획서는 협동조합기본법의 법정서식에 따라 작성하면 되는데, 세부사업별 운영계획은 별도의 법정서식이 없기 때문에 이를 따로 준비하여 작성하여야 한다. 사업계획서를 작성할 때에는 조직개요 상에 기재하는 출자금은 설립신고서 및 출자금 명부에 나타난 납입총액과 일치해야 하고, 설립목적은 정관의 목적에 따라 설립하려는 협동조합의 고유의 목적이 잘 드러나도록 해야 한다. 임원현황에는 창립총회 때 선출된 이사장, 이사, 감사를 기재하고 직원 겸직여부도 기재하는데 조합원의 2/3 이상이 직원이고 직원의 2/3 이상이 조합원인 경우, 조합원의 수가 10명 이하인 경우 이외에는 직원 겸직이 허용되지 아니한다.

그 외 사업계획서 상의 조합원 현황은 설립신청서의 설립동의자 수, 설립동의자 명부의 설립동의자 수, 출자자명부의 출자자 수, 창립총회 구성원 총수가 모두 일치해야 하고, 직원 채용계획은 해당 회계연도말을 기준으로 유급직원을 몇 명 고용할 것인지를 기재하며 조합원인 경우와 조합원이 아닌 경우를 모두 포함된다. 또한 사업계획은 정관에 규정된 모든 사업에 대해 주요사업과 필수사업을 구분해 작성해야 하는데 당해 연도에 추진되지 않는 중장기 사업의 경우 수입과 지출 계획 등은 기재하지 않아도 되지만, 세부사항은 작성하여야 한다. 그리고 사업계획은 사업을 통한 수입 및 지출 계획을 작성하는 것으로 해당 사업의 수입 및 지출의 총액은 수입·지출예산서와 일치해야 한다.

수지예산서 서식은 협동조합기본법 시행규칙 제20호 서식의 사회적협동조합 등 수입·지출 예산서를 사용하면 되고, 수입과 지출의 합계 금액은 일치하여야 한다. 또한 해당연도의 사업계획에 대한 수입과 지출내역이 기재되어야 하는데, 이 때 출자 1좌당 금액과 출자좌수를 적은 서류가 필요하나 법정 서식은 없기 때문에 따로 준비해야 한다. 그 외 출자 1좌당 금액, 개인별 출자좌수, 총출자금액을 기재하여야 하는데, 출자 1좌의 금액이 균일하여야 하고, 모든 조합원이 1좌 이상 출자하여야 하며, 조합원 1인의 출자좌수가 총 출자좌수의 30%를 초과하면 안 된다. 통상 수지예산서에는 사업비, 경상비, 인건비, 운영비, 사업외수입 및 비용, 출자금 및 출자금반환, 차입금 및 차입금상환, 예비비, 차기이월금 등이 기재된다.

나. 사업계획서 등 작성

협동조합은 매 회계연도의 사업계획서와 수지예산서를 작성하여 총회의 의결을 받아야 한다(법 제48조).

이사회		총회
매 회계연도의 사업계획서와 수지예산서 작성	⇒	총 조합원 과반수의 출석과 출석자 과반수의 찬성으로 의결

3. 운영의 공개

가. 운영의 공개사항

협동조합은 다음의 사항을 적극 공개하여야 한다(법 제49조).

- 정관과 규약 또는 규정
- 총회·이사회의 의사록
- 조합원 명부
- 회계장부
- 그 밖에 정관으로 정하는 사항

나. 공개서류 사무소 비치

협동조합은 위 가.항이 포함된 서류를 주된 사무소에 갖추어 두어야 한다.

다. 열람 및 복사청구

협동조합의 채권자 및 조합원은 위 가.항이 포함된 서류를 열람하거나 그 사본을 청구할 수 있다.

4. 경영공시

협동조합 운영사항의 공개가 법적으로 의무화 되어, 일정 규모 이상의 일반협동조합 및 일반협동조합연합회와 모든 사회적협동조합 및 사회적협동조합연합회의 주요 경영정보를 공개하는 것을 경영공시라고 한다.

협동조합의 주요 활동 상황을 일반인에게 공개함으로써 협동조합의 투명성을 확보하고, 지역주민 등의 참여 활성화 및 사업 홍보 등을 유도하는 목적으로 이뤄진다.

경영공시 대상은 일반협동조합의 경우 조합원 수가 200인 이상인 경우 또는 자기자본이 30억원 이상인 경우이며, 연합회는 전체 회원 조합에 속하는 총조합원 수이다. 직전 회계연도 말 기준 조합원 수 또는 직전 사업연도 결산보고서에 적힌 자기자본 현황이 판단기준이 된다. 사회적협동조합 및 연합회는 모두 경영공시 대상이다.

경영공시할 내용으로는 법인 형태에 따라 사업결과보고서 등 기본법 시행규칙으로 정하는 주요 경영공시 자료를 게재하여야 한다. 주요 경영공시 자료는 경영공시 자료의 신뢰성을 확보하기 위해 총회 승인을 받은 결산보고서, 사업계획 및 예산(협동조합기본법 제29조 제1항) 등을 근거로 작성되어야 한다.

경영공시 시기는 협동조합기본법 시행령 제10조제2항에 따라, 협동조합 등은 매 회계연도 결산일로부터 3개월 이내에 경영공시 자료를 게재해야 한다. 예를 들어 1월 1일부터 12월 31일까지를 회계연도로 규정하고 있다면, 현 회계연도 3월말까지 경영공시 자료를 게재해야 한다. 즉, 공시시기를 감안해 총회 개최, 경영공시 자료 작성이 이루어져야 한다.

경영공시 절차는 총회의 의결을 거쳐 매 회계연도의 결산일로부터 3개월 이내에 협동조합 등이 경영공시 자료를 협동조합 정부홈페이지(http://www.coop.go.kr)에 게재한 후 중앙행정기관 및 지자체의 확인을 거쳐 일반인에게 경영공시 자료를 공개한다. 한편, 경영공시 대상임에도 자료를 게시하지 않는 등 운영의 공개를 게을리 한 경우 협동조합기본법 제119조제3항 제3호에 의거해 100만원 이하의 과태료가 부과될 수 있다.

가. 경영공시 내용

(1) 공시내용

(가) 공시내용

1) 공시내용

대통령령으로 정하는 일정 규모 이상의 협동조합은 설립신고를 한 시·도 또는 협동조합연합회의 인터넷 홈페이지에 경영에 관한 다음의 사항에 대한 공시(이하 이 조에서 '경영공시'라 한다)를 하여야 한다(법 제49조의2).

- 정관과 규약 또는 규정
- 사업결산 보고서
- 총회, 대의원총회 및 이사회의 활동 상황

• 조합원과 직원에 대한 상담, 교육·훈련 및 정보 제공 사업, 협동조합 간 협력을 위한 사업, 협동조합의 홍보 및 지역사회를 위한 사업을 포함한 사업결과 보고서

(___ 쪽 중 3쪽)

해당 연도 사업 결과	

[ ] 협동조합
[ ] 협동조합연합회

사업결산 보고서

(앞쪽)

회계연도 : 년도

조직개요	조합명(연합회명)	설립연월일	출자금
			원

조합원(회원) 수(* 협동조합연합회는 합계만 작성)

생산자( ) 소비자( ) 직원( ) 자원봉사자( ) 후원자( ) 합계( ) 명

① 대차대조표

자 산		부 채	
구 분	금 액(원)	구 분	금 액(원)
자산		부채	
Ⅰ. 유동자산		Ⅰ. 유동부채	
(1) 당좌자산		─ 미지급금	
─ 현금		─ 예수금	
─ 보통예금		─ 단기차입금	
─ 미수금		─ 선수금	
─ 선급금		─ ……	
─ ……		Ⅱ. 비유동부채	
(2) 재고자산		─ 장기차입금	
─ 제품		─ 퇴직급여충당부채	
─ 원재료		─ ……	
─ ……		부 채 총 계	
Ⅱ. 비유동자산		자본	
(1) 투자자산		Ⅰ. 자본금	
─ 장기성예적금		─ 조합원출자금	
─ ……		Ⅱ. 자본잉여금	
(2) 유형자산		Ⅲ. 자본조정	
─ 비품		Ⅳ. 기타포괄손익누계액	
─ 시설장치		Ⅴ. 이익잉여금 또는 결	

		손금	
– 차량운반구		– 법정적립금	
– ……		– 임의적립금	
(3) 무형자산		– 미처분이익잉여금	
		(미처리결손금)	
– 특허권		– ……	
– ……			
(4) 기타비유동자산		(당기순손익)	
– 임차보증금		당기 : 원	
– ……		전기 : 원	
		자 본 총 계	
자 산 총 계		부 채 및 자 본 총 계	

작성방법

1. 출자금: 조합원(회원)이 납입한 출자금 총액[탈퇴(제명)한 조합원(회원)에게 환급한 출자금은 제외합니다.]
2. 자산 = 부채 + 자본
3. 예시된 세부항목('–')은 조합 상황에 맞게 수정 가능합니다.

210mm×297mm[백상지 80g/㎡]

2) 공시방법

협동조합은 매 회계연도의 결산일부터 4개월 이내에 정관과 규약 또는 규정, 총회·이사회의 의사록, 조합원 명부, 회계장부, 그 밖에 정관으로 정하는 사항 위 1)항에 따라 기획재정부장관이 지정하는 인터넷 사이트에 공시해야 한다(법 시행령 제12조 제4항).

(나) 대통령령으로 정하는 일정 규모 이상의 협동조합

위 (가)항에서 '대통령령으로 정하는 일정 규모 이상의 협동조합'이란 다음의 어느 하나에 해당하는 협동조합을 말한다(법 시행령 제12조 제1항).

• 조합원 수가 200인 이상인 협동조합 – 협동조합은 조합원 수가 변경되어 조합원 수가 200인 이상인 협동조합이 된 경우에는 기획재정부장관에게 그 사실을 알려야 한다.

• 직전 사업연도의 결산보고서(법 제52조제2항에 따라 정기총회의 승인을 받은 것을 말한다)에 적힌 출자금 납입총액이 30억원 이상인 협동조합

(2) 기획재정부장관의 표준화 통합공시

위 (1)항에도 불구하고 기획재정부장관은 경영공시를 대신하여 같은 항 각 호의 사항을 별도로 표준화하고 이를 통합하여 공시할 수 있으며, 이에 따른 통합 공시를 하기 위하여 필요한 자료를 협동조합에 요구할 수 있다. 이 경우 협동조합은 특별한 사정이 없으면 그 요구에 따라야 한다.

■ 협동조합 기본법 시행규칙 [별지 제10호서식] 〈개정 2020. 9. 29.〉

총회, 대의원총회 및 이사회 활동 상황

조직 개요	조합명(연합회명)		업종(표준산업분류번호)	
	설립연월일		업태	
	신고(인가)번호		사업자등록번호	
	주 소	주사무소		
		제1 지사무소		
		제2 지사무소		
	출자금		백만원	

[총회]

일시	장소	조합원·회원(명)	참석자(명)	결정사항	비고

[대의원총회]

일시	장소	대의원(명)	참석자(명)	결정사항	비고

[이사회]

일시	장소	임원(명)	참석자(명)	결정사항	비고

[기타]

일시	장소	대상자(명)	참석자(명)	결정사항	비고

210mm×297mm[백상지 80g/㎡]

나. (1), (2) 사항 외 경영공시 등

법 제49조의1 제1항부터 제3항까지에서 규정한 사항 외에 협동조합의 경영공시 또는 통합공시의 절차 등에 관하여 필요한 사항은 대통령령으로 정한다.

[경영공시 대상 및 항목]

구분	일반협동조합/ 일반협동조합연합회	사회적협동조합/ 사회적협동조합연합회
경영공시 대상	다음 중 한 가지 이상을 충족할 경우 -조합원 수가 200인 이상 -직전 사업연도 결산보고서에 적힌 출자금 납입 총액이 30억 원 이상인 협동조합 *단, 회계연도 결산일부터 3개월 이내에 신고확인증 받은 협동조합은 제외	모든 사회적협동조합 및 사회적협동조합연합회 *단, 회계연도 결산일부터 3개월 이내에 설립인가를 받은 사회적협동조합은 제외
경영공시 항목	1. 정관과 규약 또는 규정 2. 사업결산보고서 3. 총회, 대의원총회, 이사회 활동 상황 4. 사업결과 보고서 등	1. 정관과 규약 또는 규정 2. 사업결산 보고서 3. 총회, 대의원총회, 이사회 활동 상황 4. 사업결과 보고서 5. 소액대출 및 상호부조 사업결과 보고서 (사회적협동조합만 해당)

5. 법정적립금 및 임의적립금

가. 개념

법정적립금이란 문구 그대로 법령에 의해 그 적립이 강제되는 금원을 말한다. 이러한 법정적립금은 매 회계연도 결산의 결과 잉여금이 있는 때에는 해당 회계연도말 출자금 납입총액의 3배가 될 때까지 잉여금의 100분의 10 이상(10%)을 적립하여야 한다. 다만 정관에서 그 이상으로 정할 수는 있는데 이러한 적립금은 조합의 손실보전에 충당하거나 해산하는 경우 외에는 사용이 금지된다. 반면 임의적립금은 문구 그대로 협동조합이 임의로 적립하는 금원으로, 정관이 정하는 바에 따라 적립이 가능하다. 이러한 적립금은 사업준비, 시설확장, 사업활성화, 결손보전 등으로 사용된다.

나. 법정적립금

협동조합은 매 회계연도 결산의 결과 잉여금이 있는 때에는 해당 회계연도말 출자금 납입총액의 3배가 될 때까지 잉여금의 100분의 10 이상을 적립(이하 '법정적립금'이라 한다)하여야 한다(법 제50조).

다. 임의적립금

협동조합은 정관으로 정하는 바에 따라 사업준비금 등을 적립(이하 '임의적립금'이라 한다) 할 수 있으며, 협동조합은 손실의 보전에 충당하거나 해산하는 경우 외에는 법정적립금을 사용하여서는 아니 된다.

6. 손실금의 보전과 잉여금의 배당

가. 보실금 보전(손실금 보전 ⇒ 법정적립금 ⇒ 임의적립금 ⇒ 잉여금배당)

협동조합은 매 회계연도의 결산 결과 손실금(당기손실금을 말한다)이 발생하면 미처분이월금, 임의적립금, 법정적립금의 순으로 이를 보전하고, 보전 후에도 부족이 있을 때에는 이를 다음 회계연도에 이월한다(법 제51조).

나. 잉여금 배당

(1) 잉여금 배당

협동조합이 손실금을 보전하고 법정적립금 및 임의적립금 등을 적립한 이후에는 정관으로 정하는 바에 따라 조합원에게 잉여금을 배당할 수 있다.

(2) 배당규모

잉여금 배당의 경우 협동조합사업 이용실적에 대한 배당은 전체 배당액의 100분의 50 이상이어야 하고, 납입출자액에 대한 배당은 납입출자금의 100분의 10을 초과하여서는 아니 된다.

(3) 배당세율

배당세율은 배당소득의 14%이다.

7. 결산보고서의 승인

가. 개관

결산보고서는 다음과 같은 과정을 거쳐 승인된다. 결산보고서는 감사에게 제출(협동조합은 정기총회일 7일 전까지 결산보고서를 감사에게 제출) ⇒ 총회에 제출(협동조합은 결산보고서와 감사의견서를 정기총회에 제출) ⇒ 총회 의결(총 조합원 과반수의 출석과 출석자 과반수의 찬성으로 의결)을 받아야 한다.

나. 결산보고서 제출

협동조합은 정기총회일 7일 전까지 결산보고서(사업보고서, 대차대조표, 손익계산서, 잉여금처분안 또는 손실금처리안 등을 말한다)를 감사에게 제출하여야 한다(법 제52조).

다. 정기총회 승인

협동조합은 결산보고서와 감사의 의견서를 정기총회에 제출하여 승인을 받아야 한다.

8. 출자감소의 의결

가. 개관

(1) 출자감소의 개념

출자감소란 총출자좌수의 감소 또는 출자1좌 금액의 감소를 뜻하는데, 가령 출자금이 1좌당 5만원인 경우 너무 과도한 거 같아 출자금을 1좌당 1만원으로 하고, 나머지 4만원을 반환할 수 있는지의 문제이다. 이러한 출자금액의 감소는 정관 변경사항이기 때문에 총회 특별결의 사항에 해당된다. 따라서 조합원 과반수 출석과 출석2/3 이상 동의로 출자감소 의결을 통해 1좌 금액을 감소할 수 있다. 만일, 출자감소 의결을 할 경우 채권자 보호를 위하여 14일 이내에 대차대조표를 작성하고, 30일 이상으로 채권자 이의신청절차를 진행해야 한다. 출자좌수 감소의 경우 특별한 절차가 정해진 것은 아니나, 협동조합에서 중요한 사항이기 때문에 규약으로 정해서 출자좌수 감소의 조건과 절차를 명확히 할 필요가 있다.

(2) 출자감소의 방법

출자좌수 감소는 유상 또는 무상으로 할 수 있다. 유상으로 감소할 경우 출자금을 조합원에게 감소한 금액만큼 돌려줄 수 있지만, 출자감소 절차를 위반할 경우 3년 이하의 징역 또는 3천만원 이하의 벌금형에 처해지므로 절차를 신중하게 준수하여야 한다.

나. 대차대조표 작성

협동조합은 출자 1좌 금액의 감소를 의결하면 의결한 날부터 14일 이내에 대차대조표를 작성하여야 한다(법 제53조).

다. 채권자의 이의신청 및 방법

(1) 이의신청 등

협동조합은 14일의 기간에 채권자에 대하여 이의가 있으면 일정한 기간에 신청하여야 할 것을 공고함과 동시에 이미 알고 있는 채권자에 대하여는 개별적으로 최고하여야 하며, 채권자의 이의신청 기간은 30일 이상으로 하여야 한다.

(2) 조합의 담보제공

채권자가 이의신청 기간에 이의를 신청하지 아니하면 출자 1좌의 금액의 감소를 승인한 것으로 보며(법 제54조), 이 경우 협동조합은 채무를 변제하거나 상당한 담보를 제공하여야 한다.

9. 출자지분 취득금지 등

협동조합은 조합원의 출자지분을 취득하거나 이를 질권의 목적으로 하여서는 아니 된다(법 제55조).

제6절 합병·분할·해산 및 청산

1. 합병

협동조합은 합병, 분할, 해산 등으로 그 조직이 변경되거나 해체된다. 이러한 협동조합의 조직변동은 해당 협동조합 조합원의 의사에 따라 결정되는 것이 원칙이라고 하겠다. 관련하여 협동조합기본법은 협동조합의 합병, 분할, 해산에 관한 사항을 총회의 의결사항으로 정하고 있다. 다만 합병, 분할과는 달리 해산에 관해서는 제57조제1항제1호·제3호 및 동법 제102조제1항제1호·제3호·제4호에서 '총회의 의결' 외의 해산사유('정관으로 정한 해산사유의 발생', '합병·분할 또는 파산' 및 '설립인가의 취소')를 별도로 정하고 있는데, 이는 조합원의 의사에 의하지 않더라도 객관적으로 존립의 의의가 상실된 경우를 법으로 정한 것이라고 할 수 있다. 그런데 이러한 협동조합의 조직변동과 관련해서는 조합원의 지위나 재산의 귀속관계 등 중요한 법적 문제가 따르기 때문에 협동조합기본법의 관련규정과 동법이 준용하고 있는 상법과 민법 등의 관련규정에 매우 유의할 필요가 있다.

가. 합병의 개념

협동조합의 '합병'이란 2개 이상의 협동조합이 통합하는 것으로서, 당사자인 협동조합의 일부 또는 전부가 해산하고 재산관계 등이 청산절차 없이 포괄적으로 존속협동조합 또는 신설협동조합으로 이전하는 것을 말한다.

나. 합병의 유형

합병의 방법에 따라 합병의 당사자로 된 협동조합의 일방만이 해산·소멸되고 다른 일방의 협동조합이 그 소멸된 협동조합을 흡수하여 하나의 협동조합으로 존속하는 흡수합병과 합병의 당사자로 된 모든 협동조합이 해산·소멸함과 동시에 새로운 협동조합이 설립되어 그 소멸된 협동조합모두를 합체하는 신설합병으로 구분할 수 있다.

유형	내용
흡수합병	합병의 당사자가 된 협동조합의 일방만이 해산·소멸되고 다른 일방의 협동조합이 그 소멸된 협동조합을 흡수하여 하나의 협동조합으로 존속하는 형태
신설합병	합병의 당사자로 된 모든 협동조합이 해산·소멸함과 동시에 새로운 협동조합이 설립되어 그 소멸된 협동조합 모두를 합체하는 형태

다. 합병절차

합병절차는 합병계약서 작성 ⇒ 합병 전 협동조합 등의 총회의결 ⇒ 채권자 이의신청 및 변제 등⇒ 신설합병의 경우 - 신설 협동조합의 창립총회의결 ⇒ 신고 - 합병신고 또는 설립신고 / 해산신고 ⇒ 등기 : 변경등기 또는 설립등기 / 해산등기 등의 절차로 진행된다.

(1) 합병계약서 작성

협동조합은 합병계약서를 작성한 후 총회의 의결을 받아 합병할 수 있는데(법 제56조), 합병계약서의 내용에는 존속 또는 신설되는 협동조합 등이 승계하여야할 권리·의무의 범위가 적혀 있어야 한다.

(2) 총회의 의결

가) 총회의결 정족수

합병의 당사자가 되는 협동조합 등은 각자의 총회에서 합병을 의결하여야 한다. 이때 합병계약서의 내용이 의결사항에 포함되어 있어야 한다. 그리고 협동조합기본법은 협동조합 등의 합병에 관하여 의사정족수 및 의결정족수로 총조합원 과반수의 출석과 출석조합원 2/3의 찬성을 요구하고 있다.

나) 신설합병의 경우

신설합병의 경우 위에 따라 합병 전 협동조합 등의 각 총회에서 합병을 의결한 후에는 신설되는 협동조합 등은 창립총회를 개최하여 정관을 제정하는 등 구성과 운영에 관한 사항을 의결하여야 한다. 이 경우 창립총회의 개최에 관하여는 일정기간 전까지 회의 목적, 안건, 일시 및 장소를 정하여 합병 후 신설되는 협동조합의 조합원이 알 수 있도록 그 소집을 통지하여야 한다.

(3) 채권자 이의신청 및 변제 등

합병 및 분할의 의결이 있게 되면 협동조합은 의결한 날부터 14일 이내에 대차대조표를 작성하여 채권자에 대하여 이의가 있으면 일정한 기간에 신청하여야 할 것을 공고함과 동시에 이미 알고 있는 채권자에 대하여는 개별적으로 최고하여야 한다(법 제56조제8항 및 제53조제1항·제2항). 이 경우 채권자의 이의 신청 기간은 30일 이상 보장하여야 한다(법 제56조제8항 및 제53조제3항). 한편, 채권자가 이의신청 기간에 이의를 신청하지 않으면 이를 승인한 것으로 보며, 이의를 신청하면 협동조합은 채무를 변제하거나 상당한 담보를 제공하여야 한다.

(4) 신설신고 및 합병신고

가) 합병신고 등

협동조합이 합병할 경우 합병 후 존속하는 협동조합은 합병신고를, 분할 후 새로 설립되는 협동조합은 설립신고를, 합병으로 소멸되는 협동조합은 해산신고를 각각 그 주된 사무소의 소재지를 관할하는 시·도지사에게 하여야 한다. 이에 따라 설립되는 협동조합에 대하여는 법 제15조(설립신고 등), 제15조의2(신고확인증의 발급), 제16조(정관) 및 제17조(규약 또는 규정)를 준용되며, 또한, 협동조합의 합병 및 분할에 관하여는 제53조(출자감소의 의결) 및 제54조(출자감소에 대한 채권자의 이의)를 준용한다.

나) 합병신고서 첨부서류

협동조합 및 협동조합연합회의 합병신고를 하려는 협동조합 및 협동조합연합회는 별지 제12호서식의 협동조합 및 협동조합연합회의 합병 신고서에 다음의 서류를 첨부하여 기획재정부장관 또는 시·도지사에게 제출해야 한다(법 시행규칙 제9조).

- 정관 사본

- 합병계약서 사본

- 합병을 의결한 총회 의사록 사본

- 별지 제3호서식에 따른 임원 명부

- 합병 후의 별지 제4호서식에 따른 사업계획서

- 합병 후의 별지 제5호서식에 따른 수입 · 지출 예산서

- 출자 1좌당 금액과 조합원별로 인수하려는 출자좌수를 적은 서류

- 합병되는 협동조합 및 협동조합연합회가 합병을 결의한 총회 개최 공고문

- 합병되는 협동조합 및 협동조합연합회가 합병을 결의한 총회 의사록 사본

- 채권자의 이의신청 절차 이행과 이의신청 채권자에게 변제하거나 담보를 제공한 사실을
  증명하는 서류

■ 협동조합 기본법 시행규칙 [별지 제12호서식] 〈개정 2020. 9. 29.〉

<table>
<tr><td colspan="3">[　] 협동조합
[　] 협동조합연합회</td><td colspan="2">합병신고서</td></tr>
</table>

※ 첨부서류를 확인하시기 바라며, 색상이 어두운 란은 신고인이 작성하지 않습니다.

접수번호		접수일	처리기간	20일
신고인	성명(법인명)		생년월일(법인등록번호)	
	주소		전화번호	
법 인	조합명		전화번호	
	소재지			
	이사장 성명(법인명)		주민등록번호(법인등록번호)	
	전화번호		전자우편주소	

	주소		

신청내용	첨부서류 참조

「협동조합 기본법」 제56조제2항 및 제83조에 따라 위와 같이 합병했음을 신고합니다.

년   월   일

신고인   (서명 또는 인)

기획재정부장관 또는 시 · 도지사   **귀하**

첨부서류	1. 정관 사본 1부 2. 합병계약서 사본 1부 3. 합병을 의결한 총회 의사록 사본 1부 4. 임원 명부 1부 5. 합병 후 사업계획서 1부 6. 합병 후 수입 · 지출 예산서 1부 7. 출자 1좌당 금액과 조합원별로 인수하려는 출자좌수를 적은 서류 1부 8. 합병되는 협동조합 및 협동조합연합회가 합병을 결의한 총회 개최 공고문 1부 9. 합병되는 협동조합 및 협동조합연합회가 합병을 결의한 총회 의사록 사본 1부 10. 채권자의 이의신청 절차 이행과 이의신청 채권자에게 변제하거나 담보를 제공한 사실을 증명하는 서류	수수료 없음

처리절차

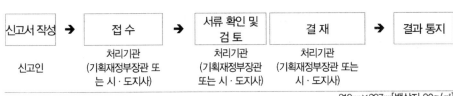

신고서 작성	→	접 수	→	서류 확인 및 검 토	결 재	→	결과 통지
신고인		처리기관 (기획재정부장관 또는 시 · 도지사)		처리기관 (기획재정부장관 또는 시 · 도지사)	처리기관 (기획재정부장관 또는 시 · 도지사)		

210mm×297mm[백상지 80g/㎡]

■ 협동조합 기본법 시행규칙 [별지 제3호서식] 〈개정 2020. 9. 29.〉

임 원 명 부

연번	직위	성 명 (법인명)	주민등록번호 (법인등록번호)	주소지 (법인 주소)	연락처

작성방법
법인이 임원인 경우 임원의 직무를 수행할 사람을 동란에 적어주시기 바랍니다.

210mm×297mm[백상지 80g/㎡]

[　] 협동조합
[　] 협동조합연합회

사업계획서

(　쪽 중 1쪽)

조직 개요	조합명(연합회명)		업종(표준산업분류번호)	
	설립 연월일		업태	
	신고번호		사업자등록번호	
	연합회 가입 현황(* 협동조합만 작성)			
	주소	주사무소		
		제1 지사무소		
		제2 지사무소		
	출자금		백만원	

조직 연혁	연월일	주요내용

설립 목적	

의사결정 기구	[　]조합원(회원) 총회　　[　]대의원 총회　　[　]이사회 ※ 중복 표시 가능

조직도	

임원 현황	직위	성명	경력	직원 겸직 여부

조합원 현황 (* 협동조합만 작성하고, 해당 유형에만 표기)	생산자	소비자	직원	자원봉사자	후원자	계
	명	명	명	명	명	명

직원 고용계획	
	명

작성방법
최초 설립신고 시 조직 개요에 조합명(연합회명), 주소, 출자금만 적어주시기 바랍니다.

210mm×297mm[백상지 80g/㎡]

[　] 협동조합
[　] 협동조합연합회

수입 · 지출 예산서

회계연도: OOO년도

<table>
<tr><td rowspan="8">조직
개요</td><td colspan="2">조합명(연합회명)</td><td colspan="2">업종(표준산업분류번호)</td></tr>
<tr><td colspan="2">설립 연월일</td><td colspan="2">업태</td></tr>
<tr><td colspan="2">신고번호</td><td colspan="2">사업자등록번호</td></tr>
<tr><td rowspan="3">주소</td><td>주사무소</td><td colspan="2"></td></tr>
<tr><td>제1 지사무소</td><td colspan="2"></td></tr>
<tr><td>제2 지사무소</td><td colspan="2"></td></tr>
<tr><td colspan="2">출자금</td><td colspan="2"></td></tr>
<tr><td colspan="2"></td><td colspan="2">백만원</td></tr>
</table>

수입		(단위: 원)	지출		(단위: 원)
구분		금액	구분		금액
전기이월금			경상비	인건비	
사업수입	00사업			운영비	
	〃			소계	
	〃		사업비	00사업	
	소계			〃	
사업외수입	기부출연금			〃	
	지원금			소계	
	기타		사업외지출	기부출연금	
	소계			지원금	
출자금				기타	
차입금				소계	
기타수입			출자금반환		
〃			차입금상환		
〃			배당금		
〃			기타지출		
〃			차기이월금		
합계			**합계**		

작성방법

1. 최초 설립신고 시 조직 개요에 조합명(연합회명), 주소, 출자금만 적어주시기 바랍니다.

2. 예시된 항목 외의 수입 또는 지출 항목이 있을 경우 모두 적습니다.

3. 사업수입 및 사업비 항목은 정관으로 정한 사업명에 준해 작성합니다.

210mm×297mm[백상지 80g/㎡]

다) 신고 수리 및 통지

흡수합병의 경우 합병 후 존속하는 협동조합은 합병신고를, 합병으로 소멸되는 협동조합은 해산신고를 각 사무소의 소재지에서 하여야 하며, 합병에 따라 새로운 협동조합이 설립되는 신설합병의 경우에는 특별히 설립절차를 거쳐 주된 사무소의 소재지를 관할하는 특별시장·광역시장·특별자치시장·도지사·특별자치도지사에게 설립신고를 하여야한다(법 제15조 제1항 및 제56조제4항).

만일, 특별시장·광역시장·특별자치시장·도지사·특별자치도지사는 합병신고를 받은 날부터 20일 이내에 신고수리 여부를 신고인에게 통지해야 한다. 이 경우 특별시장·광역시장·특별자치시장·도지사·특별자치도지사가 해당 기간 내에 신고수리 여부 또는 민원 처리 관련 법령에 따른 처리기간의 연장을 신고인에게 통지하지 않으면 그 기간(민원 처리 관련 법령에 따라 처리기간이 연장 또는 재연장된 경우에는 해당 처리기간을 말함)이 끝난 날의 다음 날에 신고를 수리한 것으로 본다(법 제56조제5항)

(5) 신설법인의 권리의무 승계

합병 또는 분할로 인하여 존속하거나 설립되는 협동조합은 합병 또는 분할로 소멸되는 협동조합의 권리·의무를 승계한다.

라. 합병 제한

(1) 원칙

협동조합은 이 법에 따른 협동조합 이외의 법인, 단체 및 협동조합 등과 합병하거나 이 법에 따른 협동조합 이외의 법인, 단체 및 협동조합 등으로 분할할 수 없다.

(2) 예외

다만, 협동조합이 기획재정부장관의 인가를 받은 경우에는 다음의 법인을 흡수합병할 수 있으며, 이 경우 기획재정부장관은 흡수합병 인가의 신청을 받은 날부터 60일 이내에 인가 여부를 신청인에게 통지하여야 한다. 만일 기획재정부장관이 위 기간 내에 인가 여부 또는 민원 처리 관련 법령에 따른 처리기간의 연장을 신청인에게 통지하지 아니하면 그 기간(민원 처리 관련 법령에 따라 처리기간이 연장 또는 재연장된 경우에는 해당 처리기간을 말한다)이 끝난 날의 다음 날에 인가를 한 것으로 본다.

- 「상법」에 따라 설립된 주식회사
- 「상법」에 따라 설립된 유한회사
- 「상법」에 따라 설립된 유한책임회사

마. 기획재정부장관의 인가기준 등

협동조합의 흡수합병 인가의 기준은 다음 각 호와 같다(법 시행령 제13조 제1항).

- 흡수합병이 법 제5조에 따른 설립 목적과 법 제6조에 따른 기본원칙에 반하지 아니할 것
- 흡수합병의 절차가 법령에 위반되지 아니할 것
- 흡수합병한 협동조합의 정관과 사업계획서의 내용이 법령에 위반되지 아니할 것

바. 흡수합병인가신청서 제출

(1) 신청서제출

흡수합병 인가를 신청하려는 자는 흡수합병 인가 신청서에 기획재정부령으로 정하는 서류를 첨부하여 기획재정부장관에게 제출해야 한다. 이 경우 기획재정부장관은 제출받은 흡수합병 인가 신청서에 적어야 할 사항이 누락되거나 첨부서류를 제출하지 않는 등 보완할 필요가 있으면 일정한 기간을 정하여 보완을 요구할 수 있다. 이 경우 그 보완에 걸리는 기간은 60일의 처리 기간에 산입하지 않는다.

(2) 신청서 첨부서류

'기획재정부령으로 정하는 서류'는 다음과 같다(법 시행령 제10조).

- 정관 사본
- 합병계약서 사본
- 합병을 의결한 총회 의사록 사본

- 별지 제3호서식에 따른 임원 명부

- 흡수합병 후의 별지 제4호서식에 따른 사업계획서

- 흡수합병 후의 별지 제5호서식에 따른 수입·지출 예산서

- 출자 1좌당 금액과 조합원별로 인수하려는 출자좌수를 적은 서류

- 흡수합병되는 법인이 흡수합병을 결의한 총회 개최 공고문

- 흡수합병되는 법인이 흡수합병을 결의한 총회 의사록 사본

- 주주(「상법」에 따른 유한회사 및 유한책임회사의 경우 사원을 말한다) 또는 채권자의 이의
  신청 절차 이행과 이의신청 채권자에게 변제하거나 담보를 제공한 사실을 증명하는 서류

■ 협동조합 기본법 시행규칙 [별지 제13호서식] 〈개정 2020. 9. 29.〉

<table>
<tr><td colspan="2">[　] 협동조합
[　] 사회적협동조합</td><td colspan="2">흡수합병 인가 신청서</td></tr>
</table>

※ 첨부서류를 확인하시기 바라며, 색상이 어두운 난은 신청인이 작성하지 않습니다.

<table>
<tr><td>접수번호</td><td>접수일</td><td>처리기간</td><td>60일</td></tr>
<tr><td rowspan="2">신고인</td><td>성명(법인명)</td><td colspan="2">생년월일(법인등록번호)</td></tr>
<tr><td>주소</td><td colspan="2">전화번호</td></tr>
<tr><td rowspan="5">법 인</td><td>조합명</td><td colspan="2">전화번호</td></tr>
<tr><td>소재지</td><td colspan="2"></td></tr>
<tr><td>이사장 성명(법인명)</td><td colspan="2">주민등록번호(법인등록번호)</td></tr>
<tr><td>전화번호</td><td colspan="2">전자우편주소</td></tr>
<tr><td>주소</td><td colspan="2"></td></tr>
<tr><td>신청내용</td><td colspan="3">첨부서류 참조</td></tr>
</table>

「협동조합 기본법」 제56조제7항 또는 제101조제7항에 따라 위와 같이 흡수합병 인가를 신청합니다.

년   월   일

신청인   (서명 또는 인)

기획재정부장관   귀하

첨부서류	1. 정관 사본 1부 2. 합병계약서 사본 1부 3. 합병을 의결한 총회 의사록 사본 1부 4. 임원 명부(사회적협동조합의 경우 임원약력 포함) 1부 5. 흡수합병 후의 사업계획서 1부 6. 흡수합병 후의 수입·지출 예산서 1부 7. 출자 1좌당 금액과 조합원별로 인수하려는 출자좌수를 적은 서류 1부 8. 흡수합병되는 법인이 흡수합병을 결의한 총회 개최 공고문 1부 9. 흡수합병되는 법인이 흡수합병을 결의한 총회 의사록 사본 1부 10. 주주(사원) 또는 채권자의 이의신청 절차 이행과 이의신청 채권자에 대한 변제나 담보를 제공한 사실을 증명하는 서류 11. 주 사업의 내용이 설립인가 기준을 충족하는 것을 증명하는 서류(사회적협동조합의 경우만 제출합니다)	수수료 없음

처리절차

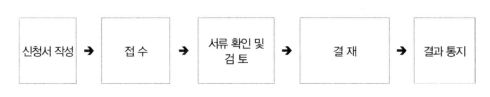

신청인 → 처리기관(기획재정부장관) → 처리기관(기획재정부장관) → 처리기관(기획재정부장관)

신청서 작성 → 접 수 → 서류 확인 및 검 토 → 결 재 → 결과 통지

210mm×297mm[백상지 80g/㎡]

사. 합병의 효과

합병으로 인하여 존속하거나 설립되는 협동조합은 합병으로 소멸되는 협동조합의 권리·의무를 승계한다(법 제56조제3항). 또한 합병으로 해산·소멸되는 협동조합의 조합원은 합병의 의결에 의하여 개별적 가입절차 없이 자동적으로 존속하는 협동조합의 조합원의 자격을 갖게 되는데, 이 경우 해산되는 협동조합의 조합원은 기존에 가졌던 출자좌수에 따라 존속 협동조합 또는 신설 협동조합의 출자의 배정을 받을 수 있다. 다만, 합병에 반대하는 조합원의 경우 지분환급청구권을 행사하여 조합원이 되지 않을 수 있으며, 특히 신설합병의 경우 신설되는 협동조합의 창립총회, 설립신고 및 설립인가 등의 절차를 거치도록 하고 있으므로 신설되는 협동조합의 설립에 동의하는지 여부에 따라 조합원의 자격을 가질 것인지를 선택할 수 있다(법 제15조 및 제26조).

아. 등기 - 변경, 설립, 해산등기

협동조합 등의 이사장 및 회장이 그 사무소의 소재지에서 합병신고를 한 날로부터 14일 이내에 하여야 하며, 변경등기신청서에는 합병에 따라 변경된 사항을 증명하는 서류와 채권자 이의신청 절차 이행 및 이의신청채권자에 대한 변제나 담보를 제공한 사실을 증명하는 서류 등을 첨부하여야 한다. 그리고 신설합병으로 인해 설립등기를 하는 경우에는 신설되는 협동조합 등의 이사장 및 회장이 그 사무소의 소재지에서 출자금의 납입이 끝난 날부터 14일 이내에 하여야 하며, 설립등기신청서에는 목적, 명칭 및 주된 사무소의 소재지, 출자 총좌수와 납입한 출자금의 총액, 설립신고 연월일, 임원의 성명·주민등록번호·주소 등에 관한 사항을 적은 동 신청서에 설립 신고서, 창립총회의사록, 정관의 사본, 채권자 이의신청 절차 이행과 이의신청 채권자에 대한 변제나 담보를 제공한 사실을 증명하는 서류 등을 첨부하여야 한다. 한편, 합병으로 인하여 소멸되는 기존의 협동조합 등은 소멸되는 협동조합 등의 이사장 및 회장이 해산신고 후 14일 이내에 종전 사무소의 소재지에서 해산사유를 증명하는 서류를 첨부하여 해산등기를 하여야 한다.

2. 분할

가. 분할의 개념

(1) 분할의 개념

협동조합의 '분할'이란 합병에 반대되는 개념으로서 일정한 절차에 따라 1개의 협동조합이 2개 이상의 협동조합으로 분리되는 것을 말한다. 분할에 의해 본래의 협동조합은 규모가 축소된 상태로 존속하거나(존속분할의 경우), 소멸(소멸분할의 경우)하게 된다.

(2) 분할의 유형

유형	내용
존속분할	분할되는 협동조합이 소멸하지 않고 존속하는 형태
소멸분할	분할되는 협동조합이 소멸하고 모두 새로운 협동조합들로 분할되는 형태

분할되는 협동조합이 분할 후에 해산·소멸되는지 여부에 따라 소멸하지 않고 존속하는 존속분할과 소멸하고 모두 새로운 협동조합들로 분할되는 소멸분할로 나뉜다. 그리고 위의 분류에 앞서 분할의 개념적 분류를 단순분할과 분할합병으로 할 수 있다. 단순분할은 분할에 의해 1개 또는 수개의 협동조합이 설립되는 것을 말하며, 분할합병은 분할과 동시에 1개 또는 수개의 존립 중인 다른 협동조합과 합병하는 것을 말한다. 한편 단순분할과 분할합병이 혼합하여 나타날 수도 있다

나. 분할의 절차

분할절차는 분할 계약서 작성 ⇒ 분할합병 전 협동조합 등의 총회의결 ⇒ 채권자 이의신청 및 변제 등 ⇒ 신설합병의 경우 - 신설 협동조합의 창립총회의결 ⇒ 신고 - 합병신고 또는 설립신고 / 해산신고 ⇒ 등기 : 변경등기 또는 설립등기 / 해산등기 등의 절차로 진행된다.

(1) 합병계약서 작성 및 총회의 의결

협동조합은 분할계획서를 작성한 후 총회의 의결을 받아 분할할 수 있는데(법 제56조), 분할계획서에는 분할하려는 조직대상 범위에 관한 사항 및 권리·의무의 범위가 적혀 있어야 한다.

(2) 기존 협동조합 등의 총회의 의결

가) 기존 협동조합

분할하려는 협동조합 등은 총회에서 분할계획서 등 분할에 관한사항을 의결하여야 한다. 이 경우 협동조합기본법은 협동조합 등의 분할의 의사정족수 및 의결정족수를 총조합원 과반수의 출석과 출석조합원 2/3의 찬성을 요구하고 있다.

나) 신설 협동조합

분할로 인해 신설되는 협동조합 등은 협동조합의 설립에 관한 절차를 준용하여 창립총회를 개최하고 정관을 제정하는 등 구성과 운영에 관한사항을 의결하여야 한다. 이 경우 창립총회의 개최에 관하여는 일정기간 전까지 회의 목적, 안건, 일시 및 장소를 정하여 합병 후 신설되는 협동조합의 조합원이 알 수 있도록 그 소집을 통지하여야 한다.

(3) 채권자 이의신청 및 변제

합병 및 분할의 의결이 있게 되면 협동조합은 의결한 날부터 14일 이내에 대차대조표를 작성하여 채권자에 대하여 이의가 있으면 일정한 기간에 신청하여야 할 것을 공고함과 동시에 이미 알고 있는 채권자에 대하여는 개별적으로 최고하여야 한다(법 제56조제8항 및 제53조제1항·제2항). 이 경우 채권자의 이의 신청 기간은 30일 이상 보장하여야 한다(법 제56조제8항 및 제53조제3항). 한편, 채권자가 이의신청 기간에 이의를 신청하지 않으면 이를 승인한 것으로 보며, 이의를 신청하면 협동조합은 채무를 변제하거나 상당한 담보를 제공하여야 한다.

(4) 신설신고 및 해산신고

협동조합이 분할할 경우 분할로 새로 설립되는 협동조합은 설립신고를, 분할로 소멸되는 협동조합은 해산신고를 각 사무소의 소재지를 관할하는 시·도지사(협동조합연합회의 경우 기획재정부장관)에게 신고하여야한다.

(5) 분할 제한

가) 원칙

협동조합은 이 법에 따른 협동조합 이외의 법인, 단체 및 협동조합 등과 합병하거나 이 법에 따른 협동조합 이외의 법인, 단체 및 협동조합 등으로 분할할 수 없다.

나) 예외

다만, 협동조합이 기획재정부장관의 인가를 받은 경우에는 다음의 법인을 흡수합병 할 수 있으며, 이 경우 기획재정부장관은 흡수합병 인가의 신청을 받은 날부터 60일 이내에 인가 여부를 신청인에게 통지하여야 한다. 만일 기획재정부장관이 위 기간 내에 인가 여부 또는 민원 처리 관련 법령에 따른 처리기간의 연장을 신청인에게 통지하지 아니하면 그 기간(민원 처리 관련 법령에 따라 처리기간이 연장 또는 재연장된 경우에는 해당 처리기간을 말한다)이 끝난 날의 다음 날에 인가를 한 것으로 본다.

- 「상법」에 따라 설립된 주식회사
- 「상법」에 따라 설립된 유한회사
- 「상법」에 따라 설립된 유한책임회사

다) 기획재정부장관의 인가절차 등

1) 인가신청

기재부장관의 인가의 기준·절차 등에 관하여 필요한 사항은 대통령령으로 정한다(법 제56 조 8항).

2) 신청시 제출서류

사회적협동조합, 사회적협동조합연합회 및 이종협동조합연합회 분할인가 신청서에 다음의 서류를 첨부하여 기획재정부장관 또는 관계 중앙행정기관의 장에게 제출해야 한다(법 시행령 제20조 제2항).

- 정관 사본
- 분할계약서 사본
- 분할을 의결한 총회 개최 공고문
- 분할을 의결한 총회 의사록 사본
- 별지 제3호서식에 따른 임원 명부(임원약력을 포함한다)
- 분할 후의 별지 제19호서식에 따른 사회적협동조합 사업계획서 또는 별지 제19호의2서식에 따른 사회적협동조합연합회 및 이종협동조합연합회 사업계획서
- 분할 후의 별지 제20호서식에 따른 수입 · 지출 예산서
- 출자 1좌당 금액과 조합원 또는 회원별로 인수하려는 출자좌수를 적은 서류
- 채권자의 이의신청 절차 이행과 이의신청 채권자에게 변제하거나 담보를 제공한 사실을 증명하는 서류
- 주 사업의 내용이 설립인가 기준을 충족하는 것을 증명하는 서류(사회적협동조합의 경우에만 제출한다)

다. 분할의 효과

분할로 인하여 존속하거나 설립되는 협동조합은 분할로 소멸되는 협동조합의 권리 · 의무를 승계하며(법 제56조제3항), 분할로 인하여 소멸되는 협동조합의 조합원은 분할의결 당시 정한 존속협동조합 또는 신설협동조합의 조직대상 범위에 관한 사항에 의하여 개별적 가입절차 없이 분할 후 존속하는 협동조합 또는 신설되는 협동조합의 조합원의 자격을 자동적으로 갖게 된다.

라. 등기

협동조합 등이 분할과 관련하여 출자 총좌수와 납입한 출자금의 총액이 변경된 회계연도말을 기준으로 그 회계연도가 끝난 후 1개월 이내에 그 사무소의 소재지에서 변경등기를 하여야 하며, 변경된 목적, 명칭 및 주된 사무소의 소재지, 임원의 성명·주민등록번호 및 주소 등은 21일 이내에 존속하는 협동조합 등의 이사장 및 회장이 그 사무소의 소재지에서 변경등기를 하여야 한다. 이 경우 변경등기신청서에는 합병에 따라 변경된 사항을 증명하는 서류와 채권자 이의신청 절차 이행 및 이의 신청 채권자에 대한 변제나 담보를 제공한 사실을 증명하는 서류 등을 첨부하여야 한다. 그리고 분할로 새로 설립되는 협동조합 등이 설립등기를 하는 경우에는 그 사무소의 소재지에서 출자금의 납입이 끝난 날부터 14일 이내에 하여야 하며, 설립등기신청서에는 목적, 명칭 및 주된 사무소의 소재지, 출자 총좌수와 납입한 출자금의 총액, 설립신고 연월일, 임원의 성명·주민등록번호·주소 등에 관한 사항을 적은 동 신청서에 설립신고서, 창립총회의사록, 정관의 사본, 채권자 이의신청절차 이행과 이의 신청 채권자에 대한 변제나 담보를 제공한 사실을 증명하는 서류 등을 첨부하여야 한다. 한편 분할로 소멸되는 협동조합 등은 주된 사무소의 소재지에서는 14일 이내에, 지사무소의 소재지에서는 21일 이내에 청산인이 신청인이 되어 해산사유를 증명하는 서류를 첨부하여 해산등기를 하여야 한다.

3. 협동조합의 해산

가. 개관

협동조합의 '해산'이란 협동조합이 그 활동을 정지한 이후 소멸에 이르기까지의 절차를 밟는 것으로서 협동조합의 법인격 소멸 원인이 되는 법률사실을 말한다. 협동조합은 법에서 정한 일정한 사유가 발생하면 해산하는데, 해산으로 협동조합이 곧바로 소멸하는 것은 아니며 청산절차를 통해 기본적 법률관계를 결말지음으로써 비로소 법인격이 완전히 소멸하게 된다. 다만, 해산의 사유가 합병 또는 분할인 경우에는 청산절차 없이 소멸하고, 해산사유가 파산인 경우에는 파산절차에 들어가 파산절차가 마무리됨으로써 법인격이 소멸된다.

나. 협동조합의 해산절차

협동조합의 해산은 해산사유의 발생 ⇒ 청산인의 선임 ⇒ 해산신고 및 해산등기 ⇒ 청산계획의 총회승인 ⇒ 청산사무의 종결 및 결산보고서의 총회승인 ⇒ 청산종결등기 등의 절차로 진행된다.

(1) 해산사유

(가) 해산사유

협동조합은 다음의 어느 하나에 해당하는 사유로 해산하며, 이에 해당하는 해산사유가 발생하면 청산절차에 들어가게 된다(법 제57조제1항 제1호 및 제2호).

• 정관으로 정한 해산 사유의 발생

  협동조합은 정관으로 정한 해산사유의 발생 및 총회의 의결에 의해 해산한다. 이러한 해산 사유가 발생하면 청산절차에 들어가게 되며 청산절차의 종료로 비로소 법인격이 소멸하게 된다.

• 총회의 의결

• 합병 · 분할 또는 파산

(나) 해산신고

1) 해산신고서 제출

협동조합 및 협동조합연합회의 해산을 신고하려는 자는 별지 제14호서식의 해산신고서에 해산을 결의한 총회 의사록 사본이나 정관으로 정한 해산 사유의 발생을 증명하는 서류를 첨부하여 기획재정부장관 또는 시 · 도지사에게 제출해야 한다(법 시행규칙 제11조). 이에 따른 신고서를 받은 기획재정부장관 또는 시 · 도지사는 「전자정부법」 제36조제1항에 따른 행정정보의 공동이용을 통하여 법인 등기사항증명서를 확인하여야 한다(법 시행령 제22조 제2항).

[ ] 협동조합
[ ] 협동조합연합회   해산신고서

※ 첨부서류를 확인하시기 바라며, 색상이 어두운 난은 신고인이 작성하지 않습니다.

접수번호	접수일	처리기간	7일

신고인 (청산인)	성명(법인명)		주민등록번호(법인등록번호)
	전화번호		전자우편주소
	주소		

신고내용	첨부서류 참조

「협동조합 기본법」 제57조제2항 또는 제83조에 따라 위와 같이 해산을 신고합니다.

년   월   일

신고인(청산인)   (서명 또는 인)

기획재정부장관 또는 시 · 도지사   귀하

첨부서류	해산을 결의한 총회 의사록 사본이나 정관으로 정한 해산 사유의 발생을 증명하는 서류	수수료 없음
담당 공무원 확인사항	법인 등기사항증명서	

행정정보 공동이용 동의서

본인은 이 건 업무처리와 관련하여 「전자정부법」 제36조제1항에 따른 행정정보의 공동이용을 통하여 위의 담당 공무원 확인사항을 확인하는 것에 동의합니다.
  * 동의하지 않는 경우에는 신청인이 직접 관련 서류를 제출하여야 합니다.

신청인(대표자)   (서명 또는 인)

처리절차

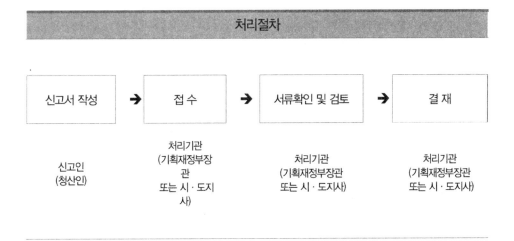

신고서 작성 → 접 수 → 서류확인 및 검토 → 결 재

신고인
(청산인)

처리기관
(기획재정부장
관
또는 시·도지
사)

처리기관
(기획재정부장관
또는 시·도지사)

처리기관
(기획재정부장관
또는 시·도지사)

210mm×297mm[백상지 80g/㎡]

2) 해산신고서 첨부서류

사회적협동조합, 사회적협동조합연합회 및 이종협동조합연합회의 해산을 신고하려는 자는 별지 제28호 서식의 해산신고서에 다음 각 호의 서류를 첨부하여 기획재정부장관이나 관계 중앙행정기관의 장에게 제출해야 한다(법 시행령 제22조 제1항).

- 해산 당시의 재산목록
- 잔여재산 처분방법의 개요를 적은 서류
- 해산 당시의 정관 사본
- 해산을 결의한 총회 의사록 사본

(2) 청산인의 신고

협동조합이 해산한 때에는 청산인은 파산의 경우를 제외하고는 그 취임 후 14일 이내에 기획재정부령으로 정하는 바에 따라 설립신고를 한 시·도지사에게 신고하여야 하며, 이때 이사장이 청산인이 아닌 경우에는 신청인의 자격을 증명하는 서류를 첨부하여야 한다(법 법 제67조제2항).

다. 합병, 분할, 파산에 의한 해산

(1) 합병 또는 분할에 의한 해산의 경우

협동조합이 합병 또는 분할로 인해 해산하는 경우에는 청산절차를 거치지 않고 소멸된다.

(2) 파단에 의한 해산의 경우

협동조합이 파산으로 인해 해산하는 경우에는「민법」및「채무자 회생 및 파산에 관한 법률」상의 파산절차에 따라 소멸한다(법 제57조 제1항 제3호 및 제60조).

라. 해산의 효과

협동조합이 해산하여 청산절차가 개시되면 이에 따라 협동조합이 청산절차에 들어가게 되며 협동조합은 청산의 범위 내에서만 권리능력이 존재하게 되고, 청산절차가 종료되면 협동조합의 법인격은 소멸된다.

마. 휴면협동조합의 해산

(1) 휴면협동조합 해산방법

법원행정처장은 마지막 등기 후 5년이 경과한 협동조합을 대상으로 본점의 소재지를 관할하는 법원에 아직 사업을 폐지하지 아니하였다는 뜻의 신고를 할 것을 관보로써 공고할 수 있다. 이 경우 신고의 내용·방법 등은「상법」제520조의2제1항에 따른 신고에 관한 사항을 준용한다(법 제57조의2). 또한 이에 따른 공고가 있는 때에는 법원은 해당 협동조합에 대하여 그 공고가 있었다는 뜻의 통지를 발송하여야 한다.

(2) 해산간주

가) 해산간주

위 (1)의 공고를 한 날에 이미 마지막 등기 후 5년이 경과되고, 공고일부터 2개월 이내에 제1항에 따른 신고를 하지 아니한 협동조합은 그 신고기간이 만료된 때에 해산한 것으로 본다. 또한, 이에 따라 해산한 것으로 본 협동조합이 그 후 3년 이내에 총 조합원 과반수의 출석과 출석 조합원 3분의 2 이상의 찬성 의결이 있는 경우에는 협동조합을 계속할 수 있다. 다만, 그 신고기간 내에 등기를 한 협동조합에 대해서는 그러하지 아니하다.

나) 청산종결간주

해산한 것으로 본 협동조합이 협동조합을 계속하지 아니한 경우에는 해산한 것으로 본 날부터 3년이 경과한 때에 청산이 종결된 것으로 본다.

(3) 해산등기와 청산종결등기

협동조합의 해산등기와 청산종결등기에 관해서는「상업등기법」제73조를 준용한다. 이 경우「상법」제520조의2제1항'은「협동조합 기본법」제57조의2제2항'으로,「상법」제520조의2제4항'은「협동조합 기본법」제57조의2제5항'으로 본다.

바. 청산사무의 총회승인 및 청산사무의 이행

(1) 청산인 선임

가) 청산인 선임

협동조합이 해산하면 파산으로 인한 경우 외에는 이사장이 청산인이 된다. 다만, 총회에서 다른 사람을 청산인으로 선임하였을 경우에는 그에 따른다(법 제58조).

나) 청산인등기

청산인은 그 취임일부터 14일 이내에 주된 사무소의 소재지에서 그 성명·주민등록번호 및 주소를 등기하여야 하며(법 제67조), 이에 따른 등기를 할 때 이사장이 청산인이 아닌 경우에는 신청인의 자격을 증명하는 서류를 첨부하여야 한다.

(2) 청산사무의 이행 및 총회의 승인

청산인은 취임 후 지체 없이 협동조합의 재산상태를 조사하고 재산목록과 대차대조표를 작성한 다음 재산처분의 방법을 정하여 총회의 승인을 받아야 한다. 이 경우 총회를 2회 이상 소집하여도 총회가 구성되지 아니할 때에는 의사정족수에 구애됨이 없이 출석조합원 2/3 이상의 찬성이 있으면 총회의 승인이 있는 것으로 본다.

[청산 시 채무변제 절차 및 방법]

> 1. 채권신고의 공고 및 최고
> (1) 청산인은 취임한 날로부터 2개월 내에 3회 이상의 공고로 채권자에 대하여 일정한 기간 내에 그 채권을 신고할 것을 최고하여야 한다(「민법」 제88조제1항 전단 및 「협동조합 기본법」 제60조).
> ① 채권신고 기간은 2개월 이상이어야 한다(「민법」 제88조제1항 후단 및 「협동조합 기본법」 제60조).
> ② 청산인은 채권신고기간 내에는 채권자에 대하여 변제하지 못한다. 그러나 협동

조합은 채권자에 대한 지연손해배상의 의무를 면하지 못한다(「민법」 제90조 및 「협동조합 기본법」 제60조).

③ 공고에는 채권자가 기간 내에 신고하지 않으면 청산으로부터 제외될 것을 표시하여야 한다(「민법」 제88조제2항 및 「협동조합 기본법」 제60조).

(2) 청산인은 알고 있는 채권자에게 대하여는 각각 그 채권신고를 최고하여야 하며, 알고 있는 채권자는 청산으로부터 제외하지 못한다(「민법」 제89조 및 「협동조합 기본법」 제60조).

2. 변제기 미도래 채권 및 청산제외 채권의 변제

(1) 청산중의 협동조합은 변제기에 이르지 않은 채권에 대하여도 변제할 수 있다. 이 경우 조건 있는 채권, 존속기간의 불확정한 채권 그 밖에 가액이 불확정한 채권에 관하여는 법원이 선임한 감정인의 평가에 따라 변제하여야 한다(「민법」 제91조 및 「협동조합 기본법」 제60조).

(2) 청산으로부터 제외된 채권자는 법인의 채무를 완제한 후 귀속권리자에게 인도하지 않은 재산에 대하여서만 변제를 청구할 수 있다(「민법」 제92조 및 「협동조합 기본법」 제60조).

3. 잔여재산의 처리

채무를 변제하고 잔여재산이 있는 경우 정관이 정하는 바에 따라 처분한다(「협동조합 기본법」 제59조제1항).

조직변경 시에는 협동조합의 적립금으로 한 사내유보금은 정관으로 정하는 바에 따라 상급 협동조합연합회 또는 다른 협동조합에 기부할 수 있다(「협동조합 기본법」 제59조제2항).

4. 청산 중 파산선고의 신청

청산중 법인의 재산이 그 채무를 완제하기에 부족한 것이 분명하게 된 때에는 청산인은 지체 없이 파산선고를 신청하고 이를 공고하여야 하며, 청산인의 임무는 파산관재인에게 그 사무를 인계함으로써 종료한다(「민법」 제93조 및 「협동조합 기본법」 제60조).

(4) 청산인의 청산사무 승인시 조치

가) 잔여재산의 처리

청산계획이 총회에서 승인되면 청산인은 실제 청산사무를 이행하여야 하는데, 현존하는 업무를 종결하며, 채권을 추심하고, 채무를 변제하는 것이 청산사무의 주된 내용이다. 이러한 청산사무를 이행함에 있어 협동조합기본법은 잔여재산의 처분에 관해 협동조합 등과 사회적협동조합 등에 대해 다르게 규정하고 있는데, 먼저 협동조합 등에 관하여는 채무를 변제하고 잔여재산이 있는 경우 이를 정관이 정하는바에 따라 처분할 것을, 사회적협동조합 등에 관하여는 부채 및 출자금을 변제하고 잔여재산이 있는 경우 '상급 사회적협동조합연합회', '유사한목적의 사회적협동조합', '비영리법인·공익법인', '국고' 중에서 정관으로 정하는 바에 따라 귀속됨을 규정하고 있다.

나) 사내유보금 등의 처리

위 가)항에도 불구하고 제60조의2제4항에 따라 조직변경 시 협동조합의 적립금으로 한 사내유보금은 정관으로 정하는 바에 따라 상급 협동조합연합회 또는 다른 협동조합에 기부할 수 있다.

(5) 청산사무의 종결 및 결산보고서의 총회 승인

청산사무가 종결된 때에는 청산인은 지체 없이 결산보고서를 작성하여 총회의 승인을 받아야 한다. 이 경우 총회를 2회 이상 소집하여도 총회가 구성되지 아니할 때에는 의사정족수에 구애됨이 없이 출석조합원 2/3 이상의 찬성이 있으면 총회의 승인이 있는 것으로 본다.

(6) 청산종결등기

협동조합의 청산이 끝나면 청산인은 주된 사무소의 소재지에서는 14일 이내에, 지사무소의 소재지에서는 21일 이내에 청산종결의 등기를 하여야 한다. 실질적인 청산의 종결과 이에 따른 청산종결의 등기가 있게 되면 협동조합의 법인격이 소멸된다.

제6절의2 협동조합의 조직변경

1. 협동조합의 조직변경

가. 조직변경절차

「상법」에 따라 설립된 유한책임회사, 주식회사, 유한회사 및 그 밖에 다른 법령에 따라 설립된 영리법인(이하 '법인 등'이라 한다)은 소속 구성원 전원의 동의에 따른 총회의 결의(총회가 구성되지 아니한 경우에는 소속 구성원 전원의 동의를 말한다. 이하 이 조와 제105조의2에서 같다)로 이 법에 따른 협동조합으로 그 조직을 변경할 수 있다. 이 경우 기존의 법인 등과 조직이 변경된 협동조합은 권리·의무 관계에서는 같은 법인으로 본다(법 제60조의2).

나. 조직변경 신고

(1) 조직변경 신고 및 통지

법인 등은 총회의 결의가 있는 경우에는 법인 등의 주된 사무소를 관할하는 시·도지사에게 대통령령으로 정하는 바에 따라 협동조합으로의 조직변경에 관한 사항을 신고하여야 한다. 이에 따른 신고를 받은 시·도지사는 신고를 받은 날부터 20일 이내에 신고수리 여부를 신고인에게 통지하여야 한다.

(2) 신고수리 간주

시·도지사가 신고를 받은 날부터 20일 이내에 신고수리 여부 또는 민원 처리 관련 법령에 따른 처리기간의 연장을 신고인에게 통지하지 아니하면 그 기간(민원 처리 관련 법령에 따라 처리기간이 연장 또는 재연장된 경우에는 해당 처리기간을 말한다)이 끝난 날의 다음 날에 신고를 수리한 것으로 본다.

(3) 조직변경의 신고

협동조합으로의 조직변경을 신고하려는 자는 조직변경 신고서에 기획재정부령으로 정하는 서류를 첨부하여 주된 사무소를 관할하는 시·도지사에게 제출하여야 하며(법 시행령 제15조). 이에 따른 조직변경 신고에 따라 발급하는 신고확인증에 관하여는 제8조제1항부터 제3항까지의 규정을 준용한다.

■ 협동조합 기본법 시행규칙 [별지 제15호서식] 〈개정 2020. 9. 29.〉

협동조합 조직변경 신고서

※ 첨부서류를 확인하시기 바라며, 색상이 어두운 난은 신고인이 작성하지 않습니다.

접수번호		접수일		처리기간	20일
신고인	성명(법인명)			생년월일(법인등록번호)	
	주소			전화번호	

신고내용	설립동의자 수(명)	출자금 납입총액(원)	조직변경총회 개최일

법 인	조합명		전화번호	
	소재지			
	이사장 성명(법인명)		주민등록번호(법인등록번호)	
	전화번호		전자우편주소	
	주소			
	협동조합 임원의 「협동조합 기본법」 제36조 제1항 각 호 해당 여부		해당[ ]	해당되지 않음[ ]
	협동조합 이사장의 「협동조합 기본법」 제44조제1항에 따른 겸직 여부		해당[ ]	해당되지 않음[ ]

「협동조합 기본법」 제60조의2제1항에 따라 위와 같이 조직변경했음을 신고합니다.

년   월   일

신고인   (서명 또는 인)

시·도지사   귀하

첨부서류	1. 정관 사본 1부 2. 조직변경을 결의한 총회 개최공고문 1부 3. 조직변경을 결의한 총회 의사록(총회가 구성되지 않은 경우에는	수수료 없음

소속 구성원 전원의 동의를 증명할 수 있는 서류) 사본 1부

4. 임원 명부 1부
5. 사업계획서 1부
6. 수입·지출 예산서 1부
7. 조합원 명부 1부
8. 조직변경 전의 법인에 대한 법인 등기사항증명서 1부
9. 출자 1좌당 금액과 조합원별로 인수하려는 출자좌수를 적은 서류 1부
10. 채권자의 이의신청 절차 이행과 이의신청 채권자에게 변제하거나 담보를 제공한 사실을 증명하는 서류
11. 관계 행정기관의 장의 신고·인가·허가·승인 등을 받은 서류 (조직변경을 위한 총회의 결의사항 중 관계 행정기관의 장의 인허가등이 필요한 경우만 해당합니다)

210mm×297mm[백상지 80g/㎡]

나) 신청시 첨부서류

영 제15조제1항에서 '기획재정부령으로 정하는 서류'는 다음 각 호와 같다(법 시행령 제12조).

• 정관 사본

• 조직변경을 결의한 총회 개최 공고문

• 조직변경을 결의한 총회 의사록(총회가 구성되지 아니한 경우에는 소속 구성원 전원의 동의를 증명하는 서류) 사본

• 별지 제3호서식에 따른 임원 명부

• 별지 제4호서식에 따른 사업계획서

• 별지 제5호서식에 따른 수입·지출 예산서

• 별지 제6호서식에 따른 조합원 명부

• 조직변경 전의 법인에 대한 법인 등기사항증명서

• 출자 1좌당 금액과 조합원별로 인수하려는 출자좌수를 적은 서류

- 채권자의 이의신청 절차 이행과 이의신청 채권자에게 변제하거나 담보를 제공한 사실을 증명하는 서류
- 관계 행정기관의 장의 신고 · 인가 · 허가 · 승인 등(이하 '인허가 등'이라 한다)을 받은 서류(조직변경을 위한 총회의 결의사항 중 관계 행정기관의 장의 인허가 등이 필요한 경우만 해당한다)

■ 협동조합 기본법 시행규칙 [별지 제5호서식] 〈개정 2020. 9. 29.〉

[ ] 협동조합
[ ] 협동조합연합회

수입 · 지출 예산서

회계연도: 000년도

조직 개요	조합명(연합회명)		업종(표준산업분류번호)	
	설립 연월일		업태	
	신고번호		사업자등록번호	
	주소	주사무소		
		제1 지사무소		
		제2 지사무소		
	출자금	백만원		

수입	(단위: 원)	지출		(단위: 원)
구분	금액	구분		금액
전기이월금		경상비	인건비	

사업수입	00사업		사업비	운영비	
	〃			소계	
	〃			00사업	
	소계			〃	
사업외수입	기부출연금			〃	
	지원금			소계	
	기타		사업외지출	기부출연금	
	소계			지원금	
출자금				기타	
차입금				소계	
기타수입			출자금반환		
〃			차입금상환		
〃			배당금		
〃			기타지출		
〃			차기이월금		
합계			**합계**		

작성방법

1. 최초 설립신고 시 조직 개요에 조합명(연합회명), 주소, 출자금만 적어주시기 바랍니다.

2. 예시된 항목 외의 수입 또는 지출 항목이 있을 경우 모두 적습니다.

3. 사업수입 및 사업비 항목은 정관으로 정한 사업명에 준해 작성합니다.

210mm×297mm[백상지 80g/㎡]

■ 협동조합 기본법 시행규칙 [별지 제6호서식] 〈개정 2020. 9. 29.〉

[ ] 발기인 및 설립동의자
[ ] 조합원(회원)   명부

연번	발기인/ 설립동의자	성 명 (법인명)	주민등록번호 (법인등록번호)	연락처	이해관계자

작성방법

1. 이해관계자란은 사회적협동조합의 경우에만 적습니다.

2. 연합회 설립 시 회원인 협동조합의 정보를 적어주시기 바랍니다.

210mm×297mm[백상지 80g/㎡]

2. 조직변경시 총회의결로 정하는 사항

총회의 결의에서는 조직이 변경되는 협동조합에 대한 다음 각 호의 사항을 정한다.

- 정관
- 출자금
- 그 밖에 협동조합으로의 조직변경에 필요한 사항

3. 출자금 총액 제한

협동조합으로의 조직변경은 기존의 법인 등의 현존하는 순재산액보다 많은 금액을 협동조합의 출자금 총액으로 하지 못한다.

4. 사내유보금의 적립금으로의 변경

법인 등이 보유하고 있는 대통령령으로 정하는 사내유보금은 총회의 결의를 통하여 제50조에 따른 적립금으로 할 수 있다. 여기서 '대통령령으로 정하는 사내유보금'이란 배당 등으로 사외에 유출되지 아니하고 법 제60조의2 제1항에 따른 법인 등(이하 '법인 등'이라 한다)이 보유하고 있는 누적된 순이익을 말한다(법 시행령 제14조).

5. 관계 행정기관장의 인허가 등

법인 등은 협동조합으로의 조직변경을 위한 총회의 결의사항 중 관계 행정기관의 장의 신고·인가·허가·승인 등(이하 '인허가 등'이라 한다)이 필요한 경우에는 그 인허가 등을 먼저 받아야 한다.

제7절 협동조합의 등기

협동조합 설립신고를 하고 신고사항에 미비점이 없으면 20일 이내, 통상 1주일 정도 후에 설립신고 확인증을 받게 된다. 그 후 설립등기를 하여야만 협동조합에 법인격을 부여받아 권리, 의무의 주체로서 활동이 가능하게 되는데, 통상 출자금 납입이 끝난 날부터 14일 이내에 주사무소 소재지를 관할하는 등기소에서 설립등기를 하여야 한다. 설립등기 후 조합의 목적사업을 수행하기 위해서는 사업을 시작한 날부터 20일 이내에 주사무소 소재를 관할하는 세무서에 사업자등록을 신청하여야 하지만, 사업개시 전에도 그 신청은 가능하다.

1. 설립등기

가. 설립등기신청

협동조합은 출자금의 납입이 끝난 날부터 14일 이내에 주된 사무소의 소재지에서 설립등기를 하여야 하며(법 제61조), 이때 신청인은 이사장이다.

나. 설립등기신청서 적시사항

(1) 설립등기

설립등기신청서에는 다음의 사항을 적어야 하고, 설립등기신청서에는 설립신고서, 창립총회의사록 및 정관의 사본을 첨부하여야 한다.

- 목적, 명칭 및 주된 사무소 소재지
- 출자 총좌수와 납입한 출자금의 총액
- 설립신고 연월일
- 임원의 성명 · 주민등록번호 및 주소(임원이 법인인 경우에는 법인의 명칭, 법인등록번호 및 주소). 다만, 이사장이 아닌 임원의 주소는 제외한다.

(2) 합병 또는 분할로 인한 설립등기신청

합병이나 분할로 인한 협동조합의 설립등기신청서에는 다음의 서류를 모두 첨부하여야
한다.

- 설립등기신청서에는 설립신고서, 창립총회의사록 및 정관의 사본
- 제53조에 따라 공고하거나 최고한 사실을 증명하는 서류
- 제54조에 따라 이의를 신청한 채권자에게 변제나 담보를 제공한 사실을 증명하는 서류

[등기에 따른 등록면허세]

	세액			과밀억제권
	등록면허세	지방교육세	합계	
설립등기	출자금의 0.4% (최소 112,500원)	등록면허세의 20% (최소 22,500원)	출자금의 0.48% (최소 135,000원)	출자금의 1.44% (3배 중과세, 최소 405,000원)

2. 지사무소의 설치등기

협동조합이 지사무소를 설치하였으면 주된 사무소의 소재지에서는 21일 이내에, 지사무소
의 소재지에서는 28일 이내에 등기하여야 한다(법 제62조).

3. 이전등기

협동조합이 사무소를 이전하였으면 전소재지와 현소재지에서 각각 21일 이내에 이전등기
를 하여야 하며(법 제63조), 이때 신청인은 이사장이다.

4. 변경등기

(1) 변경등기 사항 및 기간

협동조합은 1) 목적, 명칭 및 주된 사무소 소재지, 2) 출자 총좌수와 납입한 출자금의 총액, 3) 설립신고 연월일, 4) 임원의 성명·주민등록번호 및 주소{(임원이 법인인 경우에는 법인의 명칭, 법인등록번호 및 주소). 다만, 이사장이 아닌 임원의 주소는 제외한다} 등의 사항이 변경되면 주된 사무소 및 해당 지사무소의 소재지에서 각각 21일 이내에 변경등기를 하여야 한다(법 제64조). 이때의 신청인은 이사장이다.

변경등기 사항 (법 제61조 제2항)
① 정관의 목적, 명칭 및 주된 사무소의 소재지 ② 출자 총좌수와 납입한 출자금의 총액 ③ 설립인가 연월일 ④ 임원의 성명·주민등록번호 및 주소 　(임원이 법인인 경우 법인의 명칭, 법인등록번호 및 주소) ※ ②의 경우 회계연도말을 기준으로 그 회계연도가 끝난 후 1개월 이내 등기

(2) 출자 총좌수와 납입한 출자금의 총액에 관한 변경등기

출자 총좌수와 납입한 출자금의 총액의 사항에 관한 변경등기는 회계연도말을 기준으로 그 회계연도가 끝난 후 3개월 이내에 등기하여야 하는데, 이때의 신청인은 이사장이며, 이에 따른 등기신청서에는 등기 사항의 변경을 증명하는 서류를 첨부하여야 한다.

(3) 출자감소, 합병 또는 분할로 인한 변경등기

출자감소, 합병 또는 분할로 인한 변경등기신청서에는 다음의 서류를 모두 첨부하여야 한다.

• 등기 사항의 변경을 증명하는 서류
• 제53조(출자감소의 의결)에 따라 공고하거나 최고한 사실을 증명하는 서류
• 제54조(출자감소에 대한 채권자의 이의)에 따라 이의를 신청한 채권자에게 변제나 담보를 제공한 사실을 증명하는 서류

5. 협동조합 합병등기

협동조합이 합병한 경우에는 합병신고를 수리한 날(신고를 수리한 것으로 보는 경우를 포함한다)부터 14일 이내에 그 사무소의 소재지에서 합병 후 존속하는 협동조합은 변경등기를, 합병으로 소멸되는 협동조합은 해산등기를, 합병으로 설립되는 협동조합은 제61조에 따른 설립등기를 각 사무소의 소재지에서 하여야 한다(법 제65조). 이에 따른 해산등기를 할 때에는 합병으로 소멸되는 협동조합의 이사장이 신청인이 되며, 해산 사유를 증명하는 서류를 첨부하여야 한다.

6. 해산등기

협동조합이 해산한 경우에는 합병과 파산의 경우 외에는 주된 사무소의 소재지에서는 14일 이내에, 지사무소의 소재지에서는 21일 이내에 해산등기를 하여야 하며(법 제66조), 이에 따른 해산등기를 할 때에는 청산인이 신청인이 된다. 해산등기신청서에는 해산 사유를 증명하는 서류를 첨부하여야 한다.

7. 계속등기

해산한 것으로 본 협동조합이 그 후 3년 이내에 총 조합원 과반수의 출석과 출석 조합원 3분의 2 이상의 찬성 의결이 있는 경우에는 협동조합을 계속할 수 있는데, 이 경우에는 주된 사무소의 소재지에서는 14일 이내에, 지사무소의 소재지에서는 21일 이내에 계속등기를 하여야 한다(법 제66조의2). 이에 따른 계속등기를 할 때에는 새로 선임된 이사장이 신청인이 되며, 계속등기신청서에는 계속 사유를 증명하는 서류를 첨부하여야 한다.

8. 조직변경의 등기

법인 등이 협동조합으로 조직변경을 한 경우에는 그 신고를 수리한 날(같은 조 제8항에 따라 신고를 수리한 것으로 보는 경우를 포함한다)부터 본점 소재지에서는 14일 이내에, 지점 소재지에서는 21일 이내에 조직변경 전의 법인 등은 해산등기를, 협동조합은 제61조에 따른 설립등기를 하여야 한다(법 제68조의2).

9. 등기부

등기소는 협동조합 등기부를 갖추어 두어야 한다(법 제69조).

10. 「비송사건절차법」 등의 준용

협동조합의 등기에 관하여 이 법에서 정한 사항 외에는 「비송사건절차법」 및 「상업등기법」 중 등기에 관한 규정을 준용한다(법 제70조).

제8절 감독

시ㆍ도지사는 직권 또는 신고에 따라 협동조합의 활동사항을 조사하여 다음의 어느 하나에 해당하여 실제 활동하지 아니한다고 인정되는 협동조합에 대해서는 일정한 기한을 정하여 업무의 시정과 그 밖에 필요한 조치를 명할 수 있다(법 제70조의2).

• 조합원 수가 최저 발기인 수(5인 이상) 미만으로 2년 이상 경과한 경우
• 총회를 2년 이상 연속하여 개최하지 아니한 경우
• 협동조합의 사업을 2년 이상 계속하여 수행하지 아니한 경우

제3장 협동조합연합회

협동조합기본법에 의해 설립된 협동조합들이나 사회적협동조합들이 공동의 이익을 도모하기 위하여 연합회를 만들 수 있다. 이때 협동조합은 협동조합들끼리 협동조합연합회를 만들 수 있고, 사회적협동조합은 사회적협동조합들끼리 사회적협동조합연합회를 만들 수 있다. 그러나 협동조합과 사회적협동조합이 함께 모여 연합회를 만들 수는 없다. 그리고 농협, 신협, 생협 등 개별법에 따라 만들어진 협동조합들과 함께 연합회를 만드는 것도 불가능하다. 다만 협동조합, 사회적협동조합, 그리고 개별법에 따른 협동조합들이 함께 모여 협의회를 결성할 수는 있다. 연합회와 회원 조직들은 주로 사업적인 관계를 맺는다는 점에서 협회와 다르다. 협회는 주로 회원 조직들의 이해를 대변하고 옹호하는 기능을 한다. 또한 연합회는 독자적인 법인격을 가지고 있다는 점에서 임의단체 성격인 협의회와도 다르다. 협동조합기본법에 따르면 협동조합연합회는 '법인'이고 사회적협동조합연합회는 '비영리법인'이다.

제1절 협동조합연합회의 설립

협동조합연합회 설립은 '발기인 모집(3개 이상 협동조합) ⇒ 정관작성(목적, 명칭, 사업 등 포함) ⇒ 설립동의자 모집 ⇒ 창립총회 의결(설립동의자 과반수 출석, 출석 2/3) ⇒ 설립신고(발기인 협동조합의 이사장 : 기획재정부장관) ⇒ 사무인수인계(발기인 : 회장) ⇒ 출자금 납입 ⇒ 설립등기(관할 등기소) ⇒ 협동조합연회(법인격 부여)' 등의 절차로 진행된다.

1. 신규설립의 경우

가. 설립신고 등

(1) 설립신고

협동조합연합회(이하 '연합회'라 한다)를 설립하려는 경우에는 회원 자격을 가진 셋 이상의 협동조합이 발기인이 되어 정관을 작성하고 창립총회의 의결을 거친 후 기획재정부장관에게 신고하여야 한다. 신고한 사항을 변경하려는 경우에도 또한 같다(법 제71조). 여기서 구성원은 '조합원'이 아니라 '회원'이라고 하며, 협동조합기본법에 따라 설립된 협동조합만이 연합회의 회원이 될 수 있다. 즉 회원 협동조합의구성원인 조합원을 포함하여 개인이나 협동조합이 아닌 법인은 연합회의 회원이 될 수 없다.

일반협동조합연합회는 일반협동조합의 공동 이익을 위하여 일반협동조합들이 모인 연합회이고,
사회적협동조합연합회는 사회적협동조합의 공동의 이익을 위하여 사회적협동조합들이 모인 연합회 입니다.

일반협동조합 연합회는 영리법인으로 하고, 사회적협동조합 연합회는 비영리법인으로 합니다.

복지증진과 상부상조, 공동소유 및 민주적 운영 등 협동조합의 설립목적과 기본 원칙 등은 그대로 적용됩니다.

일반협동조합연합회	사회적협동조합연합회
발기인 모집(3개이상 협동조합)	발기인 모집(3개이상 사회적협동조합)
▼	▼
정관 작성	정관 작성
▼	▼
설립동의 협동조합 모집	설립동의 사회적협동조합 모집
▼	▼
창립 총회 의결	창립 총회 의결
▼	▼
설립신고 (기획재정부장관)	설립신청 (기획재정부장관)
▼	▼
회장에게 사무인계	신청일로부터 60일 이내 인가 (부득이한 경우 60일 이내에서 1회 연장가능)
▼	▼
출자금 납입	회장에게 사무 인계
▼	▼
설립등기	출자금 납입
	▼
	설립등기

총 8단계를 거쳐 설립

일반 협동조합 연합회 창립총회의 의사는
설립동의서를 제출한 일반 협동조합의
과반수 출석과 출석자 2/3 이상의 찬성으로 의결함.
그밖의 설립에 관한 사항은,
협동조합의 경우를 준용합니다.

총 9단계를 거쳐 설립

사회적협동조합 연합회 창립총회의 의사는
설립동의서를 제출한 일반 협동조합의
과반수 출석과 출석자 2/3 이상의 찬성으로 의결함.
그밖의 설립에 관한 사항은,
사회적협동조합의 경우를 준용합니다.

(2) 수리여부 등 통지

1) 수리 및 통지

기획재정부장관은 위 (1)에 따른 신고 또는 변경신고를 받은 날부터 20일 이내에 신고수리 또는 변경신고수리 여부를 신고인에게 통지하여야 한다.

2) 수리간주

기획재정부장관은 제2항에서 정한 기간 내에 신고수리 또는 변경신고수리 여부나 민원 처리 관련 법령에 따른 처리기간의 연장을 신고인에게 통지하지 아니하면 그 기간(민원 처리 관련 법령에 따라 처리기간이 연장 또는 재연장된 경우에는 해당 처리기간을 말한다)이 끝난 날의 다음 날에 신고수리 또는 변경신고수리를 한 것으로 본다.

나. 창립총회

창립총회의 의사는 창립총회 개의 전까지 발기인에게 설립동의서를 제출한 협동조합 과반 수의 출석과 출석자 3분의 2 이상의 찬성으로 의결한다. 창립총회 때는 • 정관 승인 • 사업계 획 및 예산안 확정 • 회장 포함 임원 선출 등 적어도 3가지 안건을 의결한다. 회원의 자격, 최소납입출자금, 한 회원의 출자좌수 한도, 의결권 및 선거권의 차등 여부 등 향후 연합회 운영의 중요한 원칙들은 정관의 내용으로 구성되어 포괄적으로 승인한다.

다. 연합회의 설립신고 사항

연합회의 설립신고, 변경신고, 신고의 반려 또는 보완에 필요한 사항은 대통령령으로 정한다.

2. 전환을 통한 연합회를 설립하는 경우

협동조합기본법이 시행되는 2012년 12월 1일 당시 연합회와 유사한 목적을 위하여 이미 설립된 사단법인이 구성원 과반수의 출석과 출석자 2/3 이상의 찬성으로 총회의 의결을 거친 후 연합회의 설립절차를 거쳐 설립등기를 하면, 설립등기 전 사단법인과 설립등기 후 연합회는 동일한 법인으로 간주된다(사회적협동조합연합회의 경우에는 동일한 비영리 법인으로 본다). 동일한 법인으로 본다는 의미는 전환 전 사업실적 및 인허가 사항을 전환 후 협동조합이 그대로 승계한다는 것이다. 동일법인 간주 혜택은 2013년 11월 30일까지 전환 후 연합회의 설립등기를 신청한 경우에만 적용된다.

3. 신고확인증의 발급 등

기획재정부장관은 설립신고 또는 변경신고를 수리한 경우(같은 조 제3항에 따라 신고 또는 변경신고를 수리한 것으로 보는 경우를 포함한다)에는 신고확인증을 발급하여야 하며 (법 제71조의2), 이에 신고확인증의 발급에 필요한 사항은 대통령령으로 정한다.

4. 준용규정

연합회의 설립에 관하여는 제16조부터 제19조까지의 규정을 준용한다. 이 경우 '협동조합' 은 '연합회'로, '조합원'은 '회원'으로, '시·도지사'는 '기획재정부장관'으로 보고, 제16조제1 항제3호 중 '조합원 및 대리인'은 '회원'으로 본다(법 제72조).

제2절 회원

1. 회원의 자격

연합회의 회원은 연합회의 설립 목적에 동의하고 회원으로서의 의무를 다하고자 하는 협동조합으로 한다(법 제73조). 연합회의 한 회원의 출자좌수는 총 출자좌수의 40%를 넘을 수 없으며 회원의 수가 많아지면서 정관으로 출자좌수 한도를 낮추는 것은 허용된다. 예를 들어 협동조합 10개로 만들어진 연합회는 정관에서 한 회원의 출자좌수한도를 20%로 정할 수 있다는 것이다. 한편, 연합회는 정관으로 정하는 바에 따라 회원의 자격을 제한할 수 있다.

2. 회원의 탈퇴

회원은 정관으로 정하는 바에 따라 연합회에 탈퇴 의사를 알리고 탈퇴할 수 있으며(법 제74조), 다음의 어느 하나에 해당하면 당연히 탈퇴된다.

• 회원으로서의 자격을 상실한 경우
• 해산 또는 파산한 경우
• 그 밖에 정관으로 정하는 사유에 해당하는 경우

3. 의결권 및 선거권

연합회는 회원인 협동조합의 조합원 수, 연합회 사업참여량, 출자좌수 등 정관으로 정하는 바에 따라 회원의 의결권 및 선거권을 차등하여 부여할 수 있다(법 제75조).

4. 준용규정

연합회의 회원에 관하여는 제21조, 제22조 및 제25조부터 제27조까지의 규정을 준용한다. 이 경우 '협동조합'은 '연합회'로, '조합원'은 '회원'으로 보고, 제22조제2항 중 '조합원 1인'은 '한 회원'으로, '100분의 30'은 '100분의 40'으로 본다(법 제76조).

제3절 기관

1. 총회

연합회에 총회를 두며, 총회는 회장과 회원으로 구성한다(법 제77조).

2. 임원

임원은 정관으로 정하는 바에 따라 총회에서 회원에 속한 조합원 중에서 선출한다(법 제78조).

3. 준용규정

연합회의 기관에 관하여는 제28조제3항부터 제5항까지, 제29조부터 제36조까지, 제36조의2 및 제37조부터 제44조까지의 규정을 준용한다. 이 경우 '협동조합'은 '연합회'로, '이사장'은 '회장'으로, '조합원'은 '회원'으로 보고, 제40조제1항 중 '5분의 1'은 '3분의 1'로 보며, 제37조 중 '조합원'은 '회원에 속한 조합원'으로, '가입신청을 한 자'는 '가입신청을 한 협동조합에 속한 조합원'으로 본다(법 제79조).

제4절 연합회의 사업

연합회는 연합회의 목적에 따라 어떤 사업을 할지 자유롭게 정할 수 있다. 이때 1) 회원에 대한 지도 · 지원 · 연락 및 조정 2) 회원에 속한 조합원 및 직원에 대한 상담, 교육 · 훈련 및 정보제공 3) 회원의 사업에 관한조사 · 연구 및 홍보 등 3가지 사업은 반드시 해야 한다. 그러나 금융 및 보험업을 영위하는 것은 금지되며, 관계법령에 인허가 사항이 있으면 사업개시 전에 반드시 인허가를 얻어야 한다. 연합회의 사업은 원칙적으로 회원인 협동조합만 이용할 수 있다. 예를 들어 슈퍼마켓 협동조합 3개가 모여 공동구매를 위한 연합회를 만들었다고 했을 때, 연합회는 비회원인 협동조합에게 연합회의 물품을 공급할 수 없다. 다른 예로써 생산협동조합 3개가 모여 공동판매를 위한 연합회를 만들었다고 했을 때, 연합회는 비회원인 협동조합으로부터 물품을 제공받을 수 없다.

1. 사업

(1) 사업에 포함될 사항

연합회는 설립 목적을 달성하기 위하여 필요한 사업을 정관으로 정하되, 다음의 사업은 포함하여야 한다.

• 회원에 대한 지도 · 지원 · 연락 및 조정에 관한 사업
• 회원에 속한 조합원 및 직원에 대한 상담, 교육 · 훈련 및 정보 제공 사업
• 회원의 사업에 관한 조사 · 연구 및 홍보 사업

(2) 연합회 비회원의 가능사업

다만 다음의 경우에 한해서는 비회원이 협동조합연합회의 사업을 이용할 수 있다.

① 협동조합연합회가 재고로 보유하고 있는 물품으로서 부패 또는 변질의 우려가 있어 즉시 유통되지 아니하며 제품의 품질을 유지하기 어려운 물품을 처리하기 위한 경우

② 회원으로 가입하도록 홍보하기 위하여 견본품을 무상·유상으로 공급하는 경우. 다만, 「사회서비스 이용 및 이용권 관리에 관한 법률」제2조제4호의 '사회서비스 제공자'에 해당하는 협동조합연합회는 제외됨

③ 공공기관·사회단체 등이 공익을 목적으로 주최하는 행사에 참여하는 경우

④ 정부, 지방자치단체 및 「공공기관 운영에 관한 법률」에 따른 공공기관과 공동으로 추진하는 사업에서 일반 국민이 해당 사업의 목적에 따라 사업을 이용하는 경우

⑤ 다른 법령에서 회원이 아닌 자에게 의무적으로 물품을 공급하게 하거나 용역을 제공하도록 규정하는 경우

⑥ 천재지변이나 그 밖에 이와 유사한 긴급 상황일 때 공중(公衆)에게 생활필수품 또는 용역을 공급하는 경우

⑦ 학교를 사업구역으로 하는 협동조합연합회가 그 사업구역에 속하는 학생·교직원 및 학교 방문자를 상대로 물품을 공급하거나 용역을 제공하는 경우

⑧ 협동조합연합회(「사회서비스 이용 및 이용권 관리에 관한 법률」 제2조제4호의 '사회서비스 제공자'에 해당하는 협동조합연합회는 제외)가 가입을 홍보하기 위하여 기획재정부장관에게 신고하는 기간(이하 '홍보기간'이라 하며, 그 기간은 1년에 3개월을 넘지 못한다.)동안 전년도 총공급고의 5/100 범위에서 물품을 유상 또는 무상으로 공급하는 경우. 다만, 협동조합연합회가 설립신고필증을 받은 날부터 1년(단위매장의 경우에는 매장 개장일부터 1년) 동안은 홍보기간이 6개월을 넘지 아니하는 범위에서 총공급고에 대한 제한 없이 물품을 유상 또는 무상으로 공급할 수 있음.

⑨ 전체 회원 조합에 속하는 총조합원과 같은 조합에 속하는 자가 협동조합연

합회의 사업을 이용하는 경우

⑩ 그 밖에 협동조합연합회의 사업 성격·유형 등을 고려하여 기획재정부장관
이 정하여 고시하는 경우 또한, 사회적협동조합연합회의 경우에는 위 협동
조합연합회의 ①, ③~⑦, ⑨ 항목을 포함하고, 다음과 같은 경우에 비회원
의 사업 이용이 가능하다. ① 회원으로 가입하도록 홍보하기 위하여 견본품
을 무상·유상으로 공급하는 경우. 다만, 「사회서비스 이용 및 이용권 관리
에 관한 법률」 제2조제4호의 '사회서비스 제공자'에 해당하는 사회적협동조
합연합회는 제외됨 ② 사회적협동조합연합회가 법령에 따라 국가나 공공단
체로부터 위탁받은 사회서비스를 제공하거나 취약계층의 일자리 창출을 위
한 사업을 하는 경우 ③ 사회적협동조합연합회(「사회서비스 이용 및 이용권
관리에 관한 법률」 제2조제4호의 '사회서비스 제공자'에 해당하는 사회적협
동조합연합회는 제외)가 가입을 홍보하기 위하여 기획재정부장관에게 신고
한 기간(이하 '홍보기간'이라 하며, 그 기간은 1년에 3개월을 넘지 못한다)
동안 전년도 총 공급고의 5/100의 범위에서 물품을 유상·무상으로 공급하
는 경우. 다만, 설립인가를 받은 날로부터 1년 (단위매장의 경우에는 매장
개장일부터 1년) 동안은 6개월을 넘지 않는 범위에서 총공급고에 대한 제한
없이 물품을 유상 또는 무상으로 공급할 수 있다. ④ 그 밖에 사회적협동조
합연합회의 사업 성격·유형 등을 고려하여 기획재정부장관이 정하여 고시
하는 경우

(3) 사업의 제한

연합회는 「통계법」 제22조제1항에 따라 통계청장이 고시하는 한국표준산업분류에 의한
금융 및 보험업을 영위할 수 없다.

2. 연합회의 공제사업

가. 공제사업

위 (3)항에도 불구하고 연합회는 회원들의 상호부조를 위한 공제사업(회원 간 상호부조를 목적으로 회원들이 각자 나누어 낸 공제료를 적립금으로 하여 그 적립금의 한도 내에서 공제료를 낸 회원들을 위하여 실시하는 사업을 말한다)을 할 수 있다. 다만, 회원의 채무 또는 의무 이행 등에 필요한 보증사업은 제외한다(법 제80조의2).

나. 기획재정부장관의 인가

(1) 기재부장관의 인가

(가) 인가신청

1) 인가신청

공제사업의 인가를 신청하려는 협동조합연합회는 공제사업 인가 신청서에 공제규정과 기획 재정부령으로 정하는 서류를 첨부하여 기획재정부장관에게 제출하여야 한다(법 시행령 제16조 제2항). 위 공제규정에는 기획재정부장관이 정하는 바에 따라 다음의 사항 등이 포함되어야 한다(같은 조 제6항).

- 공제사업의 실시방법
- 공제계약의 내용
- 공제료

2) 기재부령으로 정하는 서류

영 제16조제2항에서 '기획재정부령으로 정하는 서류'는 다음과 같다(법 시행령 제13조).

- 정관 사본
- 공제규정을 의결한 총회 의사록 사본
- 공제사업계획서
- 공제사업 수입 · 지출 예산서
- 출자 1좌당 금액과 회원별 출자좌수를 적은 서류

[　] 협동조합연합회
[　] 사회적협동조합연합회　　공제사업 인가 신청서
[　] 이종협동조합연합회

※ 첨부서류를 확인하시기 바라며, 색상이 어두운 난은 신청인이 작성하지 않습니다.

접수번호		접수일		처리기간	60일
신청인	성명(법인명)			생년월일(법인등록번호)	
	주소			전화번호	
법 인	연합회명			전화번호	
	소재지				
	회장 성명(법인명)			생년월일(법인등록번호)	
	전화번호			전자우편주소	
	주소				

신청 내용	회원 수(개)	출자금 납입총액(원)	공제규정 의결 총회 개최일

「협동조합 기본법」 제80조의2제2항, 제115조제12항 또는 제115조의7에 따라 위와 같이 공제사업 인가를 신청합니다.

년　　월　　일

신청인　　　　　　　　　　　(서명 또는 인)

기획재정부장관　　귀하

첨부서류	1. 정관 사본 1부 2. 공제규정 사본 1부 3. 공제규정을 의결한 총회 의사록 사본 1부 4. 공제사업계획서 1부 5. 공제사업 수입·지출 예산서 1부 6. 출자 1좌당 금액과 회원별 출자좌수를 적은 서류 1부	수수료 없음

처리절차

신청서 작성	→	접 수	→	서류 확인 및 검토	→	결 재	→	결과 통지
신청인		처리기관 (기획재정부장관)		처리기관 (기획재정부장관)		처리기관 (기획재정부장관)		

210mm×297mm[백상지 80g/㎡]

(나) 인가요건

협동조합연합회가 공제사업의 인가를 받으려면 다음의 요건을 모두 갖추어야 한다(법 시행령 제16조 제1항).

• 회원 수가 10인 이상일 것
• 출자금 납입총액이 1억원 이상일 것

(다) 보완요청

기획재정부장관은 제출받은 공제사업 인가 신청서에 적어야 할 사항이 누락되거나 첨부서류를 제출하지 않은 경우 등 보완할 필요가 있으면 일정한 기간을 정하여 보완을 요구할 수 있다. 이 경우 그 보완에 걸리는 기간은 60일의 처리 기간에 산입하지 않는다(법 시행령 제16조 제2항).

(라) 인가제외 사유

기획재정부장관은 다음 각 호의 어느 하나에 해당하는 경우를 제외하고는 법 제80조의2에 따른 공제사업을 인가하여야 한다(법 시행령 제16조 제3항).

• 위 (나)항에 따른 공제사업 인가의 요건을 충족하지 못하는 경우
• 공제규정의 내용이 법령에 위반되는 경우

(마) 인가사항 변경

1) 인가변경신청

인가받은 사항을 변경하려는 협동조합연합회는 공제사업 인가 변경신청서에 기획재정부령으로 정하는 서류를 첨부하여 기획재정부장관에게 제출하여야 하며, 인가받은 사항의 변경 신청에 관하여는 인가신청에 관한 규정을 준용한다.

■ 협동조합 기본법 시행규칙 [별지 제17호서식] 〈개정 2020. 9. 29.〉

[　] 협동조합연합회
[　] 사회적협동조합연합회　　공제사업인가 변경신청서
[　] 이종협동조합연합회

※ 첨부서류를 확인하시기 바라며, 색상이 어두운 난은 신청인이 작성하지 않습니다.

접수번호		접수일	처리기간	60일
신청인	성명(법인명)		생년월일(법인등록번호)	
	주소		전화번호	

법 인	연합회명	전화번호
	소재지	
	회장 성명(법인명)	생년월일(법인등록번호)
	전화번호	전자우편주소
	주소	

변경 내용	공제사업 실시 방법	공제계약	공제료	기타

「협동조합 기본법」 제80조의2제2항, 제115조제2항 또는 제115조의7에 따라 위와 같이 공제사업 인가를 신청합니다.

년　　월　　일

신청인　　　　　　　　　　　(서명 또는 인)

기획재정부장관　　귀하

첨부서류	1. 정관 사본 1부 2. 공제규정 사본 1부 3. 공제규정 변경을 의결한 총회 의사록 사본 1부 4. 공제사업계획서 1부 5. 공제사업 수입·지출 예산서 1부 6. 출자 1좌당 금액과 회원별 출자좌수를 적은 서류 1부	수수료 없음

처리절차

신청서 작성	→	접 수	→	서류 확인 및 검토	→	결 재	→	결과 통지
신청인		처리기관 (기획재정부장관)		처리기관 (기획재정부장관)		처리기관 (기획재정부장관)		

210mm×297mm[백상지 80g/㎡]

2) 기획재정부령으로 정하는 서류

영 제16조제7항에서 '기획재정부령으로 정하는 서류'는 다음과 같다(법 시행령 제12조 제4항).

- 정관 사본
- 공제규정 사본
- 공제규정 변경을 의결한 총회 의사록 사본
- 공제사업계획서
- 공제사업 수입·지출 예산서
- 출자 1좌당 금액과 회원별 출자좌수를 적은 서류

(2) 인가 및 통지

기획재정부장관은 인가의 신청을 받은 날부터 60일 이내에 인가 여부를 신청인에게 통지하여야 한다.

(3) 인가간주

기획재정부장관이 60일 이내에 인가 여부 또는 민원 처리 관련 법령에 따른 처리기간의 연장을 신청인에게 통지하지 아니하면 그 기간(민원 처리 관련 법령에 따라 처리기간이 연장 또는 재연장된 경우에는 해당 처리기간을 말한다)이 끝난 날의 다음 날에 인가를 한 것으로 본다.

3. 조합원 등이 아닌 자의 사업이용

가. 사업의 이용

연합회는 대통령령으로 정하는 사업을 제외하고는 회원의 이용에 지장이 없는 범위에서 정관으로 정하는 바에 따라 회원이 아닌 자에게 그 사업을 이용하게 할 수 있으며(법 제81조), 회원인 조합의 조합원이 사업을 이용하는 경우에는 이를 회원이 이용한 것으로 본다. 다만, 공제사업의 경우에는 그러하지 아니하다.

나. 대통령령으로 정하는 사업

'대통령령으로 정하는 사업'이란 각각 다음의 어느 하나에 해당하는 사업을 말한다(법 시행령 제11조).

- 법 제80조의2제1항에 따른 공제사업
- 그 밖에 협동조합 또는 협동조합연합회의 성격 · 유형 등을 고려하여 기획재정부령으로 정하는 사업

제5절 회계

연합회가 사업을 하다가 손실이 발생하면 1) 미처분이월금 2) 임의적립금 3)법정적립금 순으로 보전하고, 보전 후에도 부족이 있으면 4)다음 회계연도로 이월한다.

반면 잉여금이 발생했다면 1)이월 손실금 보전 2) 법정적립금 3) 임의적립금 4) 배당의 순서대로 처리한다. 법정적립금은 손실보전 및 해산의 경우 이외에는 사용할 수 없으며 자기자본의 3배가 될 때까지 협동조합연합회의 경우는 잉여금의 10% 이상을 적립하고 사회적협동조합연합회의 경우는 잉여금의 30% 이상을 적립해야 한다. 또한 사회적협동조합연합회는 법정적립 이후 모두 임의적립 해야 하는데, 이는 잉여금이 발생해도 회원인 사회적협동조합에 배당을 할 수 없다는 뜻이다. 협동조합연합회의 경우는 임의적립 이후에 잉여금이 생겼을 때 회원협동조합에 배당을 할 수 있다. 배당을 할 때는, 전체 배당액의 50%이상을 연합회의 사업 이용 실적에 따라 먼저 배당해야 하며, 그 이후에 납입출자액에 따른 배당을 할 수 있다. 다만 납입출자액에 대한 배당을 할 때도 납입출자금의 10%를 넘을 수 없다

제6절 운영의 공개

연합회는 결산결과 등 운영사항을 적극 공개하여야 한다. 이때 공개의 방법은 크게 1) 서류비치 2) 열람허용 3) 경영공시 등 3가지를 따른다. 먼저 모든 연합회는 1) 정관·규약·규정 2) 총회·이사회 의사록 3) 회계장부 4) 조합원 명부 등을 주된 사무소에 비치해야 한다. 그리하여 채권자 또는 회원이 앞의 서류를 열람하거나 복사하는 것을 허용해야 한다. 경영공시의 경우 전체 회원 협동조합에 속한 조합원 총수가 200명 이상이거나 최근 결산보고서에 적힌 자기자본이 30억원 이상인 협동조합연합회 및 모든 사회적협동조합연합회의 의무사항이다. 공시의무가 있는 연합회는 기획재정부 홈페이지 등에 주요경영공시 자료를 게재해야 한다. 공시의무가 있는 협동조합연합회의 경우 다음과 같은 사항을 반드시 게재해야 한다.

• 정관(정관이 변경된 경우 변경된 정관 포함)

• 사업계획서

• 사업결산보고서

• 총회, 대의원총회, 이사회 활동 상황

• 사업결과보고서 −회원·직원 등에 대한 교육·홍보 실적, 비회원의 이용

제7절 합병·분할·해산 및 청산

연합회의 합병·분할·해산 및 청산에 관하여는 제56조제1항부터 제6항까지 및 제10항, 제57조, 제58조, 제59조제1항, 제60조를 준용한다. 이 경우 '협동조합'은 '연합회'로, '조합원'은 '회원'으로, '시·도지사'는 '기획재정부장관'으로 보고, 제56조제4항 중 '제15조, 제15조의2, 제16조 및 제17조'는 '제71조, 제71조의2 및 제72조'로 보며, 제58조제4항 중 '조합원'은 '회원'으로 본다(법 제83조).

제8절 등기

연합회의 등기에 관하여는 제61조부터 제66조까지, 제67조 · 제68조 · 제69조 및 제70조를 준용한다. 이 경우 '협동조합'은 '연합회'로, '이사장'은 '회장'으로 본다(법 제84조).

제4장 사회적협동조합

제1절 설립

1. 사회적협동조합의 개념 및 사회적기업과의 차이

'사회적기업'이란, 취약계층에게 사회서비스 또는 일자리를 제공하거나 지역사회에 공헌함으로써 지역주민의 삶의 질을 높이는 등의 사회적 목적을 추구하면서 재화 및 서비스의 생산·판매 등 영업활동을 하는 기업으로서 사회적기업으로 인증을 받은 자를 말한다(「사회적기업 육성법」 제2조제1호). 사회적협동조합과 사회적기업은 사회적인 목적과 가치를 추구하고 공익적인 성격이 강하다는 점에서 그 개념이 약간 혼동되기도 하는데, 하지만, 양자는 엄격히 말해 전혀 다른 제도다. 즉, 사회적협동조합은 그 자체가 새로운 형태의 비영리법인이지만, 사회적기업은 기존의 영리법인 또는 비영리법인이 일정한 요건을 갖추어 고용노동부에 신청하면 받게 되는 인증제도의 하나이다(「사회적기업 육성법」 제7조 참조).

사회적기업의 인증을 받으면 '사회적기업'이라는 명칭을 사용할 수 있게 되며, 1) 경영지원, 2) 교육훈련 지원, 3) 시설비 지원, 4) 공공기관의 우선구매, ⑤ 조세감면 및 사회보험료의 지원 등의 혜택을 받을 수 있다(「사회적기업 육성법」 제10조부터 제14조까지). 협동조합이나 사회적협동조합도 사회적기업의 인증을 받을 수 있으므로, 인증을 받으면 사회적기업으로서 받는 혜택도 누릴 수 있다(「사회적기업 육성법」 제8조제1항제1호 및 「사회적기업 육성법 시행령」 제8조제5호).

5인 이상의 발기인(조합원)이 모여 중앙부처의 장에게 신고 및 설립등기를 거쳐 설립할 수 있습니다.

* 사정에 따라 설립동의자 모집 후 정관을 작성할 수 있지만, 이 경우에도 창립 총회 개최 이전에 정관을 작성해야 함.

사회적협동조합 설립 절차도

발기인 모집 — 조합원 자격을 갖춘 5인 이상

▼

정관 작성 — 목적, 명칭, 사업 등 포함

┄┄┄► 정관 필수 기재 사항 (정관 작성)

1. 목적
2. 명칭 및 주된 사무소의 소재지
3. 조합원 및 대리인 자격
4. 조합원의 가입, 탈퇴 및 제명에 관한 사항
5. 출자 1좌의 금액과 납입 방법 및 시기, 조합원의 출자좌수 한도
6. 조합원의 권리와 의무에 관한 사항
7. 잉여금과 손실금의 처리에 관한 사항
8. 적립금의 적립 방법 및 사용에 관한 사항
9. 사업의 범위 및 회계에 관한 사항
10. 기관 및 임원에 관한 사항
11. 공고의 방법에 관한 사항
12. 해산에 관한 사항
13. 출자금의 양도에 관한 사항
14. 그 밖의 총회, 이사회의 운영 등에 필요한 사항
15. 사업구역(보건의료사회적협동조합에 한함)

▼

설립동의자 모집 — 5인 이상, 서로 다른 이해 관계자 2인 이상 포함

▼

창립 총회 의결 — 설립동의자 과반수 출석, 2/3 이상 찬성

▼

설립 인가 — 중앙부처의 장

┄┄┄► 필수 제출 서류 (설립 신고)

1. 정관 사본
2. 창립총회 개최 공고문
3. 창립총회 의사록 사본
4. 임원명부
   * 임원 명부에 임원의 이력서 및 사진 첨부
   * 사진 : 가로 3cm, 세로 4cm
   * 이력서에 사진을 붙인 경우 사진 추가 제출 불필요
5. 사업 계획서
6. 수입 지출 예산서
7. 출자 1좌(座)당 금액과 조합원별로 인수하려는 출자수를 적은 서류
8. 설립 동의자 명부
9. 주 사업의 내용이 설립인가 기준을 충족함을 증명하는 서류
10. 합병 또는 분할을 의결한 총회 의사록
    * 협동조합기본법 제101조 및 제115조에 따른 합병 및 분할에 의한 설립의 경우 해당

▼

사무인수인계 — 발기인 → 이사장

▼

출자금 납입 — 조합원 → 이사장

▼

설립등기 — 관할 등기소

▼

협동조합 — 법인격 부여

2. 설립인가 등

가. 창립총회

(1) 창립총회

사회적협동조합을 설립하고자 하는 때에는 5인 이상의 조합원 자격을 가진 자가 발기인이 되어 정관을 작성하고 창립총회의 의결을 거쳐야 한다.

(2) 창립총회 개최시 통보사항

사회적협동조합의 설립인가를 신청하려는 자는 다음의 사항을 7일 이상 공고한 후 창립총회를 개최하여야 한다(법 시행령 제17조 제1항).

- 창립총회의 일시와 장소
- 조합원의 자격요건
- 창립총회에서 의결하여야 할 사항

(3) 창립총회 의결사항

다음의 사항은 창립총회에서 의결하여야 한다(법 시행령 제17조 제2항).

- 정관
- 사업계획과 예산
- 임원의 선출
- 설립 경비 등 설립에 필요한 사항

(4) 의사록 작성 및 기명날인

창립총회의 의사에 관하여는 의사록을 작성하여야 하며, 이에 따른 의사록에는 의사의 진행 상황과 그 결과를 적고, 의장과 창립총회 개의 전까지 발기인에게 설립동의서를 제출한 자 가운데 창립총회에서 선출한 3인 이상이 기명날인하거나 서명하여야 한다.

나. 창립총회 정족수

창립총회의 의사는 창립총회 개의 전까지 발기인에게 설립동의서를 제출한 자 과반수의 출석과 출석자 3분의 2 이상의 찬성으로 의결한다.

다. 설립인가

(1) 설립인가 신청

(가) 인가신청

1) 설립인가신청

사회적협동조합의 설립인가 권한은 소관 업무 관계 중앙행정기관의장에게 위탁되어 있다. 그래서 사회적협동조합을 설립하고자 하는 자는 소관 업무를 담당하는 기획재정부장관에게 설립인가를 신청하여야 한다(법 시행령 제18조 제1항). 이 때, 사회적협동조합의 사업이 다수의 중앙행정기관에 관련된 경우, 주 사업의 소관 중앙행정기관의 장에게 설립인가를 신청하여야 한다.

[ ] 사회적협동조합
[ ] 사회적협동조합연합회   설립인가 신청서

※ 첨부서류를 확인하시기 바라며, 색상이 어두운 난은 신청인이 작성하지 않습니다.

접수번호	접수일	처리기간	60일

설립 신청인	성명(법인명)		생년월일(법인등록번호)	
	주소		전화번호	

법 인	조합명(연합회명)	전화번호
	소재지	
	이사장(회장) 성명(법인명)	주민등록번호(법인등록번호)
	전화번호	전자우편주소
	주소	

설립신청 내용	설립동의자 수(명)	출자금 납입총액(원)	창립총회 개최일
	1인당 최저출자금(원) * 보건의료사업을 하는 사회적협동조합의 경우에만 작성	총자산 대비 출자금 납입총액의 비율(%) * 보건의료사업을 하는 사회적협동조합의 경우에만 작성	

주사업 유형 (*사회적 협동조합만 작성)	[ ] 지역사업형(「협동조합 기본법」 제93조제1항제1호) [ ] 취약계층 사회서비스 제공형(「협동조합 기본법」 제93조제1항제2호) [ ] 취약계층 고용형(「협동조합 기본법」 제93조제1항제3호) [ ] 위탁사업형(「협동조합 기본법」 제93조제1항제4호) [ ] 기타 공익증진형(「협동조합 기본법」 제93조제1항제5호)

「협동조합 기본법」 제85조제1항 또는 제114조제1항에 따라 위와 같이 설립인가를 신청합니다.

년   월   일

신청인   (서명 또는 인)

기획재정부장관 또는 관계 중앙행정기관의 장   귀하

첨부서류	1. 정관 사본 1부 2. 창립총회 개최 공고문 1부 3. 창립총회 의사록 사본 1부 4. 임원 명부(임원약력 포함) 1부 5. 사업계획서 1부 6. 수입·지출 예산서 1부 7. 출자 1좌당 금액과 조합원 또는 회원별로 인수하려는 출자좌수를 적은 서류 1부 8. 발기인 및 설립동의자(또는 설립에 동의한 사회적협동조합) 명부 1부 9. 합병 또는 분할을 의결한 총회의사록(「협동조합 기본법」 제101조제1항 및 제115조제3항에 따른 합병 또는 분할로 인해 설립되는 경우만 해당하며, 합병 또는 분할로 인해 존속하거나 설립되는 사회적협동조합 및 사회적협동조합연합회가 승계해야 할 권리·의무의 범위가 의결사항으로 적혀 있어야 합니다) 사본 1부 10. 주 사업의 내용이 설립인가 기준을 충족하는 것을 증명하는 서류(사회적협동조합의 경우에만 제출합니다)	수수료 없음

처리절차

210mm×297mm[백상지 80g/㎡]

2) 설립인가 기준 등

가) 설립기준

① 원칙

사회적협동조합의 설립인가를 받으려면 다음 각 호의 기준을 모두 충족하여야 한다(법 시행령 제19조 제1항).

- 법 제85조제2항에 따라 창립총회 개의 전까지 발기인에게 설립동의서를 제출한 자(이하 이 조에서 '설립동의자'라 한다)가 5인 이상일 것
- 설립동의자는 법 제93조제1항에 따른 사업을 원활히 수행할 수 있도록 생산자, 소비자, 직원, 자원봉사자 및 후원자 등 다양한 이해관계인 가운데 둘 이상의 이해관계인을 포함하여 구성될 것

② 예외

위 ①항에도 불구하고 사회적협동조합이 의료기관을 개설하는 경우에는 다음의 사회적협동조합 설립인가 기준에 따른다.

- 개설되는 의료기관 1개소(個所)당 설립동의자가 500인 이상일 것
- 설립동의자 1인당 최저 출자금이 5만원 이상일 것. 다만, 제25조제1항제2호부터 제6호까지 및 제8호에 해당하는 자는 그러하지 아니하다.
- 1인당 최고 출자금이 출자금 납입총액의 10퍼센트 이내일 것. 다만, 2인 이상의 설립동의자가 기획재정부령으로 정하는 특수한 관계가 있는 자에 해당하는 경우에는 그 2인 이상의 설립동의자의 출자금 총액을 출자금 납입총액의 10퍼센트 이내로 하여야 한다.

> **법 시행령 제15조(사회적협동조합의 설립인가 기준 중 특수한 관계에 있는 자)**
>
> 영 제19조제2항제3호에서 '기획재정부령으로 정하는 특수한 관계가 있는 자'란 다음 각 호의 어느 하나에 해당하는 자를 말한다.
>
> 1. 6촌 이내의 혈족
> 2. 4촌 이내의 인척
> 3. 배우자(사실상 혼인관계에 있는 사람을 포함한다)
> 4. 그 밖에 기획재정부장관이 정하여 고시하는 자

- 출자금 납입총액이 1억원 이상이면서 총자산의 100분의 50 이상일 것. 다만, 기획재정부장관의 승인을 받아 총자산 중 출자금 납입총액의 비율을 100분의 50 미만으로 할 수 있다.
- 그 밖에 기획재정부장관이 관계 중앙행정기관의 장과 협의하여 정하여 고시하는 기준을 충족할 것

나) 의료기관 추가개설

법 제85조제1항에 따른 인가를 받아 의료기관을 개설한 사회적협동조합이 의료기관을 추가로 개설하려는 경우에는 개설하려는 해당 시·군·구(자치구를 말한다. 이하 이 항에서 같다)마다 제2항 각 호의 요건(제2항 각 호 중 '설립동의자'는 '조합원'으로 본다)을 모두 갖추어야 한다. 다만, 사회적협동조합이 주사무소의 소재지를 관할하는 시·군·구 및 인접 시·군·구에 추가로 의료기관을 개설하는 경우에는 위 ②항에 해당하는 요건을 갖추지 아니해도 추가로 개설할 수 있다(법 시행령 제19조 제3항).

(나) 설립인가시 첨부서류

설립인가 신청시 설립인가 신청서에 첨부하여야 하는 서류는 다음과 같다.

- 정관(사본) 1부
- 창립총회 의사록(사본) 1부

  창립총회의사록은 총회명, 소집연월일, 개최연월일, 재적설립동의자, 참석설립동의자를 반드시 기재하고 특히 의사록 서명날인인과 선출된 임원의 성명이 각각 기명되어야 하며 지명 또는 선출된 서명날인인과 임원은 즉석에 수락하였음을 명기해야 한다.

- 사업계획서 1부 (추정재무제표 포함)

  추정재무제표는 대차대조표(또는 재무상태표), 손익계산서를 포함하며, 해당연도(서류접수일 기준)와 그 다음연도(해당연도+1)를 작성해서 제출하여야 한다.

- 임원명부 1부, 임원의 이력서 및 사진(가로 3cm×세로 4cm) - 임원명부 및 임원의 이력서를 통해 이사장의 다른 협동조합이사장 겸직 여부, 이사장을 포함한 이사와 직원의 감사 겸직 여부, 임직원 겸직 여부 등을 확인할 수 있어야 한다. 다만, 이력서에 사진을 붙인

경우에는 사진의 별도 제출은 불필요하다.

- 설립동의자 명부1부
- 수입지출 예산서
- 출자1좌(座)당 금액과 조합원이 인수하려는 출자좌수를 적은 서류
- 창립총회 개최공고문
- 주 사업의 내용이 설립인가 기준을 충족함을 증명하는 서류

  사업계획서 등으로 주 사업 등 설립인가 기준 충족 여부를 충분히 표출하기 어려운 경우나

  설립인가 담당공무원이 제출을 요구할 경우에 제출하여야 한다.
- 합병 또는 분할을 의결한 총회 의사록 (합병 및 분할에 의한 설립의 경우만 해당)

사회적협동조합 사업계획서

조직 개요	조합명			업종(표준산업분류번호)			
	설립 연월일			업태			
	인가번호			사업자등록번호			
	연합회 가입 현황						
	주소	주사무소					
		제1 지사무소					
		제2 지사무소					
	출자금		백만원				
	주 사업 유형	[ ]지역사업형 [ ]취약계층 사회서비스 제공형 [ ]취약계층 고용형 [ ]위탁사업형 [ ]기타 공익증진형					

조직 연혁	연월일	주요 내용

설립 목적	

의사결정 기구	[ ]조합원 총회 [ ]대의원 총회 [ ]이사회 ※ 중복 표시 가능

조직도	

임원 현황	직위	성명	경력	직원 겸직 여부

조합원 현황 ※ 해당 유형에 만 표기	생산자	소비자	직원	자원봉사자	후원자	계
	명	명	명	명	명	명

직원 고용 계획	성별	남성	명	여성	명	계	명
	고용 형태	정규직	명	비정규직	명	계	명
	취약계층 고용	취약계층	명	비취약 계층	명	계	명

작성방법
최초 설립인가 신청 시 조직 개요에 조합명, 주소, 출자금만 적어주시기 바랍니다.

210mm×297mm[백상지 80g/㎡]

[ ] 사회적협동조합
[ ] 사회적협동조합연합회   수입 · 지출 예산서
[ ] 이종협동조합연합회

회계연도 : 000년도

조직 개요			
	조합명(연합회명)		업종(표준산업분류번호)
	설립 연월일		업태
	인가번호		사업자등록번호
	주소	주사무소	
		제1 지사무소	
		제2 지사무소	
	출자금	백만원	
	주 사업 유형 * 사회적협동조합만 작성	[ ]지역사업형 [ ]취약계층 사회서비스 제공형 [ ]취약계층 고용형 [ ]위탁사업형 [ ]기타 공익증진형	

수입 (단위:원)			지출 (단위: 원)		
구분	금액	구성비(%)	구분	금액	구성비(%)
주 사업	○○사업			주 사업	○○사업		
	"				"		
	"				"		
	"				"		
기타 사업	○○사업			기타사업	○○사업		
	"				"		
사업비 합계			사업비 합계		
사업외 수입	이자수익			경상비 (판매비와 관리비)	인건비		
	후원금 등				취약계층 인건비		
					운영비 등		
	"				"		
출자금			사업외 비용	이자비용		
차입금				잡손실 등		
	"			출자금 반환		
	"			차입금 상환		
	"			예비비 등		
합계			합계		

작성방법

1. 최초 설립인가 신청 시 조직 개요에 조합명(연합회명), 주소, 출자금만 적어주시기 바랍니다.
2. 예시된 항목 외의 수입 또는 지출 항목이 있을 경우 모두 적습니다.
3. 사회적협동조합연합회 및 이종협동조합연합회의 사업구분, 금액, 구성비는 주 사업 란에 적어주시기 바랍니다.
4. 사회적협동조합이 「협동조합 기본법 시행규칙」 제12조제1항제3호가목에 따라 전체 인건비 총액 중 취약계층인 직원에게 지급한 인건비가 40% 이상일 것을 판단 기준으로 하는 경우 인건비와 취약계층 인건비 항목을 구분하여 작성하시기 바랍니다.
5. 주 사업 및 기타사업은 정관으로 정한 사업명에 준해 작성합니다.

210mm×297mm[백상지 80g/㎡]

(2) 설립인가 제외사유

기획재정부장관은 다음의 어느 하나에 해당하는 경우를 제외하고는 제1항에 따른 설립을 인가하여야 한다.

- 설립인가 구비서류가 미비된 경우
- 설립의 절차, 정관 및 사업계획서의 내용이 법령을 위반한 경우
- 그 밖에 설립인가 기준에 미치지 못하는 경우

라. 설립인가 통지

기획재정부장관은 인가의 신청을 받은 날부터 60일 이내에 인가 여부를 신청인에게 통지하여야 한다.

마. 인가의제

기획재정부장관이 인가신청을 받은 날부터 60일 내에 인가 여부 또는 민원 처리 관련 법령에 따른 처리기간의 연장을 신청인에게 통지하지 아니하면 그 기간(민원 처리 관련 법령에 따라 처리기간이 연장 또는 재연장된 경우에는 해당 처리기간을 말한다)이 끝난 날의 다음 날에 인가를 한 것으로 본다.

바. 설립인가증 교부 등

사회적협동조합의 설립인가를 신청한 자는 특별한 사유가 없는 한 신청일로부터 60일 이내 (부득이한 경우 60일 이내에서 1회 연장 가능) 관계중앙행정기관의 장으로부터 설립인가증을 교부받게 된다.

인가번호 제 호

(사회적협동조합 · 사회적협동조합연합회)
설 립 인 가 증

1. 조 합 명:
(연 합 회 명)

2. 이사장(회장) 성명:

3. 주   소:

「협동조합 기본법」 제85조제1항 또는 제114조제1항에 따라 위와 같이   설립을 인가합니다.

년   월   일

기획재정부장관
관계 중앙행정기관의 장 | 직인 |

210mm×297mm[백상지 150g/㎡]

사. 신청절차 및 출자금 등

설립인가에 관한 신청 절차와 조합원 수, 출자금, 그 밖에 인가에 필요한 기준, 인가 방법에 관한 상세한 사항은 대통령령으로 정한다.

3. 정관작성

사회적협동조합 정관의 필수기재사항은 협동조합의 그것과 동일하다. 다만 사업, 적립금, 배당, 청산 등의 항목은 협동조합기본법상 사회적협동조합 관련 규정에 적합하게 작성되어야 한다. 그리고 설립동의자의 출자금 납입총액이 정관에 정해져 있어야 한다.

가. 정관에 포함될 사항

사회적협동조합의 정관에는 다음 각 호의 사항이 포함되어야 한다(법 제86조).

- 목적
- 명칭 및 주된 사무소의 소재지
- 조합원 및 대리인의 자격
- 조합원의 가입, 탈퇴 및 제명에 관한 사항
- 출자 1좌의 금액과 납입 방법 및 시기, 조합원의 출자좌수 한도 – 이에 따른 출자 1좌의 금액은 균일하게 정하여야 한다.
- 조합원의 권리와 의무에 관한 사항
- 잉여금과 손실금의 처리에 관한 사항
- 적립금의 적립방법 및 사용에 관한 사항
- 사업의 범위 및 회계에 관한 사항
- 기관 및 임원에 관한 사항
- 공고의 방법에 관한 사항
- 해산에 관한 사항
- 출자금의 양도에 관한 사항
- 그 밖에 총회 · 이사회의 운영 등에 관하여 필요한 사항

나. 정관변경의 효력

(1) 정관변경인가

사회적협동조합의 정관의 변경은 기획재정부장관의 인가를 받아야 그 효력이 발생하며, 정관의 변경은 인가의 신청을 받은 날부터 10일 이내에 인가 여부를 신청인에게 통지하여야 한다. 만일, 기획재정부장관이 10일 내에 인가 여부 또는 민원 처리 관련 법령에 따른 처리기간의 연장을 신청인에게 통지하지 아니하면 그 기간(민원 처리 관련 법령에 따라 처리기간이 연장 또는 재연장된 경우에는 해당 처리기간을 말한다)이 끝난 날의 다음 날에 인가를 한 것으로 본다.

(2) 인가신청서 첨부서류

사회적협동조합, 사회적협동조합연합회 및 이종협동조합연합회의 정관변경 인가를 신청하려는 자는 별지 제22호서식의 정관변경 인가 신청서에 다음의 서류를 첨부하여 기획재정부장관 또는 관계 중앙행정기관의 장에게 제출해야 한다(법 시행규칙 제16조).

- 정관 중 변경하려는 사항을 적은 서류
- 정관의 변경을 의결한 총회 의사록 사본
- 정관을 변경한 후의 사업계획서와 수입·지출 예산서(사업계획이 변경되어 정관을 변경하는 경우만 해당한다)
- 대차대조표와 출자감소의 의결, 채권자 공고 및 이의신청의 처리 등 출자감소에 관한 사실관계를 증명하는 서류(출좌 1좌당 금액이 감소하여 정관을 변경하는 경우만 해당한다)

변경인가 사항 및 추가 첨부서류(시행규칙 제16조)	
정관변경	가. 정관 중 변경하려는 사항을 적은 서류 1부 나. 정관 변경을 의결한 총회 의사록 1부 다. 정관 변경 후의 사업계획서와 수입·지출예산서 1부(사업계획이 변경되어 정관을 변경하려는 경우) 라. 대차대조표와 출자감소의 의결, 채권자 공고 및 이의신청의 처리 등의 사실관계를 정명할 수 있는 서류 각 1부(출자 1좌당 금액 감소에 따라 정관을 변경하려는 경우)

■ 협동조합 기본법 시행규칙 [별지 제22호서식] 〈개정 2020. 9. 29.〉

[   ] 사회적협동조합
[   ] 사회적협동조합연합회   정관변경 인가 신청서
[   ] 이종협동조합연합회

※ 첨부서류를 확인하시기 바라며, 색상이 어두운 난은 신청인이 작성하지 않습니다.

접수번호		접수일	처리기간	10일
신청인	성명(법인명)		생년월일(법인등록번호)	
	주소		전화번호	
법 인	조합명(연합회명)		전화번호	
	소재지			
	이사장(회장) 성명(법인명)		생년월일(법인등록번호)	
	전화번호		전자우편주소	
	주소			
신청내용	첨부서류 참조			

「협동조합 기본법」 제86조제3항, 제115조제3항 또는 제115조의3제2항에 따라 위와 같이 정관변경의 인가를 신청합니다.

년   월   일

신청인

(서명 또는 인)

기획재정부장관 또는 관계 중앙행정기관의 장   귀하

첨부서류	1. 정관 중 변경하려는 사항을 적은 서류 1부 2. 정관의 변경을 의결한 총회 의사록 사본 1부 3. 정관을 변경한 후의 사업계획서와 수입·지출 예산서(사업계획이 변경되어 정관을 변경하는 경우만 제출합니다) 1부 4. 대차대조표와 출자감소의 의결, 채권자 공고 및 이의신청의 처리 등 출자감소에 관한 사실관계를 증명할 수 있는 서류 각 1부(출자 1좌당 금액이 감소하여 정관을 변경하는 경우만 제출합니다)	수수료 없 음

처리절차

210mm×297mm[백상지 80g/㎡]

다. 협동조합과의 정관의 주요내용 비교

협동조합과 사회적협동조합의 정관 내용의 차이는 다음과 같다.

구분	협동조합	사회적협동조합
사업	금융 및 보험업을 제외하고는 업종 및 분야 제한 없음	주사업과 부수사업의 구분 소액대출 및 상호부조 사업 가능
출자금 납입총액	관련 규정 없음	설립동의자의 출자금 납입총액이 정관에 명시되어야 함
배당	가능	불가능
청산	정관에 따라 잔여재산 처리	비영리법인, 국고 등 귀속
법정적립금	잉여금의 10/100 이상	잉여금의 30/100 이상

4. 설립사무의 인계와 출자납입

가. 설립사무 인계

발기인은 설립인가를 받으면 지체 없이 그 사무를 이사장에게 인계하여야 한다(법 제87조).

나. 출자금납입

이사장이 그 사무를 인수하면 기일을 정하여 조합원이 되려는 자에게 출자금을 납입하게 하여야 한다. 이때 현물출자자는 납입기일 안에 출자 목적인 재산을 인도하고 등기·등록, 그 밖의 권리의 이전에 필요한 서류를 구비하여 협동조합에 제출하여야 한다.

다. 자본금

사회적협동조합의 자본금은 조합원이 납입한 출자금의 총액으로 한다.

5. 준용규정

사회적협동조합의 설립에 관하여는 제17조 및 제19조를 준용한다. 이 경우 '협동조합'은 '사회적협동조합'으로 보고, 제19조제1항 중 '제61조에 따른 설립등기'는 '제106조에 따른 설립등기'로 본다(법 제88조).

제2절 조합원

1. 출자금환급청구권 등

가. 출자금환급청구권

(1) 출자금환급청구권

사회적협동조합의 가입과 탈퇴의 자유를 보장하고, 조합원은 출자좌수에 관계없이 1개의 의결권 및 선거권을 가지고 탈퇴·제명시 출자금환급청구권을 갖는다. 탈퇴 조합원(제명된 조합원을 포함한다. 이하 이 조와 제90조에서 같다)은 탈퇴(제명을 포함한다. 이하 이 조와 제90조에서 같다) 당시 회계연도의 다음 회계연도부터 정관으로 정하는 바에 따라 그 출자금의 환급을 청구할 수 있다(법 제89조).

(2) 소멸시효

출자금환급청구권은 2년간 행사하지 아니하면 시효로 인하여 소멸된다.

나. 환급정지

사회적협동조합은 탈퇴 조합원이 사회적협동조합에 대한 채무를 다 갚을 때까지는 출자금 환급청권에 따른 출자금의 환급을 정지할 수 있다.

2. 탈퇴 조합원의 손실액 부담

사회적협동조합은 사회적협동조합의 재산으로 그 채무를 다 갚을 수 없는 경우에는 출자금의 환급분을 계산할 때 정관으로 정하는 바에 따라 탈퇴 조합원이 부담하여야 할 손실액의 납입을 청구할 수 있으며, 위 청구권의 소멸시효는 2년이다.

3. 준용규정

사회적협동조합의 조합원에 관하여는 제20조부터 제22조까지 및 제23조부터 제25조까지의 규정을 준용한다. 이 경우 '협동조합'은 '사회적협동조합'으로 본다(법 제91조).

—

제3절 기관

사회적협동조합의 기관에 관하여는 다음 조항을 준용하며, 이 경우 '협동조합'은 '사회적협동조합'으로 본다(법 제92조).

법 제28조 (총회), 제29조(총회의 의결사항 등)부터, 제30조(총회의 의사록), 제31조(대의원총회), 제32조(이사회) 제33조(이사회의 의결사항)까지, 제34조제1항부터 제3항까지(임원)

제35조, 제36조 (임원 등의 결격사유), 제36조의2(벌금형의 분리 선고), 제37조부터 (선거운동의 제한), 제38조 (선거관리위원회의 구성·운영), 제39조(임원의 의무와 책임), 제40조 (임원의 해임) 제41조 (이사장 및 이사의 직무)까지, 제42조제1항부터 제4항까지(감사의 직무), 제43조제1항(감사의 대표권), 제44조 (임직원의 겸직금지)를 준용한다.

법 시행령 제20조(사회적협동조합 등 임직원의 겸직)

① 사회적협동조합 및 사회적협동조합연합회는 법 제92조 및 제115조제1항에서 준용되는 법 제44조제4항에 따라 직원을 겸직하는 임원 수가 임원 총수의 3분의 1을 초과하지 않는 범위에서 임원이 직원을 겸직할 수 있다. 다만, 사회적협동조합 또는 사회적협동조합연합회가 제10조 각 호의 어느 하나에 해당하는 경우에는 임원 총수의 3분의 1을 초과하여 임원이 직원을 겸직할 수 있다.
[개정 2020.9.29]

② 제1항 단서에 따라 사회적협동조합연합회에 대하여 제10조 각 호를 적용할 때 '조합원'은 '전체 회원 조합에 속하는 총조합원'으로, '협동조합'은 '사회적협동조합연합회'로 본다.

제4절 사업

1. 사회적협동조합

사회적협동조합은 다음 네 가지 중 하나 이상을 주 사업으로 해야 한다. 이때 '주 사업'이라 함은 목적사업이 협동조합 전체 사업량의 40% 이상인 경우를 의미한다. 2013 기획재정부 협동조합의 설립운영 안내서의 '주사업'에 대한 자세한 내용은 '사회적협동조합의 설립' 부분을 참고하기 바란다. 사회적협동조합도 협동조합의 경우와 마찬가지로, 금융 및 보험업을 영위할 수 없다. 그럼에도 불구하고 사회적협동조합은 주 사업 이외의 사업으로 정관이 정하는 바에 따라 조합원을 대상으로 납입 출자금 2/3한도 내에서 소액대출을 할 수 있고, 납입 출자금의 총액 한도 내에서 상호부조를 할 수 있다.

[협동조합과 사회적협동조합의 차이]

구분	일반협동조합	사회적협동조합
사업	업종 및 분야 제한 없음 – 금융, 보험업 제외	공익사업 40% 이상 수행 – 지역사회공헌, 지역주민 권익 증진 – 취약계층 지원, 일자리 제공 – 공공기관 위탁사업 – 기타 공익을 위한 사업
소액대출	불가능	조합원 대상 납입 출자금 총액 한도
상호부조	불가능	조합원 대상 납입 출자금 2/3 한도

2. 사업의 내용

가. 사업의 내용

사회적협동조합은 다음 각 호의 사업 중 하나 이상을 주 사업으로 하여야 한다(법 제93조).

이에 따른 주 사업은 협동조합 전체 사업량의 100분의 40 이상이어야 한다.

- 지역(시·도의 관할 구역을 말하되, 실제 생활권이 둘 이상인 시·도에 걸쳐 있는 경우에는 그 생활권 전체를 말한다. 이하 이 호에서 같다) 사회의 재생, 지역 경제의 활성화, 지역 주민들의 권익·복리 증진 및 그 밖에 지역 사회가 당면한 문제 해결에 기여하는 사업
- 대통령령으로 정하는 취약계층에 복지·의료·환경 등의 분야에서 사회서비스를 제공하는 사업
- 대통령령으로 정하는 취약계층에 일자리를 제공하는 사업
- 국가·지방자치단체로부터 위탁받은 사업
- 그 밖에 공익증진에 이바지 하는 사업

나. 주사업의 판단방법

사회적협동조합의 주 사업의 판단기준은 다음의 구분에 따른다(법 시행령 제21조). 다만 이에서 규정한 사항 외에 주 사업의 판단 기준 및 방법 등에 관하여 필요한 사항은 기획재정부령으로 정한다(법 시행령 제18조).

- 목적사업이 법 제93조제1항제1호 또는 제5호에 해당하는 경우: 다음의 어느 하나에 해당하는 기준을 충족할 것
  - 수입·지출 예산서상 전체 사업비의 100분의 40 이상을 주 사업 목적으로 지출할 것
  - 사업계획서상 주 사업에 해당하는 서비스 대상인원, 시간, 횟수 등이 전체 서비스의 100분의 40 이상일 것
- 목적사업이 법 제93조제1항제2호에 따라 취약계층에 사회서비스를 제공하는 경우: 사업 계획서상 취약계층에 제공된 사회서비스 대상인원, 시간, 횟수 등이 전체 사회서비스의 100분의 40 이상일 것
- 목적사업이 법 제93조제1항제3호에 따라 취약계층에 일자리를 제공하는 경우: 다음 각 목의 어느 하나에 해당하는 기준을 충족할 것
  - 취약계층에 속하는 직원에게 지급한 인건비 총액이 수입·지출 예산서상 전체 인건비 총액의 100분의 40 이상일 것

− 취약계층에 속하는 직원이 사업계획서상 전체 직원의 100분의 40 이상일 것
- 목적사업이 법 제93조제1항제4호에 해당하는 경우: 수입·지출 예산서상 전체 사업비의 100분의 40 이상이 국가 및 지방자치단체로부터 위탁받은 사업의 예산일 것
- 목적사업이 법 제93조제1항제1호부터 제5호까지의 사업에 중복하여 해당하는 경우: 법 제93조제1항제1호부터 제5호까지의 사업에 해당하는 비율의 합이 100분의 40 이상일 것

다. 판단기준

(1) 영 제21조제1항제1호가목에 따른 주 사업

영 제21조제1항제1호가목에 따른 주 사업은 다음의 사업으로 한다(법 시행령 제17조).
- 지역특산품·자연자원 활용사업
- 전통시장·상가 활성화 사업
- 농산물·임산물·축산물·수산물의 생산 및 유통에 관한 사업
- 그 밖에 지역의 인적·물적 자원을 활용하여 지역 사회를 재생시키고 지역 경제를 활성화하여 지역 사회에 기여하는 사업으로서 기획재정부장관이 정하여 고시하는 사업

(2) 영 제21조제1항제1호나목에 따른 주 사업

영 제21조제1항제1호나목에 따른 주 사업은 다음의 사업으로 한다.
- 지역 주민의 생활환경 개선사업
- 지역의 공중접객업소에 대한 위생 개선사업
- 지역의 감염병 또는 질병 예방에 관한 사업
- 지역의 재해, 화재 또는 안전사고의 예방에 관한 사업
- 지역 주민의 고충 상담을 위한 사업
- 지역 주민에게 사회서비스를 제공하는 사업
- 그 밖에 지역 주민들의 권익과 복리를 증진하는 사업으로서 기획재정부장관이 정하여 고시하는 사업

(3) 영 제21조제1항제2호라목에서 '기획재정부령으로 정하는 사업'이란

영 제21조제1항제2호라목에서 '기획재정부령으로 정하는 사업'이란 다음의 어느 하나에 해당하는 사업을 말한다.

- 예술 · 관광 및 운동 분야의 사업
- 산림 보전 및 관리 서비스를 제공하는 사업
- 문화재 보존 또는 활용과 관련된 사업
- 청소 등 사업시설 관리 사업
- 범죄 예방 및 상담치료 관련 사업
- 그 밖에 취약계층에 사회서비스를 제공하는 사업으로서 기획재정부장관이 정하여 고시하는 사업

3. 관련규정 준용

위 1, 2에서 규정한 사항 외에 사회적협동조합의 사업에 관하여는 제45조(사업)를 준용한다. 이 경우 '협동조합'은 '사회적협동조합'으로 본다.

4. 조합원에 대한 소액대출

소액대출사업은 조합원이 긴급하게 필요한 생계비, 교육비, 전세 및 월세보증금, 사업운영 자금 등 소액자금을 신용대출 해 주는 사업을 말한다.

가. 대출자격

사회적협동조합은 대출 자격을 정관으로 정할 수 있다. 다만, 일정한 대출자격이 없으면 대출을 받고 조합을 탈퇴하거나 무분별한 대출신청 등 악용의 소지가 있기 때문에 정관에 대출자격이 명시되는 것이 바람직하다.

나. 소액대출의 한도

소액대출의 한도는 다음의 사항 등을 고려하여 각 사회적협동조합의 정관으로 정한다(법 시행령 제22조 제1항).

• 조합원의 수

• 출자금 규모

• 소액대출의 종류

다. 소액대출 이율 등

대출한도의 총액은 납입 출자금 총액의 2/3를 초과할 수 없으며 1인당 대출한도는 납입출자금 총액의 2/3 범위 내에서 사회적협동조합이 정관에서정할 수 있다(법 제94조). 대출이자율 한도는 한국은행이 법률로 정하는 신규취급액기준 예금은행 가계대출 가중평균금리 등을 고려하여 5.0% 이내에서 사회적협동조합이 정관으로 정한다. 연체이자율은 대출 이자율의 1.5배 이하로 하되 이자제한법상 이자율의 최고한도(연 24%)를 초과하는 것은 불가능하다(법 시행령 제22조 제3항). 사업운영에 따른 손실에 대비하기 위한 적정수준의 충당금 적립의무가 필요하며 대출위험 관리에 관련된 내용이 정관에 작성되어야 한다.

라. 인가 및 감독

사회적협동조합이 기타사업으로 소액대출을 하는 경우 정관에 1)매출가격, 2) 1인당 대출한도, 3) 대출이자율 · 연체이자율, 4) 대출위험관리, 5) 회계에 관한 내용이 반드시 포함되어 있어야 한다.

5. 상호부조

가. 정의

상호부조 사업은 조합원간의 상부상조를 목적으로 조합원들이 상호부조회비를 갹출하여 적립한 기금을 사용하는 사업을 말한다. 즉 상호부조회비를 납부한 조합원에게 정관에서 정한 혼례, 사망, 질병 등의 사유가 생긴 경우 일정금액의 상호부조금을 지급하는 사업이다 (법 시행령 제23조 제1항). 상호부조 사업운영은 조합원에게 갹출한 기금만으로 해야 하며 출자금 또는 차입한 금액 등을 기금으로 적립해서 운영해서는 안 된다.

나. 참여자격
상호부조사업에 참여할 수 있는 조합원 자격은 정관에서 정할 수 있다.

다. 상호부조금 한도
상호부조금 한도는 납입출자금 총액의 한도 내에서 각 사회적협동조합이 정관에서 정한다. 그리고 회비납부에 관한 사항이 정관에 있어야 하며 방식 및 규모는 자율적으로 정할 수 있으나 매월 받는 것이 바람직하다. 적립한 기금운용에 관한 사항은 정관에서 정할 수 있으나 적립된 기금을 주식, 회사채, 기타 시장성 증권에 투자하지 않는 것이 바람직하다.

라. 제3자 계약금지
상호부조 계약은 협동조합과 조합원 간에 직접 이루어져야 하며, 금융기관이나 보험기관 등 제3의 판매조직을 통해서 계약할 수 없다

마. 인가 및 감독
사회적협동조합이 기타사업으로 상호부조사업을 하는 경우 정관에 1) 참여자격 2) 상호부조금의 한도 3) 상호부조의 회비에 관련된 사항 4) 상호부조의 적립금 운용에 관한 사항 5) 대손위험관리 6) 회계 등의 내용이 반드시 포함되어 있어야 한다.

소액대출 및 상호부조 사업결과 보고서
(0000년 12월 31일 현재)

(제1쪽)

조직 개요	조합명		업종(표준산업분류번호)	
	설립 연월일		업태	
	인가번호		사업자등록번호	
	주소	주사무소		
		제1 지사무소		
		제2 지사무소		
	출자금			원(A)
	주 사업 유형	[　]지역사업형 [　]취약계층 사회서비스 제공형 [　]취약계층 고용형 [　]위탁사업형 [　]기타 공익증진형		

1. 소액대출 사업 현황

대출조건	소액대출 이자율	연 00.00 (%)	(기획재정부 장관 고시 최고 이자율)	연 00.00 (%)
	소액대출 연체 이자율	연 00.00 (%)	1인당 대출한도	원
대출현황	총 대출금액(B)	원	총 상환액(C)	원
	총 대출잔액(D=B-C)	원	출자금 대비 대출잔액 비율(E=D/A)	(%)
	대출자 수 / 조합원 수	/	대출잔액 최고액 대출자 1인의 대출잔액(F)	원

분기별 소액대출 추이(매월 말일 기준, 단위: 원, %)

구분	직전 연도 4/4분기	해당 연도 1/4 분기	해당 연도 2/4 분기	해당 연도 3/4 분기	해당 연도 4/4 분기
총출자금액(A)					
총대출금액(B)					
총상환액(C)					
총대출잔액(D)					
출자금 대비 대출 잔액 비율(E)					
대출잔액 최고 액 대출자 1인의 대출잔액(F)					

210mm×297mm[백상지 80g/㎡(재활용품)]

2. 상호부조 사업 현황

상호부조 계약 현황	월별 납부액	(정액기준 시) 00,000 원, (정률기준 시) 기준액 * 0.00 % 등 정관·규약·규정 등에 정한 납부액 명시	
	지급사유별 지급 액	혼례(본인)	원
		혼례(자녀)	원
		사망(본인)	원
		사망(배우자)	원
		○○○	원
		△△△	원

상호부조 기금 현황	전년도 기금 잔액 (G)		원
	해당 연도 수입 (H)		원
	해당 연도 지출(I)		원
	해당 연도 기금 잔 액 (J=G+H–I)		원
	출자금 대비 기금 잔액 비율(K=J/A)		(%)

분기별 상호부조기금 현황(매월 말일 기준, 단위: 원. %)

구 분	직전 연도 4/4분기	해당 연도 1/4 분기	해당 연도 2/4 분기	해당 연도 3/4 분기	해당 연도 4/4 분기
전기 잔액(G)					
당기 수입(H)					
당기 지출(I)					
당기 잔액(J)					
출자금 대비 기금 잔액 비율(K)					

210㎜×297㎜[백상지 80g/㎡(재활용품)]

6. 조합원 등이 아닌 자의 사업 이용

가. 원칙

사회적협동조합이 조합원이 아닌 자에게 그 사업을 이용하게 할 수 없는 사업은 다음의 어느 하나에 해당하는 사업으로 한다(법 시행령 제24조).

- 법 제94조제1항에 따른 소액대출 및 상호부조 사업
- 의료기관을 개설한 사회적협동조합의 보건·의료 사업
- 그 밖에 사회적협동조합의 사업 성격·유형 등을 고려하여 기획재정부령으로 정하는 사업

나. 예외

1) 위 (1)항에도 불구하고 보건·의료 사업을 하는 사회적협동조합은 총공급량의 100분의 50의 범위에서 조합원이 아닌 자에게 보건·의료 서비스를 제공할 수 있다. 여기서 총공급량의 산정은 직전 연도 매출액 또는 서비스 이용인원 중 사회적협동조합이 선택하는 기준을 적용하되, 조합원과 같은 가구에 속하는 사람에게 보건·의료 서비스를 제공하는 경우에 해당 조합원이 이사회의 승인을 받은 경우에는 그 조합원이 이용한 것으로 보아 총공급량을 산정한다.

다. 보건·의료 사업을 하는 사회적협동조합의 조합원이 아닌 자의 사업 이용

제24조제2항에 따라 사회적협동조합이 보건·의료 서비스를 제공할 수 있는 조합원이 아닌 자의 범위는 다음과 같다(법 시행령 제25조 제1항).

- 「응급의료에 관한 법률」 제2조제1호에 따른 응급환자
- 「의료급여법」 제3조에 따른 수급권자
- 「장애인고용촉진 및 직업재활법」 제2조제1호에 따른 장애인
- 「한부모가족지원법」 제5조 및 제5조의2에 따른 지원대상자
- 「재한외국인 처우 기본법」 제2조제3호에 따른 결혼이민자
- 보건복지부장관이 정하여 고시하는 희귀난치성질환을 가진 사람

- 해당 사회적협동조합이 개설한 의료기관이 소재하는 시 · 도의 관할 구역에 주소 · 거소 · 사업장 또는 근무지가 있는 사람
- 조합원과 같은 가구에 속하는 사람
- 그 밖에 기획재정부장관이 관계 중앙행정기관의 장과 협의하여 보건 · 의료 서비스를 제공할 필요가 있다고 인정하는 사람

7. 공공기관의 우선 구매

가. 우선구매

「중소기업제품 구매촉진 및 판로지원에 관한 법률」 제2조제2호에 따른 공공기관의 장은 구매하려는 재화나 서비스에 사회적협동조합이 생산하는 재화나 서비스가 있는 경우에는 해당 재화나 서비스의 우선 구매를 촉진하여야 한다(법 제95조의2). 이에 따른 공공기관의 장은 사회적협동조합이 생산하는 재화나 서비스의 구매 증대를 위한 구매 계획과 전년도 구매 실적을 기획재정부장관에게 통보하여야 한다.

나. 구매계획과 구매실적 통보

법 제95조의2제2항에 따라 「중소기업제품 구매촉진 및 판로지원에 관한 법률」 제2조제2호에 따른 공공기관의 장은 매년 2월 말일까지 사회적협동조합이 생산하는 재화나 서비스(이하 이 조에서 '사회적협동조합제품'이라 한다)의 해당 연도 구매 계획 및 전년도 구매 실적과 해당 기관의 총구매액에 대한 사회적협동조합제품의 구매액 비율을 기획재정부장관에게 통보하여야 한다(법 시행령 제26조).

제5절 회계 등

협동조합과 마찬가지로 사회적협동조합도 매 회계연도 결산결과 손실금이나 잉여금이 발생한다. 손실금은 1) 미처분이월금 2) 임의적립금 3) 법정적립금 순으로 보전하고 보전 후에도 부족이 있으면 4) 다음회계연도로 이월한다.

잉여금 발생시에는 1) 이월 손실금 보전 2) 법정적립금 3) 임의적립금의 순서대로 처리한다. 그러나 협동조합과 달리 사회적협동조합은 잉여금의 30% 이상을 법정적립금으로 적립하여야 하고 잉여금을 모두 임의적립금으로 적립하게 하여 조합원 배당을 금지하고 있다.

1. 운영의 공개

협동조합 및 사회적협동조합은 결산결과 등 운영 사항을 공개하여야 한다. 이 때 공개의 방법은 크게 1) 서류 비치 2) 서류 열람 3) 경영공시 등 3가지를 들 수 있다.

가. 서류 비치 및 열람

(1) 서류의 비치

사회적협동조합은 사회적협동조합의 채권자 및 조합원이 열람하거나, 사본을 청구할 수 있도록 정관 · 규약 · 규정, 총회 · 이사회 의사록, 회계장부, 조합원 명부 등 다음의 서류의 주된 사무소에 비치하여야 하며, 이를 적극적으로 공개하여야 한다(법 제96조).

• 정관과 규약 또는 규정
• 총회 · 이사회의 의사록
• 조합원 명부
• 회계장부
• 그 밖에 정관으로 정하는 사항

(2) 열람청구

협동조합의 채권자와 조합원은 위 (1)의 사항이 포함된 서류를 열람하거나 그 사본을 청구할 수 있으며, 이때 소요되는 비용은 실비의 범위 안에서 청구인의 부담으로 한다.

나. 경영공시

(1) 경영공시

사회적협동조합은 매 회계연도의 결산일부터 4개월 이내에 다음의 사항을 기획재정부장관이 지정하는 인터넷 사이트에 공시해야 한다(법 시행령 제26조). 이 때 경영공시자료에는 다음과 같은 내용이 포함되어야 한다(법 제96조의2).

- 정관과 규약 또는 규정
- 사업결산 보고서
- 총회, 대의원총회 및 이사회의 활동 상황
- 사업계획서
- 수입, 지출예산서
- 사업결과보고서
    - 조합원·직원 등에 대한 교육·홍보실적을 첨부할 것
    - 비조합원의 이용 실적을 첨부할 것
    - 법 제111조(법 제115조제3항에 따라 준용되는 경우를 포함한다) 에 따른 감독사항 및 그 조치 결과를 첨부할 것
- 소액대출 및 상호부조 사업결과 보고서

이 외에도 지역사회 기여 활동 등 다른 사항도 추가 게재가 가능하다. 그리고 결산보고서 등에 재무제표를 첨부하는 경우 공인회계사 혹은 세무사의 확인을 받아야 한다. 다만 결산총회 자료에 위의 내용이 모두포함(각종 지정 서식 준수)되어 있을 경우에는 결산총회자료를 게재하는 것으로 경영공시를 갈음할 수 있다.

[ ] 사회적협동조합
[ ] 사회적협동조합연합회　　　사업결산 보고서
[ ] 이종협동조합연합회

(앞쪽)

회계연도 : 　　년도			

조직개요	조합명(연합회명)		설립연월일	출자금
				원
	조합원(회원) 수(* 연합회는 합계만 작성) 　　　　　생산자( ) 소비자( ) 직원( ) 자원봉사자( ) 후원자( ) 합계( ) 명			
	주 사업 유형 * 사회적협동조합만 작성	[ ]지역사업형 [ ]취약계층 사회서비스 제공형 [ ]취약계층 고용형 [ ]위탁사업형 [ ]기타 공익증진형		

① 대차대조표

자 산		부 채	
구 분	금 액(원)	구 분	금 액(원)
자산		부채	
Ⅰ. 유동자산		Ⅰ. 유동부채	
(1) 당좌자산		－ 단기차입금	
－ 현금		－ 예수금	
－ 보통예금		－ 미지급금	
－ 미수금		－ 선수금	
－ 선급금		－ ……	
－ ……		Ⅱ. 비유동부채	
(2) 재고자산		－ 장기차입금	
－ 제품		－ 퇴직급여충당부채	
－ 원재료		－ ……	
－ ……		부 채 총 계	
Ⅱ. 비유동자산		자본	
(1) 투자자산		Ⅰ. 자본금	
－ 장기성예적금		－ 조합원출자금	
－ ……		Ⅱ. 자본잉여금	
(2) 유형자산		Ⅲ. 자본조정	
－ 비품		Ⅳ. 기타포괄손익누계액	
－ 시설장치		Ⅴ. 이익잉여금 또는 결손금	

－ 차량운반구		－ 법정적립금	
－ ……		－ 임의적립금	
(3) 무형자산		－ 미처분이익잉여금(미처리결손금)	
－ 특허권		－ ……	
－ ……		(당기순손익)	
(4) 기타비유동자산		당기 : 원	
－ 임차보증금		전기 : 원	
－ ……			
		자 본 총 계	
자 산 총 계		부 채 및 자 본 총 계	

작성방법

1. 출자금: 조합원(회원)이 납입한 출자금 총액[탈퇴(제명)한 조합원(회원)에게 환급한 출자금을 제외합니다.]
2. 자산 = 부채 + 자본
3. 예시된 세부항목('－')은 조합 상황에 맞게 수정 가능합니다.

210mm×297mm[백상지 80g/㎡]

② 취약계층 사회서비스 제공형 (판단기준: 서비스 공급 비율)

구 분	사회서비스 공급 (인원수/시간/회 중 택일)	
	해당 연도 계획	해당 연도 실적
총 계 (A)		
취약계층(B)		
기 타		
취약계층비율(C= B/A)(%)		
첨부서류	1. 서비스 공급 실적을 확인할 수 있는 서류 2. 취약계층 증명서류(① 가구 월평균 소득이 전국 가구 월평균 소득의 100분의 60 이하인 사람:「국민기초생활 보장법」에 따른 수급자 또는 차상위자 증명서, 전년도 건강보험료 납부확인서, 급여명세서 등 전년도 소득증명서 등 ② 장애인: 장애인등록증명서 사본 ③ 그 밖에 취약계층임을 확인할 수 있는 서류)	

③ 취약계층 고용형 (판단기준: 인건비 / 직원수 비율 중 택일)

구 분	인건비 (원)		직원수 (명)	
	해당 연도 예산	해당 연도 결산	해당 연도 계획	해당 연도 실적
총 계 (A)				
취약계층(B)				

기 타				
취약계층 비율(C =B/A)(%)				

첨부서류	1. 전체 직원 및 취약계층 직원의 명단(생년월일 포함), 직원별 인건비 지출 명세 2. 취약계층 증명서류(① 가구 월평균 소득이 전국 가구 월평균 소득의 100분의 60 이하인 사람:「국민기초생활 보장법」에 따른 수급자 또는 차상위자 증명서, 전년도 건강보험료 납부확인서, 급여명세서 등 전년도 소득증명서 등 ② 장애인: 장애인등록증명서 사본 ③ 그 밖에 취약계층임을 확인할 수 있는 서류)

(2) 통합공시 및 자료요구

위 (1)에도 불구하고 기획재정부장관은 경영공시를 대신하여 위 각 사항을 별도로 표준화하고 이를 통합하여 공시할 수 있으며, 이에 따른 통합 공시를 하기 위하여 필요한 자료를 사회적협동조합에 요구할 수 있다. 이 경우 사회적협동조합은 특별한 사정이 없으면 그 요구에 따라야 한다.

■ 협동조합 기본법 시행규칙 [별지 제10호서식] 〈개정 2020. 9. 29.〉

총회, 대의원총회 및 이사회 활동 상황

<table>
<tr><td rowspan="7">조직
개요</td><td colspan="2">조합명(연합회명)</td><td colspan="2">업종(표준산업분류번호)</td></tr>
<tr><td colspan="2">설립연월일</td><td colspan="2">업태</td></tr>
<tr><td colspan="2">신고(인가)번호</td><td colspan="2">사업자등록번호</td></tr>
<tr><td rowspan="3">주
소</td><td>주사무소</td><td colspan="2"></td></tr>
<tr><td>제1 지사무소</td><td colspan="2"></td></tr>
<tr><td>제2 지사무소</td><td colspan="2"></td></tr>
<tr><td colspan="2">출자금

백만원</td><td colspan="2"></td></tr>
</table>

[총회]

일시	장소	조합원 · 회원(명)	참석자(명)	결정사항	비고

[대의원총회]

일시	장소	대의원(명)	참석자(명)	결정사항	비고

[이사회]

일시	장소	임원(명)	참석자(명)	결정사항	비고

[기타]

일시	장소	대상자(명)	참석자(명)	결정사항	비고

210mm×297mm[백상지 80g/㎡]

2. 법정적립금 및 임의적립금

가. 법정적립금

사회적협동조합은 매 회계연도 결산의 결과 잉여금이 있는 때에는 해당 회계연도말 출자금 납입총액의 3배가 될 때까지 잉여금의 100분의 30 이상을 법정적립금으로 적립하여야 한다 (법 제97조). 이러한 법정적립금은 손실의 보전에 충당하거나 해산하는 경우 외에는 사용하여서는 아니 된다.

나. 임의적립금

사회적협동조합은 정관으로 정하는 바에 따라 사업준비금 등을 임의적립금으로 적립할 수 있다.

3. 사회적협동조합의 회계

가. 손실금 보전

사회적협동조합은 매 회계연도의 결산 결과 손실금(당기손실금을 말한다)이 발생하면 미처 분이월금, 임의적립금, 법정적립금의 순으로 이를 보전하고, 보전 후에도 부족이 있을 때에는 이를 다음 회계연도에 이월한다(법 제98조).

나. 잉여적립금

잉여금 발생 시에는 1) 이월 손실금 보전 2) 법정적립금 3) 임의적립금의 순서대로 처리한다. 그러나 협동조합과 달리 사회적협동조합은 잉여금의 30% 이상을 법정적립금으로 적립하여야 하고 잉여금을 모두 임의적립금으로 적립하게 하여 조합원 배당을 금지하고 있다.

다. 준용규정

사회적협동조합의 회계에 관하여는 제47조(회계연도 등), 제48조(사업계획서와 수지예산서) 및 제52조 (결산보고서의 승인), 제53조(출자감소의 의결), 제54조 (출자감소에 대한 채권자의 이의), 제55조 (출자지분 취득금지 등)까지의 규정을 준용한다. 이 경우 '협동조합'은 '사회적협동조합'으로 본다(법 제100조).

4. 부과금의 면제

사회적협동조합의 사업과 재산에 대하여는 국가와 지방자치단체의 조세 외의 부과금을 면제한다(법 제99조).

제6절 합병 · 분할 · 해산 및 청산

1. 합병

협동조합의 합병이란 2개 이상의 협동조합을 1개의 협동조합과 통합하는 것으로서, 당사자인 협동조합의 일부 또는 전부가 해산하고, 재산관계 등이 청산절차 없이 포괄적으로 존속협동조합 또는 신설협동조합에 이전하는 것을 말한다. 합병의 방법에 따라 합병의 당사자로된 협동조합의 일방만이 해산 · 소멸되고 다른 일방의 협동조합이 그 소멸된 협동조합을 흡수하여 하나의 협동조합으로 존속하는 흡수합병과 합병의 당사자로 된 모든 협동조합이 해산 · 소멸함과 동시에 새로운 협동조합이 설립되어 그 소멸된 협동조합모두를 합체하는 신설합병으로 구분할 수 있다

가. 사회적협동조합의 합병절차

사회적협동조합이 합병하기 위해서는 우선 합병계약서 작성 ⇒ 합병 전 협동조합 등의 총회의결 ⇒ 채권자 이의신청 및 변제 등 ⇒ (신설합병의 경우) 신설 협동조합 등의 창립총회의결 ⇒ 신고 : 합병신고 또는 설립신고 / 해산신고 ⇒ 등기 : 변경등기 또는 설립등기 / 해산등기 등의 순으로 진행된다.

나. 합병계약서 작성

사회적협동조합이 합병하기 위해서는 합병의 당사자가 합병계약서를 작성하여야 한다(법 제101조). 합병계약서의 내용에는 존속 또는 신설되는 협동조합 등이 승계하여야 할 권리 · 의무의 범위가 적혀 있어야 한다.

다. 합병 전 사회적협동조합 등의 총회의 의결

(1) 총회의결

합병계약서를 작성한 후에는 합병의 당사자가 되는 사회적협동조합 등이 각자의 총회에서

합병을 의결하여야 한다. 이때 합병계약서의 내용이 의결사항에 포함되어 있어야한다. 합병에 관하여 의사정족수 및 의결정족수를 총조합원 과반수의 출석과 출석조합원 2/3의 찬성을 요구한다.

(2) 신설합병의 경우

신설합병의 경우, 위에 따라 합병 전 사회적협동조합 등의 총회에서 합병을 의결한 후에는 신설되는 사회적협동조합 등이 창립총회를 개최하여 정관을 변경 또는 제정하는 등 구성과 운영에 관한 사항을 의결하여야 한다.

라. 채권자 이의신청 및 변제 등

합병의 의결이 있게 되면 사회적협동조합 등은 의결한 날부터 14일 이내에 대차대조표를 작성하여 채권자에 대하여 이의가 있으면 일정한 기간에 신청하여야 할 것을 공고함과 동시에 이미 알고 있는 채권자에 대하여는 개별적으로 최고하여야 한다. 그리고 이 경우 채권자의 이의신청기간은 30일 이상을 보장하여야 한다. 한편, 채권자가 이의신청 기간에 이의를 신청하지 아니하면 이를 승인한 것으로 보며, 이의를 신청하면 협동조합은 채무를 변제하거나 상당한 담보를 제공하여야 한다.

마. 합병의 효과 – 권리의무의 승계

합병 또는 분할로 인하여 존속하거나 설립되는 사회적협동조합은 합병 또는 분할로 소멸되는 사회적협동조합의 권리·의무를 승계한다. 이 경우 해산협동조합의 조합원은 기존에 가졌던 출자좌수에 따라 존속 협동조합 또는 신설 협동조합의 출자의 배정을 받을 수 있다고 할 것이다. 다만 합병에 반대하는 조합원의 지위에 관하여 협동조합기본법은 별도의 규정을 두고 있지 않지만, 지분환급청구권을 행사하여 조합원이 되지 않을 수 있다고 할 것이며, 특히 신설합병의 경우 신설되는 협동조합 등과 사회적협동조합 등의 경우에는 창립총회 등 설립신고 및 설립인가 등의 절차를 거치도록 하고 있어 신설되는 협동조합 등과 사회적협동조합 등의 설립에 동의하는지의 여부에 따라 조합원의 자격을 가질 것인지 여부를 선택할 수 있다고 할 것이다.

바. 관련규정 준용

합병에 의하여 설립되는 사회적협동조합에 대하여는 제85조(설립인가 등), 제86조 (정관) 및 제88조(준용규정)를 준용한다.

사. 합병의 한계

(1) 원칙

협동조합기본법은 동법에 따른 협동조합은 동법에 따른 협동조합 간, 동법에 따른 협동조합 연합회는 동법에 따른 협동조합연합회 간, 동법에 따른 사회적협동조합은 동법에 따른 사회 적협동조합 간, 동법에 따른 사회적협동조합연합회는 동법에 따른 사회적협동조합연합회 간에만 합병을 허용하고 있으며, 동법 이외의 법인, 단체 및 협동조합 등과 합병할 수 없다.

(2) 예외

(가) 예외 사항

위 (1)항에도 불구하고 사회적협동조합이 기획재정부장관의 인가를 받은 경우에는 다음 각 호의 법인을 흡수합병 할 수 있다.

- 「상법」에 따라 설립된 주식회사
- 「상법」에 따라 설립된 유한회사
- 「상법」에 따라 설립된 유한책임회사
- 「민법」에 따라 설립된 사단법인
- 협동조합

아. 기재부장관의 인가

(1) 인가신청

사회적협동조합이 분할할 경우 기획재정부장관의 인가를 받아야 한다. 특히 분할로 새로

성립되는 사회적협동조합 등의 인가를 신청할 경우에는 분할을 의결한 총회의사록 및 창립 총회의사록 등을 첨부하여 인가신청서를 기획재정부장관에게 제출하여야 하며, 이 경우 분할을 의결한 총회의사록에는 분할계획서의 내용에 따라 분할하려는 조직대상 및 권리 · 의무의 범위가 의결사항으로 적혀 있어야 한다.

(2) 사회적협동조합의 흡수합병 인가의 기준은 다음 각 호와 같다(법 시행령 제28조).

- 흡수합병이 법 제5조에 따른 설립 목적과 법 제6조에 따른 기본원칙에 반하지 아니할 것
- 흡수합병의 절차가 법령에 위반되지 아니할 것
- 흡수합병한 사회적협동조합의 정관과 사업계획서의 내용이 법령에 위반되지 아니할 것

(3) 인가신청서 제출

(가) 인가신청서 제출

흡수합병 인가를 신청하려는 자는 흡수합병 인가신청서에 기획재정부령으로 정하는 서류를 첨부하여 기획재정부장관에게 제출하여야 한다.

(나) 신청서 첨부서류

합병인가신청서에는 다음의 서류들이 첨부되어야 한다.

- 정관 사본
- 합병계약서 사본
- 합병을 의결한 총회 의사록 사본
- 별지 제3호서식에 따른 임원 명부(임원약력을 포함한다)
- 합병 후의 별지 제19호서식에 따른 사회적협동조합 사업계획서 또는 별지 제19호의2서식 에 따른 사회적협동조합연합회 및 이종협동조합연합회 사업계획서
- 합병 후의 별지 제20호서식에 따른 수입 · 지출 예산서
- 출자 1좌당 금액과 조합원 또는 회원별로 인수하려는 출자좌수를 적은 서류
- 합병되는 사회적협동조합, 사회적협동조합연합회 및 이종협동조합연합회가 합병을 결의

한 총회 개최 공고문

- 합병되는 사회적협동조합, 사회적협동조합연합회 및 이종협동조합연합회가 합병을 결의한 총회 의사록 사본
- 채권자의 이의신청절차 이행과 이의신청 채권자에게 변제하거나 담보를 제공한 사실을 증명하는 서류
- 주 사업의 내용이 설립인가 기준을 충족하는 것을 증명하는 서류(사회적협동조합의 경우에만 제출한다)

(4) 인가기간 및 인가의제

기획재정부장관은 인가의 신청을 받은 날부터 60일 이내에 인가 여부를 신청인에게 통지하여야 한다. 만일 기획재정부장관이 60일의 기간 내에 인가 여부 또는 민원 처리 관련 법령에 따른 처리기간의 연장을 신청인에게 통지하지 아니하면 그 기간(민원 처리 관련 법령에 따라 처리기간이 연장 또는 재연장된 경우에는 해당 처리기간을 말한다)이 끝난 날의 다음 날에 인가를 한 것으로 본다.

2. 사회적협동조합의 분할

가. 분할절차

분할되는 협동조합이 분할 후에 해산·소멸되는지 여부에 따라 소멸하지 않고 존속하는 존속분할과 소멸하고 모두 새로운 협동조합들로 분할되는 소멸분할로 나뉜다. 단순분할은 분할에 의해 1개 또는 수개의 협동조합이 설립되는 것을 말하며, 분할합병은 분할과 동시에 1개 또는 수개의 존립 중인 다른 협동조합과 합병하는 것을 말한다. 한편, 단순분할과 분할합병이 혼합하여 나타날 수도 있다.

나. 사회적협동조합의 분할절차

사회적협동조합의 분할절차는 우선 분할계약서의 작성 ⇒ 분할 전 사회적협동조합 등의

총회의 의결 ⇒ 채권자 이의신청 및 변제 등 ⇒ (신설 사회적협동조합 등의 경우) 창립총회의 의결 ⇒ (신설 사회적협동조합 등의 경우)인가 : 인가신청 및 인가 ⇒ 등기 : 변경등기 또는 설립등기 / 해산등기 등의 절차로 진행된다.

다. 분할계획서 작성

사회적협동조합의 분할의 위해서는 분할하려는 협동조합의 분할계획서를 작성하여야 하며, 이러한 분할계획서에는 분할하려는 조직대상 범위에 관한 사항 및 권리·의무의 범위가 적혀 있어야 한다.

라. 기존협동조합 등의 총회의결

(1) 총회의결

분할하려는 협동조합 등은 분할계획서 등 분할에 관한 사항을 총회의 의결을 받아 분할할 수 있다. 이 경우 협동조합기본법은 협동조합 등의 분할의 의사정족수 및 의결정족수를 총조합원 과반수의 출석과 출석조합원 2/3의 찬성을 요구하고 있다

(2) (신설 사회적협동조합 등의 경우) 창립총회 의결

분할로 인해 신설되는 사회적협동조합 등은 협동조합의 설립에 관한절차를 준용하여 창립총회를 개최하고 정관을 제정하는 등 구성과 운영에 관한 사항을 의결하여야 한다.

마. 채권자 이의신청 및 변제

분할로 인해 출자감소의 의결이 있는 경우 의결한 날부터 14일 이내에 대차대조표를 작성하여 채권자에 대하여 이의가 있으면 일정한 기간에 신청하여야 할 것을 공고함과 동시에 이미 알고 있는 채권자에 대하여는 개별적으로 최고하여야 한다. 이 경우 채권자의 이의신청 기간은 30일 이상을 보장하여야 한다. 한편, 채권자가 이의신청 기간에 이의를 신청하지 아니하면 이를 승인한 것으로 보며, 이의를 신청하면 협동조합은 채무를 변제하거나 상당한 담보를 제공하여야 한다.

바. 분할의 한계

협동조합기본법은 동법에 따른 협동조합은 동법에 따른 협동조합 간, 동법에 따른 협동조합연합회는 동법에 따른 협동조합연합회 간, 동법에 따른 사회적협동조합은 동법에 따른 사회적협동조합 간, 동법에 따른 사회적협동조합연합회는 동법에 따른 사회적협동조합연합회 간에만 합병을 허용하고 있으며, 동법 이외의 법인, 단체 및 협동조합 등과 합병할 수 없다

3. 사회적협동조합의 해산

협동조합의 해산은 협동조합의 법인격의 소멸 원인이 되는 법률사실을 말한다. 협동조합은 법에서 정한 일정한 사유가 발생하면 해산하고, 이에 따라 청산절차에 들어간다. 그러나 협동조합이 해산하는 경우 해산으로 말미암아 곧바로 소멸하는 것은 아니며, 청산절차를 통해 기본적 법률관계를 결말지음으로써 비로소 법인격이 완전히 소멸하게 된다. 다만, 해산의 사유가 합병, 분할 또는 분할합병인 경우에는 청산절차를 거치지 않고 소멸하고, 해산사유가 파산인 경우에는 파산절차에 들어가 파산절차가 마무리됨으로써 법인격이 소멸된다.

가. 해산절차

사회적협동조합의 해산은 우선 해산사유의 발생 ⇒ 청산인의 선임 ⇒ 해산신고 해산등기 ⇒ 청산계획의 총회승인 ⇒ 청산사무의 종결 및 결산보고서의 총회승인 ⇒ 청산종결등기 등의 절차로 진행된다.

나. 해산사유의 발생
(1) 사회적협동조합
사회적협동조합은 다음의 어느 하나에 해당하는 사유로 해산한다(법 제102조).

- 정관으로 정한 해산 사유의 발생
- 총회의 의결

- 합병·분할 또는 파산

- 설립인가의 취소

한편, 사회적협동조합이 1) 정관으로 정한 해산 사유의 발생, 2) 총회의 의결, 3)합병·분할 또는 파산 등으로 해산한 때에는 청산인은 파산의 경우를 제외하고는 그 취임 후 14일 이내에 기획재정부령으로 정하는 바에 따라 기획재정부장관에게 신고하여야 한다.

(2) 휴면사회적협동조합의 해산

마지막 등기 후 5년이 경과한 사회적협동조합의 해산에 관하여는 제57조의2 (휴면협동조합의 해산)를 준용한다. 이 경우 '협동조합'은 '사회적협동조합'으로 본다(법 제102조의2).

다. 청산인의 선임 및 청산절차 등

(1) 청산인

사회적협동조합이 해산하면 파산으로 인한 경우 외에는 이사장이 청산인이 된다(법 제103조). 다만, 총회에서 다른 사람을 청산인으로 선임하였을 경우에는 그에 따른다. 청산인은 그 취임일로부터 14일 이내에 주된 사무소의 소재지에서 그 성명·주민등록번호 및 주소를 등기하여야 한다. 이 때 이사장이 청산인이 아닌 경우에는 신청인의 자격을 증명하는 서류를 첨부하여야 한다.

(2) 청산사무의 이행

청산인은 취임 후 지체 없이 사회적협동조합의 재산상태를 조사하고 재산목록과 대차대조표를 작성한 다음 재산처분의 방법을 정하여 총회의 승인을 받아야 한다. 이 경우 총회를 2회 이상 소집하여도 총회가 구성되지 아니할 때에는 출석조합원 3분의 2 이상의 찬성이 있으면 총회의 승인이 있는 것으로 본다. 또한 청산계획이 총회에서 승인되면 청산인은 실제 청산사무를 이행하여야 하는데, 현존하는 업무를 종결하며, 채권을 추심하고, 채무를 변제하는 것이 청산사무의 주된 내용이다.

(3) 청산사무의 종결 및 결산보고서 총회승인

청산사무가 종결된 때에는 청산인은 지체 없이 결산보고서를 작성하여 총회의 승인을 받아야 한다. 이 경우 총회를 2회 이상 소집하여도 총회가 구성되지 아니할 때에는 의사정족수에 구애됨이 없이 출석조합원 2/3 이상의 찬성이 있으면 총회의 승인이 있는 것으로 본다.

(4) 잔여재산의 처리

사회적협동조합이 해산할 경우 부채 및 출자금을 변제하고 잔여재산이 있을 때에는 정관으로 정하는 바에 따라 다음의 어느 하나에 귀속된다(법 제104조).

- 상급 사회적협동조합연합회
- 유사한 목적의 사회적협동조합
- 비영리법인 · 공익법인
- 국고

(5) 청산절차의 민법 등의 준용

사회적협동조합의 해산과 청산에 관하여는 「민법」 제79조, 제81조, 제87조, 제88조제1항 · 제2항, 제89조부터 제92조까지, 제93조제1항 · 제2항 및 「비송사건절차법」 제121조를 준용한다(법 제105조).

> **민법 제79조(파산신청)** 법인이 채무를 완제하지 못하게 된 때에는 이사는 지체 없이 파산신청을 하여야 한다.
>
> **제81조(청산법인)** ① 청산인은 파산의 경우를 제하고는 그 취임 후 3주간 내에 전조제1항의 사항을 주무관청에 신고하여야 한다.
> ② 청산중에 취임한 청산인은 그 성명 및 주소를 신고하면 된다.
>
> **제87조(청산인의 직무)** ① 청산인의 직무는 다음과 같다.

1. 현존사무의 종결

2. 채권의 추심 및 채무의 변제

3. 잔여재산의 인도

② 청산인은 전항의 직무를 행하기 위하여 필요한 모든 행위를 할 수 있다.

제88조(채권신고의 공고) ① 청산인은 취임한 날로부터 2월내에 3회 이상의 공고로 채권자에 대하여 일정한 기간 내에 그 채권을 신고할 것을 최고하여야 한다. 그 기간은 2월 이상이어야 한다.

② 전항의 공고에는 채권자가 기간 내에 신고하지 아니하면 청산으로부터 제외될 것을 표시하여야 한다.

제89조(채권신고의 최고) 청산인은 알고 있는 채권자에게 대하여는 각각 그 채권신고를 최고하여야 한다. 알고 있는 채권자는 청산으로부터 제외하지 못한다.

제90조(채권신고기간내의 변제금지) 청산인은 제88조제1항의 채권신고기간 내에는 채권자에 대하여 변제하지 못한다. 그러나 법인은 채권자에 대한 지연손해배상의 의무를 면하지 못한다.

제91조(채권변제의 특례) ① 청산중의 법인은 변제기에 이르지 아니한 채권에 대하여도 변제할 수 있다.

② 전항의 경우에는 조건 있는 채권, 존속기간의 불확정한 채권 기타 가액의 불확정한 채권에 관하여는 법원이 선임한 감정인의 평가에 의하여 변제하여야 한다.

제92조(청산으로부터 제외된 채권) 청산으로부터 제외된 채권자는 법인의 채무를 완제한 후 귀속권리자에게 인도하지 아니한 재산에 대하여서만 변제를 청구

할 수 있다.

제93조(청산중의 파산) ① 청산중 법인의 재산이 그 채무를 완제하기에 부족한 것이 분명하게 된 때에는 청산인은 지체없이 파산선고를 신청하고 이를 공고하여야 한다.
② 청산인은 파산관재인에게 그 사무를 인계함으로써 그 임무가 종료한다.

[비송사건절차법]
제121조(청산인의 결격사유) 다음 각 호의 어느 하나에 해당하는 자는 청산인으로 선임될 수 없다.
1. 미성년자
2. 피성년후견인
3. 자격이 정지되거나 상실된 자
4. 법원에서 해임된 청산인
5. 파산선고를 받은 자

(6) 해산 등의 효과

협동조합이 해산하면 청산절차가 개시된다(이미 본 바와 같이 합병, 분할, 분할합병, 파산의 경우는 예외). 그리고 이에 따라 협동조합이 청산절차에 들어가게 되면 협동조합은 청산의 범위 내에서만 권리능력이 존재하게 되고, 청산절차가 종료하게 되면 비로소 협동조합의 법인격이 소멸하게 된다. 여기서 청산사무의 종결의 의미는 잔여재산의 분배 등 모든 청산사무가 처리되었음을 의미한다. 따라서 청산종결등기가 되었더라도 실제 청산사무가 남아있다면 이를 처리하기 위한 범위 내에서 법인격이 유지되고 있다는 점을 유의해야 한다.

제6절의2 조직변경

1. 협동조합, 비영리사단법인 및 법인 등의 조직변경

가. 협동조합 등 조직변경

(1) 구성원 전원의 동의 사항

다음에 따른 조합 또는 법인(이하 이 조 및 제108조의3에서 '조직변경대상법인'이라 한다)은 소속 구성원 전원의 동의에 따른 총회의 결의로 이 법에 따른 사회적협동조합으로 그 조직을 변경할 수 있다. 이 경우 기존의 조직변경대상법인과 조직이 변경된 사회적협동조합은 권리·의무 관계에서는 같은 법인으로 본다(법 제105조의2).

[조직변경 가능주체]

구분	협동조합	사회적협동조합
근거	협동조합기본법 제60조의2	협동조합기본법 제105조의2
대상	- 유한책임회사 - 주식회사 - 유한회사 - 그밖에 다른 법령에 따라 설립된 영리법인 ※ 이하 "법인등" 으로 규정	- 협동조합기본법상 협동조합 - 민법상 비영리 사단법인 - 소비자생활협동조합법에 따라 설립된 소비자생활협동조합 등 민법외의 법률에 따라 설립된 비영리 사단법인 - 법인등

• 이 법에 따라 설립된 협동조합

• 「민법」에 따라 설립된 비영리 사단법인

• 「소비자생활협동조합법」에 따라 설립된 소비자생활협동조합 등 「민법」외의 법률에 따라 설립된 비영리 사단법인

• 법인 등

(2) 구성원 3분의 2 이상의 동의에 따른 총회의 결의사항

위 가.에도 불구하고 「민법」에 따라 설립된 비영리 사단법인 및 「소비자생활협동조합법」에 따라 설립된 소비자생활협동조합 등 「민법」외의 법률에 따라 설립된 비영리 사단법인 소속 구성원이 200명을 초과하는 경우에는 구성원 3분의 2 이상의 동의에 따른 총회의 결의로 이 법에 따른 사회적협동조합으로 그 조직을 변경할 수 있다.

(3) 총회결의에 의한 결정사항

위 가.항에 따른 총회의 결의에서는 조직이 변경되는 사회적협동조합에 대한 1) 정관, 2) 출자금, 3) 그 밖에 사회적협동조합으로의 조직변경에 필요한 사항을 정한다.

(4) 출자금 제한

사회적협동조합으로의 조직변경은 기존의 조직변경대상법인의 현존하는 순재산액보다 많은 금액을 사회적협동조합의 출자금 총액으로 하지 못한다. (개정 2016.3.2.)

나. 변경대상 법인 보유금의 적립금전환

조직변경대상법인이 보유하고 있는 대통령령으로 정하는 사내유보금은 총회의 결의를 통하여 제97조(법정적립금 및 임의적립금)에 따른 적립금으로 할 수 있다. 여기서 '대통령령으로 정하는 사내유보금'이란 같은 조 제1항 각 호에 따른 조합 또는 법인(이하 '조직변경대상법인'이라 한다)이 배당 등으로 사외로 유출하지 아니하고 보유하고 있는 누적된 순이익을 말한다(법 시행령 제29조).

다. 조직변경 시 사전 인허가

조직변경대상법인은 사회적협동조합으로의 조직변경을 위한 총회의 결의사항 중 관계 행정 기관의 장의 인허가 등이 필요한 경우에는 그 인허가 등을 먼저 받아야 한다.

(1) 조직변경인가신청서 제출

가) 인가신청서 제출

사회적협동조합으로의 조직변경을 인가받으려는 조직변경대상법인은 조직변경 인가 신청서에 기획재정부령으로 정하는 서류를 첨부하여 기획재정부장관에게 제출하여야 한다(법 시행령 제30조 제1항).

나) 기획재정부령으로 정하는 서류

- 정관 사본
- 조직변경을 결의한 총회 개최공고문
- 조직변경을 결의한 총회 의사록(총회가 구성되지 아니한 경우에는 소속 구성원 전원의 동의를 증명할 수 있는 서류) 사본
- 별지 제3호서식에 따른 임원 명부(임원약력을 포함한다)
- 별지 제19호서식에 따른 사업계획서
- 별지 제20호서식에 따른 수입 · 지출 예산서
- 별지 제6호서식에 따른 조합원 명부
- 조직변경 전의 법인에 대한 법인 등기사항증명서
- 출자 1좌당 금액과 조합원별로 인수하려는 출자좌수를 적은 서류
- 채권자의 이의신청 절차 이행과 이의신청 채권자에게 변제하거나 담보를 제공한 사실을 증명하는 서류
- 관계 행정기관의 장의 인허가등을 받은 서류(조직변경을 위한 총회의 결의사항 중 관계 행정기관의 장의 인허가등이 필요한 경우만 해당한다)
- 주 사업의 내용이 설립인가 기준을 충족하는 것을 증명하는 서류

(2) 보완요구

기획재정부장관은 제출받은 조직변경 인가 신청서에 적어야 할 사항이 누락되거나 첨부서류를 제출하지 아니한 경우 등 보완할 필요가 있으면 일정한 기간을 정하여 보완을 요구할 수

있다. 이 경우 그 보완에 걸리는 기간은 60일 처리 기간에 산입하지 아니한다(같은 조 제2항).

라. 기재부장관의 조직변경인가

(1) 변경인가

조직변경대상법인은 총회의 결의가 있는 경우에는 기획재정부장관에게 대통령령으로 정하는 바에 따라 사회적협동조합으로의 조직변경에 대하여 인가를 받아야 한다.

(2) 인가제외 사유

기획재정부장관은 다음의 어느 하나에 해당하는 경우를 제외하고는 조직변경을 인가하여야 한다.

- 조직변경의 절차가 법령에 위반되는 경우
- 정관 및 사업계획서의 내용이 법령에 위반되는 경우
- 그 밖에 기획재정부장관이 사회적협동조합으로의 조직변경에 필요하다고 인정하여 고시하는 기준에 미치지 못하는 경우

(3) 인가여부 통지기간 및 인가의제

기획재정부장관은 인가의 신청을 받은 날부터 60일 이내에 인가 여부를 신청인에게 통지하여야 한다. 만일 기획재정부장관이 위의 기간 내에 인가 여부 또는 민원 처리 관련 법령에 따른 처리기간의 연장을 신청인에게 통지하지 아니하면 그 기간(민원 처리 관련 법령에 따라 처리기간이 연장 또는 재연장된 경우에는 해당 처리기간을 말한다)이 끝난 날의 다음 날에 인가를 한 것으로 본다.

(4) 인가증 발급

기획재정부장관 또는 관계 중앙행정기관의 장은 사회적협동조합으로의 조직변경 인가를 했을 때에는 별지 제21호의3서식에 따른 조직변경 인가증을 발급해야 한다(법 시행령 제23조 제3항).

■ 협동조합 기본법 시행규칙 [별지 제21호의3서식] 〈신설 2020. 9. 29.〉

인가번호 제   호

사회적협동조합 조직변경 인가증

1. 조 합 명:

2. 이사장 성명:

3. 주   소:

4. 조직변경 이전 법인명:

「협동조합 기본법」 제105조의2제7항에 따라 위와 같이 조직변경을   인가합니다.

년   월   일

기획재정부장관 직인

210mm×297mm[백상지 150g/㎡]

마. 준용규정

사회적협동조합으로의 조직변경에 관하여 이 법에서 규정한 사항을 제외하고는 「상법」중 주식회사의 유한책임회사로의 조직변경에 관한 규정을 준용한다(제105조의3).

제7절 사회적협동조합의 설립등기 등

1. 설립등기

가. 설립등기

사회적협동조합은 설립인가를 받은 날로부터 60일 이내에 설립등기를 마치고 등기가 완료되면 비로소 사회적협동조합의 법인격이 부여된다(법 제106조). 다만 일반협동조합은 설립등기 신청 기한의 기준을 '출자금 납입이 끝난 후'로 정하고 있는 반면, 사회적협동조합은 '설립인가를 받은 날'로 정하고 있으므로, 이를 고려하여 이사장은 사무 인수 및 출자금 납입절차를 진행하여야 한다.

(1) 등기신청서 기재사항

설립등기신청서에는 다음의 사항을 적어야 하며(법 제106조), 설립인가서, 창립총회의사록 및 정관의 사본을 첨부하여야 한다.
- 제86조제1항제1호와 제2호의 사항
- 출자 총좌수와 납입한 출자금의 총액
- 설립인가 연월일
- 임원의 성명·주민등록번호 및 주소. 다만, 이사장이 아닌 임원의 주소는 제외한다.

(2) 등기신청인

설립등기를 할 때에는 이사장이 신청인이 된다.

(3) 합병 및 분할의 경우

합병이나 분할로 인한 사회적협동조합의 설립등기신청서에는 다음의 서류를 모두 첨부하여야 한다.
- 설립인가서, 창립총회의사록 및 정관의 사본

- 제53조에 따라 공고하거나 최고한 사실을 증명하는 서류
- 제54조에 따라 이의를 신청한 채권자에게 변제나 담보를 제공한 사실을 증명하는 서류

나. 총회 의사록 공증

설립등기를 하려면 반드시 창립총회의사록을 공증 받아야 한다. 설립인가신청 당시에는 의사록 공증을 필수적으로 요구하고 있지는 않으나, 설립인가를 받은 날로부터 21일 이내에 설립등기를 하여야 하므로, 창립총회 개최 준비 단계부터 의사록 공증을 염두에 두고 관련 절차를 진행하는 것이 바람직하다. 다만, 사회적협동조합 설립 이후에는 관계 중앙행정기관의 추천을 받아 법무부의 공증제외대상으로 승인을 받으면, 총회 의사록을 공증 받지 않아도 된다.

다. 사업자등록

(1) 등록장소

설립등기를 마친 사회적협동조합이 사업을 하려면 사업개시일부터 20일 이내에 사업을 하고자 하는 장소(사업장)의 관할세무서장에게 사업자등록을 하여야 한다.

(2) 사업자등록증 신청시 제출서류

사업자등록을 하기 위해서는 다음의 서류를 준비하여 제출하여야 한다.

- 법인설립신고 및 사업자등록신청서 1부
- 법인등기부 등본 1부(담당 공무원의 확인에 동의하지 아니하는 경우 신청인이 직접 제출하여야 하는 서류)
- (법인명의)임대차계약서 사본(사업장을 임차한 경우에 한함) 1부
- 사업허가·등록·신고필증 사본(해당 법인에 한함)
- 허가(등록, 신고) 전에 등록하는 경우 : 허가(등록)신청서 등 사본 또는 사업계획서
- 주무관청의 설립허가증사본 1부

2. 합병등기

가. 합병등기 시기 및 관할

사회적협동조합이 합병한 경우에는 합병인가를 받은 날부터 14일 이내에 그 사무소의 소재지에서 합병 후 존속하는 사회적협동조합은 변경등기를, 합병으로 소멸되는 사회적협동조합은 해산등기를, 합병으로 설립되는 사회적협동조합은 제106조에 따른 설립등기를 각 사무소의 소재지에서 하여야 한다(법 제107조).

나. 신청인

해산등기를 할 때에는 합병으로 소멸되는 사회적협동조합의 이사장이 신청인이 된다. 이 경우 해산 사유를 증명하는 서류를 첨부하여야 한다.

3. 해산등기

가. 해산등기기간 및 관할등기소

사회적협동조합이 해산한 경우에는 합병과 파산의 경우 외에는 주된 사무소의 소재지에서는 14일 이내에, 지사무소의 소재지에서는 21일 이내에 해산등기를 하여야 한다(법 제108조).

나. 신청인

해산등기를 할 때에는 설립인가의 취소로 인한 해산등기 외에는 청산인이 신청인이 되며, 해산등기신청서에는 해산 사유를 증명하는 서류를 첨부하여야 한다.

다. 해산등기 촉탁

기획재정부장관은 설립인가의 취소로 인한 해산등기를 촉탁하여야 한다.

라. 준용규정

제102조의2(휴면사회적협동조합의 해산)에 따라 해산한 것으로 본 사회적협동조합의 계속 등기에 관하여는 제66조의2(계속등기)를 준용한다. 이 경우 '협동조합'은 '사회적협동조합'으로 본다(법 제108조의2).

4. 조직변경등기

조직변경대상법인이 제105조의2(「민법」 등의 준용)에 따라 사회적협동조합으로 조직변경을 한 경우에는 제105조의2제7항에 따라 인가를 받은 날부터 본점 소재지에서는 14일 이내에, 지점 소재지에서는 21일 이내에 조직변경 전의 조직변경대상법인은 해산등기를, 사회적협동조합은 제106조(설립등기)에 따른 설립등기를 하여야 한다(법 제108조의3).

5. 등기일의 기산일

등기사항으로서 기획재정부장관의 인가 등이 필요한 것은 그 인가 등의 문서가 도달한 날부터 등기기간을 계산한다(법 제109조).

6. 준용규정

사회적협동조합의 등기에 관하여는 제62조(지사무소의 설치등기), 제63조 (이전등기), 제64조(변경등기), 제67조(청산인등기), 제68조(청산종결등기), 제69조(등기부) 및 제70조(「비송사건절차법」 등의 준용)를 준용한다. 이 경우 '협동조합'은 '사회적협동조합'으로 본다(법 제110조).

제8절 감독

1. 기재부장관의 감독 및 보고명령 등

가. 감독 및 명령

기획재정부장관은 사회적협동조합의 자율성을 존중하여야 하며, 이 법에서 정하는 바에 따라 그 업무를 감독하고 감독을 위하여 필요한 명령을 할 수 있다(법 제111조).

나. 보고명령 및 검사

(1) 보고명령 및 검사 등

기획재정부장관은 다음의 어느 하나에 해당하는 경우 사회적협동조합(설립 중인 경우를 포함한다. 이하 이 조에서 같다)에 대하여 그 업무 및 재산에 관한 사항을 보고하게 하거나 소속 공무원으로 하여금 해당 사회적협동조합의 업무상황·장부·서류, 그 밖에 필요한 사항을 검사하게 할 수 있다.

- 제85조에 따른 설립인가 및 절차에 적합한지 확인할 필요가 있는 경우
- 이 법, 이 법에 따른 명령 또는 정관을 위반하였는지 확인할 필요가 있는 경우
- 사회적협동조합의 사업이 관계 법령을 위반하였는지 확인할 필요가 있는 경우

(2) 검사 시 증표 등 제시

검사를 하는 공무원은 그 권한을 표시하는 증표를 지니고 이를 관계인에게 내보여야 한다.

다. 업무시정 등 조치

기획재정부장관은 직권 또는 신고에 따라 사회적협동조합의 활동사항을 조사하여 다음의 어느 하나에 해당하여 실제 활동하지 아니한다고 인정되는 사회적협동조합에 대해서는 일정한 기한을 정하여 업무의 시정과 그 밖에 필요한 조치를 명할 수 있다.

- 조합원 수가 제85조제1항5)에 따른 최저 발기인 수 미만으로 1년 이상 경과한 경우

- 제92조에 따라 준용되는 제28조6)에 따른 총회를 2년 이상 연속하여 개최하지 아니한 경우

- 제93조에 따른 사회적협동조합의 사업을 1년 이상 계속하여 수행하지 아니한 경우

라. 시정조치

기획재정부장관은 감독의 결과 사회적협동조합이 이 법, 이 법에 따른 명령 또는 정관을 위반한 사실이 발견된 때에는 해당 사회적협동조합에 대하여 시정에 필요한 조치를 명할 수 있다.

마. 자료제출 요구

기획재정부장관은 이 법의 효율적인 시행과 사회적협동조합에 대한 정책을 수립하기 위하여 필요한 경우 관계 중앙행정기관의 장에게 사회적협동조합에 대한 조사 · 검사 · 확인 또는 자료의 제출을 요구하게 하거나 시정에 필요한 조치를 명하게 할 수 있다. [

2. 설립인가의 취소

가. 설립인가 취소사유

기획재정부장관은 사회적협동조합이 다음 각 호의 어느 하나에 해당하게 되면 설립인가를 취소할 수 있다. 다만, 거짓이나 그 밖의 부정한 방법으로 설립인가를 받은 경우에 해당하는 경우에는 설립인가를 취소하여야 한다(법 제112조)

- 정당한 사유 없이 설립인가를 받은 날부터 1년 이내에 제93조제1항에 따른 주 사업을 개시하지 아니하거나 1년 이상 계속하여 사업을 실시하지 아니한 경우

- 2회 이상 제111조제5항 및 제6항에 따른 처분을 받고도 시정하지 아니한 경우

---

5) 사회적협동조합을 설립하고자 하는 때에는 5인 이상의 조합원 자격을 가진 자가 발기인이 되어 정관을 작성하고 창립총회의 의결을 거친 후 기획재정부장관에게 인가를 받아야 한다.
6) 정기총회는 매년 1회 정관으로 정하는 시기에 소집하고, 임시총회는 정관으로 정하는 바에 따라 필요하다고 인정될 때 소집할 수 있다.

- 제85조제6항에 따라 대통령령으로 정한 설립인가 기준에 미달하게 된 경우
- 거짓이나 그 밖의 부정한 방법으로 설립인가를 받은 경우
- 제106조제1항에 따른 기한까지 설립등기를 하지 아니한 경우

나. 설립취소사실 공고

기획재정부장관은 법 제112조제2항(법 제115조제3항에 따라 준용되는 경우를 포함하며, 이 경우 '사회적협동조합'은 '사회적협동조합연합회'로 본다)에 따라 사회적협동조합의 설립인가의 취소를 공고할 때에는「신문 등의 진흥에 관한 법률」제9조제1항에 따라 전국을 보급지역으로 등록한 일간신문, 관보 또는 인터넷 홈페이지에 하여야 한다(법 시행령 제31조).

다. 청문

기획재정부장관은 설립인가를 취소하고자 하는 경우에는 청문을 실시하여야 한다(법 제113조).

제5장 사회적협동조합연합회

1. 개념

협동조합기본법에 의해 설립된 협동조합들이나 사회적협동조합들이 공동의 이익을 도모하기 위하여 연합회를 만들 수 있다. 이때 협동조합은 협동조합들끼리 협동조합연합회를 만들 수 있고, 사회적협동조합은 사회적협동조합들끼리 사회적협동조합연합회를 만들 수 있다. 연합회와 회원 조직들은 주로 사업적인 관계를 맺는다는 점에서 협회와 다르다. 협회는 주로 회원 조직들의 이해를 대변하고 옹호하는 기능을 한다. 또한 연합회는 독자적인 법인격을 가지고 있다는 점에서 임의단체 성격인 협의회와도 다르다. 협동조합기본법에 따르면 협동조합연합회는 '법인'이고 사회적협동조합연합회는 '비영리법인'이다.

2. 연합회의 설립

가. 설립절차

연합회의 설립은 우선 발기인 모집(3개 이상 협동조합) ⇒ 정관작성(목적, 명칭, 사업 등 포함) ⇒ 설립동의자 모집 ⇒ 창립총회 의결(설립동의자 과반수 출석, 출석 2/3 찬성) ⇒ 설립신고(발기인 협동조합의 이사장 – 기재부장관) ⇒ 사무인수인계(발기인 ▶ 회장) ⇒ 출자금 납입 ⇒ 설립등기(관할 등기소) ⇒ 협동조합연합회(법인격) 등의 절차로 진행된다.

나. 설립인가 등

(1) 정관작성 및 창립총회 의결

가) 정관작성 등

사회적협동조합연합회를 설립하고자 하는 때에는 회원 자격을 가진 셋 이상의 사회적협동조합이 발기인이 되어 정관을 작성하고 창립총회의 의결을 거친 후 기획재정부장관의 인가를 받아야 한다(법 제114조).

나) 설립기준 및 절차

사회적협동조합연합회 설립인가의 기준 및 절차 등에 관하여 필요한 사항은 대통령령으로 정한다.

(2) 창립총회 정족수

창립총회의 의사는 창립총회 개의 전까지 발기인에게 설립동의서를 제출한 사회적협동조합 과반수의 출석과 출석자 3분의 2 이상의 찬성으로 의결한다.

(3) 준용규정

사회적협동조합연회는 아래와 같이 협동조합, 협동조합연합회, 사회적협동조합 등 관련 규정을 준용한다.

1) 협동조합

사회적협동조합연합회에 관하여는 제2장 중 제17조, 제19조, 제21조, 제22조, 제25조, 제28조제3항부터 제5항까지, 제29조부터 제33조까지, 제34조제1항부터 제3항까지, 제35조, 제36조, 제36조의2, 제37조부터 제41조까지, 제42조제1항부터 제4항까지, 제43조 제1항, 제44조, 제47조, 제48조, 제52조부터 제55조까지, 제62조부터 제64조까지, 제67조, 제68조, 제69조 및 제70조를 준용한다. 이 경우 '협동조합'은 '사회적협동조합연합회'로, '이사장'은 '회장'으로, '조합원'은 '회원'으로 보고, 제19조제1항 중 '제61조에 따른 설립등기'는 '제106조에 따른 설립등기'로 보며, 제22조제2항 중 '조합원 1인'은 '한 회원'으로, '100분의 30'은 '100분의 40'으로 보고, 제40조제1항 중 '5분의 1'은 '3분의 1'로 보며, 제37조 중 '조합원'은 '회원에 속한 조합원'으로, '가입신청을 한 자'는 '가입신청을 한 협동조합에 속한 조합원'으로 본다(법 제115조).

2) 협동조합연합회

사회적협동조합연합회에 관하여는 제3장 중 제73조부터 제75조까지, 제77조, 제78조, 제80조, 제80조의2 및 제81조제2항을 준용한다. 이 경우 '연합회'는 '사회적협동조합연합회'로 본다.

3) 사회적협동조합

사회적협동조합연합회에 관하여는 제4장 중 제85조제3항부터 제5항까지, 제86조, 제87조, 제89조, 제90조, 제96조, 제96조의2, 제97조부터 제99조까지, 제101조제1항부터 제6항까지 및 제11항, 제102조, 제103조부터 제105조까지, 제106조부터 제108조까지, 제109조 및 제111조부터 제113조까지의 규정을 준용한다. 이 경우 '사회적협동조합'은 '사회적협동조합연합회'로, '조합원'은 '회원'으로 보고, 제86조제1항제3호중 '조합원 및 대리인'은 '회원'으로 보며, 제101조제4항 중 '제85조, 제86조 및 제88조'는 '제114조 및 제115조'로 보고, 제103조제4항 중 '조합원'은 '회원'으로 본다.

다. 기관의 운영

협동조합연합회든 사회적협동조합연합회든, 연합회의 최종 의사결정기관은 총회이다. 연합회의 총회는 회장과 회원으로 구성된다. 만약 회원협동조합이 200개 이상인 연합회는 대의원총회를 두어 총회를 갈음할 수 있다. 다만 대의원총회는 합병·분할 및 해산에 관한 사항은 의결할 수 없다는 점에 주의하여야 한다. 연합회의 임원은 이사 및 감사로 구성된다. 임원은 총회에서 회원 협동조합에 속한 조합원 중에서 선출한다. 임원의 임기는 4년의 범위 내에서 연합회 자율적으로 정할 수 있다. 이사의 연임은 가능하지만, 회장의 연임은 2차례로 제한된다. 만약 연합회의 임원을 해임하려 한다면, 회원 1/3 이상의 동의로 총회에 해임을 요구할 수 있다. 이는 조합원 1/5 이상의 동의로 총회에 임원의해임을 요구할 수 있는 개별 협동조합의 경우와 대비된다. 그밖에 기관운영에 관한 사항은 개별 협동조합의 기관운영에 준해서 이루어진다.

라. 재무 회계

(1) 손실금보전

연합회가 사업을 하다가 손실이 발생하면 1) 미처분이월금 2) 임의적립금 3) 법정적립금 순으로 보전하고, 보전 후에도 부족이 있으면 4) 다음 회계연도로 이월한다.

(2) 잉여금의 처리

반면 잉여금이 발생했다면 1)이월 손실금 보전 2)법정적립금 3)임의적립금 4)배당의 순서대로 처리한다. 법정적립금은 손실보전 및 해산의 경우 이외에는 사용할 수 없으며 자기자본의 3배가 될 때까지 협동조합연합회의 경우는 잉여금의 10%이상을 적립하고 사회적협동조합연합회의 경우는 잉여금의 30% 이상을 적립해야 한다. 또한 사회적협동조합연합회는 법정적립 이후 모두 임의 적립해야 하는데, 이는 잉여금이 발생해도 회원 사회적협동조합에 배당을 할 수 없다는 뜻이다. 협동조합연합회의 경우는 임의적립 이후에 잉여금이 생겼을 때 회원협동조합에 배당을 할 수 있다. 배당을 할 때는, 전체 배당액의 50%이상을 연합회의 사업 이용 실적에 따라 먼저 배당해야 하며, 그 이후에 납입출자액에 따른 배당을 할 수 있다. 다만 납입출자액에 대한 배당을 할 때도 납입출자금의 10%를 넘을 수 없다.

마. 운영의 공개

(1) 운영의 공개

연합회는 결산결과 등 운영사항을 적극 공개하여야 한다. 이때 공개의 방법은 크게 1)서류 비치 2)열람 허용 3)경영 공시 등 3가지를 따른다.

먼저 모든 연합회는 1)정관·규약·규정 2) 총회·이사회 의사록 3)회계장부4)조합원 명부 등을 주된 사무소에 비치해야 한다. 그리하여 채권자 또는 회원이 앞의 서류를 열람하거나 복사하는 것을 허용해야 한다. 경영 공시의 경우 전체 회원 협동조합에 속한 조합원 총수가 200명 이상이거나 최근 결산보고서에 적힌 자기자본이 30억 원 이상인 협동조합연합회 및 모든 사회적협동조합연합회의 의무사항이다. 공시의무가 있는 연합회는 기획재정부 홈페이지 등에 주요경영공시 자료를 게재해야 한다.

(2) 공시내용

사회적협동조합연합회는 다음과 같은 사항을 공시하여야 한다.
- 정관 – 정관이 변경된 경우 변경된 정관, 운영규약 및 운영규정 포함
- 사업계획서

- 수입지출 예산서
- 사업결산보고서
- 사업결과보고서
  - 회원 · 직원 등에 대한 교육 · 홍보 실적 첨부
  - 비회원의 이용 실적 첨부
  - 법 제111조(법 제115조 제3항에 따라 준용되는 경우 포함)에 따른 감독 사항 및 그 조치 결과 첨부
- 총회 · 대의원총회 · 이사회 활동 상황

■ 협동조합 기본법 시행규칙 [별지 제24호의2서식] 〈신설 2020. 9. 29.〉

[ ] 사회적협동조합연합회
[ ] 이종협동조합연합회   사업결과 보고서

(쪽 중 1쪽)

조직 개요	연합회명		업종(표준산업분류번호)	
	설립연월일		업태	
	인가번호		사업자등록번호	
	주소	주사무소		
		제1 지사무소		
		제2 지사무소		
	출자금		백만원	

조직 연혁	연월일	주요내용

정관·규약	변경 여부	[ ]변경 없음 [ ]변경
	변경 내용	

설립 목적	

의사결정 기구	[ ]회원 총회 [ ]대의원 총회 [ ]이사회 ※ 중복 표시 가능

조직도	

임원 현황	직위	성명	경력	직원 겸직 여부

210mm×297mm[백상지 80g/㎡]

제6장 이종협동조합연합회

제1절 설립

1. 개념

이종협동조합연합회란, 이 법 또는 다른 법률에 따른 협동조합이 공동이익을 도모하기 위하여 설립한 연합회를 말하며, 2020년 3월 협동조합기본법의 개정으로 2020년 10월 1일부터 이종협동조합연합회의 설립이 가능하게 되었다. 이를 설립하기 위해서는 협동조합 기본법 제115조)에 따른 회원자격을 갖춘 5개 이상의 조합이 발기인이 되어 정관을 작성하고 창립총회 의결을 거친 후 기획재정부장관의 인가를 받아야 한다.

2. 설립절차

이종협동조합연합회를 설립하기 위해서는 우선 발기인 모집(회원 자격을 갖춘 5개 이상의 협동조합) ⇒ 정관작성(발기인이 작성, 발기인 전원 기명날인) ⇒ 설립동의자 모집(발기인에게 설립동의서 제출) ⇒ 창립총회 공고(창립총회 개최 7일 전까지) ⇒ 창립총회 개최(청립총회 의사록 작성) ⇒ 설립인가신청(발기인 ▶ 기재부장관) ⇒ 설립인가증발급(인가신청 받은 날로부터 60일내 : 기재부장관 ▶ 발기인) ⇒ 출자금납입(회원 ▶ 회장) ⇒ 설립등기(주된 사무소 소재지 관할 등기소) ⇒ 사업자등록(주된 사무소 소재지 관할 세무서) 등의 절차로 진행된다.

3. 설립인가

가. 정관작성, 총회인가

이종협동조합연합회를 설립하려는 경우에는 회원 자격을 가진 5개 이상의 조합이 발기인이 되어 정관을 작성하고 창립총회의 의결을 거쳐야 하는데(법 제115조의2), 창립총회의 의사는 창립총회 개의 전까지 발기인에게 설립동의서를 제출한 조합 과반수의 출석과 출석조합 3분의 2 이상의 찬성으로 의결한다.

나. 기재부장관의 인가

(1) 기재부장관의 인가

정관을 작성하고 총회의 의결은 거친 경우 기획재정부장관의 인가를 받아야 한다.

(2) 설립인가의 기준

이종협동조합연합회의 설립인가를 받으려면 다음 각 호의 기준을 모두 갖춰야 한다(법 시행령 제31조의2).

- 법 제115조의2제2항에 따라 창립총회 개의 전까지 발기인에게 설립동의서를 제출한 협동조합(이하 이 조에서 '설립동의자'라 한다)이 5인 이상일 것
- 설립동의자는 법 제115조의4제1항 각 호(이 법에 따른 협동조합과 사회적협동조합, 「소비자생활협동조합법」에 따라 설립된 조합, 「신용협동조합법」에 따라 설립된 신용협동조합의 조합)중 둘 이상의 유형을 포함하여 구성될 것. 이 경우 법 제15조제1항에 따라 신고된 협동조합 또는 법 제85조제1항에 따라 인가받은 사회적협동조합이 포함되어야 한다.

(3) 설립인가신청

가) 인가신청

법 제115조의2제1항에 따른 이종협동조합연합회의 설립 절차에 관하여는 제17조제1항부터 제4항까지의 규정을 준용한다. 이 경우 '사회적협동조합'은 '이종협동조합연합회'로, '조합원'은 '회원'으로 보며, 법 제115조의2제1항에 따른 이종협동조합연합회의 설립인가 신청에 관하여는 제18조제1항을 준용한다. 이 경우 '사회적협동조합'은 '이종협동조합연합회'로 본다(법 시행령 제31조의3, 4).

이종협동조합연합회 설립인가 신청서

※ 첨부서류를 확인하시기 바라며, 색상이 어두운 란은 신청인이 작성하지 않습니다.

접수번호	접수일	처리기간	60일

설립 신청인	성명(법인명)		생년월일(법인등록번호)	
	주소		전화번호	

법 인	연합회명	전화번호
	소재지	
	회장 성명(법인명)	주민등록번호(법인등록번호)
	전화번호	전자우편주소
	주소	

설립신청 내용	설립동의 조합 수(명)		출자금 납입총액(원)		창립총회 개최일
회원 현황	「협동조합 기본법」에 따라 설립된 협동조합	「협동조합 기본법」에 따라 설립된 사회적협동조합	「소비자생활협동조합법」에 따라 설립된 조합	「신용협동조합법」에 따라 설립된 신용협동조합	총계

설립유형	[ ] 「협동조합 기본법」 제115조의8제1항에 따른 이종협동조합연합회(법인) [ ] 「협동조합 기본법」 제115조의8제2항에 따른 이종협동조합연합회(비영리법인)

「협동조합 기본법」 제115조의2제1항에 따라 위와 같이 설립인가를 신청합니다.

년　　월　　일

신청인
(서명 또는 인)

기획재정부장관　　　　귀하

첨부서류	1. 정관 사본 1부 2. 창립총회 개최 공고문 1부 3. 창립총회 의사록 사본 1부 4. 임원 명부(임원약력 포함) 1부 5. 사업계획서 1부 6. 수입·지출 예산서 1부 7. 출자 1좌당 금액과 조합원 또는 회원별로 인수하려는 출자좌수를 적은 서류 1부 8. 발기인 및 설립에 동의한 조합 명부 1부 9. 합병 또는 분할을 의결한 총회의사록(「협동조합 기본법」 제101조제1항 및 제115조제3항에 따른 합병 또는 분할로 인하여 설립되는 경우만 해당하며, 합병 또는 분할로 인하여 존속하거나 설립되는 사회적협동조합이 승계하여야 할 권리·의무의 범위가 의결사항으로 적혀 있어야 합니다) 사본 1부	수수료 없음

처리절차

신청서 작성	→	접 수	→	서류 확인 및 검토	→	결 재	→	설립인가증 발급
신청인		처리기관 (기획재정부장관)		처리기관 (기획재정부장관)		처리기관 (기획재정부장관)		

210mm×297mm[백상지 80g/㎡]

나) 인가신청 첨부서류

영 제31조의4에 따라 준용되는 제18조제1항에서 '기획재정부령으로 정하는 서류'는 다음과 같다(법 시행규칙 제14조의2 제2항).

- 제14조제2항제1호부터 제4호까지, 제6호 및 제7호의 서류

- 해당 연도의 별지 제19호의2서식에 따른 이종협동조합연합회 사업계획서

- 발기인 및 법 제115조의2제2항에 따라 창립총회가 열리기 전까지 발기인에게 설립동의서를 제출한 조합의 별지 제6호서식에 따른 명부

- 합병 또는 분할을 의결한 총회 의사록(법 제115조의9에 따라 합병 또는 분할로 인해 설립되는 경우만 해당하며, 합병 또는 분할로 인해 존속하거나 설립되는 이종협동조합연합회가 승계해야 할 권리·의무의 범위가 의결사항으로 적혀 있어야 한다) 사본

[ ] 사회적협동조합연합회
[ ] 이종협동조합연합회 　사업계획서

(쪽 중 1쪽)

조직 개요	연합회명			업종(표준산업분류번호)	
	설립 연월일			업태	
	인가번호			사업자등록번호	
	주소	주사무소			
		제1 지사무소			
		제2 지사무소			
	출자금				
		백만원			

조직 연혁	연월일	주요 내용

설립 목적	

의사결정기구	[ ]회원 총회　[ ]대의원 총회　[ ]이사회 ※ 중복 표시 가능

조직도	

임원 현황	직위	성명	경력	직원 겸직 여부

직원 고용 계획	

작성방법

최초 설립인가 신청 시 조직 개요에 연합회명, 주소, 출자금만 적어주시기 바랍니다.

210mm×297mm[백상지 80g/㎡]

3) 설립인가증 발급

기획재정부장관은 이종협동조합연합회 설립인가를 했을 때에는 별지 제21호의2서식에 따른 설립인가증을 발급해야 한다.

■ 협동조합 기본법 시행규칙 [별지 제21호의2서식] 〈신설 2020. 9. 29.〉

인가번호 제   호

이종협동조합연합회
설 립 인 가 증

1. 연합회명:

2. 회장 성명:

3. 주   소:

4. 설립유형:

「협동조합 기본법」 제115조의8제1항에 따른 이종협동조합연합회(법인) /

「협동조합 기본법」 제115조의8제2항에 따른 이종협동조합연합회(비영리법인)

「협동조합 기본법」 제115조의2제1항에 따라 위와 같이 설립을 인가합니다.

년   월   일

기획재정부장관 | 직인 |

210mm×297mm[백상지 150g/㎡]

다. 준용규정

(1) 설립 준용규정

이종협동조합연합회의 설립에 관하여는 제17조 및 제19조를 준용한다. 이 경우 '협동조합'은 '이종협동조합연합회'로 보고, 제19조제1항 중 '제61조에 따른 설립등기'는 '제106조에 따른 설립등기'로 본다(법 제115조의3).

(2) 설립인가 등 준용규정

이종협동조합연합회의 설립인가, 정관 및 설립사무의 인계와 출자납입에 관하여는 제85조 제3항부터 제5항까지, 제86조 및 제87조를 준용한다. 이 경우 '사회적협동조합'은 '이종협 동조합연합회'로, '조합원'은 '회원'으로 보고, 제86조제1항제3호 중 '조합원 및 대리인'은 '회원'으로 본다.

제2절 회원

1. 회원의 자격

(1) 자격

이종협동조합연합회의 회원은 이종협동조합연합회의 설립 목적에 동의하고 회원으로서의
의무를 다하려는 다음의 조합으로 한다(법 제115조의4).

- 이 법에 따른 협동조합과 사회적협동조합
- 「소비자생활협동조합법」에 따라 설립된 조합
- 「신용협동조합법」에 따라 설립된 신용협동조합

(2) 회원의 자격제한

이종협동조합연합회는 정관으로 정하는 바에 따라 회원의 자격을 제한할 수 있다.

2. 준용규정

가. 회원의 가입 및 출자 등

이종협동조합연합회 회원의 가입, 출자 및 책임, 제명 등에 관하여는 제21조, 제22조 및
제25조부터 제27조까지의 규정을 준용한다. 이 경우 '협동조합'은 '이종협동조합연합회'로,
'조합원'은 '회원'으로 보고, 제22조제2항 중 '조합원 1인'은 '한 회원'으로, '100분의 30'은
'100분의 40'으로 본다(법 제115조의5).

나. 제115조의8제2항을 적용받는 이종협동조합연합회 회원의 가입

위 가.항에도 불구하고 제115조의8제2항을 적용받는 이종협동조합연합회 회원의 가입,
출자 및 책임, 제명 등에 관하여는 제21조, 제22조, 제25조, 제89조 및 제90조를 준용한다.
이 경우 '협동조합' 또는 '사회적협동조합'은 '이종협동조합연합회'로, '조합원'은 '회원'으로
보고, 제22조제2항 중 '조합원 1인'은 '한 회원'으로, '100분의 30'은 '100분의 40'으로 본다.

다. 회원의 탈퇴, 의결권 등

이종협동조합연합회 회원의 탈퇴, 의결권 및 선거권에 관하여는 제74조(탈퇴) 및 제75조(의결권 및 선거권)를 준용한다. 이 경우 '연합회'는 '이종협동조합연합회'로 본다.

제3절 기관

1. 기관

이종협동조합연합회의 기관에 관하여는 제28조제3항부터 제5항까지, 제29조부터 제36조까지, 제36조의2, 제37조부터 제44조까지, 제77조 및 제78조의 규정을 준용한다. 이 경우 '협동조합' 또는 '연합회'는 '이종협동조합연합회'로, '이사장'은 '회장'으로, '조합원'은 '회원'으로 보고, 제37조 중 '조합원'은 '회원에 속한 조합원'으로, '가입신청을 한 자'는 '가입신청을 한 조합에 속한 조합원'으로 본다(법 제115조의6).

2. 이종협동조합연합회 임직원의 겸직

이종협동조합연합회는 법 제115조의6에서 준용되는 법 제44조제4항에 따라 직원을 겸직하는 임원 수가 임원 총수의 3분의 1을 초과하지 않는 범위에서 임원이 직원을 겸직할 수 있다. 다만, 이종협동조합연합회가 제10조 각 호의 어느 하나에 해당하는 경우에는 임원 총수의 3분의 1을 초과하여 임원이 직원을 겸직할 수 있다(법 시행령 제31조의5). 단서에 따라 이종협동조합연합회에 대하여 제10조 각 호를 적용할 때 '조합원'은 '전체 회원 조합에 속하는 총조합원'으로, '협동조합'은 '이종협동조합연합회'로 본다.

제4절 사업

1. 사업

이종협동조합연합회의 사업에 관하여는 제80조, 제80조의2 및 제81조를 준용한다. 이 경우 '연합회'는 '이종협동조합연합회'로 본다(법 제117조의7).

2. 회원 아닌 자의 사업이용

이종협동조합연합회의 회원이 아닌 자가 이용할 수 없는 사업의 범위에 관하여는 제11조를 준용한다. 이 경우 '협동조합연합회'는 '이종협동조합연합회'로 본다. 그 외 비영리법인 성격의 이종협동조합연합회의 회원이 아닌 자가 이용할 수 없는 사업의 범위 등에 관하여는 제11조, 제24조제1항·제2항 및 제25조를 준용한다. 이 경우 '협동조합연합회' 및 '사회적협동조합'은 각각 '이종협동조합연합회'로 본다(법 시행령 제31조의6).

제5절 회계

1. 회계

이종협동조합연합회의 회계에 관하여는 제47조부터 제49조까지, 제50조부터 제55조까지 및 제96조의2를 준용한다. 이 경우 '협동조합', '사회적협동조합' 및 '사회적협동조합연합회' 는 '이종협동조합연합회'로, '조합원'은 '회원'으로 본다(법 제115조의8). 다만, 이에도 불구하고 비영리법인 성격의 이종협동조합연합회의 회계에 관하여는 제47조, 제48조, 제52조부터 제55조까지, 제96조, 제96조의2, 제97조 및 제98조를 준용한다. 이 경우 '협동조합', '사회적협동조합' 및 '사회적협동조합연합회'는 '이종협동조합연합회'로, '조합원'은 '회원'으로 본다.

2. 경영공시

법 제115조의8제1항 및 제2항에 따라 이종협동조합연합회의 경영공시에 관하여는 제27조를 준용한다. 이 경우 '사회적협동조합'은 '이종협동조합연합회'로 본다(법 시행령 제31조의7).

제6절 합병·분할·해산 및 청산

이종협동조합연합회의 합병·분할·해산 및 청산에 관하여는 제53조, 제54조, 제59조제1항, 제60조, 제101조제1항부터 제6항까지, 제102조 및 제103조를 준용한다. 이 경우 '협동조합' 및 '사회적협동조합'은 '이종협동조합연합회'로 보고, 제101조제4항 중 '제85조, 제86조 및 제88조'는 '제115조의2 및 제115조의3'으로 보며, 제103조제4항 중 '조합원'은 '회원'으로 본다(법 제115조의9). 다만, 이에도 불구하고 비영리법인 성격의 이종협동조합연합회의 합병·분할·해산 및 청산에 관하여는 제53조, 제54조, 제101조제1항부터 제6항까지, 제102조, 제103조부터 제105조까지의 규정을 준용한다. 이 경우 '협동조합' 및 '사회적협동조합'은 '이종협동조합연합회'로 보고, 제101조제4항 중 '제85조, 제86조 및 제88조'는 '제115조의2 및 제115조의3'으로 보며, 제103조제4항 중 '조합원'은 '회원'으로 본다.

■ 협동조합 기본법 시행규칙 [별지 제26호서식] 〈개정 2020. 9. 29.〉

[　] 사회적협동조합
[　] 사회적협동조합연합회　　　　합병인가 신청서
[　] 이종협동조합연합회

※ 첨부서류를 확인하시기 바라며, 색상이 어두운 란은 신청인이 작성하지 않습니다.

접수번호		접수일		처리기간	60일
신청인	성명(법인명)			생년월일(법인등록번호)	
	주소			전화번호	
법 인	조합(연합회)명			전화번호	
	소재지				
	이사장(회장) 성명(법인명)			주민등록번호(법인등록번호)	
	전화번호			전자우편주소	
	주소				

신청 내용	첨부서류 참조

「협동조합 기본법」제101조제2항, 제115조제3항 및 제115조의9제1항에 따라 위와 같이 합병인가를 신청합니다.

년   월   일

신청인   (서명 또는 인)

기획재정부장관 또는 관계 중앙행정기관의 장   귀하

| 첨부서류 | 1. 정관 사본 1부
2. 합병계약서 사본 1부
3. 합병을 의결한 총회 의사록 사본 1부
4. 임원 명부(임원약력 포함) 1부
5. 합병 후의 사업계획서 1부
6. 합병 후의 수입·지출 예산서 1부
7. 출자 1좌당 금액과 조합원 또는 회원별로 인수하려는 출자좌수를 적은 서류 1부
8. 합병되는 사회적협동조합, 사회적협동조합연합회 및 이종협동조합연합회가 합병을 결의한 총회 개최 공고문 1부
9. 합병되는 사회적협동조합, 사회적협동조합연합회 및 이종협동조합연합회가 합병을 결의한 총회 의사록 사본 1부
10. 채권자의 이의신청 절차 이행과 이의신청 채권자에게 변제하거나 담보를 제공한 사실을 증명하는 서류
11. 주 사업의 내용이 설립인가 기준을 충족하는 것을 증명하는 서류(사회적협동조합의 경우에만 제출) | 수수료
없음 |

처리절차

210mm×297mm[백상지 80g/㎡]

■ 협동조합 기본법 시행규칙 [별지 제27호서식] 〈개정 2020. 9. 29.〉

[ ] 사회적협동조합
[ ] 사회적협동조합연합회   분할인가 신청서
[ ] 이종협동조합연합회

※ 첨부서류를 확인하시기 바라며, 색상이 어두운 란은 신청인이 작성하지 않습니다.

접수번호		접수일		처리기간	60일
신청인	성명(법인명)			생년월일(법인등록번호)	
	주소			전화번호	
법 인	조합(연합회)명			전화번호	
	소재지				
	이사장(회장) 성명(법인명)			주민등록번호(법인등록번호)	
	전화번호			전자우편주소	
	주소				
신청내용	첨부서류 참조				

「협동조합 기본법」 제101조제2항, 제115조제3항 및 제115조의9제1항에 따라 위와 같이 분할인가를 신청합니다.

년   월   일

신청인   (서명 또는 인)

기획재정부장관 또는 관계 중앙행정기관의 장　　　　귀하

| 첨부서류 | 1. 정관 사본 1부
2. 분할계약서 사본 1부
3. 분할을 의결한 총회 개최 공고문 1부
4. 분할을 의결한 총회 의사록 사본 1부
5. 임원 명부(임원약력 포함) 1부
6. 분할 후의 사업계획서 1부
7. 분할 후의 수입 · 지출 예산서 1부
8. 출자 1좌당 금액과 조합원 또는 회원별로 인수하려는 출자 좌수를 적은 서류 1부
9. 채권자의 이의신청 절차 이행과 이의신청 채권자에게 변제하거나 담보를 제공한 사실을 증명하는 서류
10. 주 사업의 내용이 설립인가 기준을 충족하는 것을 증명하는 서류(사회적협동조합의 경우에만 제출) | 수수료
없음 |

처리절차

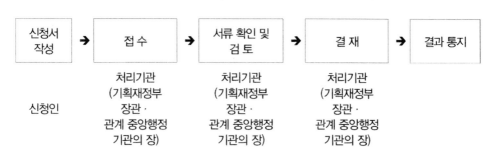

210mm×297mm[백상지 80g/㎡]

제7절 등기

이종협동조합연합회의 설립, 합병, 해산 등기 등에 관하여는 제106조부터 제108조까지 및 제109조를 준용한다. 이 경우 '사회적협동조합'은 '이종협동조합연합회'로 본다(법 제115조의10). 다만, 위에서 규정한 사항 외에 이종협동조합연합회의 이전등기, 변경등기 및 청산종결등기 등에 관하여는 제62조부터 제64조까지, 제67조, 제68조, 제69조 및 제70조를 준용한다. 이 경우 '협동조합'은 '이종협동조합연합회'로, '이사장'은 '회장'으로 본다.

제8절 감독

1. 설립인가의 취소

가. 취소사유

기획재정부장관은 이종협동조합연합회가 다음의 어느 하나에 해당하게 되면 설립인가를 취소할 수 있다. 다만, 거짓이나 그 밖의 부정한 방법으로 설립인가를 받은 경우에 해당하는 경우에는 설립인가를 취소하여야 한다(법 제115조의11).

- 거짓이나 그 밖의 부정한 방법으로 설립인가를 받은 경우
- 정당한 사유 없이 설립인가를 받은 날부터 1년 이상 계속하여 사업을 실시하지 아니한 경우
- 제115조의2제3항에 따라 대통령령으로 정한 설립인가 기준에 미달한 경우
- 제115조의10제1항에 따라 준용되는 제106조제1항에 따른 기한 내에 설립등기를 하지 아니한 경우
- 2회 이상 제115조의13에 따라 준용되는 제111조제5항 및 제6항에 따른 처분을 받고도 시정하지 아니한 경우

나. 설립인가취소 공고

기획재정부장관은 법 제115조의11제1항에 따라 이종협동조합연합회의 설립인가의 취소를 공고할 때에는 「신문 등의 진흥에 관한 법률」 제9조제1항에 따라 전국을 보급지역으로 등록한 일간신문, 관보 또는 인터넷 홈페이지에 해야 한다(법 시행령 제31조의8).

2. 청문

기획재정부장관은 설립인가를 취소하려는 경우에는 청문을 실시하여야 한다(법 제115조의12).

3. 준용규정

이종협동조합연합회의 감독에 관하여는 제111조를 준용한다. 이 경우 '사회적협동조합'은 '이종협동조합연합회'로 보고, 제111조제2항제1호 중 '제85조'는 '제115조의2'로 본다(법 제115조의13).

제7장 벌칙

1. 징역 또는 벌금형

가. 7년 이하의 징역 또는 7천만원 이하의 벌금

협동조합 등 및 협동조합연합회 등의 임직원 또는 청산인이 다음의 어느 하나에 해당하는 행위로 협동조합 등 및 협동조합연합회 등에 손해를 끼친 때에는 7년 이하의 징역 또는 7천만원 이하의 벌금에 처한다. 이 경우 징역형과 벌금형은 병과할 수 있다(법 제117조 제1항).

- 협동조합 등 및 협동조합연합회 등의 사업목적 이외의 다른 용도로 자금을 사용한 경우
- 투기를 목적으로 협동조합 등 및 협동조합연합회 등의 재산을 처분하거나 이용한 경우

나. 3년 이하의 징역 또는 3천만원 이하의 벌금

협동조합 등 및 협동조합연합회 등의 임직원 또는 청산인이 다음의 어느 하나에 해당하는 행위를 한 때에는 3년 이하의 징역 또는 3천만원 이하의 벌금에 처한다(법 제117조 제2항).

- 제45조제3항, 제50조제1항·제3항, 제51조부터 제53조까지, 제55조, 제58조, 제80조 제3항, 제97조제1항·제3항, 제98조, 제103조 및 제104조(제82조·제83조·제100 조·제115조 또는 제115조의7부터 제115조의9까지의 규정에 따라 준용되는 경우를 포함한다)를 위반한 경우
- 거짓 또는 부정한 방법으로 등기를 한 경우
- 총회의 의결을 받아야 하는 사항에 대하여 의결을 받지 아니하고 집행한 경우

다. 2년 이하의 징역 또는 2천만원 이하의 벌금

다음의 어느 하나에 해당하는 자는 2년 이하의 징역 또는 2천만원 이하의 벌금에 처한다(법 제117조 제3항).

- 제9조제2항을 위반하여 공직선거에 관여한 자
- 제37조(제79조·제92조·제115조 및 제115조의6에 따라 준용되는 경우를 포함한다)를 위반한 자

2. 양벌규정

협동조합 등 및 협동조합연합회 등의 임직원 또는 청산인이 그 협동조합 등 및 협동조합연합회 등의 업무에 관하여 제117조제1항 및 제2항의 위반행위를 하면 그 행위자를 벌하는 외에 그 협동조합 등 및 협동조합연합회 등에도 해당 조문의 벌금형을 과(科)한다. 다만, 협동조합 등 및 협동조합연합회 등이 그 위반행위를 방지하기 위하여 해당 업무에 관하여 상당한 주의와 감독을 게을리하지 아니한 경우에는 그러하지 아니하다(법 제118조).

3. 과태료

가. 200만원 이하의 과태료

다음의 어느 하나에 해당하는 자에게는 200만원 이하의 과태료를 부과한다(법 제119조 제1항).

- 제3조제2항을 위반하여 중복되거나 혼동되는 명칭을 사용한 협동조합 등 또는 협동조합연합회 등
- 제3조제3항을 위반하여 같은 조 제1항에 따른 문자 또는 이와 유사한 문자를 명칭에 사용한 자
- 제3조제5항에 따른 명칭의 사용 금지 또는 수정 명령을 따르지 아니한 협동조합연합회 등

나. 200만원 이하의 과태료

협동조합 등 및 협동조합연합회 등이 다음의 어느 하나에 해당하는 경우에는 200만원 이하의 과태료를 부과한다(법 제119조 제2항).

- 제22조제2항(제76조·제91조·제115조제1항 및 제115조의5제1항·제2항에 따라 준용되는 경우를 포함한다)을 위반하여 조합원 등 1인의 출자좌수 제한을 초과하게 한 경우
- 제22조의2제2항·제3항을 위반하여 우선출자의 총액 한도를 초과하게 한 경우
- 제23조제1항(제91조에 따라 준용되는 경우를 포함한다)을 위반하여 조합원의 의결권·선거권에 차등을 둔 경우

- 제46조, 제81조 및 제95조(제115조제2항 및 제115조의7에 따라 준용되는 경우를 포함한다)를 위반하여 조합원 등이 아닌 자에게 협동조합 등의 사업을 이용하게 한 경우
- 제94조를 위반하여 소액대출 및 상호부조의 총사업한도, 이자율, 대출한도, 상호부조의 범위, 상호부조금, 상호부조계약 및 상호부조회비 등을 초과하게 한 경우

다. 200만원 이하의 과태료

협동조합 등 및 협동조합연합회 등의 임직원 또는 청산인이 다음의 어느 하나에 해당하는 때에는 200만원 이하의 과태료를 부과한다(법 제119조 제3항).

- 신고·등기를 게을리한 때
- 제49조제2항(제82조 및 제115조의8제1항에 따라 준용되는 경우를 포함한다) 및 제96조제2항(제115조제3항 및 제115조의8제2항에 따라 준용되는 경우를 포함한다)에 따른 서류 비치를 게을리한 때
- 제49조(제82조 및 제115조의8제1항에 따라 준용되는 경우를 포함한다), 제49조의2(제82조에 따라 준용되는 경우를 포함한다), 제96조(제115조제3항 및 제115조의8제2항에 따라 준용되는 경우를 포함한다) 및 제96조의2(제115조제3항 및 제115조의8에 따라 준용되는 경우를 포함한다)에 따른 운영의 공개를 게을리한 때
- 감독기관 또는 총회에 대하여 거짓의 진술 또는 보고를 하거나 사실을 은폐한 때
- 감독기관의 검사를 거부·방해 또는 기피한 때

라. 과태료의 부과징수

(1) 부과징수

과태료는 대통령령으로 정하는 바에 따라 기획재정부장관 또는 시·도지사가 부과·징수한다.

(2) 과태료 부과기준

법 제119조제1항부터 제3항까지의 규정에 따른 과태료의 부과기준은 다음 별표와 같다.

과태료의 부과기준(제35조 관련)

1. 일반기준

가. 위반행위의 횟수에 따른 과태료의 부과기준은 최근 2년간 같은 위반행위로 과태료 부과처분을 받은 경우에 적용한다. 이 경우 위반행위에 대하여 과태료의 부과처분을 한 날과 다시 같은 위반행위(과태료 부과처분 후의 위반행위로 한정한다)를 적발한 날을 각각 기준으로 하여 위반행위의 횟수를 계산한다.

나. 부과권자는 위반행위의 정도, 위반행위의 동기와 그 결과 등 다음 사항을 고려하여 제2호의 개별기준에서 정한 과태료 금액의 2분의 1 범위에서 그 금액을 줄일 수 있다. 다만, 과태료를 체납하고 있는 위반행위자에 대해서는 그러하지 아니하다.

1) 위반행위자가 「질서위반행위규제법 시행령」 제2조의2제1항 각 호의 어느 하나에 해당하는 경우

2) 위반행위가 사소한 부주의나 오류로 인한 것으로 인정되는 경우

3) 위반행위자가 스스로 법 위반상태를 시정하거나 해소한 경우

2. 개별기준

(단위: 만원)

위반행위	근거 법조문	과태료 금액	
		1차 위반	2차 위반 이상
가. 협동조합 등 또는 협동조합연합회 등이 법 제3조제2항을 위반하여 중복되거나 혼동되는 명칭을 사용한 경우	법 제119조 제1항제1호	100	200
나. 법 제3조제3항을 위반하여 같은 조 제1항에 따른 문자 또는 이와 유사한 문자를 명칭에 사용한 경우	법 제119조 제1항제2호	100	200
다. 협동조합연합회 등이 법 제3조제5항에 따른 명칭의 사용 금지 또는 수정 명령을 따르지 않은 경우	법 제119조 제1항제3호	100	200

라. 협동조합 등 및 협동조합연합회 등이 법 제22조제2항(법 제76조 · 제91조 · 제115조제1항 및 제115조의5제1항 · 제2항에 따라 준용되는 경우를 포함한다)을 위반하여 조합원등 1인의 출자좌수 제한을 초과하게 한 경우	법 제119조 제2항제1호	100	200
마. 협동조합이 법 제22조의2제2항 · 제3항을 위반하여 우선출자의 총액 한도를 초과하게 된 경우	법 제119조 제2항제2호	100	200
바. 협동조합 등이 법 제23조제1항(법 제91조에 따라 준용되는 경우를 포함한다)을 위반하여 조합원의 의결권 · 선거권에 차등을 둔 경우	법 제119조 제2항제3호	100	200
사. 협동조합 등 및 협동조합연합회 등이 법 제46조, 제81조 및 제95조(법 제115조제2항 및 제115조의7에 따라 준용되는 경우를 포함한다)를 위반하여 조합원등이 아닌 자에게 협동조합 등 및 협동조합연합회 등의 사업을 이용하게 한 경우	법 제119조 제2항제4호	100	200
아. 협동조합 등 및 협동조합연합회 등의 임직원 또는 청산인이 신고 · 등기를 게을리한 경우	법 제119조 제3항제1호	50	100
자. 협동조합 등 및 협동조합연합회 등의 임직원 또는 청산인이 법 제49조제2항(법 제82조 및 제115조의8제1항에 따라 준용되는 경우를 포함한다) 및 법 제96조제2항(법 제115조제3항 및 같은 법 제115조의8제2항에 따라 준용되는 경우를 포함한다)에 따른 서류 비치를 게을리한 경우	법 제119조 제3항제2호	50	100
차. 협동조합 등 및 협동조합연합회 등의 임직원 또는 청산인이 법 제49조(법 제82조 및 제115조의8제1항에 따라 준용되는 경우를 포함한다), 법 제49조의2(법 제82조에 따라 준용되는 경우를 포함한다), 법 제96조(법 제115조제3항 및 제115조의8제2항에 따라 준용되는 경우를 포함한다) 및 법 제96조의2(법 제115조제3항 및 제115조의8에 따라 준용되는 경우를 포함한다)에	법 제119조 제3항제3호	50	100

따른 운영의 공개를 게을리한 경우			
카. 협동조합 등 및 협동조합연합회 등의 임직원 또는 청산인이 감독기관 또는 총회에 대하여 거짓의 진술 또는 보고를 하거나 사실을 은폐한 경우	법 제119조 제3항제4호	50	100
타. 협동조합 등 및 협동조합연합회 등의 임직원 또는 청산인이 감독기관의 검사를 거부·방해 또는 기피한 경우	법 제119조 제3항제5호	50	100
파. 협동조합 등 및 협동조합연합회 등이 법 제94조를 위반하여 소액대출 및 상호부조의 총사업한도, 이자율, 대출한도, 상호부조의 범위, 상호부조금, 상호부조계약 및 상호부조회비 등을 초과하게 한 경우	법 제119조 제2항제5호	100	200

[부록]

조합정관 작성례

일반협동조합 정관 예시

○○○협동조합 정관 (예시)

제1장 총칙

제1조(설립과 명칭) 이 조합은 협동조합기본법에 의하여 설립하며, ○○협동조합이라 한다.

> **유의사항**
> • 조합은 사업 분야와 내용, 사업구역, 조합원의 구성 등을 고려하여 다른
>   협동조합(연합회) 및 사회적협동조합(연합회), 이종협동조합연합회와 구별되는
>   명칭을 사용하여야 한다.

제2조(목적) ○○협동조합(이하 '조합'이라 한다)은 자주적 · 자립적 · 자치적인 조합 활동을 통하여 ㅡㅡㅡㅡㅡㅡㅡㅡ 위하여 ㅡㅡㅡㅡㅡㅡ 을 목적으로 한다.

※ 소비자(서비스 수혜자) 협동조합 예시

제2조(목적) ○○협동조합(이하 '조합'이라 한다)은 자주적 · 자립적 · 자치적인 조합 활동을 통하여 조합원이 필요로 하는 물품을 공동으로 구매하거나 조합이 공동으로 구성한 서비스를 공동으로 이용하는 것을 목적으로 한다.

※ 사업자(생산자) 협동조합 예시

제2조(목적) ○○협동조합(이하 '조합'이라 한다)은 자주적 · 자립적 · 자치적인 조합 활동을 통하여 ○○업(혹은 ○○시장 등 조합원 구성에 적합한 문구 적시)의 건전한 발전을 목적으로 한다.

※ 직원(노동자) 협동조합 예시

제2조(목적) ○○협동조합(이하 '조합'이라 한다)은 자주적 · 자립적 · 자치적인 조합 활동을 통하여 직원이 함께 조합을 소유하고 관리하며, 일자리를 늘려나가는 것을 목적으로 한다.

※ 다중이해관계자 협동조합 예시

제2조(목적) ○○협동조합(이하 '조합'이라 한다)은 자주적 · 자립적 · 자치적인 조합 활동을 통하여 둘 이상 유형의 조합원들이 모여 조합원의 경영개선 및 생활향상을 목적으로 한다.

> **유의사항**
> - 소비자협동조합, 사업자협동조합, 직원협동조합, 다중이해관계자협동조합 등 조합의 유형에 맞는 설립목적을 구체적으로 기재하여야 한다.
> - 정관과 달리 법인등기부상에는 '목적'만 등재하도록 되어있으므로 등기신청 시에는 정관 제2조(목적)과 제61조(사업의 종류)를 통합하여 등기부상 '목적'사항으로 신청해야 한다.

제3조(조합의 책무) ① 조합은 조합원 등의 권익 증진을 위하여 교육 · 훈련 및 정보 제공 등의 활동을 적극적으로 수행한다.

② 조합은 다른 협동조합, 다른 법률에 따른 협동조합, 외국의 협동조합 및 관련 국제기구 등과의 상호 협력, 이해 증진 및 공동사업 개발 등을 위하여 노력한다.

제4조(사무소의 소재지) 조합의 주된 사무소는 ○○시 · 도에 두며, 이사회의 의결에 따라 필요한 곳에 지사무소를 둘 수 있다.

제5조(사업구역) 조합의 사업구역은 ○○○로 한다.

제6조(공고방법) ① 조합의 공고는 주된 사무소의 게시판(지사무소의 게시판을 포함한다) 또는 조합의 인터넷 홈페이지(www.○○.com)에 게시하고, 필요하다고 인정하는 때에는 ○○특별시 · 광역시 · 특별자치시 · 도 · 특별자치도에서 발간되는 일간신문 및 중앙일간지에 게재할 수 있다.

② 제1항의 공고기간은 7일 이상으로 하며, 조합원의 이해에 중대한 영향을 미칠 수 있는 내용에 대하여는 공고와 함께 서면으로 조합원에게 통지하여야 한다.

제7조(통지 및 최고방법) 조합원에 대한 통지 및 최고는 조합원명부에 기재된 주소지로 하고, 통지 및 최고기간은 7일 이상으로 한다. 다만, 조합원이 따로 연락받을 연락처를 지정하였을 때에는 그곳으로 한다.

제8조(공직선거 관여 금지) ① 조합은 공직선거에 있어서 특정 정당을 지지 · 반대하거나 특정인을 당선되도록 하거나 당선되지 아니하도록 하는 일체의 행위를 하여서는 아니 된다.
② 누구든지 조합을 이용하여 제1항에 따른 행위를 하여서는 아니 된다.

제9조(규약 또는 규정) 조합의 운영 및 사업실시에 관하여 필요한 사항으로서 이 정관으로 정한 것을 제외하고는 규약 또는 규정으로 정할 수 있다.

제2장 조합원

제10조(조합원의 자격) 조합의 설립목적에 동의하고 조합원으로서의 의무를 다하고자 하는 자는 조합원이 될 수 있다.

> **유의사항**
> • 협동조합은 사업 분야와 내용, 사업구역, 조합원의 구성 등을 고려하여 조합의 설립
> 목적 및 특성에 부합되는 자로 조합원의 자격을 정관으로 제한할 수 있다.

※ 사업자(생산자)협동조합의 예시

제10조(조합원의 자격) ① 조합의 설립목적에 동의하고 조합원으로서의 의무를 다하고자 하는 사업자 중 사업구역 안에서 같은 업종(한국표준산업분류 소분류 ○○○, 세분류 ○○ ○, 세세분류 ○○○)의 사업을 영위하는 사업자로 한다.

② 조합은 사업을 원활히 추진하기 위하여 제1항외에 다른 업종(한국표준산업분류 소분류 ○○○, 세분류 ○○○, 세세분류 ○○○)의 사업자를 조합원으로 할 수 있다.

> **유의사항**
> • 다른 업종의 조합원 비율은 조합의 사업 특성을 고려하여 정할 수 있다.

※ 소비자(서비스 수혜자)협동조합의 예시

제10조(조합원의 자격) 조합의 설립목적에 동의하고 조합원으로서의 의무를 다하고자 하는 자로, 조합의 사업구역 내에 주소나 거소 또는 사업장이 있거나 근무지를 가진 자는 조합원이 될 수 있다.

> **유의사항**
> • 조합의 성격을 고려하여 조합원 가입에 제한을 두지 않을 수 있다.

※ 직원(노동자)협동조합의 예시

제10조(조합원의 자격) 조합의 설립목적에 동의하고 조합원으로서의 의무를 다하고자 하는

자는 조합원이 될 수 있다. 다만, 이 조합의 직원은 ○개월 이상 계속 근무할 경우 조합원이 될 수 있다.

※ 다중이해관계자협동조합의 예시

제10조(조합원의 자격 및 유형) ① 조합의 설립목적에 동의하고 조합원으로서의 의무를 다하고자 하는 자는 조합원이 될 수 있다.

② 조합원의 유형은 다음 각 호와 같다.

1. 생산자(사업자)조합원: 조합의 ○○○ 사업 등에 관련 재화 또는 서비스 공급하는 등 함께 사업수행에 참여하는 자

2. 소비자(서비스 수혜자)조합원: 조합의 ○○○ 사업 등으로 생산한 재화나 서비스를 공급 받거나 이용하는 자

3. 직원(노동자)조합원: 조합에 직원으로 재직하는 자

4. 자원봉사자조합원: 조합에 무상으로 필요한 서비스 등을 제공하는 자

5. 후원자조합원: 조합에 필요한 물품 등을 기부하거나 자금 등을 후원하는 자

> **유의사항**
> • 위 5가지 중 2 이상의 다양한 유형의 조합원으로 구성되어야 한다.

제11조(조합원의 가입) ① 조합원의 자격을 가진 자가 조합에 가입하고자 할 때에는 가입신청서를 제출하여야 한다.

② 조합은 제1항에 따른 신청서가 접수되면 신청인의 자격을 확인하고 가입의 가부를 결정하여 신청서를 접수한 날부터 2주 이내에 신청인에게 서면 또는 전화 등의 방법으로 통지하여야 한다.

③ 제2항의 규정에 따라 가입의 통지를 받은 자는 조합에 가입할 자격을 가지며 납입하기로 한 출자좌수에 대한 금액을 가입 후 ○개월 내에 조합에 납부함으로써 조합원이 된다.

④ 조합은 정당한 사유 **없이** 조합원의 자격을 갖추고 있는 자에 대하여 가입을 거절하거나 가입에 관하여 다른 조합원보다 불리한 조건을 붙일 수 없다.

- 출자금 납부 시기는 조합원 자격과 연계되므로 정관에 명확히 규정하는 것이 바람직하다.

제12조(조합원의 고지의무) 조합원은 제11조제1항에 따라 제출한 가입신청서의 기재사항에 변경이 있을 때 또는 조합원의 자격을 상실하였을 때에는 지체 없이 조합에 이를 고지하여야 한다.

제13조(조합원의 책임) 조합원의 책임은 납입한 출자액을 한도로 한다.

제14조(탈퇴) ① 조합원은 조합에 탈퇴의사를 알리고 조합을 탈퇴할 수 있다.

② 조합원은 다음 각 호의 어느 하나에 해당하는 때에는 당연히 탈퇴된다.

1. 조합원의 자격이 없는 경우
2. 사망한 경우
3. 성년후견개시의 심판을 받은 경우
4. 조합원인 법인이 해산한 경우

- 탈퇴의사를 알리는 방법, 형식 등을 정관에 정하는 방법에 따라 규정 등으로 정할 수 있다.
- 그 밖의 필요에 따라 제2항의 1~4호 외의 사유를 정관에 추가로 정할 수 있다.

제15조(제명) ① 조합은 조합원이 다음 각 호의 어느 하나에 해당하면 총회의 의결을 얻어 제명할 수 있다.

1. 출자금 및 경비의 납입 등 조합에 대한 의무를 이행하지 아니한 경우
2. ○년 이상 계속해서 조합의 사업을 이용하지 아니한 경우

※ 직원협동조합의 예시

2. ○년 이상 계속해서 조합의 활동에 참여하지 아니한 경우

3. 조합의 사업과 관련된 법령 · 행정처분 · 정관 및 총회의결사항, 규약 · 규정을 위반한 경우

4. 고의 또는 중대한 과실로 조합의 사업을 방해하거나 신용을 상실하게 하는 행위를 한 경우

> **유의사항**
> • 조합에서 기간만 자율적으로 규정 가능함. 다만, 조합의 주 사업 유형 · 특성 및 조합원의 권리보호 취지를 고려하여 지나치게 단기간으로는 정하지 않도록 한다.
> • 1, 2호 외의 제명 사유는 조합에서 자율적으로 결정할 수 있다.

② 조합은 제1항에 따라 조합원을 제명하고자 할 때에는 총회 개최 10일 전에 그 조합원에게 제명의 사유를 알리고 총회에서 의견을 진술할 기회를 주어야 한다.

③ 제2항에 따른 의견진술의 기회를 주지 아니하고 행한 총회의 제명 의결은 해당 조합원에게 대항하지 못한다.

④ 조합은 제명결의가 있었을 때에 제명된 조합원에게 제명이유를 서면으로 통지하여야 한다.

제16조(탈퇴 · 제명조합원의 지분환급청구권) ① 탈퇴 조합원(제명된 조합원을 포함한다. 이하 이 조와 제17조에서 같다)은 지분의 환급을 청구할 수 있다.

> **유의사항**
> • 탈퇴 · 제명조합원에 대한 지분 환급의 범위는 정관으로 정하여야 한다.

② 조합은 탈퇴 조합원이 조합에 대한 채무를 다 갚을 때까지는 제1항에 따른 지분의 환급을 정지할 수 있다. 다만, 탈퇴 조합원이 조합에 대하여 채무가 있을 때에는 제1항에 따른 환급금과 상계할 수 있다.

③ 제1항에 따른 청구권은 탈퇴(제명을 포함한다. 이하 이 조와 제17조에서 같다) 당시의

회계연도의 다음 회계연도부터 청구할 수 있다.

④ 제1항에 따른 청구권은 제3항에 따라 청구권을 행사할 수 있는 날로부터 2년간 행사하지 아니하면 소멸된다.

제17조(탈퇴 · 제명조합원의 손실액 부담) ① 조합은 조합의 재산으로 그 채무를 다 갚을 수 없는 경우에는 탈퇴 조합원의 지분의 환급분을 계산할 때, 탈퇴 조합원이 부담하여야 할 손실액의 납입을 청구할 수 있다.

② 제1항에 따른 손실액의 납입 청구에 관하여는 제16조제4항을 준용한다.

> **유의사항**
>
> • 탈퇴 · 제명 조합원이 부담하여야 할 손실액의 납입(범위)는 정관위임사항으로 조합에서 결정하여 정할 수 있다.

제3장 출자와 경비부담 및 적립금

제18조(출자) ① 조합원은 ○좌 이상의 출자를 하여야 하며 출자 1좌의 금액은 ○○○원으로 한다.

② 한 조합원의 출자좌수는 총 출자좌수의 100분의 30을 초과해서는 아니 된다.

③ 출자금은 ○일까지 납입한다.

④ 조합에 납입할 출자금은 조합에 대한 채권과 상계하지 못한다.

⑤ 출자는 현물로도 할 수 있고, 현물출자의 경우 규약이 정하는 바에 따라 출자액을 계산한다. 이 경우 현물출자자는 출자의 납입기일에 출자의 목적인 재산의 전부를 조합 또는 조합에서 지정한 장소에 납입하여야 한다.

> **유의사항**
>
> - 조합원이 출자해야 하는 출자좌수는 1좌 이상으로 정관에 정하여야 한다.
> - 출자 1좌의 금액은 균일하게 정하여야 한다.
> - 한 조합원의 출자좌수는 총 출자좌수의 100분의 30의 범위 안에서 정관으로 정할 수 있다.
> - 출자금은 일시납을 원칙으로 하되, 만약 분납을 허용하는 경우에는 조합원 자격 취득 시기, 분납 가능횟수, 분납 완료 시기 등을 정관에 정하여야 한다.
> - 일시납일 경우, 가입일부터 ○일까지/ 분납일 경우에도 ~까지 기간을 구체적으로 명시하여야 한다.
> - 현물출자에 대해서는 정관에 정하는 방법에 따라 규약 등으로 정할 수 있다.

※ 우선출자 발행하는 협동조합인 경우

제18조의2(우선출자) ① 조합은 자기자본의 확충을 통한 경영의 건전성을 도모하기 위하여 잉여금배당에서 우선적 지위를 가지는 우선출자를 발행할 수 있다.

② 제1항에 따른 우선출자 1좌의 금액은 ○○○원으로 하며, 우선출자의 총액은 다음 각 호에 해당하는 금액 중 더 큰 금액의 100분의 30을 초과할 수 없다.

  1. 자기총자본(납입출자금, 우선출자금, 적립금, 기타 이익잉여금의 합계액을 말한다)에

서 우선출자금을 제외한 금액

2. 납입출자금 총액

③ 조합원이 제2항에 따른 우선출자에 참여할 경우, 조합원 1인의 납입출자금 총액과 우선출자 총액을 합한 금액은 협동조합이 발행한 우선출자 총액의 100분의 30을 초과할 수 없다.

④ 우선출자에 대해서는 의결권과 선거권을 인정하지 아니한다.

⑤ 우선출자에 대한 배당은 제18조에 따른 출자에 대한 배당보다 우선하여 실시하되, 그 배당률은 액면금액의 100분의 △이상 100분의 ㅁㅁ이하의 범위 안에서 정기총회에서 정한다. 다만, 해당 회계연도에 제69조제1항에 따른 잔여 이익잉여금이 최저배당률에 미치지 못할 때에는 달리 정할 수 있다.

⑥ 우선출자에 대하여는 해당 회계연도의 이익잉여금으로써 제5항에 따른 배당을 할 수 없는 경우에 그 부족액에 대하여 다음 회계연도로 이월하지 아니한다.

⑦ 이 조합이 정관의 변경으로 우선출자자에게 손해를 입히게 될 사항에 관하여는 발행한 우선출자 총좌수의 과반수가 출석한 우선출자자총회에서 출석한 출자좌수의 3분의 2 이상의 찬성을 얻어야 한다.

⑧ 제7항에 따른 우선출자자총회를 소집할 때에는 개최일 7일전에 각 우선출자자에게 회의 목적을 적은 소집통지서를 발송하여야 한다.

⑨ 우선출자자총회는 우선출자자로 구성하고, 이사장이 소집하며 그 의장이 된다.

⑩ 그 밖에 우선출자에 관하여 필요한 사항은 별도 규약 또는 규정으로 정한다.

> **유의사항**
>
> • 협동조합기본법령상 우선출자 발행이 가능한 협동조합이면서, 우선출자를 발행하기로 결정한 조합은 우선출자 발행여부 및 배당률의 범위를 반드시 정관에 작성하여야 한다.
>
> • 우선출자 1좌의 금액은 제18조(출자) 1좌의 금액과 일치하여야 한다.
>
> • 우선출자에 대한 배당률의 최소(△,) 최대(ㅁㅁ) 범위를 정하되, 범위 안에서 정기총회에서 결정.
> (우선출자를 시행하는 농협, 수협의 경우 최저 100분의 3, 최고 100분의 10 이내, 산림조합의 경우 최저 100분의 5, 최고 100분의 15 이내로 정하고 있음.)

※ 우선출자 발행하지 않는 협동조합인 경우

제18조의2(우선출자) 조합은 협동조합기본법 제22조의2에 따른 우선출자는 발행하지 아니한다.

> **유의사항**
> • 우선출자를 발행하지 않는 협동조합은 발행하지 아니한다는 내용을 정관에 규정한다.

제19조(출자증서 등의 교부) ① 조합의 이사장은 조합원이 제18조의 규정에 의하여 최초 출자금을 납입한 때 및 조합원이 요구할 때에는 다음 각 호의 사항을 적은 출자증서 또는 출자를 확인할 수 있는 증표에 기명날인하여 조합원에게 발급하여야 한다.

1. 조합의 명칭
2. 조합원의 성명 또는 명칭
3. 조합 가입 연월일
4. 출자금의 납입 연월일
5. 출자금액 또는 출자좌수
6. 발행 연월일

② 조합의 이사장은 매년 정기총회 ○일 후까지 조합원의 지분 변동 상황을 조합원에게 알려주어야 한다. 이 경우 우편, 전자통신매체 등을 이용하여 통지할 수 있다.

> **유의사항**
> • 지분변동상황은 조합원 재산권과 관련되므로 신속하게 알려줘야 한다.
> (7~10일 내로 규정하는 것을 권고)

제20조(지분의 범위) 조합의 재산에 대한 조합원의 지분은 다음 각 호와 같다. 다만, 법 제50조제1항에 의한 법정적립금은 지분 범위에 포함되지 아니한다.

1. 조합원이 납입한 출자금

2. 매 회계연도 총회에서 지분으로 확정한 준비금 등

유의사항

• 지분의 범위는 논란의 소지가 있으므로 정관에 명확히 규정한다.

제21조(지분 등의 양도와 취득금지) ① 조합원 지위의 양도 또는 조합원 지분의 양도는 총회의 의결을 받아야 한다.

② 조합원이 아닌 자가 지분을 양수하려고 할 때에는 가입의 예에 따른다.

③ 지분의 양수인은 그 지분에 관하여 양도인의 권리의무를 승계한다.

④ 조합원은 지분을 공유하지 못한다.

⑤ 조합은 조합원의 출자지분을 취득하거나 이를 질권의 목적으로 하여서는 아니 된다.

제22조(출자금액의 감소의결) ① 조합은 부득이한 사유가 있을 때에는 조합원의 신청에 의하여 출자좌수를 감소할 수 있다.

② 조합은 출자 1좌의 금액 또는 출자좌수의 감소(이하 '출자감소'라 한다)를 총회에서 의결한 경우에는 그 의결을 한 날부터 14일 이내에 대차대조표를 작성한다.

③ 조합은 제2항에 따른 의결을 한 날부터 14일 이내에 채권자에 대하여 이의가 있으면 조합의 주된 사무소에 이를 서면으로 진술하라는 취지를 공고하고, 이미 알고 있는 채권자에게는 개별적으로 최고하여야 한다.

④ 제3항에 따른 이의신청 기간은 30일 이상으로 한다.

⑤ 그 밖의 출자감소 절차와 방법에 관하여는 별도의 규약으로 정할 수 있다.

제23조(출자감소 의결에 대한 채권자의 이의) ① 채권자가 제22조의 이의신청 기간에 출자감소에 관한 의결에 대하여 이의를 신청하지 아니하면 출자감소를 승인한 것으로 본다.

② 채권자가 이의를 신청하면 조합은 채무를 변제하거나 상당한 담보를 제공하여야 한다.

제24조(경비 및 사용료와 수수료) ① 조합은 사업운영을 위하여 조합원 및 조합의 사업을

이용하는 자에게 다음 각 호의 경비 및 사용료와 수수료를 부과 및 징수할 수 있다.

1. 기본회비
2. ○○할 목적으로 ○○에게 징수하는 특별회비
3. ○○사용료
4. ○○수수료

② 제1항에 따른 경비 및 사용료와 수수료의 부과대상, 부과금액, 부과방법, 징수시기와 징수방법은 규약으로 정한다.

③ 조합원은 제1항에 따른 경비 및 사용료와 수수료를 납입할 때 조합에 대한 채권과 상계할 수 없다.

④ 제2항의 부과금에 있어서 조합원등에 대한 부과금액의 산정기준 사항에 변경이 있어도 이미 부과한 금액은 변경하지 못한다.

제25조(과태금) ① 조합은 조합원이 출자금 또는 경비 등의 납입의무를 그 기한까지 이행하지 아니하는 경우에는 과태금을 징수할 수 있다.

② 조합원은 제1항에 따른 과태금을 조합에 대한 채권과 상계할 수 없다.

③ 과태금의 금액 및 징수방법은 규약으로 정한다.

제26조(법정적립금) ① 조합은 매 회계연도 결산의 결과 잉여금이 있는 때에는 해당 회계연도 말 출자금 납입총액의 3배가 될 때까지 잉여금의 100분의 10 이상을 적립하여야 한다.

> **유의사항**
> • 잉여금의 최저비율은 100분의 10으로 되어 있으나, 정관에서 그 이상으로 정할 수 있다.

② 제1항의 법정적립금은 손실금의 보전에 충당하거나 해산하는 경우 외에는 사용하여서는 아니 된다.

제27조(임의적립금) ① 조합은 매 회계연도의 잉여금에서 제26조에 따른 법정적립금을 빼고 나머지가 있을 때에는 총회에서 결정하는 바에 따라 매 회계연도 잉여금의 100분의 ○○ 이상을 임의적립금으로 적립할 수 있다.
② 임의적립금은 총회에서 결정하는 바에 따라 사업준비금, 사업개발비, 교육 등 특수목적을 위하여 지출할 수 있다.

제4장 총회와 이사회

제28조(총회) ① 조합은 총회를 둔다.

② 총회는 정기총회와 임시총회로 구분한다.

③ 총회는 조합원으로 구성하며, 이사장이 그 의장이 된다.

제29조(대의원총회) ① 조합원의 수가 200인을 초과하는 경우 총회에 갈음할 대의원 총회를 둘 수 있다.

② 대의원은 조합원 중에서 선출한다.

※ **다중이해관계자협동조합의 예시**

② 대의원은 조합원 중에서 제10조제2항의 조합원 유형에 따라 각각 선출한다.

> **유의사항**
> - 대의원총회를 두지 않기로 한 경우, 정관예시의 제29조, 제30조는 규정하지 않아도 된다.(다만, 대의원 총회를 둘 경우 반드시 규정 필요)
> - 대의원총회를 두는 경우에는 대의원총회 운영에 필요한 사항(임기, 선출방법 및 자격 등)은 정관으로 정해야 한다.

③ 대의원 총회를 구성하는 대의원 정수는 대의원 선출 당시 조합원 총수의 100분의 10 이상이어야 한다. 다만, 대의원 총수가 100명을 초과하는 경우에는 100명으로 할 수 있다.

④ 대의원의 임기만료 또는 사임으로 인해 대의원 정수를 충족하지 못하는 경우 퇴임한 대의원은 새로운 대의원이 선임될 때까지 대의원의 권리 · 의무가 있다.

⑤ 대의원의 의결권 및 선거권은 대리인으로 하여금 행사하게 할 수 없다.

⑥ 대의원의 임기는 ○년으로 한다. 다만, 결원으로 인하여 선출된 대의원의 임기는 전임자의 임기의 남은기간으로 한다.

⑦ 대의원은 조합원의 선거를 통하여 선출하며, 선거방법에 관한 사항은 선거관리규정으로

정한다.

⑧ 대의원총회에 관하여는 총회에 관한 사항을 준용하며, 이 경우 '조합원'은 '대의원'으로 본다.

⑨ 대의원총회는 조합의 합병, 분할 및 해산에 관한 사항은 의결할 수 없다.

> **유의사항**
> - 대의원 총수가 100명을 초과하는 경우에는 대의원을 100명 또는 100명 이상으로 정할 수 있다.
> - 대의원 임기는 정관으로 정하는 것이 바람직하며, 선출방법, 자격 등은 정관에서 정하는 방법에 따라 규약이나 규정 등으로 정할 수 있다.

제30조(대의원의 의무 및 자격상실) ① 대의원은 성실히 대의원총회에 출석하고, 그 의결에 참여하여야 한다.

② 대의원총회는 대의원이 다음 각 호의 어느 하나에 해당하는 행위를 할 때에는 그 의결로 대의원자격을 상실하게 할 수 있다. 이 경우 해당 대의원에게 서면으로 자격상실 이유를 의결일 7일 전까지 통지하고, 총회 또는 대의원총회에서 의견을 진술할 기회를 주어야 한다.

1. 대의원총회 소집통지서를 받고 정당한 사유 없이 계속하여 3회 이상 출석하지 아니하거나 대의원총회에 출석하여 같은 안건에 대한 의결에 2회 이상 참가하지 아니한 경우
2. 부정한 방법으로 대의원총회의 의사를 방해한 경우
3. 고의 또는 중대한 과실로 이 조합의 명예 또는 신용을 훼손시킨 경우

제31조(정기총회) 정기총회는 매년 1회 회계연도 종료 후 3개월 이내에 이사장이 소집한다.

제32조(임시총회) ① 임시총회는 다음 각 호의 어느 하나에 해당하는 경우에 이사장이 소집한다.

1. 이사장 및 이사회가 필요하다고 인정할 때
2. 조합원이 조합원 5분의 1 이상의 동의를 받아 소집의 목적과 이유를 적은 서면을 제출하여 이사장에게 소집을 청구한 때
3. 감사가 조합의 재산상황이나 업무집행에 부정한 사실이 있는 것을 발견하고 그 내용을

총회에 신속히 보고할 필요가 있다고 인정하여 이사장에게 소집을 청구한 때

② 이사장은 제1항 제2호(제58조 규정에 따른 해임 요구를 포함한다) 및 제3호의 청구를 받으면 정당한 사유가 없는 한 2주 이내에 소집절차를 밟아야 한다.

③ 제1항 제2호 및 제3호의 규정에 의하여 총회의 소집을 청구하였으나 총회를 소집할 자가 없거나 그 청구가 있는 날부터 2주 이내에 이사장이 총회의 소집절차를 밟지 아니한 때에는 감사가 7일 이내에 소집절차를 밟아야 한다. 이 경우 감사가 의장의 직무를 수행한다.

④ 감사가 제3항의 기한 이내에 총회의 소집절차를 밟지 아니하거나 소집할 수 없는 경우에는 제1항 제2호의 규정에 의하여 총회의 소집을 청구한 조합원의 대표가 이를 소집한다. 이 경우 조합원의 대표가 의장의 직무를 수행한다.

제33조(총회의 소집절차) ① 이사장은 총회 개최 7일 전까지 회의목적 · 안건 · 일시 및 장소를 정하여 우편 또는 전자통신매체 등으로 각 조합원에게 통지하여야 한다.

② 이사장이 궐위 또는 부득이한 사유로 총회를 소집할 수 없는 때에는 제53조에서 정하고 있는 순으로 이를 소집한다.

유의사항

- 통지방법은 정관으로 자유로이 정할 수 있다. 다만, 상대방에게 도달했음이 입증 가능한 방법을 정해야 한다.
- 공고 제목에 결정내용이나 주요 공고 내용을 포함하여 상대방이 쉽게 인식 가능하도록 작성하는 것이 바람직하다.

제33조의2(조합원제안권) ① 조합원이 조합원 5분의 1 이상의 동의를 받아 이사장에게 총회일의 2주 전에 서면으로 일정한 사항을 총회의 목적사항으로 할 것을 제안(이하 '조합원제안'이라 한다)할 수 있다.

② 이사장은 제1항에 의한 조합원제안이 있는 경우에는 이를 이사회에 보고하고, 이사회는 조합원제안의 내용이 법령 또는 정관을 위반하는 경우를 제외하고는 이를 총회의 목적사항으로 하여야 한다. 이 경우 조합원제안을 한 자가 청구하면 총회에서 그 제안을 설명할 기회를 주어야 한다.

제34조(총회의 의결사항) ① 다음 각 호의 사항은 총회의 의결을 얻어야 한다.

1. 정관의 변경

2. 규약의 제정과 변경 또는 폐지

3. 임원의 선출과 해임

4. 사업계획 및 예산의 승인

5. 결산보고서(사업보고서, 대차대조표, 손익계산서, 잉여금처분안 또는 손실금처리안
   등을 말한다. 이하 같다)의 승인

6. 감사보고서의 승인

7. 조합의 합병·분할·해산 또는 휴업

8. 조합원의 제명

9. 다른 협동조합에 대한 우선출자

10. 우선출자 업무에 관한 기본방침 결정

11. 탈퇴 조합원(제명된 조합원을 포함한다)에 대한 출자금 환급

12. 그 밖에 이사장 또는 이사회가 필요하다고 인정하는 사항

유의사항

- 조합은 법령에 반하지 않는 범위에서 총회의결사항을 추가적으로 규정할 수 있다.
- 기본자산의 취득과 처분, 임원의 보수, 조합의 차입금 한도 결정, 사업계획 및 예산 중 중요한 사항의 변경 등은 총회의결사항으로 넣는 것이 바람직하다.
- '우선출자 업무에 관한 기본방침 결정'이란 우선출자 발행 공고, 우선출자 배당률 결정 등을 말한다.
- 우선출자를 하지 아니하는 협동조합은 제10호 규정을 삭제한다.

제35조(총회의 의사) ① 총회의 의사는 법령상 다른 규정이 있는 경우를 제외하고는 총 조합원 과반수의 출석으로 개회하고 출석조합원 과반수의 찬성으로 의결한다.

② 제1항의 규정에 의한 총회의 개의 정족수 미달로 총회가 유회된 때에는 이사장은 20일 이내에 다시 총회를 소집하여야 한다.

③ 총회는 제33조에 따라 미리 통지한 사항에 한하여 의결할 수 있다. 다만, 긴급을 요하여 총 조합원의 3분의 2이상의 출석과 출석조합원 3분의 2 이상의 찬성이 있는 때에는 그러하지 아니하다.

④ 총회에서 조합과 조합원간의 이익이 상반되는 사항에 대하여 의결을 행할 때에는 해당 조합원은 의결에 참가하지 못한다. 이 경우 의결에 참가하지 못하는 조합원은 의사정족수와 의결정족수에 포함되지 아니한다.

제36조(특별의결사항) 다음 각 호의 사항은 조합원 과반수의 출석과 출석조합원 3분의 2 이상의 찬성으로 의결한다.

1. 정관의 변경
2. 조합의 합병 · 분할 · 해산 또는 휴업
3. 조합원의 제명
4. 탈퇴 조합원(제명된 조합원을 포함한다)에 대한 출자금 환급
5. 다른 협동조합에 대한 우선출자

제37조(의결권 및 선거권) ① 조합원은 출자좌수에 관계없이 각각 1개의 의결권과 선거권을 갖는다.

② 조합원은 대리인으로 하여금 의결권 및 선거권을 행사하게 할 수 있다. 이 경우 그 조합원은 출석한 것으로 본다.

③ 제38조의 자격을 갖춘 대리인이 의결권 또는 선거권을 행사할 때에는 대리권을 증명하는 서면을 의결권 또는 선거권을 행사하기 전에 조합이 정하는 양식에 따라 미리 조합에 제출하여야 한다.

제38조(대리인이 될 자격) 전조 제2항에 따른 대리인은 다른 조합원 또는 본인과 동거하는 가족(조합원의 배우자, 조합원 또는 그 배우자의 직계 존속 · 비속과 형제자매, 조합원의 직계 존속 · 비속 및 형제자매의 배우자를 말한다)이어야 하며, 대리인이 대리할 수 있는

조합원의 수는 1인에 한정한다.

제39조(총회의 의사록) ① 총회의 의사에 관하여 의사록을 작성하여야 한다.
② 의사록에는 의사의 진행 상황과 그 결과를 적고 의장과 총회에서 선출한 조합원 3인 이상이 기명날인하거나 서명하여야 한다.

제40조(총회의 운영규약) 정관에 규정하는 외에 총회의 운영에 관하여 필요한 사항은 총회운영규약으로 정한다.

제41조(총회의 회기연장) ① 총회의 회기는 총회의 결의에 의하여 연장할 수 있다.
② 제1항의 규정에 의하여 속행된 총회는 제33조제1항의 규정을 적용하지 아니한다.

제42조(이사회) ① 조합에 이사회를 둔다.
② 이사회는 이사장 및 이사로서 구성한다.
③ 이사장은 이사회를 소집하고 그 의장이 된다.
④ 이사회의 소집은 회의일 7일전까지 회의의 목적, 안건, 일시 및 장소를 기재한 서면을 각 이사에게 통지하여야 한다. 다만 긴급을 요하여 이사회 구성원 과반수의 동의가 있을 때에는 소집절차를 생략할 수 있다.
⑤ 이사는 이사장에게 이사회 소집을 요구할 수 있다. 이사장이 정당한 사유 없이 이사회 소집을 거절하는 경우에는 다른 이사가 이사회를 소집할 수 있다.
⑥ 감사는 필요하면 회의의 목적사항과 소집이유를 서면에 적어 이사장에게 제출하여 이사회 소집을 청구할 수 있다. 이 경우 감사가 청구를 하였는데도 이사장이 지체 없이 이사회를 소집하지 아니하면 그 청구한 감사가 이사회를 소집할 수 있다.
⑦ 제5항과 제6항의 경우 이사장이 의장의 직무를 행할 수 없을 경우에는 제53조에 정한 순서대로 이사장의 직무를 대행할 이사가 그 직무를 대행한다.

- 조합원 10인 미만인 경우에는 총회 의결에 따라 이사회를 두지 않을 수도 있다.
- 이사의 종류 및 명칭은 필요에 따라 달리 정할 수 있다
- 이사회의 개의(開議) 등 이사회 운영에 관하여 필요한 사항은 정관으로 정한다.
- 입법예고했던 협동조합기본법 일부 개정법률안(기획재정부 제2020-156호, 2020.9.1.~2020.10.12.)에 포함된 내용임

제43조(이사회의 의결사항) ① 이사회는 다음 각 호의 사항을 의결한다.

1. 조합의 재산 및 업무집행에 관한 사항

2. 총회의 소집과 총회에 상정할 의안

3. 규정의 제정과 변경 및 폐지

4. 사업계획 및 예산안 작성

5. 간부 직원의 임면 승인

6. 그 밖에 조합의 운영에 중요한 사항 또는 이사장이 부의하는 사항

- 협동조합기본법 제29조에 규정된 필요적 총회 의결사항은 이사회에 위임할 수 없다.
- 조합은 법령에 반하지 않는 범위(1~4호, 6호는 법령사항)에서 조합의 업무집행을 위하여 필요한 사항(5호는 권고사항)을 추가적으로 이사회 의결사항으로 규정할 수 있다.

② 이사회는 제61조 각 호의 사업을 수행하기 위하여 필요한 위원회를 설치 운영할 수 있다.

③ 제2항의 위원회 구성 및 운영에 관하여는 별도 규정으로 정한다.

제44조(이사회의 의사) ① 이사회는 구성원 과반수의 출석으로 개회하고 출석이사 과반수의 찬성으로 의결한다.

② 이사의 개인 이익과 조합의 이익이 상반되는 사항이나 신분에 관련되는 사항에 관하여는 당해이사는 이사회의 의결에 관여할 수 없다. 이 경우 의결에 참가하지 못하는 이사는 의사정

족수와 의결정족수에 포함되지 아니한다.

제45조(이사회의 의사록) 이사회의 의사에 관하여는 의사의 경과와 그 결과를 기재한 의사록을 작성하고 참석 이사 전원이 이에 기명날인하거나 서명하여야 한다.

제5장 임원과 직원

제46조(임원의 정수) ① 조합의 임원으로 이사장 1명을 포함한 3명 이상 ○○명 이내의 이사와 1명 이상 ○명 이내의 감사를 둔다.

② 제1항의 임원 중 이사회의 호선에 의해 상임임원을 둘 수 있다.

> **유의사항**
> - 임원의 정수는 법에서 규정한 최소 정수(이사장 1명 포함한 이사 3명, 감사 1명)를 벗어나지 않는 범위에서 정관으로 정한다.

제47조(임원의 선임) ① 이사 및 감사는 총회가 조합원 중에서 선출한다. 다만, 이사회의 추천에 따라 조합원 외의 자를 선출할 수 있다.

② 이사장은 이사 중에서 총회에서 선출한다. 다만 부이사장, 전무이사 및 상무이사 등은 이사회가 이사 중에서 호선할 수 있다.

> **유의사항**
> - 임원은 조합원 중에 선출하는 것을 권장하나, 조합의 특성을 고려하여 조합원 합의에 따라 조합원 외의 자를 임원으로 선출하는 것도 가능하다.
> - 감사는 조합의 업무집행상황, 재산상태, 장부 및 서류 등을 감독하는 것으로 회계지식이 있어야 하며, 중립적인 입장에서 직무를 수행할 수 있는 사람을 선임하여야 한다.
> - 이사장은 이사 중에서 선출하여야 한다. 다만 이사장 외의 이사의 종류 및 명칭은 필요에 따라 달리 정할 수 있다.

③ 임원의 결원에 따른 보궐선거는 결원이 발생한 날로부터 ○개월 이내로 하여야 한다.

④ 임원의 임기만료 또는 사임으로 제46조에 따른 임원의 정수를 충족하지 못하는 경우, 퇴임한 임원은 새로운 임원이 선임될 때까지 임원의 권리·의무가 있다.

⑤ 조합원인 법인이 협동조합의 임원인 경우 그 조합원인 법인은 임원의 직무를 수행할 사람을 선임하고, 그 선임한 사람의 성명과 주소를 조합원에게 통지하여야 한다.

⑥ 제1항~제5항의 선거 방법, 절차 등에 관하여는 별도의 선거관리규정으로 정한다.

제48조(선거운동의 제한) ① 누구든지 자기 또는 특정인을 조합의 임원 또는 대의원으로 당선되도록 하거나 당선되지 아니하도록 할 목적으로 다음 각 호의 어느 하나에 해당하는 행위를 할 수 없다.

1. 조합원(조합에 가입신청을 한 자를 포함한다. 이하 이 조에서 같다)이나 그 가족(조합원의 배우자, 조합원 또는 그 배우자의 직계 존속·비속과 형제자매, 조합원의 직계 존속·비속 및 형제자매의 배우자를 말한다. 이하 이 조에서 같다) 또는 조합원이나 그 가족이 설립·운영하고 있는 기관·단체·시설에 대한 다음 각 목의 어느 하나에 해당하는 행위

   가. 금전·물품·향응이나 그 밖의 재산상의 이익을 제공하는 행위

   나. 공사의 직을 제공하는 행위

   다. 금전·물품·향응, 그 밖의 재산상의 이익이나 공사의 직을 제공하겠다는 의사표시 또는 그 제공을 약속하는 행위

2. 후보자가 되지 못하도록 하거나 후보자를 사퇴하게 할 목적으로 후보자가 되려는 사람이나 후보자에게 제1호 각 목에 규정된 행위를 하는 행위

3. 제1호 또는 제2호의 이익이나 직을 제공받거나 그 제공의 의사표시를 승낙하는 행위 또는 그 제공을 요구하거나 알선하는 행위

② 임원 또는 대의원이 되려는 사람은 선거일 공고일부터 선거일까지 기간 중에는 선거운동을 위하여 조합원을 호별로 방문하거나 특정 장소에 모이게 할 수 없다.

> **유의사항**
>
> • '정관으로 정하는 기간'을 선거운동 기간으로 정하는 법 제37조 제2항과 동일 취지의 새마을금고법 제85조 제3항이 헌법재판소의 위헌결정(2018헌가12)을 받았으므로, 정관에는 동일 취지의 조항이나 기간을 명확히 명시한 『수산업협동조합법』 제53조 제2항 규정을 참고하여 '선거일 공고일부터 선거일까지의 기간'으로 규정하는 것을 권고

③ 누구든지 조합의 임원 또는 대의원 선거와 관련하여 연설·벽보, 그 밖의 방법으로 거짓의

사실을 공표하거나 공연히 사실을 적시하여 후보자를 비방할 수 없다.

④ 누구든지 임원 또는 대의원 선거와 관련하여 다음 각 호의 방법 이외의 선거운동을 할
수 없다.

1. 선전 벽보의 부착

2. 선거 공보의 배부

3. 소형 인쇄물의 배부

4. 합동 연설회 또는 공개 토론회의 개최

5. 전화(문자메시지를 포함한다) · 팩스 · 컴퓨터통신(전자우편을 포함한다)을 이용한 지
   지 호소

제49조(선거관리위원회의 구성 · 운영) ① 조합의 임원 및 대의원 선거사무를 공정하게 관리
하기 위하여 본 조합에 선거관리위원회(이하 '위원회'라 한다)를 둘 수 있다.

② 위원회는 이사회의 의결을 거쳐 위원장 1인을 포함한 ○명 이내의 위원으로 구성한다.
이 경우 당해 선거에 임원으로 후보등록한 자는 위원이 될 수 없다.

③ 위원의 위촉기간은 위촉일로부터 ○년으로 한다.

④ 위원장은 위원회를 대표하고 위원회를 소집하여 이를 주재한다.

⑤ 위원장은 중요한 사항에 대하여는 위원회에 부의하여 처리하여야 하며, 위원회는 구성원
과반수의 출석으로 개의하고 출석자 과반수의 찬성으로 의결한다.

⑥ 위원회는 다음 각 호의 사무를 관장한다.

1. 후보자의 자격심사

2. 선거인 명부의 확정

3. 후보자 추천의 유 · 무효 판정

4. 선거공보의 작성과 선거운동방법 결정 및 계도

5. 선거관리, 투표관리 및 개표관리

6. 투표의 유 · 무효의 이의에 대한 판정

7. 선거관련 분쟁의 조정

8. 선거운동 제한규정 위반여부 심사 및 조치

9. 당선인의 확정

10. 그 밖에 선거에 필요한 사항

⑦ 위원회는 의사의 진행상황 및 그 결과를 적은 의사록을 작성하고, 참석위원이 기명날인하여야 한다.

⑧ 위원은 선거관리사무를 행함에 있어 공정을 기하여야 한다.

⑨ 그 밖에 위원회의 기능·구성 및 운영 등에 관하여 필요한 사항은 선거관리규정으로 정할 수 있다.

유의사항

- 선거관리위원회를 두지 않을 경우, 해당 조항 삭제 가능하다
- 선거관리위원회의 기능 • 구성 및 운영 등에 대해서는 정관에서 정하는 바에 따라 규약이나 규정 등으로 정할 수 있다.
- 선거관리위원 자격을 조합원만 가능하도록 제한하는 것도 가능하다.
- 선거관리위원회의 기능 • 구성 및 운영 등에 대해서는 정관에서 정하는 바에 따라 규약이나 규정 등으로 정할 수 있다.

제50조(임원등의 결격사유) ① 다음 각 호의 어느 하나에 해당하는 자는 이 조합의 임원이 될 수 없다.

1. 피성년후견인

2. 피한정후견인

3. 파산선고를 받고 복권되지 아니한 사람

4. 금고 이상의 실형을 선고받고 그 집행이 끝나거나(집행이 끝난 것으로 보는 경우를 포함한다) 집행이 면제된 날부터 3년이 지나지 아니한 사람

5. 금고 이상의 형의 집행유예를 선고받고 그 유예기간 중에 있는 사람

6. 금고 이상의 형의 선고유예를 받고 그 선고유예기간 중에 있는 사람

7. 형법 제303조 또는 성폭력범죄의 처벌 등에 관한 특례법 제10조에 규정된 죄를 범하는 사람들로서 300만원 이상의 벌금형을 선고받고 그 형이 확정된 후, 2년이 지나지 아니한

사람

8. 법원의 판결 또는 다른 법률에 따라 자격이 상실 또는 정지된 사람

② 제1항 각호의 사유가 발생하면 해당 임원이나 임원의 직무를 수행할 사람은 당연히 퇴직한다.

③ 제2항에 따라 퇴직된 임원이나 임원의 직무를 수행할 사람이 퇴직 전에 관여한 행위는 그 효력을 상실하지 아니한다.

제51조(임원의 임기) ① 임원의 임기는 O년으로 한다.

> **유의사항**
> • 임원의 임기는 4년의 범위 내에서 정해야 한다.

② 임원은 연임할 수 있다. 다만, 이사장은 두 차례만 연임할 수 있다.

③ 결원으로 인하여 선출된 임원의 임기는 전임자의 임기종료일까지로 한다.

제52조(임직원의 겸직금지) ① 이사장은 다른 조합의 이사장을 겸직할 수 없다.

② 이사장을 포함한 이사와 직원은 감사를 겸직할 수 없다.

③ 조합의 임직원은 국회의원 또는 지방의회의원을 겸직할 수 없다.

④ 임원은 이 조합의 직원을 겸직할 수 없다. 다만, 조합원의 수가 10인 이하인조합은 해당 기간 동안 그러하지 아니한다.

> **유의사항**
> • 조합원의 3분의 2 이상이 직원이고, 조합원인 직원이 전체 직원의 3분의 2 이상인 협동조합인 경우(임원이 직원을 겸직하기 전의 시점을 기준으로 함) 제4항을 삭제하고 규정할 수 있다.

제53조(이사장 및 이사의 직무) ① 이사장은 조합을 대표하고 이사회의 결정에 따라 조합의 업무를 집행한다.

② 이사는 이사장을 보좌하며 조합의 업무를 집행한다.

③ 이사장이 사고가 있을 때에는 미리 이사회가 정한 순서대로 그 직무를 대행하고 해당자가 2인 이상일 경우에는 연장자 순으로 한다.

④ 제3항의 경우와 이사장이 권한을 위임한 경우를 제외하고는 이사장이 아닌 이사는 조합을 대표할 수 없다.

제53조의2(이사의 경업금지) ① 이사는 조합원 전원의 동의를 받지 아니하고는 자기 또느 제3자의 계산으로 조합의 영업부류에 속한 거래를 하지 못하며, 같은 종류의 영업을 목적으로 하는 다른 회사의 이사 또는 집행임원이 되지 못한다.

② 이사가 전항의 규정에 위반하여 거래를 한 경우에 그 거래가 자기의 계산으로 한 것인 때에는 조합은 이를 조합의 계산으로 한 것으로 볼 수 있고, 제3자의 계산으로 한 것인 때에는 그 이사에 대하여 조합은 이로 인한 이득의 양도를 청구할 수 있다.

③ 전항의 규정은 조합의 그 이사에 대한 손해배상의 청구에 영향을 미치지 못한다.

④ 제2항의 권리는 다른 이사 과반수의 결의에 의하여 행사하여야 하며, 다른 이사의 1인이 그 거래를 안 날로부터 2주간을 경과하거나 그 거래가 있은 날로부터 1년을 경과하면 소멸한다.

제53조의3(이사와 협동조합 간의 거래) 이사는 조합원 과반수의 결의가 있는 경우에만 자기 또는 제3자의 계산으로 조합과 거래를 할 수 있다. 이 경우에는 민법 제124조를 적용하지 아니한다.

제54조(감사의 직무) ① 감사는 연 ○회 이상 조합의 업무집행 상황, 재산상태, 장부 및 서류 등을 감사하여 총회에 보고하여야 한다.

② 감사는 예고 없이 조합의 장부나 서류를 대조 확인할 수 있다.

③ 감사는 이사장 및 이사가 법령ㆍ정관ㆍ규약ㆍ규정 또는 총회의 의결에 반하여 업무를 집행한 때에는 이사회에 그 시정을 요구하여야 한다.

④ 감사는 총회 또는 이사회에 출석하여 의견을 진술할 수 있다.

⑤ 제1항의 감사보고서 제출에 있어서 감사가 2인 이상인 경우 감사의 의견이 일치하지 아니할 경우에는 각각 의견을 제출할 수 있다.

> **유의사항**
> * 감사의 감사내용은 조합 운영의 중요사항이며, 총회보고는 법상 의무임. 따라서 조합의 연간 총회개최 계획 등의 구체적 사정을 고려하여 보고 횟수도 정관에서 규율하는 것을 권고

제55조(감사의 대표권) 조합이 이사장을 포함한 이사와 소송을 하는 때에는 감사가 조합을 대표한다.

> **유의사항**
> * 조합원의 권리보호를 위해 이사와 조합의 이해충돌이 발생하는 사안(예: 계약 등)에 대해서는 감사의 대표권을 인정하는 것이 바람직하다.

제56조(임원의 의무와 책임) ① 임원은 법령과 조합의 정관, 규약, 규정 및 총회와 이사회의 의결을 준수하고 조합을 위하여 성실히 그 직무를 수행하여야 한다.

② 임원이 법령 또는 정관을 위반하거나 그 임무를 게을리하여 조합에 손해를 가한 때에는 연대하여 그 손해를 배상하여야 한다.

③ 임원이 고의 또는 중대한 과실로 그 임무를 게을리하여 제3자에게 손해를 끼친 때에는 제3자에게 연대하여 그 손해를 배상하여야 한다.

④ 제2항 및 제3항의 행위가 이사회의 의결에 의한 것일 때에는 그 의결에 찬성한 이사도 제2항 및 제3항의 책임이 있다.

⑤ 제4항의 의결에 참가한 이사로서 명백한 반대의사를 표시하지 아니한 자는 그 의결에 찬성한 것으로 본다.

⑥ 제2항부터 제5항까지의 규정에 따른 구상권의 행사는 감사 및 이사에 대하여는 이사장이, 이사장에 대하여는 감사가, 전체 임원에 대하여는 조합원 5분의 1 이상의 동의를 받은 조합원 대표가 한다.

제57조(임원의 보수 등) 상임임원의 보수 및 상임임원을 제외한 임원의 여비 기타 실비변상에 대해서는 규정으로 정한다.

제58조(임원의 해임) ① 조합원은 조합원 5분의 1 이상의 동의로 총회에 임원의 해임을 요구할 수 있다. 이 경우 해임에 동의하는 조합원은 해임의 이유를 서면으로 총회의 의장에게 제출하여야 한다.

② 총회의 의장은 부득이한 사유가 없는 한 30일 내에 총회 소집절차를 거쳐 해임 의안을 상정하여야 한다.

③ 의장은 총회 개최 10일 전에 해당 임원에게 해임 이유를 서면으로 통보하고, 총회에서 의견을 진술할 기회를 주어야 한다.

④ 이사장 해임을 의결하는 총회에서는 제53조에 정한 순서대로 의장의 직무를 대행한다.

⑤ 임원의 해임을 의결하는 총회에서 해당 임원은 의결에 참가할 수 없다.

⑥ 임원의 해임 사유, 해임 절차 등에 관하여 기타 필요한 사항은 규약으로 정한다.

유의사항

- 해임요구는 임원이 법 제39조, 제41조, 제42조 등에서 규정한 임원의 의무와 직무 등을 위반한 사유가 있을 때에 한하여 가능하다.
- 해임이유 통보방식과 시기는 조합별 특성을 고려하여 정관에 규정하는 것을 권고
- 해당 임원의 총회 의견 진술기회는 반드시 부여해야 한다.
- 임원의 해임에 대한 기타 필요 사항은 정관에 정하는 바에 따라 규약(해임사유, 해임절차 등)이나 규정(해임요구서 양식 등)으로 정하는 것을 권고

제59조(운영의 공개) ① 조합은 결산결과의 공고 등 운영사항을 적극 공개하여야 한다.

② 조합은 정관·규약·규정과 총회·이사회의 의사록, 회계장부 및 조합원 명부를 주된 사무소에 비치하여야 한다.

③ 결산보고서는 정기총회 7일 전까지 주된 사무소에 비치하여야 한다.

④ 조합원과 조합의 채권자는 제2항 및 제3항의 서류의 열람 또는 그 사본을 청구할 수 있다.

⑤ 조합은 제4항의 청구가 있을 때에는 정당한 이유 없이 이를 거부하지 못한다.

⑥ 조합은 조합원수가 200인 이상이거나 정기총회의 승인을 받은 직전 사업연도의 결산보고서에 적힌 출자금 납입 총액이 30억 원 이상일 경우, 우선출자를 발행할 경우 결산일로부터 4개월 이내에 기획재정부장관이 지정하는 인터넷 사이트에 다음 각 호의 자료를 게재하여야 한다.

 1. 정관, 규약, 규정

 2. 사업결산 보고서

 3. 총회, 대의원총회, 이사회의 활동 상황

 4. 사업결과 보고서

제60조(직원의 임면등) ① 직원은 이사장이 임면한다. 다만, 간부직원은 이사회의 결의를 거쳐 이사장이 임면한다.

② 직원의 임면, 급여, 기타 직원에 관하여 필요한 사항은 규정으로 정한다.

제6장 사업과 집행

제61조(사업의 종류) ① 이 조합은 그 목적을 달성하기 위하여 다음 각 호의 사업을 할 수 있다.

1. ○○○ 사업

2. ○○○ 사업

3. 조합원과 직원에 대한 상담, 교육·훈련 및 정보제공 사업

4. 조합 간 협력을 위한 사업

5. 조합의 홍보 및 지역사회를 위한 사업

> **유의사항**
>
> • 조합의 설립목적을 달성하기 위하여 필요한 사업을 정관으로 정하며, 사업의 종류 중에서 제3호부터 제5호까지의 필수사업은 반드시 포함되어야 한다.

② 조합의 사업은 관계 법령에서 정하는 목적·요건·절차·방법 등에 따라 적법하고 타당하게 시행되어야 한다.

③ 제1항과 제2항에도 불구하고 조합은 「통계법」 제22조제1항에 따라 통계청장이 고시하는 한국표준산업분류에 의한 금융 및 보험업을 영위할 수 없다.

제62조(사업의 이용) 조합은 조합원이 이용하는 데에 지장이 없는 범위에서 다음 각 호의 경우 조합원이 아닌 자에게 사업을 이용하게 할 수 있다.

1. ○○○

2. ○○○

> **유의사항**
>
> • 조합원이 아닌 자에게 사업을 이용하게 할 경우 그 조건을 구체적으로 명시하여야 한다.

제63조(사업계획과 수지예산) 이사회는 매 회계연도 경과 후 3개월 이내에 해당 연도의 사업계획을 수립하고 동 계획의 집행에 필요한 수지예산을 편성하여 총회의 의결을 받아야 한다.

제7장 회계

제64조(회계연도) 조합의 회계연도는 매년 ○월 ○일부터 ○월 ○일까지로 한다.

제65조(회계) ① 조합의 회계는 일반회계와 특별회계로 구분한다.

② 당해 조합의 사업은 일반회계로 하고, 특별회계는 조합이 특정사업을 운영할 때, 특정자금을 보유하여 운영할 때, 기타 일반회계와 구분 경리할 필요가 있을 때 설치한다.

제66조(특별회계의 설치) 특별회계는 다음 각 호의 사업 또는 자금을 운영하기 위하여 설치한다.

1. ○○사업

2. ○○자금

제67조(결산등) ① 조합은 정기총회일 7일 전까지 결산보고서를 감사에게 제출하여야 한다.

② 조합은 제1항에 따른 결산보고서와 감사의 의견서를 정기총회에 제출하여 승인을 받아야 한다.

제68조(손실금의 보전) 조합은 매 회계연도의 결산 결과 손실금(당기손실금을 말한다)이 발생하면 미처분이월금, 임의적립금, 법정적립금 순으로 이를 보전하고, 보전 후에도 부족이 있을 때에는 이를 다음 회계연도에 이월한다.

제69조(잉여금의 배당 및 이월) ① 조합은 제68조에 따른 손실금의 보전과 제26조 및 제27조의 법정적립금 및 임의적립금 등을 적립한 후에 잔여가 있을 때에는 총회의 결의로 제18조의 2에 따라 우선출자자에게 배당한 후 조합원에게 잉여금을 배당할 수 있다.

- 우선출자를 하지 아니하는 협동조합은 '제18조의2에 따라 우선출자자에게 배당한 후' 내용을 삭제하고 규정한다.

② 제1항의 배당시 조합원별 배당금의 계산은 조합사업의 이용실적 또는 조합원이 납입한 출자액의 비율에 따라 이를 행한다. 이 경우 잉여배당금은 다음 각 호의 원칙을 준수하여야 한다.

1. 이용실적에 대한 배당은 전체 배당액의 100분의 50 이상이어야 한다.
2. 납입출자액에 대한 배당은 납입출자금의 100분의 10을 초과하여서는 아니 된다.

- 이용실적 또는 조합원이 납입한 출자액 비율 이외에 배당금 지급기준을 추가로 규정할 수 있다.
- 잉여금배당의 방법, 절차 등은 정관에 정하는 바에 따라 규약 또는 규정 등으로 정할 수 있다.

③ 잉여금배당의 방법, 절차 등은 규약으로 정한다.

④ 조합은 제68조에 따른 손실금의 보전과 제26조 및 제27조에 따른 적립금 적립 및 제1항에 따른 배당을 실시한 후에 잔여가 있을 때에는 총회의 결의로 잉여금을 다음 회계연도에 이월할 수 있다.

제8장 합병 · 분할 및 해산

제70조(합병과 분할) ① 조합은 합병계약서 또는 분할계획서를 작성한 후 총회의 의결을 얻어 합병 또는 분할할 수 있다.

② 합병 또는 분할로 인하여 존속 또는 새로 설립되는 조합은 합병 또는 분할로 인하여 소멸되는 조합의 권리 · 의무를 승계한다.

제71조(해산) ① 조합은 다음 각 호의 어느 하나에 해당하는 사유가 발생하였을 때에는 해산하고 해산절차는 민법 등 관련 법령에 의한다.

 1. 총회의 의결

 2. 합병 · 분할 또는 파산

> **유의사항**
> • 필요한 해산 사유를 추가로 정관으로 정한다.

② 이사장은 조합이 해산한 때에는 지체 없이 조합원에게 통지하고 공고하여야 한다.

제72조(청산인) ① 조합이 해산한 때에는 파산으로 인한 경우를 제외하고는 이사장이 청산인이 된다. 다만, 총회에서 다른 사람을 청산인으로 선임하였을 경우에는 그에 따른다.

② 청산인은 취임 후 지체 없이 재산상태를 조사하고 재산목록과 대차대조표를 작성하여 재산처분의 방법을 정하여 총회의 승인을 얻어야 한다.

③ 청산사무가 종결된 때에는 청산인은 지체 없이 결산보고서를 작성하여 총회의 승인을 얻어야 한다.

④ 제2항 및 제3항의 경우에 총회를 2회 이상 소집하여도 총회가 구성되지 아니할 때에는 출석 조합원 3분의 2 이상의 찬성이 있으면 총회의 승인이 있는 것으로 본다.

제73조(청산 잔여재산의 처리) ① 조합이 해산 후 채무를 변제하고 청산 잔여재산이 있을

때에는 출자좌수의 비율에 따라 총회가 정한 산정방법에 의하여 이를 조합원에게 분배한다.

② 조합의 청산 잔여재산은 총회에서 정하는 바에 따라 이 조합과 유사한 목적을 가진 비영리 법인에 증여할 수 있다.

부칙

이 정관은 ○○○시·도지사의 신고서류 수리가 완료된 날부터 시행한다.

발기인　○ ○ ○　(인)

발기인　○ ○ ○　(인)

발기인　○ ○ ○　(인)

발기인　○ ○ ○　(인)

발기인　○ ○ ○　(인)

○○사회적협동조합 정관 (예시)

제1장 총칙

제1조(설립과 명칭) 이 조합은 협동조합기본법에 의하여 설립하며, ○○사회적협동조합이라 한다.

> **유의사항**
> - 조합은 사업분야와 내용, 사업구역, 조합원의 구성 등을 고려하여 다른 협동조합(연합회) 및 사회적협동조합(연합회), 이종협동조합연합회와 구별되는 명칭을 사용하여야 한다.

제2조(목적) ○○사회적협동조합(이하 '조합'이라 한다)은 자주적 · 자립적 · 자치적인 조합활동을 통하여 ---------- 위하여 ---------- 을 목적으로 한다.

> **유의사항**
> - 조합의 유형에 맞는 설립목적을 구체적으로 기재하여야 한다.
> - 정관과 달리 법인등기부상에는 '목적'만 등재하도록 되어있으므로 등기신청 시에는 정관 제2조(목적)과 제60조(사업의 종류)를 통합하여 등기부상 '목적'사항으로 신청해야 한다.

※ 사회적협동조합의 예시

제2조(목적) ○○사회적협동조합(이하 '조합'이라 한다)은 자주적 · 자립적 · 자치적인 조합활동을 통하여 구성원의 복리증진과 상부상조 및 국민경제의 균형 있는 발전에 기여하기 위하여 2명 이상의 서로 다른 이해관계자들이 모여 구성원의 ○○○○ 및 사회복지 향상과

공공의 이익을 목적으로 한다.

※ 의료복지사회적협동조합의 예시

제2조(목적) ○○의료복지사회적협동조합(이하 '조합'이라 한다)은 자주적 · 자립적 · 자치적인 협동조합 활동을 통하여 구성원의 복리증진과 상부상조 및 국민경제의 균형 있는 발전에 기여하기 위하여 2명 이상의 서로 다른 이해관계자들이 모여 구성원의 건강증진 및 사회복지 향상과 지역사회 발전을 목적으로 한다.

제3조(조합의 책무) ① 조합은 조합원 등의 권익 증진을 위하여 교육 · 훈련 및 정보 제공 등의 활동을 적극적으로 수행한다.
② 조합은 다른 협동조합, 다른 법률에 따른 협동조합, 외국의 협동조합 및 관련 국제기구 등과의 상호 협력, 이해 증진 및 공동사업 개발 등을 위하여 노력한다.

제4조(사무소의 소재지) 조합의 주된 사무소는 ○○시 · 도에 두며, 이사회의 의결에 따라 필요한 곳에 지사무소를 둘 수 있다.

> **유의사항**
> • 정관의 주된 사무소 소재지는 상업등기법 제29조에 따라 행정구역을 특정할 수 있을 정도(특별시, 광역시, 특별자치시, 시 또는 군)까지 적는다. ('경기도' · '강원도' 등은 지양)
> • 지사무소 설치 방법은 정관 위임사항으로 정관에 정하는 방법에 따라 규약 · 규정 등으로 정할 수 있다.

※ 지역아동센터사회적협동조합(1법인 다센터)의 경우

제4조(사무소의 소재지) 조합의 주된 사무소는 ○○지역아동센터로 ○○시 · 도에 두며, 지사무소는 ○○지역아동센터(○○시 · 도), ○○지역아동센터(○○시 · 도)이다. 지사무소 설치는 이사회의 의결에 따른다.

※ 의료복지사회적협동조합의 경우

제4조의2(의료기관의 소재지) 본 조합이 설치 운영하는 ○○의원의 소재지는 ○○시 ○○구 ○○로 ○○층, ○○호에 둔다.

제5조(사업구역) 조합의 사업구역은 ○○○로 한다.

제6조(공고방법) ① 조합의 공고는 주된 사무소의 게시판(지사무소의 게시판을 포함한다) 또는 조합의 인터넷 홈페이지(www.○○.com)에 게시하고, 필요하다고 인정하는 때에는 ○○특별시·광역시·특별자치시·도·특별자치도에서 발간되는 일간신문 또는 중앙일간지에 게재할 수 있다.

② 제1항의 공고기간은 7일 이상으로 하며, 조합원의 이해에 중대한 영향을 미칠 수 있는 내용에 대하여는 공고와 함께 서면으로 조합원에게 통지하여야 한다.

- 공고방법으로 인터넷 홈페이지를 규정하는 경우, 정관에 사이트 주소까지 명시하여야 한다.

제7조(통지 및 최고방법) 조합원에 대한 통지 및 최고는 조합원명부에 기재된 주소지로 하고, 통지 및 최고기간은 7일 이상으로 한다. 다만, 조합원이 따로 연락받을 연락처를 지정하였을 때에는 그곳으로 한다.

제8조(공직선거 관여 금지) ① 조합은 공직선거에 있어서 특정 정당을 지지·반대하거나 특정인을 당선되도록 하거나 당선되지 아니하도록 하는 일체의 행위를 하여서는 아니 된다. ② 누구든지 조합을 이용하여 제1항에 따른 행위를 하여서는 아니 된다.

제9조(규약 또는 규정) 조합의 운영 및 사업실시에 관하여 필요한 사항으로서 이 정관으로 정한 것을 제외하고는 규약 또는 규정으로 정할 수 있다.

제2장 조합원

제10조(조합원의 자격 및 유형) ① 조합의 설립목적에 동의하고 조합원으로서의 의무를 다하고자 하는 자는 조합원이 될 수 있다.

② 조합원의 유형은 다음 각 호와 같다.

 1. 생산자(사업자)조합원: 조합의 ○○○ 사업 등에 관련 재화 또는 서비스 공급하는 등 함께 사업수행에 참여하는 자

 2. 소비자(서비스 수혜자)조합원: 조합의 ○○○ 사업 등으로 생산한 재화나 서비스를 공급 받거나 이용하는 자

 3. 직원(노동자)조합원: 조합에 직원으로 재직하는 자

 4. 자원봉사자조합원: 조합에 무상으로 필요한 서비스 등을 제공하는 자

 5. 후원자조합원: 조합에 필요한 물품 등을 기부하거나 자금 등을 후원하는 자

> **유의사항**
>
> - 사회적협동조합은 사업분야와 내용, 사업구역, 조합원의 구성 등을 고려하여 조합의 설립 목적 및 특성에 부합되는 자로 조합원의 자격을 정관으로 제한할 수 있다.(법 제21조 제2항)
> - 사회적협동조합은 둘 이상 유형의 조합원으로 구성되어야 한다(다중이해관계자협동조합, 시행령 제19조 제1항 제2호).
> - 조합원 유형은 위의 1~5호 외에도, 사업 성격 등에 따라 1~5호의 성격이 여러 가지 혼재된 경우 등 필요한 경우에는 명칭이나 역할을 정관에 자유로이 정할 수 있다.
> - 생산자/소비자 조합원은 조합의 사업 특성에 맞게 규정할 것을 권장(예시: 교육이 주 사업인 사회적협동조합의 경우, 생산자 조합원은 ① ○○교육사업(주사업)에 참여하는 강사 ② 교육프로그램 개발자 혹은 제공하는 사업자 등으로 규정 가능하며, 소비자 조합원은 ○○ 교육사업(주사업)의 수강생 등으로 규정)

제11조(조합원의 가입) ① 조합원의 자격을 가진 자가 조합에 가입하고자 할 때에는 가입신청서를 제출하여야 한다.

② 조합은 제1항에 따른 신청서가 접수되면 신청인의 자격을 확인하고 가입의 가부를 결정하

여 신청서를 접수한 날부터 2주 이내에 신청인에게 서면 또는 전화 등의 방법으로 통지하여야 한다.

③ 제2항의 규정에 따라 가입의 통지를 받은 자는 조합에 가입할 자격을 가지며 납입하기로 한 출자좌수에 대한 금액을 가입 후 ○개월 내에 조합에 납부함으로써 조합원이 된다.

④ 조합은 정당한 사유없이 조합원의 자격을 갖추고 있는 자에 대하여 가입을 거절하거나 가입에 관하여 다른 조합원보다 불리한 조건을 붙일 수 없다.

> **유의사항**
> • 출자금 납부 시기는 조합원 자격과 연계되므로 정관에 명확히 규정하는 것이 바람직하다.

제12조(조합원의 고지의무) 조합원은 제11조제1항에 따라 제출한 가입신청서의 기재사항에 변경이 있을 때 또는 조합원의 자격을 상실하였을 때에는 지체 없이 조합에 이를 고지하여야 한다.

제13조(조합원의 책임) 조합원의 책임은 납입한 출자액을 한도로 한다.

제14조(탈퇴) ① 조합원은 조합에 탈퇴의사를 알리고 조합을 탈퇴할 수 있다.

② 조합원은 다음 각 호의 어느 하나에 해당하는 때에는 당연히 탈퇴된다.

1. 조합원 지위의 양도 등 조합원으로서의 자격을 상실한 경우
2. 사망한 경우
3. 성년후견개시의 심판을 받은 경우
4. 조합원인 법인이 해산한 경우

> **유의사항**
> • 탈퇴의사를 알리는 방법, 형식 등을 정관에 정하는 방법에 따라 규정 등으로 정할 수 있다.
> • 그 밖의 필요에 따라 제2항의 1~4호 외의 사유를 정관에 추가로 정할 수 있다.

제15조(제명) ① 조합은 조합원이 다음 각 호의 어느 하나에 해당하면 총회의 의결을 얻어 제명할 수 있다.

1. 출자금 및 경비의 납입 등 조합에 대한 의무를 이행하지 아니한 경우
2. ○년 이상 계속해서 조합의 사업을 이용하지 아니한 경우
3. 조합의 사업과 관련된 법령 · 행정처분 · 정관 및 총회의결사항, 규약 · 규정을 위반한 경우
4. 고의 또는 중대한 과실로 조합의 사업을 방해하거나 신용을 상실하게 하는 행위를 한 경우

② 조합은 제1항에 따라 조합원을 제명하고자 할 때에는 총회 개최 10일 전에 그 조합원에게 제명의 사유를 알리고 총회에서 의견을 진술할 기회를 주어야 한다.

③ 제2항에 따른 의견진술의 기회를 주지 아니하고 행한 총회의 제명 의결은 해당 조합원에게 대항하지 못한다.

④ 조합은 제명결의가 있었을 때에 제명된 조합원에게 제명이유를 서면으로 통지하여야 한다.

> **유의사항**
> • 조합에서 기간만 자율적으로 규정 가능함. 다만, 조합의 주 사업 유형 · 특성 및 조합원의 권리보호 취지를 고려하여 지나치게 단기간으로는 정하지 않도록 한다.
> • 1,2호 외의 제명 사유는 조합에서 자율적으로 결정할 수 있다.

제16조(탈퇴 · 제명조합원의 출자금환급청구권) ① 탈퇴 조합원(제명된 조합원을 포함한다. 이하 이 조와 제17조에서 같다)은 출자금의 환급을 청구할 수 있다.

② 조합은 탈퇴 조합원이 조합에 대한 채무를 다 갚을 때까지는 제1항에 따른 출자금의 환급을 정지할 수 있다. 다만, 탈퇴 조합원이 조합에 대하여 채무가 있을 때에는 제1항에 따른 환급금과 상계할 수 있다.

③ 제1항에 따른 청구권은 탈퇴(제명을 포함한다. 이하 이 조와 제17조에서 같다) 당시의 회계연도의 다음 회계연도부터 청구할 수 있다.

④ 제1항에 따른 청구권은 제3항에 따라 청구권을 행사할 수 있는 날부터 2년간 행사하지 아니하면 시효로 인하여 소멸된다.

> **유의사항**
> - 탈퇴・제명조합원에 대한 출자금 환급의 범위는 정관으로 정하여야 한다.
> - 행사시기는 법령사항이나 행사방법은 정관위임사항으로 출자금환급청구권은 탈퇴하거나 제명된 당시 회계연도의 다음 회계연도부터 정관으로 정하는 방법에 따라 행사할 수 있다.

제17조(탈퇴조합원의 손실액 부담) ① 조합은 조합의 재산으로 그 채무를 다 갚을 수 없는 경우에는 탈퇴 조합원의 출자금의 환급분을 계산할 때, 탈퇴 조합원이 부담하여야 할 손실액의 납입을 청구할 수 있다.

② 제1항에 따른 손실액의 납입 청구에 관하여는 제16조제4항을 준용한다.

> **유의사항**
> - 탈퇴・제명 조합원이 부담하여야 할 손실액의 납입(범위)는 정관위임사항으로 조합에서 결정하여 정할 수 있다.

제3장 출자와 경비부담 및 적립금

제18조(출자) ① 조합원은 ○좌 이상의 출자를 하여야 하며 출자 1좌의 금액은 ○○○원으로 한다.

② 한 조합원의 출자좌수는 총 출자좌수의 100분의 30을 초과해서는 아니 된다.

③ 출자금은 ○일까지 납입한다.

④ 조합에 납입할 출자금은 조합에 대한 채권과 상계하지 못한다.

⑤ 출자는 현물로도 할 수 있고, 현물출자의 경우 규약이 정하는 바에 따라 출자액을 계산한다. 이 경우 현물출자자는 출자의 납입기일에 출자의 목적인 재산의 전부를 조합 또는 조합에서 지정한 장소에 납입하여야 한다.

> **유의사항**
>
> - 조합원이 출자해야 하는 출자좌수는 1좌 이상으로 정관에 정하여야 한다.
> - 출자 1좌의 금액은 균일하게 정하여야 한다.
> - 한 조합원의 출자좌수는 총 출자좌수의 100분의 30의 범위 안에서 정관으로 정할 수 있다.
> - 출자금은 일시납을 원칙으로 하되, 만약 분납을 허용하는 경우에는 조합원 자격 취득 시기, 분납 가능 횟수, 분납 완료 시기 등을 정관에 정하여야 한다.
> - 일시납일 경우, 가입일부터 ○일까지/ 분납일 경우에도 ~까지 기간을 구체적으로 명시하여야 한다.
> - 현물출자에 대해서는 정관에 정하는 방법에 따라 규약 등으로 정할 수 있다.

※ 의료복지사회적협동조합의 경우

제18조(출자) ① 조합원은 ○좌 이상의 출자를 하여야 하며 출자 1좌의 금액은 ○○○원으로 하며, 조합원 1인당 최저출자금은 5만 원 이상이어야 한다. 다만, 다음 각 호에 해당하는 자는 그러하지 아니하다.

1. 「의료급여법」 제3조에 따른 수급권자
2. 「장애인고용촉진 및 직업재활법」 제2조제1호에 따른 장애인

3. 「한부모가족지원법」 제5조 및 제5조의2에 따른 지원대상자

4. 「재한외국인 처우 기본법」 제2조제3호에 따른 결혼이민자

5. 보건복지부장관이 정하여 고시하는 희귀난치성질환을 가진 자

6. 조합원과 같은 가구에 속하는 자

② 한 조합원의 최고출자금은 출자금 납입총액의 10퍼센트 이내여야 한다. 다만, 2인 이상의 조합원이 6촌 이내의 혈족, 4촌 이내의 인척, 배우자(사실상의 혼인관계에 있는 자 포함)일 경우에는 그 2인 이상의 조합원 출자금 총액이 총 출자금 납입총액의 10퍼센트 이내여야 한다.

③ 조합에 납입할 출자금은 조합에 대한 채권과 상계하지 못한다.

④ 출자는 현물로도 할 수 있고, 현물출자의 경우 규약이 정하는 바에 따라 출자액을 계산한다. 이 경우 현물출자자는 출자의 납입기일에 출자의 목적인 재산의 전부를 조합 또는 조합에서 지정한 장소에 납입하여야 한다.

⑤ 출자금 납입총액이 1억원 이상이면서 총자산 대비 100분의 50 이상이어야 한다.

유의사항

- 의료복지사회적협동조합의 경우, 제18조 제1항 각호에 해당하는 자는 5만원 미만의 출자금을 납부해도 된다.(시행령 제19조)
- 현물출자에 대해서는 정관에 정하는 방법에 따라 규약 등으로 정할 수 있다.
- 인가관청의 승인을 받은 경우 총자산 대비 출자금 납입총액의 비율을 100분의 50 미만으로 할 수 있다. 정하는 방법에 따라 규약 등으로 정할 수 있다.

제19조(출자증서등의 교부) ① 조합의 이사장은 조합원이 제18조의 규정에 의하여 최초 출자금을 납입한 때 및 조합원이 요구할 때에는 다음 각 호의 사항을 적은 출자증서 또는 출자를 확인할 수 있는 증표에 기명날인하여 조합원에게 발급하여야 한다.

1. 조합의 명칭

2. 조합원의 성명 또는 명칭

3. 조합 가입 연월일

4. 출자금의 납입 연월일

5. 출자금액 또는 출자좌수

6. 발행 연월일

② 조합의 이사장은 매년 정기총회 ○일 후까지 조합원의 출자금액 변동상황을 조합원에게 알려주어야 한다. 이 경우 우편, 전자통신매체 등을 이용하여 통지할 수 있다.

> **유의사항**
> • 출자금변동상황은 변동상황이 있는 경우에만 알려주면 된다.

제20조(출자금등의 양도와 취득금지) ① 조합원 지위의 양도 또는 조합원 출자금의 양도는 총회의 의결을 받아야 한다.

② 조합원이 아닌 자가 출자금을 양수하려고 할 때에는 가입의 예에 따른다.

③ 출자금의 양수인은 그 출자금에 관하여 양도인의 권리의무를 승계한다.

④ 조합원은 출자금을 공유하지 못한다.

⑤ 조합은 조합원의 출자금을 취득하거나 이를 질권의 목적으로 하여서는 아니 된다.

제21조(출자금액의 감소의결) ① 조합은 부득이한 사유가 있을 때에는 조합원의 신청에 의하여 출자좌수를 감소할 수 있다.

② 조합은 출자 1좌의 금액 또는 출자좌수의 감소(이하 '출자감소'라 한다)를 총회에서 의결한 경우에는 그 의결을 한 날부터 14일 이내에 대차대조표를 작성한다.

③ 조합은 제2항에 따른 의결을 한 날부터 14일 이내에 채권자에 대하여 이의가 있으면 조합의 주된 사무소에 이를 서면으로 진술하라는 취지를 공고하고, 이미 알고 있는 채권자에게는 개별적으로 최고하여야 한다.

④ 제3항에 따른 이의신청 기간은 30일 이상으로 한다.

⑤ 그 밖의 출자감소 절차와 방법에 관하여는 별도의 규약으로 정할 수 있다.

> **유의사항**
> • 출자좌수의 감소는 출자 1좌 금액의 감소와는 달리 법령사항은 아니지만, 조합원의 재산권과 관련되는 중요사항이므로 총회의결사항으로 정하는 것을 권고

제22조(출자감소 의결에 대한 채권자의 이의) ① 채권자가 제21조의 이의신청 기간에 출자감소에 관한 의결에 대하여 이의를 신청하지 아니하면 출자감소를 승인한 것으로 본다.

② 채권자가 이의를 신청하면 조합은 채무를 변제하거나 상당한 담보를 제공하여야 한다.

제23조(경비 및 사용료와 수수료) ① 조합은 사업운영을 위하여 조합원 및 조합의 사업을 이용하는 자에게 다음 각 호의 경비 및 사용료와 수수료를 부과 및 징수할 수 있다.

 1. 기본회비

 2. ○○할 목적으로 ○○에게 징수하는 특별회비

 3. ○○사용료

 4. ○○수수료

② 제1항에 따른 경비 및 사용료와 수수료의 부과대상, 부과금액, 부과방법, 징수시기와 징수방법은 규약으로 정한다.

③ 조합원은 제1항에 따른 경비 및 사용료와 수수료를 납입할 때 조합에 대한 채권과 상계할 수 없다.

④ 제2항의 부과금에 있어서 조합원등에 대한 부과금액의 산정기준 사항에 변경이 있어도 이미 부과한 금액은 변경하지 못한다.

> **유의사항**
> • 조합이 경비 및 사용료와 수수료를 징수하는 경우에는 그 명목을 구체적으로 명시하여야 한다.
> • 경비 및 사용료와 수수료를 징수하지 않는 경우에는 삭제 가능하다.

제24조(과태금) ① 조합은 조합원이 출자금 또는 경비 등의 납입의무를 그 기한까지 이행하지 아니하는 경우에는 과태금을 징수할 수 있다.

② 조합원은 제1항에 따른 과태금을 조합에 대한 채권과 상계할 수 없다.

③ 과태금의 금액 및 징수방법은 규약으로 정한다.

- 조합이 징수할 수 있는 과태금의 명목을 구체적으로 명시하여야 한다.

- 과태금을 징수하지 않는 경우에는 삭제 가능하다.

- 과태금 금액은 규약으로, 과태금 징수방법은 규정으로 정하는 것도 가능하다.

제25조(법정적립금) ① 조합은 매 회계연도 결산의 결과 잉여금이 있는 때에는 해당 회계연도 말 출자금 납입총액의 3배가 될 때까지 잉여금의 100분의 30 이상을 적립하여야 한다. ② 제1항의 법정적립금은 손실금의 보전에 충당하거나 해산하는 경우 외에는 사용하여서는 아니 된다.

- 잉여금의 최저비율은 100분의 30으로 되어 있으나, 정관에서 그 이상으로 정할 수 있다.

제26조(임의적립금) ① 조합은 매 회계연도의 잉여금에서 제25조에 따른 법정적립금을 빼고 나머지가 있을 때에는 총회에서 결정하는 바에 따라 매 회계연도 잉여금의 100분의 ○○ 이상을 임의적립금으로 적립할 수 있다. ② 임의적립금은 총회에서 결정하는 바에 따라 사업준비금, 사업개발비, 교육 등 특수목적을 위하여 지출할 수 있다.

- 임의적립금의 적립범위는 정관에 정해야 한다.
- 사업준비금 외에 임의적립금의 다양한 목적을 정할 수 있다.

제4장 총회와 이사회

제27조(총회) ① 조합은 총회를 둔다.

② 총회는 정기총회와 임시총회로 구분한다.

③ 총회는 조합원으로 구성하며, 이사장이 그 의장이 된다.

제28조(대의원총회) ① 조합원의 수가 200인을 초과하는 경우 총회에 갈음할 대의원 총회를 둘 수 있다.

※ 의료복지사회적협동조합의 경우

제28조(대의원총회) ① 조합은 총회에 갈음할 대의원 총회를 둘 수 있다.

② 대의원은 조합원 중에서 제10조제2항의 조합원 유형에 따라 각각 선출한다. 다만, 선출할 대의원 수는 이사회에서 정한다.

③ 대의원 총회를 구성하는 대의원 정수는 대의원 선출 당시 조합원 총수의 100분의 10 이상이어야 한다. 다만, 대의원 총수가 100명을 초과하는 경우에는 100명으로 할 수 있다.

④ 대의원 임기만료 또는 사임으로 인해 대의원 정수를 충족하지 못하는 경우 퇴임한 대의원은 새로운 대의원이 선임될 때까지 대의원의 권리·의무가 있다.

⑤ 대의원의 의결권 및 선거권은 대리인으로 하여금 행사하게 할 수 없다.

⑥ 대의원의 임기는 ○년으로 한다. 다만, 결원으로 인하여 선출된 대의원의 임기는 전임자의 임기의 남은기간으로 한다.

⑦ 대의원은 조합원의 선거를 통하여 선출하며, 선거방법에 관한 사항은 선거관리규정으로 정한다.

⑧ 대의원총회에 관하여는 총회에 관한 사항을 준용하며, 이 경우 '조합원'은 '대의원'으로 본다.

⑨ 대의원총회는 조합의 합병, 분할 및 해산에 관한 사항은 의결할 수 없다.

제29조(대의원의 의무 및 자격상실) ① 대의원은 성실히 대의원총회에 출석하고, 그 의결에 참여하여야 한다.

② 대의원총회는 대의원이 다음 각 호의 어느 하나에 해당하는 행위를 할 때에는 그 의결로 대의원자격을 상실하게 할 수 있다. 이 경우 해당 대의원에게 서면으로 자격상실 이유를 의결일 7일 전까지 통지하고, 총회 또는 대의원총회에서 의견을 진술할 기회를 주어야 한다.

1. 대의원총회 소집통지서를 받고 정당한 사유 없이 계속하여 3회 이상 출석하지 아니하거나 대의원총회에 출석하여 같은 안건에 대한 의결에 2회 이상 참가하지 아니한 경우
2. 부정한 방법으로 대의원총회의 의사를 방해한 경우
3. 고의 또는 중대한 과실로 이 조합의 명예 또는 신용을 훼손시킨 경우

제30조(정기총회) 정기총회는 매년 1회 회계연도 종료 후 3개월 이내에 이사장이 소집한다.

제31조(임시총회) ① 임시총회는 다음 각 호의 어느 하나에 해당하는 경우에 이사장이 소집한다.

1. 이사장 및 이사회가 필요하다고 인정할 때

2. 조합원이 조합원 5분의 1 이상의 동의를 받아 소집의 목적과 이유를 적은 서면을 제출하여 이사장에게 소집을 청구한 때

3. 감사가 조합의 재산상황이나 업무집행에 부정한 사실이 있는 것을 발견하고 그 내용을 총회에 신속히 보고할 필요가 있다고 인정하여 이사장에게 소집을 청구한 때

② 이사장은 제1항 제2호(제57조 규정에 따른 해임 요구를 포함한다) 및 제3호의 청구를 받으면 정당한 사유가 없는 한 2주 이내에 소집절차를 밟아야 한다.

③ 제1항 제2호 및 제3호의 규정에 의하여 총회의 소집을 청구하였으나 총회를 소집할 자가 없거나 그 청구가 있는 날부터 2주 이내에 이사장이 총회의 소집절차를 밟지 아니한 때에는 감사가 7일 이내에 소집절차를 밟아야 한다. 이 경우 감사가 의장의 직무를 수행한다.

④ 감사가 제3항의 기한 이내에 총회의 소집절차를 밟지 아니하거나 소집할 수 없는 경우에는 제1항 제2호의 규정에 의하여 총회의 소집을 청구한 조합원의 대표가 이를 소집한다. 이 경우 조합원의 대표가 의장의 직무를 수행한다.

> **유의사항**
>
> • 임시총회 소집사유, 소집방법 등에 대해서는 정관으로 정한다.

제32조(총회의 소집절차) ① 이사장은 총회 개최 7일 전까지 회의목적 · 안건 · 일시 및 장소를 정하여 우편 또는 전자통신매체 등으로 각 조합원에게 통지하여야 한다.

② 이사장이 궐위 또는 부득이한 사유로 총회를 소집할 수 없는 때에는 제52조에서 정하고 있는 순으로 이를 소집한다.

> **유의사항**
>
> • 통지방법은 정관으로 자유로이 정할 수 있다. 다만, 상대방에게 도달했음이 입증 가능한 방법을 정해야 한다.
>
> • 공고 제목에 결정내용이나 주요 공고 내용을 포함하여 상대방이 쉽게 인식 가능하도록 작성하는 것이 바람직하다.

제32조의2(조합원제안권) ① 조합원이 조합원 5분의 1 이상의 동의를 받아 이사장에게 총회일의 2주 전에 서면으로 일정한 사항을 총회의 목적사항으로 할 것을 제안(이하 '조합원제안'이라 한다)할 수 있다.

② 이사장은 제1항에 의한 조합원제안이 있는 경우에는 이를 이사회에 보고하고, 이사회는 조합원제안의 내용이 법령 또는 정관을 위반하는 경우를 제외하고는 이를 총회의 목적사항으로 하여야 한다. 이 경우 조합원제안을 한 자가 청구하면 총회에서 그 제안을 설명할 기회를 주어야 한다.

> **유의사항**
> • 입법예고했던 협동조합기본법 일부개정법률안(기획재정부 제2020-156호, 2020.9.1.~2020.10.12.)에 포함된 내용임

제33조(총회의 의결사항) 다음 각 호의 사항은 총회의 의결을 얻어야 한다.

1. 정관의 변경
2. 규약의 제정과 변경 또는 폐지
3. 임원의 선출과 해임
4. 사업계획 및 예산의 승인
5. 결산보고서(사업보고서, 대차대조표, 손익계산서, 잉여금처분안 또는 손실금처리안 등을 말한다. 이하 같다)의 승인
6. 감사보고서의 승인
7. 조합의 합병, 분할, 해산 또는 휴업
8. 조합원의 제명
9. 다른 협동조합에 대한 우선 출자
10. 탈퇴 조합원(제명된 조합원을 포함한다)에 대한 출자금 환급
11. 그 밖에 이사장 또는 이사회가 필요하다고 인정하는 사항

- 조합은 법령에 반하지 않는 범위에서 총회의결사항을 추가적으로 규정할 수 있다.
- 기본자산의 취득과 처분, 임원의 보수, 조합의 차입금 한도 결정, 사업계획 및 예산 중 중요한 사항의 변경 등은 총회의결사항으로 넣는 것이 바람직하다.

※ 의료복지사회적협동조합의 경우 제12호를 다음과 같이 추가한다.

12. 차입금의 최고한도 결정

제34조(총회의 의사) ① 총회의 의사는 법령상 다른 규정이 있는 경우를 제외하고는 총 조합원 과반수의 출석으로 개회하고 출석조합원 과반수의 찬성으로 의결한다.

② 제1항의 규정에 의한 총회의 개의 정족수 미달로 총회가 유회된 때에는 이사장은 20일 이내에 다시 총회를 소집하여야 한다.

③ 총회는 제32조에 따라 미리 통지한 사항에 한하여 의결할 수 있다. 다만, 긴급을 요하여 총 조합원의 3분의 2이상의 출석과 출석조합원 3분의 2 이상의 찬성이 있는 때에는 그러하지 아니하다.

④ 총회에서 조합과 조합원간의 이익이 상반되는 사항에 대하여 의결을 행할 때에는 해당 조합원은 의결에 참가하지 못한다. 이 경우 의결에 참가하지 못하는 조합원은 의사정족수와 의결정족수에 포함되지 아니한다.

- 입법예고했던 협동조합기본법 일부 개정 법률안(기획재정부 제2020-156호, 2020.9.1.~2020.10.12.)에 포함된 내용임

제35조(특별의결사항) 다음 각 호의 사항은 조합원 과반수의 출석과 출석조합원 3분의 2 이상의 찬성으로 의결한다.

1. 정관의 변경
2. 조합의 합병 · 분할 · 해산 또는 휴업
3. 조합원의 제명

4. 탈퇴 조합원(제명된 조합원을 포함한다)에 대한 출자금 환급

5. 다른 협동조합에 대한 우선출자

제36조(의결권 및 선거권) ① 조합원은 출자좌수에 관계없이 각각 1개의 의결권과 선거권을 갖는다.

② 조합원은 대리인으로 하여금 의결권 및 선거권을 행사하게 할 수 있다. 이 경우 그 조합원은 출석한 것으로 본다.

③ 제37조의 자격을 갖춘 대리인이 의결권 또는 선거권을 행사할 때에는 대리권을 증명하는 서면을 의결권 또는 선거권을 행사하기 전에 조합이 정하는 양식에 따라 미리 조합에 제출하여야 한다.

> **유의사항**
> • 대리권을 증명하는 서면은 반드시 제출해야 한다.
>   다만, 서면의 양식, 행사시기 등은 정관에서 정하는 방법에 따라 규약이나 규정 등으로 정할 수 있다.

제37조(대리인이 될 자격) 전조 제2항에 따른 대리인은 다른 조합원 또는 본인과 동거하는 가족(조합원의 배우자, 조합원 또는 그 배우자의 직계 존속·비속과 형제자매, 조합원의 직계 존속·비속 및 형제자매의 배우자를 말한다)이어야 하며, 대리인이 대리할 수 있는 조합원의 수는 1인에 한정한다.

제38조(총회의 의사록) ① 총회의 의사에 관하여 의사록을 작성하여야 한다.

② 의사록에는 의사의 진행 상황과 그 결과를 적고 의장과 총회에서 선출한 조합원 3인 이상이 기명날인하거나 서명하여야 한다.

제39조(총회의 운영규약) 정관에 규정하는 외에 총회의 운영에 관하여 필요한 사항은 총회운영규약으로 정한다.

제40조(총회의 회기연장) ① 총회의 회기는 총회의 결의에 의하여 연장할 수 있다.

② 제1항의 규정에 의하여 속행된 총회는 제32조제1항의 규정을 적용하지 아니한다.

제41조(이사회) ① 조합에 이사회를 둔다.

② 이사회는 이사장 및 이사로 구성한다.

③ 이사장은 이사회를 소집하고 그 의장이 된다.

④ 이사회의 소집은 회의일 7일전까지 회의의 목적, 안건, 일시 및 장소를 기재한 서면을 각 이사에게 통지하여야 한다. 다만 긴급을 요하여 이사회 구성원 과반수의 동의가 있을 때에는 소집절차를 생략할 수 있다.

⑤ 이사는 이사장에게 이사회 소집을 요구할 수 있다. 이사장이 정당한 사유 없이 이사회 소집을 거절하는 경우에는 다른 이사가 이사회를 소집할 수 있다.

⑥ 감사는 필요하면 회의의 목적사항과 소집이유를 서면에 적어 이사장에게 제출하여 이사회 소집을 청구할 수 있다. 이 경우 감사가 청구를 하였는데도 이사장이 지체없이 이사회를 소집하지 아니하면 그 청구한 감사가 이사회를 소집할 수 있다.

⑥ 제5항과 제6항의 경우 이사장이 의장의 직무를 행할 수 없을 경우에는 제52조에 정한 순서대로 이사장의 직무를 대행할 이사가 그 직무를 대행한다.

> **유의사항**
> • 조합원 10인 미만인 경우에는 총회 의결에 따라 이사회를 두지 않을 수도 있다.
> • 이사의 종류 및 명칭은 필요에 따라 달리 정할 수 있다.
> • 이사회의 개의(開議) 등 이사회 운영에 관하여 필요한 사항은 정관으로 정한다.
> • 입법예고했던 협동조합기본법 일부개정법률안(기획재정부 제2020-156호, 2020.9.1.~2020.10.12.)에 포함된 내용임

제42조(이사회의 의결사항) ① 이사회는 다음 각 호의 사항을 의결한다.

1. 조합의 재산 및 업무집행에 관한 사항

2. 총회의 소집과 총회에 상정할 의안

3. 규정의 제정과 변경 및 폐지

4. 사업계획 및 예산안 작성

5. 간부 직원의 임면 승인

6. 그 밖에 조합의 운영에 중요한 사항 또는 이사장이 부의하는 사항

> **유의사항**
>
> • 협동조합기본법 제29조에 규정된 필요적 총회 의결사항은 이사회에 위임할 수 없다.
> • 조합은 법령에 반하지 않는 범위(1~4호, 6호는 법령사항)에서 조합의 업무집행을 위하여 필요한 사항(5호는 권고사항)을 추가적으로 이사회 의결사항으로 규정할 수 있다.

② 이사회는 제60조 각 호의 사업을 수행하기 위하여 필요한 위원회를 설치 운영할 수 있다.

③ 제2항의 위원회 구성 및 운영에 관하여는 별도 규정으로 정한다.

제43조(이사회의 의사) ① 이사회는 구성원 과반수의 출석으로 개회하고 출석이사 과반수의 찬성으로 의결한다.

② 이사의 개인 이익과 조합의 이익이 상반되는 사항이나 신분에 관련되는 사항에 관하여는 당해이사는 이사회의 의결에 관여할 수 없다. 이 경우 의결에 참가하지 못하는 이사는 의사정족수와 의결정족수에 포함되지 아니한다.

> **유의사항**
>
> • 이사회의 의결방법 등 이사회 운영에 관하여 필요한 사항은 정관으로 정한다.

제44조(이사회의 의사록) 이사회의 의사에 관하여는 의사의 경과와 그 결과를 기재한 의사록을 작성하고 참석 이사 전원이 이에 기명날인하거나 서명하여야 한다.

제5장 임원과 직원

제45조(임원의 정수) ① 조합의 임원으로 이사장 1명을 포함한 3명 이상 ○○명 이내의 이사와 1명 이상 ○명 이내의 감사를 둔다. 다만, 이사는 제10조제2항의 조합원 유형에 따라 다양한 이해관계자들로 구성하여야 한다.

② 제1항의 임원 중 이사회의 호선에 의해 상임임원을 둘 수 있다.

> **유의사항**
> • 임원의 정수는 법에서 규정한 최소 정수(이사장 1명 포함한 이사 3명, 감사 1명)를 벗어나지 않는 범위에서 정관으로 정한다.

제46조(임원의 선임) ① 이사 및 감사는 총회가 조합원 중에서 선출한다. 다만, 이사회의 추천에 따라 조합원 외의 자를 선출할 수 있다.

② 이사장은 이사 중에서 총회에서 선출한다. 다만 부이사장, 전무이사 및 상무이사는 이사회가 이사 중에서 호선할 수 있다.

> **유의사항**
> • 임원은 조합원 중에 선출하는 것을 권장하나, 조합의 특성을 고려하여 조합원 합의에 따라 조합원 외의 자를 임원으로 선출하는 것도 가능하다.
> • 감사는 조합의 업무집행상황, 재산상태, 장부 및 서류 등을 감독하는 것으로 회계지식이 있어야 하며, 중립적인 입장에서 직무를 수행할 수 있는 사람을 선임하여야 한다.
> • 이사장은 이사 중에서 선출하여야 한다. 다만 이사장 외의 이사의 종류 및 명칭은 필요에 따라 달리 정할 수 있다.

③ 임원의 결원에 따른 보궐선거는 결원이 발생한 날로부터 ○개월 이내로 하여야 한다.

④ 임원의 임기만료 또는 사임으로 제45조에 따른 임원의 정수를 충족하지 못하는 경우, 퇴임한 임원은 새로운 임원이 선임될 때까지 임원의 권리·의무가 있다.

③ 제1항~제4항의 선거 방법, 절차 등에 관하여는 별도의 선거관리규정으로 정한다.

제47조(선거운동의 제한) ① 누구든지 자기 또는 특정인을 조합의 임원 또는 대의원으로 당선되도록 하거나 당선되지 아니하도록 할 목적으로 다음 각 호의 어느 하나에 해당하는 행위를 할 수 없다.

1. 조합원(조합에 가입신청을 한 자를 포함한다. 이하 이 조에서 같다)이나 그 가족(조합원의 배우자, 조합원 또는 그 배우자의 직계 존속·비속과 형제자매, 조합원의 직계 존속·비속 및 형제자매의 배우자를 말한다. 이하 이 조에서 같다) 또는 조합원이나 그 가족이 설립·운영하고 있는 기관·단체·시설에 대한 다음 각 목의 어느 하나에 해당하는 행위

   가. 금전·물품·향응이나 그 밖의 재산상의 이익을 제공하는 행위

   나. 공사의 직을 제공하는 행위

   다. 금전·물품·향응, 그 밖의 재산상의 이익이나 공사의 직을 제공하겠다는 의사표시 또는 그 제공을 약속하는 행위

2. 후보자가 되지 못하도록 하거나 후보자를 사퇴하게 할 목적으로 후보자가 되려는 사람이나 후보자에게 제1호 각 목에 규정된 행위를 하는 행위

3. 제1호 또는 제2호의 이익이나 직을 제공받거나 그 제공의 의사표시를 승낙하는 행위 또는 그 제공을 요구하거나 알선하는 행위

② 임원 또는 대의원이 되려는 사람은 선거일 공고일부터 선거일까지의 기간 중에는 선거운동을 위하여 조합원을 호별로 방문하거나 특정 장소에 모이게 할 수 없다.

> **유의사항**
>
> • '정관으로 정하는 기간'을 선거운동 기간으로 정하는 법 제37조 제2항과 동일 취지의 새마을금고법 제85조 제3항이 헌법재판소의 위헌결정(2018헌가12)을 받았으므로, 정관에는 동일 취지의 조항이나 기간을 명확히 명시한 『수산업협동조합법』 제53조 제2항 규정을 참고하여 '선거일 공고일부터 선거일까지의 기간'으로 규정하는 것을 권고

③ 누구든지 조합의 임원 또는 대의원 선거와 관련하여 연설·벽보, 그 밖의 방법으로 거짓의 사실을 공표하거나 공연히 사실을 적시하여 후보자를 비방할 수 없다.

④ 누구든지 임원 또는 대의원 선거와 관련하여 다음 각 호의 방법 이외의 선거운동을 할 수 없다.

1. 선전 벽보의 부착
2. 선거 공보의 배부
3. 소형 인쇄물의 배부
4. 합동 연설회 또는 공개 토론회의 개최
5. 전화(문자메시지를 포함한다)·팩스·컴퓨터통신(전자우편을 포함한다)을 이용한 지지 호소

제48조(선거관리위원회의 구성·운영) ① 조합의 임원 및 대의원 선거사무를 공정하게 관리하기 위하여 본 조합에 선거관리위원회(이하 '위원회'라 한다)를 구성·운영할 수 있다.

② 위원회는 조합원 중에서 이사회의 의결을 거쳐 위원장 1인을 포함한 O명 이내의 위원으로 구성한다. 이 경우 당해 선거에 임원으로 후보등록한 자는 위원이 될 수 없다.

③ 위원의 위촉기간은 위촉일로부터 O년으로 하되 위원이 조합원자격을 상실한 때에는 위원의 직을 상실한다.

④ 위원장은 위원회를 대표하고 위원회를 소집하여 이를 주재한다.

⑤ 위원장은 중요한 사항에 대하여는 위원회에 부의하여 처리하여야 하며, 위원회는 구성원 과반수의 출석으로 개의하고 출석자 과반수의 찬성으로 의결한다.

⑥ 위원회는 다음 각 호의 사무를 관장한다.

1. 후보자의 자격심사
2. 선거인 명부의 확정
3. 후보자 추천의 유·무효 판정
4. 선거공보의 작성과 선거운동방법 결정 및 계도
5. 선거관리, 투표관리 및 개표관리
6. 투표의 유·무효의 이의에 대한 판정
7. 선거관련 분쟁의 조정

8. 선거운동 제한규정 위반여부 심사 및 조치

9. 당선인의 확정

10. 그 밖에 선거에 필요한 사항

⑦ 위원회는 의사의 진행상황 및 그 결과를 적은 의사록을 작성하고, 참석위원이 기명날인하여야 한다.

⑧ 위원은 선거관리사무를 행함에 있어 공정을 기하여야 한다.

⑨ 그 밖에 위원회의 기능·구성 및 운영 등에 관하여 필요한 사항은 선거관리규정으로 정할 수 있다.

> **유의사항**
>
> - 선거관리위원회를 두지 않을 경우, 해당 조항 삭제 가능하다.
> - 선거관리위원회의 기능·구성 및 운영 등에 대해서는 정관에서 정하는 바에 따라 규약이나 규정 등으로 정할 수 있다.
> - 선거관리위원 자격을 조합원만 가능하도록 제한하는 것도 가능하다.
> - 선거관리위원회의 기능·구성 및 운영 등에 대해서는 정관에서 정하는 바에 따라 규약이나 규정 등으로 정할 수 있다.

제49조(임원등의 결격사유) ① 다음 각 호의 어느 하나에 해당하는 자는 이 조합의 임원이 될 수 없다.

1. 피성년후견인

2. 피한정후견인

3. 파산선고를 받고 복권되지 아니한 사람

4. 금고 이상의 실형을 선고받고 그 집행이 끝나거나(집행이 끝난 것으로 보는 경우를 포함한다) 집행이 면제된 날부터 3년이 지나지 아니한 사람

5. 금고 이상의 형의 집행유예를 선고받고 그 유예기간 중에 있는 사람

6. 금고 이상의 형의 선고유예를 받고 그 선고유예기간 중에 있는 사람

7. 형법제303조 또는 성폭력범죄의 처벌 등에 관한 특례법 제10조에 규정된 죄를 범하는 사람들로서 300만원 이상의 벌금형을 선고받고 그 형이 확정된 후, 2년이 지나지 아니한

사람

8. 법원의 판결 또는 다른 법률에 따라 자격이 상실 또는 정지된 사람

② 제1항 각호의 사유가 발생하면 해당 임원은 당연히 퇴직한다.

③ 제2항에 따라 퇴직된 임원이 퇴직 전에 관여한 행위는 그 효력을 상실하지 아니한다.

제50조(임원의 임기) ① 임원의 임기는 ○년으로 한다.

> **유의사항**
> • 임원의 임기는 4년 범위 안에서 정관에서 정하여야 한다.

② 임원은 연임할 수 있다. 다만, 이사장은 두 차례만 연임할 수 있다.

③ 결원으로 인하여 선출된 임원의 임기는 전임자의 임기종료일까지로 한다.

제51조(임직원의 겸직금지) ① 이사장은 다른 조합의 이사장을 겸직할 수 없다.

② 이사장을 포함한 이사와 직원은 감사를 겸직할 수 없다.

③ 조합의 임직원은 국회의원 또는 지방의회의원을 겸직할 수 없다.

④ 임원 총 수의 3분의 1을 초과하여 임원은 이 조합의 직원을 겸직할 수 없다. 다만, 조합원의 수가 10인 이하인 조합은 해당 기간 동안 그러하지 아니하다.

> **유의사항**
> • 조합원의 3분의 2 이상이 직원이고, 조합원인 직원이 전체 직원의 3분의 2 이상인 사회적협동조합인 경우(임원이 직원을 겸직하기 전의 시점을 기준으로 함) 제4항을 삭제하고 규정할 수 있다.

제52조(이사장 및 이사의 직무) ① 이사장은 조합을 대표하고 이사회의 결정에 따라 조합의 업무를 집행한다.

② 이사는 이사장을 보좌하며 조합의 업무를 집행한다.

③ 이사장이 부득이한 사유로 직무를 수행할 수 없을 때에는 미리 이사회가 정한 순서대로

그 직무를 대행하고 해당자가 2인 이상일 경우에는 연장자 순으로 한다.

④ 제3항의 경우와 이사장이 권한을 위임한 경우를 제외하고는 이사장이 아닌 이사는 조합을 대표할 수 없다.

유의사항

- 이사장과 이사의 업무집행 내용은 정관으로 정해야 한다.
- 직무대행 순서는 정관으로 정하는 바에 따라 이사회 의결 또는 규정 등으로 정할 수 있다.
- 이사의 대표권에 대한 제한은 정관에 기재해야 함. 기재하지 아니하면 효력이 없다.(민법 제41조 준용)

제52조의2(이사의 경업금지) ① 이사는 조합원 전원의 동의를 받지 아니하고는 자기 또는 제3자의 계산으로 조합의 영업부류에 속한 거래를 하지 못하며, 같은 종류의 영업을 목적으로 하는 다른 회사의 이사 또는 집행임원이 되지 못한다.

② 이사가 전항의 규정에 위반하여 거래를 한 경우에 그 거래가 자기의 계산으로 한 것인 때에는 조합은 이를 조합의 계산으로 한 것으로 볼 수 있고, 제3자의 계산으로 한 것인 때에는 그 이사에 대하여 조합은 이로 인한 이득의 양도를 청구할 수 있다.

③ 전항의 규정은 조합의 그 이사에 대한 손해배상의 청구에 영향을 미치지 못한다.

④ 제2항의 권리는 다른 이사 과반수의 결의에 의하여 행사하여야 하며, 다른 이사의 1인이 그 거래를 안 날로부터 2주간을 경과하거나 그 거래가 있은 날로부터 1년을 경과하면 소멸한다.

제52조의3(이사와 협동조합 간의 거래) 이사는 조합원 과반수의 결의가 있는 경우에만 자기 또는 제3자의 계산으로 조합과 거래를 할 수 있다. 이 경우에는 민법 제124조를 적용하지 아니한다.

제53조(감사의 직무) ① 감사는 연 ○회 이상 조합의 업무집행 상황, 재산상태, 장부 및 서류 등을 감사하여 총회에 보고하여야 한다.

② 감사는 예고 없이 조합의 장부나 서류를 대조 확인할 수 있다.

③ 감사는 이사장 및 이사가 법령·정관·규약·규정 또는 총회의 의결에 반하여 업무를 집행한 때에는 이사회에 그 시정을 요구하여야 한다.

④ 감사는 총회 또는 이사회에 출석하여 의견을 진술할 수 있다.

⑤ 제1항의 감사보고서 제출에 있어서 감사가 2인 이상인 경우 감사의 의견이 일치하지 아니할 경우에는 각각 의견을 제출할 수 있다.

> **유의사항**
> - 감사의 감사내용은 조합 운영의 중요사항이며, 총회보고는 법상 의무임. 따라서 조합의 연간 총회개최 계획 등의 구체적 사정을 고려하여 보고 횟수도 정관에서 규율하는 것을 권고

제54조(감사의 대표권) 조합이 이사장을 포함한 이사와 소송을 하는 때에는 감사가 조합을 대표한다.

> **유의사항**
> - 조합원의 권리보호를 위해 이사와 조합의 이해충돌이 발생하는 사안(예: 계약 등)에 대해서는 감사의 대표권을 인정하는 것이 바람직하다.

제55조(임원의 의무와 책임) ① 임원은 법령과 조합의 정관, 규약, 규정 및 총회와 이사회의 의결을 준수하고 조합을 위하여 성실히 그 직무를 수행하여야 한다.

② 임원이 법령 또는 정관을 위반하거나 그 임무를 게을리하여 조합에 손해를 가한 때에는 연대하여 그 손해를 배상하여야 한다.

③ 임원이 고의 또는 중대한 과실로 그 임무를 게을리하여 제3자에게 손해를 끼친 때에는 제3자에게 연대하여 그 손해를 배상하여야 한다.

④ 제2항 및 제3항의 행위가 이사회의 의결에 의한 것일 때에는 그 의결에 찬성한 이사도 제2항 및 제3항의 책임이 있다.

⑤ 제4항의 의결에 참가한 이사로서 명백한 반대의사를 표시하지 아니한 자는 그 의결에 찬성한 것으로 본다.

⑥ 제2항부터 제5항까지의 규정에 따른 구상권의 행사는 감사 및 이사에 대하여는 이사장이, 이사장에 대하여는 감사가, 전체 임원에 대하여는 조합원 5분의 1 이상의 동의를 받은 조합원 대표가 한다.

제56조(임원의 보수등) 상임임원의 보수 및 상임임원을 제외한 임원의 여비 기타 실비변상에 대해서는 규정으로 정한다.

제57조(임원의 해임) ① 조합원은 조합원 5분의 1 이상의 동의로 총회에 임원의 해임을 요구할 수 있다. 이 경우 해임에 동의하는 조합원은 해임의 이유를 서면으로 총회의 의장에게 제출하여야 한다.

② 총회의 의장은 부득이한 사유가 없는 한 30일 내에 총회 소집절차를 거쳐 해임 의안을 상정하여야 한다.

③ 의장은 총회 개최 10일 전에 해당 임원에게 해임 이유를 서면으로 통보하고, 총회에서 의견을 진술할 기회를 주어야 한다.

④ 이사장 해임을 의결하는 총회에서는 제52조에 정한 순서대로 의장의 직무를 대행한다.

⑤ 임원의 해임을 의결하는 총회에서 해당 임원은 의결에 참가할 수 없다.

⑥ 임원의 해임 사유, 해임 절차 등에 관하여 기타 필요한 사항은 규약으로 정한다.

> **유의사항**
> - 해임요구는 임원이 법 제39조, 제41조, 제42조 등에서 규정한 임원의 의무와 직무 등을 위반한 사유가 있을 때에 한하여 가능하다.
> - 해임이유 통보방식과 시기는 조합별 특성을 고려하여 정관에 규정하는 것을 권고
> - 해당 임원의 총회 의견 진술기회는 반드시 부여해야 한다.
> - 임원의 해임에 대한 기타 필요 사항은 정관에 정하는 바에 따라 규약(해임사유, 해임절차 등)이나 규정(해임요구서 양식 등)으로 정하는 것을 권고

제58조(운영의 공개) ① 조합은 결산결과의 공고 등 운영사항을 적극 공개하여야 한다.

② 조합은 정관 · 규약 · 규정과 총회 · 이사회의 의사록, 회계장부 및 조합원 명부를 주된

사무소에 비치하여야 한다.

③ 결산보고서는 정기총회 7일 전까지 주된 사무소에 비치하여야 한다.

④ 조합원과 조합의 채권자는 이사장에게 제2항 및 제3항의 서류의 열람 또는 그 사본을 청구할 수 있다.

> **유의사항**
> - 법 제49조제1항에 정하는 서류 외에 공개할 사항에 대해서는 정관으로 정할 수 있다.
> - 사업결산보고서는 조합 운영의 중요사항 중 하나이고, 경영공시 필수공개 자료이므로 공개사항으로 규정하는 것을 권고
> - 조합은 조합원의 개인정보보호 등 정당한 사유로 서류의 사본청구를 제한하는 규정을 둘 수 있다.

⑤ 조합은 제4항의 청구가 있을 때에는 정당한 이유 없이 이를 거부하지 못한다.

⑥ 조합은 결산일로부터 4개월 이내에 기획재정부장관이 지정하는 인터넷 사이트에 다음 각 호의 자료를 게재하여야 한다.

1. 정관, 규약, 규정

2. 사업결산 보고서

3. 총회, 대의원총회 및 이사회의 활동 상황

4. 사업결과 보고서

5. 소액대출 및 상호부조 사업현황

> **유의사항**
> - 사업결과 보고서에 정관 제60조의 필수사업(법 제93조 제4항에서 준용하는 법 제45조 제1항)은 반드시 포함되어야 한다.

제58조의2(기부금의 공개) ① 조합은 회계연도 종료일로부터 3개월 이내에 조합 홈페이지 및 국세청의 인터넷 홈페이지에 기부금의 모금액 및 활용실적을 공개하여야 한다.

② 조합의 이사장은 매년 또는 기부자가 요구할 때 기부자의 기부금 현황을 알려주어야

한다. 이 경우 기부자가 인터넷 홈페이지를 통해 기부내역을 조회하고 관련 증빙을 출력할 수 있는 전산설비를 구축하거나 우편, 전자통신매체 등을 이용하여 통지할 수 있다.

③ 기부금은 별도의 통장을 통해 수입 및 지출을 관리한다.

④ 기부금을 받은 경우에는 기부금 영수증을 발급하고 기부자별 기부금 영수증 발급내역을 작성하여 5년간 보관하여야 한다.

유의사항

- 기부금을 모집하기 위해서는 사회적협동조합으로 인가를 받은 후, ① 지정기부금단체 추천신청서류를 국세청장(주사무소 소재지 관할 세무서장을 포함)에게 제출하여 ② 지정요건을 충족하였다고 인정되는 경우 국세청장이 해당 사회적협동조합을 기획재정부 법인세제과에 추천하고, 그 뒤 법인세제과 심사를 거쳐 ③ 최종 지정기부금단체로 지정되어야 한다.
- 사회적협동조합 유형 중 '지역사업형', '취약계층 고용형', '취약계층 사회서비스 제공형'에 한해 기부금 모집이 가능하므로, '위탁사업형', '기타 공익증진형' 및 기부금 모집계획이 없는 사회적협동조합은 위 조항을 정관에 기재하여서는 안 된다.

제59조(직원의 임면등) ① 직원은 이사장이 임면한다. 다만, 간부직원은 이사회의 결의를 거쳐 이사장이 임면한다.

② 직원의 임면, 급여, 기타 직원에 관하여 필요한 사항은 규정으로 정한다.

제6장 사업과 집행

제60조(사업의 종류) ① 이 조합은 ○○○형(주사업유형 제시 권고)으로 그 목적을 달성하기 위하여 다음 각 호의 사업을 주 사업으로 하여야 하고, 주 사업은 협동조합 전체 사업량의 100분의 40이상이어야 한다.

1. ○○○ 사업

2. ○○○ 사업

3. ○○○ 사업

② 이 조합은 그 목적을 달성하기 위하여 다음 각 호의 사업을 기타 사업으로 할 수 있다.

1. ○○○ 사업

2. ○○○ 사업

3. 조합원과 직원에 대한 상담, 교육·훈련 및 정보제공 사업

4. 조합 간 협력을 위한 사업

5. 조합의 홍보 및 지역사회를 위한 사업

유의사항

- 주사업 수행을 위해 부수되는 내용은 별도 사업이 아니다. 예를 들어 보육사업을 하기 위해 소요되는 홍보사업, 교육사업 등은 별도 사업이 아니라 주사업에 포함되는 부수적 활동이다. 따라서 별도의 사업으로 기재할 필요 없이 주사업 안에 포함시키도록 한다.

- 조합의 설립목적을 달성하기 위하여 필요한 사업을 정관으로 정하며, 사업의 종류 중에서 제2항 제3호부터 제5호까지의 필수사업(법 제93조 제4항에서 준용하는 법 제45조 제1항)은 반드시 포함되어야 한다.

- 기타 사업은 조합원에 대한 소액대출 사업, 조합원에 대한 상호부조 사업 등이 될 수 있다.

※ 의료복지사회적협동조합의 경우

- 주 사업으로 의료기관 개설·운영을 반드시 포함하여야 함(보건복지부 고시 제2017-66호 제3조제1호)

③ 조합의 사업은 관계 법령에서 정하는 목적 · 요건 · 절차 · 방법 등에 따라 적법하고 타당하게 시행되어야 한다.

④ 제1항과 제2항에도 불구하고 조합은「통계법」제22조제1항에 따라 통계청장이 고시하는 한국표준산업분류에 의한 금융 및 보험업을 영위할 수 없다.

⑤ 이 조합이 주 사업의 목적 및 판단기준을 적용하기 위하여 수행할 사업유형은 'ㅇㅇㅇㅇ형(주사업유형 기재)'으로서 'ㅇㅇㅇ 일 것(판단기준 기재)'으로 한다.

> ### 유의사항
>
> 〈 작성예시 〉
> - 제4항에 해당하는 주 사업의 목적 및 판단기준은 아래에 사업유형과 판단기준에 따른 예시 중 해당되는 것을 기재하면 된다.
>
> 1. 지역사업형
> - '지역사업형'으로서 '수입 · 지출 예산서 및 사업결과보고서상 전체 사업비의 100분의 40 이상을 주 사업 목적으로 지출할 것'으로 한다.
> - '지역사업형'으로서 '사업계획서 및 사업결과보고서상 주 사업에 해당하는 서비스 대상인원, 시간, 횟수 등이 전체 서비스의 100분의 40 이상일 것'으로 한다.
>
> 2. 취약계층 사회서비스 제공형
> - '취약계층 사회서비스 제공형'으로서 '사업계획서 및 사업결과보고서상 취약계층에게 제공된 사회서비스 대상인원, 시간, 횟수 등이 전체 사회서비스의 100분의 40 이상일 것'으로 한다.
>
> 3. 취약계층 고용형
> - '취약계층 고용형'으로서 '수입 · 지출 예산서 및 사업결과보고서상 전체 인건비 총액 중 취약계층인 직원에게 지급한 인건비 총액이 차지하는 비율이 100분의 40 이상일 것'으로 한다.
> - '취약계층 고용형'으로서 '사업계획서 및 사업결과보고서상 전체 직원 중 취약계층인 직원이 차지하는 비율이 100분의 40 이상일 것'으로 한다.
>
> 4. 위탁사업형

– '위탁사업형'으로서 '수입 · 지출 예산서 및 사업결과보고서상 국가 및
지방자치단체로부터 위탁받은 사업 수입이 전제 사업 수입의 100분의 40 이상일
것'으로 한다.

5. 기타 공익증진형

– '기타 공익증진형'으로서 '수입 · 지출 예산서 및 사업결과보고서상 전체 사업비의
100분의 40 이상을 주 사업 목적으로 지출할 것'으로 한다.

– '기타 공익증진형'으로서 '사업계획서 및 사업결과보고서상 주 사업에 해당하는
서비스 대상인원, 시간, 횟수 등이 전체 서비스의 100분의 40 이상일 것'으로
한다.

6. 혼합형

– 주 사업으로 두 가지 이상의 유형을 선택할 경우는 해당 유형을 모두 기재

※ 예시) ④ 이 조합이 주 사업의 목적 및 판단기준을 적용하기 위하여 수행할
사업유형은 '지역사업형'과 '취약계층 고용형'으로서 각각의 판단기준은 1)
'수입 · 지출 예산서 및 사업결과보고서상 전체사업비의 100분의 40 이상을 주
사업 목적으로 지출할 것'(지역사업형) 2) '사업계획서 및 사업결과보고서상 전체
직원 중 취약계층인 직원이 차지하는 비율이 100분의 40 이상일
것'(취약계층고용형)으로 한다.

제61조(소액대출) ① 조합은 상호복리 증진을 위하여 제60조의 주 사업 이외의 사업으로
조합원을 대상으로 납입 출자금 총액의 3분의 2를 초과하지 않는 범위에서 소액대출을 할
수 있다.

② 조합원 가입 후 ○개월이 경과한 조합원에 한해서 대출자격을 가진다.

③ 제1항에 따른 소액대출을 할 때 조합원 1인당 한도는 ○원으로 한다.

④ 소액대출 이자율은 ○%로 한다.

⑤ 소액대출 연체이자율은 ○%로 한다.

⑥ 대출 종류, 대출 종류별 이자율 및 연체이자율, 대출절차와 상환 등 소액대출 사업 운영에
대한 세부 사항은 별도의 규약으로 정한다.

⑦ 조합은 정기적으로 대출 조합원의 채무상환능력과 금융거래내용 등을 감안하여 적정한 수준의 대손충당금을 적립·유지하여야 하며, 대손충당의 구체적 적립수준 등에 관해서는 별도의 규약으로 정한다.

⑧ 소액대출 사업은 제60조에 따른 주 사업 및 기타 사업과 구분하여 따로 회계처리되어야 한다.

유의사항

- 소액대출은 정관 제60조 기타사업 및 제61조에 따라 자격, 대출 범위, 대출한도 등을 정한 사회적협동조합만 가능하다.
- 소액대출을 하지 않는 사회적협동조합은 해당 조항을 삭제하도록 한다.
- 소액대출 총액은 출자금 총액의 3분의 2를 초과할 수 없으며, 조합의 설립취지 등에 부합하는 조합원 활동을 충족한 자에 대해서 대출을 제공한다.
- 소액대출 이자율, 연체이자율은 정관에 정하여야 한다.
- 소액대출 한도는 조합원 수, 출자금 규모, 소액대출의 종류 등을 고려하여 정하되, 소액대출 이자율의 최고 한도는 한국은행이 매월 발표하는 신규취급액 기준 예금은행 가계대출 가중평균금리('20.7월 기준 2.62%)를 고려하여 정한다.(시행령 제22조)
- 소액대출 연체이자율의 최고 한도는「이자제한법」제2조 제1항에 따른 최고 이자율(24%)을 초과할 수 없다.(시행령 제22조)

제62조(상호부조) ① 조합은 조합원 간 상부상조를 목적으로 조합원들이 각자 나눠 낸 상호부조회비를 기금으로 적립하여 그 기금으로 상호부조회비를 낸 조합원에게 혼례, 사망, 질병 등의 사유가 생긴 경우 일정 금액의 상호부조금을 지급한다.

② 조합원 가입 후 ○개월이 경과한 조합원 가운데 심사위원회의 승인을 얻은 조합원에 한해서 상호부조사업 참여자격을 가진다.

③ 조합원 1인당 상호부조의 범위는 ○원 이내로 한다.

④ 제1항의 상호부조회비는 ○원으로 한다. 상호부조 사업에 참여하는 조합원은 상호부조회비를 매월 납부하여야 한다.

⑤ 상회부조 계약은 조합의 상호부조사업부 또는 계약사업부와 조합원 간에 직접 이루어지도록 해야 하며, 제3의 판매조직이나 금융기관과의 제휴를 통한 계약은 허용되지 않는다.

⑥ 상호부조 회비 적립금의 운영은 지나친 위험에 노출되지 않도록 하여야 한다. 이를 위해 예금 및 국공채 이외의 주식, 회사채, 기타 시장성 증권에 투자하여서는 아니 된다.

⑦ 상호부조계약의 양식, 상호부조 회비의 사용, 상호부조 회비의 환급 등 사업 운영에 대한 세부 사항은 별도의 규약으로 정한다.

⑧ 상호부조 사업은 제60조에 따른 주 사업 및 기타 사업과 구분하여 따로 회계처리되어야 한다.

유의사항

- 상호부조는 정관 제60조 기타사업 및 제62조에 따라 상호부조금 지급 사유, 상호부조금 지급 한도, 수혜자격, 상호부조 계약 등 상호부조금 지급에 필요한 사항을 정관에 정한 사회적협동조합만 가능하다.
- 상호부조를 하지 않는 사회적협동조합은 해당 조항을 삭제하도록 한다.
- 상호부조의 범위는 납입 출자금 총액의 한도에서 정관으로 정한다.

제63조(사업의 이용) ① 조합은 조합원이 이용하는 데에 지장이 없는 범위에서 다음 각 호의 경우 조합원이 아닌 자에게 사업을 이용하게 할 수 있다.

1. ○○○

2. ○○○

유의사항

- 조합원이 아닌 자에게 사업을 이용하게 할 경우 정관에 그 조건을 구체적으로 명시하여야 한다.

※ 의료복지사회적협동조합의 경우

제63조(사업의 이용) ① 조합이 의료기관을 개설한 경우 총공급고의 100분의 50의 범위에서 다음 각 호의 조합원이 아닌 자에게도 사업을 이용하게 할 수 있다.

1. 「응급의료에 관한 법률」 제2조제1호에 따른 응급환자

2. 「의료급여법」 제3조에 따른 수급권자

3. 「장애인고용촉진 및 직업재활법」 제2조제1호에 따른 장애인

4. 「한부모가족지원법」제5조 및 제5조의2에 따른 보호대상자

5. 「재한외국인 처우 기본법」제2조제3호에 따른 결혼이민자

6. 보건복지부장관이 정하여 고시하는 희귀난치성질환을 가진 자

7. 해당 조합이 개설한 의료기관이 소재하는 시·도의 관할 구역에 주소·거소·사업장 또는 근무지가 있는 자

8. 조합원과 같은 가구에 속하는 자

> **유의사항**
>
> • 총공급고의 산정기준은 직전 연도 매출액 또는 서비스 이용인원 중 조합이 선택하는 기준을 적용하되, 제8호에 해당하는 자에게 보건·의료 서비스를 제공하는 경우 해당 조합원이 이사회의 승인을 받으면 그 조합원이 이용한 것으로 보아 총 공급고를 산정한다.(시행령 제24조제2항)

② 제1항에도 불구하고 조합은 조합원이 아닌 자에게 소액대출, 상호부조 사업을 이용하게 하여서는 아니 된다.

제64조(사업계획과 수지예산) ① 이사회는 매 회계연도 경과 후 3개월 이내에 해당 연도의 사업계획을 수립하고 동 계획의 집행에 필요한 수지예산을 편성하여 총회의 의결을 받아야 한다.

② 제1항에 따른 사업계획과 예산이 총회에서 확정될 때까지는 전년도 예산에 준하여 가예산을 편성하여 집행할 수 있다. 이 경우 총회의 사후 승인을 받아야 한다.

③ 이사회가 총회에서 확정된 사업계획과 예산을 변경한 때에는 차기 총회에서 사후 변경승인을 받아야 한다.

제7장 회계

제65조(회계연도) 조합의 회계연도는 매년 ○월 ○일부터 ○월 ○일까지로 한다.

제66조(회계) ① 조합의 회계는 일반회계와 특별회계로 구분한다.

② 당해 조합의 사업은 일반회계로 하고, 특별회계는 조합이 특정사업을 운영할 때, 특정자금을 보유하여 운영할 때, 기타 일반회계와 구분 경리할 필요가 있을 때 설치한다.

제67조(특별회계의 설치) 특별회계는 다음 각 호의 사업 또는 자금을 운영하기 위하여 설치한다.

1. ○○사업
2. ○○자금

> **유의사항**
> - 특별회계는 특정사업을 운영할 때, 특별자금을 보유·운영할 때, 일반회계와 구분하여 계리할 필요가 있을 경우 사용 가능하다.
> - 특별회계가 필요하지 않을 경우 해당 조항을 삭제하는 것도 가능하다.

제68조(결산등) ① 조합은 정기총회일 7일 전까지 결산보고서를 감사에게 제출하여야 한다.

② 조합은 제1항에 따른 결산보고서와 감사의 의견서를 정기총회에 제출하여 승인을 받아야 한다.

제69조(손실금의 보전) ① 조합은 매 회계연도의 결산 결과 손실금(당기손실금을 말한다)이 발생하면 미처분이월금, 임의적립금, 법정적립금 순으로 이를 보전하고, 보전 후에도 부족이 있을 때에는 이를 다음 회계연도에 이월한다.

② 조합은 제1항에 따른 손실금을 보전하고 제25조에 따른 법정적립금 등을 적립한 이후에 발생하는 잉여금은 임의적립금으로 적립하여야 하고, 이를 조합원에게 배당할 수 없다.

제8장 합병 · 분할 및 해산

제70조(합병과 분할) ① 조합은 합병계약서 또는 분할계획서를 작성한 후 총회의 의결을 얻어 합병 또는 분할할 수 있다.

> **유의사항**
> • 조합이 합병 또는 분할할 경우 소관 중앙행정기관장의 인가를 받아야 한다.

② 합병 또는 분할로 인하여 존속 또는 새로 설립되는 조합은 합병 또는 분할로 인하여 소멸되는 조합의 권리 · 의무를 승계한다.

제71조(해산) ① 조합은 다음 각 호의 어느 하나에 해당하는 사유가 발생하였을 때에는 해산하고 해산절차는 민법 등 관련 법령에 의한다.

1. 총회의 의결
2. 합병 · 분할 또는 파산
3. 설립인가의 취소

> **유의사항**
> • 필요한 해산 사유를 추가로 정관으로 정할 수 있다.

② 이사장은 조합이 해산한 때에는 지체 없이 조합원에게 통지하고 공고하여야 한다.

제72조(청산인) ① 조합이 해산한 때에는 파산으로 인한 경우를 제외하고는 이사장이 청산인이 된다. 다만, 총회에서 다른 사람을 청산인으로 선임하였을 경우에는 그에 따른다.
② 청산인은 취임 후 지체 없이 재산상태를 조사하고 재산목록과 대차대조표를 작성하여 재산처분의 방법을 정하여 총회의 승인을 얻어야 한다.
③ 청산사무가 종결된 때에는 청산인은 지체 없이 결산보고서를 작성하여 총회의 승인을 얻어야 한다.

④ 제2항 및 제3항의 경우에 총회를 2회 이상 소집하여도 총회가 구성되지 아니할 때에는 출석 조합원 3분의 2이상의 찬성이 있으면 총회의 승인이 있은 것으로 본다.

제73조(청산 잔여재산의 처리) 조합이 해산 후 채무를 변제하고 청산 잔여재산이 있을 때에는 다음 각 호의 어느 하나에 귀속한다.

1. 상급 사회적협동조합연합회

2. 유사한 목적의 사회적협동조합

3. 비영리법인 · 공익법인

4. 국고

유의사항

• 제1호부터 제4호까지의 사항 중에서 정관으로 정한다.

부칙

이 정관은 ○○○○○장관의 인가를 받은 날부터 시행한다.

발기인　○ ○ ○　(인)

발기인　○ ○ ○　(인)

발기인　○ ○ ○　(인)

발기인　○ ○ ○　(인)

발기인　○ ○ ○　(인)

○○ 마을관리 사회적협동조합 정관 (예시)

제1장 총칙

제1조(설립과 명칭) 이 조합은 협동조합기본법에 의하여 설립된 사회적협동조합으로서, ○○ 도시재생활성화계획(도시재생 사업명)에 따라 도시재생사업명 ○○ 마을관리 사회적 협동조합(이하 '마을조합')이라 한다.

> **유의사항**
>
> • 마을조합은 사업 분야와 내용, 사업구역, 조합원의 구성 등을 고려하여 다른 협동조합 등 및 사회적협동조합 등과 구별되는 명칭을 사용하여야 한다.
> • 그리고 해당 명칭에는 도시재생 특별위원회로부터 승인받은 도시재생사업명이 포함되는 것을 권장한다. (예) 도시재생사업명 마을관리 사회적협동조합

제2조(목적) 마을조합은 자주적 · 자립적 · 자치적 · 협동적인 활동을 통하여 다음 각 호의 목적을 추구한다.

1. 기초 생활인프라 유지 · 관리를 통해 도시재생사업 효과의 지속성 확보
2. 조합원들이 필요로 하는 재화 및 서비스의 지속적 공급을 통한 삶의 질 제고
3. 공동출자 · 공동생산 · 공동소비 · 지역사회 재투자를 통해 지역사회 선순환 체계 구축
4. 위 활동에 참여하는 조합원의 권익 증진

제3조(조합의 책무) ① 마을조합은 조합원 등의 권익 증진을 위하여 교육 · 훈련 및 정보 제공 등의 활동을 적극적으로 수행한다.

② 마을조합은 다른 협동조합, 다른 법률에 따른 협동조합, 외국의 협동조합 및 관련 국제기구 등과의 상호 협력, 이해 증진 및 공동사업 개발 등을 위하여 노력한다.

제4조(사무소의 소재지) 마을조합의 주된 사무소는 ○○시·도에 두며, 이사회의 의결에 따라 필요한 곳에 지사무소를 둘 수 있다.

> **유의사항**
> - 정관의 주된 사무소 소재지는 상업등기법 제29조에 따라 행정구역을 특정할 수 있을 정도(특별시, 광역시, 특별자치시, 시 또는 군)까지 적는다. ('경기도'·'강원도' 등은 지양)
> - 지사무소 설치 방법은 정관 위임사항으로 정관에 정하는 방법에 따라 규약·규정 등으로 정할 수 있다.

제5조(사업구역) 마을조합의 사업구역은 ○○○로 한다.

> **유의사항**
> - 해당 도시재생활성화지역을 별첨으로 첨부, 마을조합은 그 지역과 경계를 같이하는 인접 행정구역(예. ○○구)까지 포함하여 사업을 영위할 수 있다.
> - 여러 개의 행정구역을 걸쳐 사업을 영위할 경우, 해당되는 모든 행정구역을 기술하는 것을 권장한다.

제6조(공고방법) ① 마을조합의 공고는 주된 사무소의 게시판(지사무소의 게시판을 포함한다) 또는 마을조합의 인터넷 홈페이지(www.○○.com)에 게시하고, 필요하다고 인정하는 때에는 ○○특별시·광역시·특별자치시·도·특별자치도에서 발간되는 일간신문 또는 중앙일간지에 게재할 수 있다.

② 제1항의 공고기간은 7일 이상으로 하며, 조합원의 이해에 중대한 영향을 미칠 수 있는 내용에 대하여는 공고와 함께 서면으로 조합원에게 통지하여야 한다.

> **유의사항**
> - 공고방법으로 인터넷 홈페이지를 규정하는 경우, 정관에 사이트 주소까지 명시하여야 한다.

제7조(통지 및 최고방법) 조합원에 대한 통지 및 최고는 조합원명부에 기재된 주소지로 하고, 통지 및 최고기간은 7일 이상으로 한다. 다만, 조합원이 따로 연락받을 연락처를 지정하였을 때에는 그곳으로 한다.

제8조(공직선거 관여 금지) ① 마을조합은 공직선거에 있어서 특정 정당을 지지·반대하거나 특정인을 당선되도록 하거나 당선되지 아니하도록 하는 일체의 행위를 하여서는 아니 된다.
② 누구든지 마을조합을 이용하여 제1항에 따른 행위를 하여서는 아니 된다.

제9조(규약 또는 규정) 마을조합의 운영 및 사업실시에 관하여 필요한 사항으로서 이 정관으로 정한 것을 제외하고는 규약 또는 규정으로 정할 수 있다.

제2장 조합원

제10조(조합원의 자격 및 유형) ① 제5조 사업구역 내 거소 또는 주사무소를 둔자로서, 마을조합의 설립목적에 동의하고 조합원으로서의 의무를 다하고자 하는 자는 조합원이 될 수 있다. 단 이사회의 의결이 있는 경우에는 도시재생활성화지역 및 ○○구 내 거소 또는 주사무소를 두지 않은 자도 조합원이 될 수 있다.

② 조합원의 유형은 다음 각 호와 같다.

1. 생산자(사업자)조합원: 마을조합의 ○○○ 사업 등에 관련 재화 또는 서비스 공급하는 등 함께 사업수행에 참여하는 자

2. 소비자(서비스 수혜자)조합원: 마을조합의 ○○○ 사업 등으로 생산한 재화나 서비스를 공급받거나 이용하는 자

3. 직원(노동자)조합원: 마을조합 사무국에 직원으로 재직하는 자

4. 자원봉사자조합원: 마을조합에 무상으로 필요한 서비스 등을 제공하는 자

5. 후원자조합원: 마을조합에 필요한 물품 등을 기부하거나 자금 등을 후원하는 자

유의사항

- 사회적협동조합은 사업분야와 내용, 사업구역, 조합원의 구성 등을 고려하여 조합의 설립 목적 및 특성에 부합되는 자로 조합원의 자격을 정관으로 제한할 수 있다.(법 제21조 제2항)
- 사회적협동조합은 둘 이상 유형의 조합원으로 구성되어야 한다(다중이해관계자협동조합, 시행령 제19조 제1항 제2호).
- 조합원 유형은 위의 1-5호 외에도, 사업 성격 등에 따라 1-5호의 성격이 여러 가지 혼재된 경우 등 필요한 경우에는 명칭이나 역할을 정관에 자유로이 정할 수 있다.
- 마을조합의 사업분야와 내용, 사업구역 등을 고려하여 마을조합의 설립목적 및 특성에 부합되는 자로 조합원의 자격을 정관으로 제한할 수 있다.
- 위 4가지 중 2가지 이상의 다양한 유형의 조합원으로 구성되어야 한다.
- 마을조합은 총 조합원의 과반수가 소비자조합원이 되는 것을 권장한다.
- 필요 시 마을조합은 이사회의 의결을 얻어 제5조 사업구역 내 거소 또는 주사무소를 둔 자 이외의 자를 조합원으로 가입시킬 수 있다.

제11조(조합원의 가입) ① 조합원의 자격을 가진 자가 마을조합에 가입하고자 할 때에는 가입신청서를 제출하여야 한다.

② 마을조합은 제1항에 따른 신청서가 접수되면 신청인의 자격을 확인하고 가입의 가부를 결정하여 신청서를 접수한 날부터 2주 이내에 신청인에게 서면 또는 전화 등의 방법으로 통지하여야 한다.

③ 제2항의 규정에 따라 가입의 통지를 받은 자는 마을조합에 가입할 자격을 가지며 납입하기로 한 출자좌수에 대한 금액을 가입 후 ○개월 내에 마을조합에 납부함으로써 조합원이 된다.

> **유의사항**
> - 소비자조합원에게 주택 관리 및 집수리 서비스 등을 제공하려는 사업자에게는 생산자조합원으로 가입할 의무를 부과할 수 있다.
>   (예) 소비자조합원에게 주택 관리 및 집수리 서비스 등을 제공하려는 「부가가치세법」에 따른 사업자(개인 또는 법인)는 반드시 마을조합에 생산자조합원으로 가입하여야 한다.

④ 마을조합은 정당한 사유없이 조합원의 자격을 갖추고 있는 자에 대하여 가입을 거절하거나 가입에 관하여 다른 조합원보다 불리한 조건을 붙일 수 없다.

> **유의사항**
> - 출자금 납부 시기는 조합원 자격과 연계되므로 정관에 명확히 규정하는 것이 바람직하다.

제12조(조합원의 고지의무) 조합원은 제11조제1항에 따라 제출한 가입신청서의 기재사항에 변경이 있을 때 또는 조합원의 자격을 상실하였을 때에는 지체 없이 마을조합에 이를 고지하여야 한다.

제13조(조합원의 책임) 조합원의 책임은 납입한 출자액을 한도로 한다.

제14조(탈퇴) ① 조합원은 조합에 탈퇴의사를 알리고 마을조합을 탈퇴할 수 있다.

② 조합원은 다음 각 호의 어느 하나에 해당하는 때에는 당연히 탈퇴된다.

1. 조합원 지위의 양도 등 조합원으로서의 자격을 상실한 경우

2. 사망한 경우

3. 성년후견개시의 심판을 받은 경우

4. 조합원인 법인이 해산한 경우

> **유의사항**
>
> • 탈퇴의사를 알리는 방법, 형식 등을 정관에 정하는 방법에 따라 규정 등으로 정할 수 있다.
> • 그 밖의 필요에 따라 제2항의 1~4호 외의 사유를 정관에 추가로 정할 수 있다.

제15조(제명) ① 마을조합은 조합원이 다음 각 호의 어느 하나에 해당하면 총회의 의결을 얻어 제명할 수 있다.

1. 출자금 및 경비의 납입 등 마을조합에 대한 의무를 이행하지 아니한 경우

2. ○년 이상 계속해서 마을조합의 사업을 이용하지 아니한 경우

3. 마을조합의 사업과 관련된 법령 · 행정처분 · 정관 및 총회의결사항, 규약 · 규정을 위반한 경우

4. 고의 또는 중대한 과실로 마을조합의 사업을 방해하거나 신용을 상실하게 하는 행위를 한 경우

② 마을조합은 제1항에 따라 조합원을 제명하고자 할 때에는 총회 개최 10일 전에 그 조합원에게 제명의 사유를 알리고 총회에서 의견을 진술할 기회를 주어야 한다.

③ 제2항에 따른 의견진술의 기회를 주지 아니하고 행한 총회의 제명 의결은 해당 조합원에게 대항하지 못한다.

④ 마을조합은 제명결의가 있었을 때에 제명된 조합원에게 제명이유를 서면으로 통지하여야 한다.

- 조합에서 기간만 자율적으로 규정 가능함. 다만, 조합의 주 사업 유형·특성 및 조합원의 권리보호 취지를 고려하여 지나치게 단기간으로는 정하지 않도록 한다.
- 1,2호 외의 제명 사유는 조합에서 자율적으로 결정할 수 있다.
- 마을조합의 성질을 고려하여 그 밖에 제명 사유를 추가하여 정할 수 있다.

제16조(탈퇴·제명조합원의 출자금환급청구권) ① 탈퇴 조합원(제명된 조합원을 포함한다. 이하 이 조와 제17조에서 같다)은 출자금의 환급을 청구할 수 있다.

② 마을조합은 탈퇴 조합원이 마을조합에 대한 채무를 다 갚을 때까지는 제1항에 따른 출자금의 환급을 정지할 수 있다. 다만, 탈퇴 조합원이 조합에 대하여 채무가 있을 때에는 제1항에 따른 환급금과 상계할 수 있다.

③ 제1항에 따른 청구권은 탈퇴(제명을 포함한다. 이하 이 조와 제17조에서 같다) 당시의 회계연도의 다음 회계연도부터 청구할 수 있다.

④ 제1항에 따른 청구권은 제3항에 따라 청구권을 행사할 수 있는 날부터 2년간 행사하지 아니하면 시효로 인하여 소멸된다.

- 탈퇴·제명조합원에 대한 출자금 환급의 범위는 정관으로 정하여야 한다.
- 행사시기는 법령사항이나 행사방법은 정관위임사항으로 출자금환급청구권은 탈퇴하거나 제명된 당시 회계연도의 다음 회계연도부터 정관으로 정하는 방법에 따라 행사할 수 있다.

제17조(탈퇴조합원의 손실액 부담) ① 마을조합은 마을조합의 재산으로 그 채무를 다 갚을 수 없는 경우에는 탈퇴 조합원의 출자금의 환급분을 계산할 때, 탈퇴 조합원이 부담하여야 할 손실액의 납입을 청구할 수 있다.

② 제1항에 따른 손실액의 납입 청구에 관하여는 제16조제4항을 준용한다.

- 탈퇴·제명 조합원이 부담하여야 할 손실액의 납입(범위)는 정관위임사항으로 조합에서 결정하여 정할 수 있다.

제3장 출자와 경비부담 및 적립금

제18조(출자) ① 조합원은 ○좌 이상의 출자를 하여야 하며 출자 1좌의 금액은 ○○○원으로 한다.

> **유의사항**
> • 생산자조합원에게는 최소 ○○좌 이상의 출자의무를 부과할 수 있다.
>   (예) 단, 제11조 제○항에 따른 사업자(개인 또는 법인)는 최소 ○○좌 이상의 좌수를 출자하여야 한다.

② 한 조합원의 출자좌수는 총 출자좌수의 100분의 30을 초과해서는 아니 된다.

③ 출자금은 ○일까지 납입한다.

④ 마을조합에 납입할 출자금은 마을조합에 대한 채권과 상계하지 못한다.

⑤ 출자는 현물로도 할 수 있고, 현물출자의 경우 규약이 정하는 바에 따라 출자액을 계산한다. 이 경우 현물출자자는 출자의 납입기일에 출자의 목적인 재산의 전부를 마을조합 또는 마을조합에서 지정한 장소에 납입하여야 한다.

> **유의사항**
> • 조합원이 출자해야 하는 출자좌수는 1좌 이상으로 정관에 정하여야 한다.
> • 출자 1좌의 금액은 균일하게 정하여야 한다.
> • 한 조합원의 출자좌수는 총 출자좌수의 100분의 30의 범위 안에서 정관으로 정할 수 있다.
> • 출자금은 일시납을 원칙으로 하되, 만약 분납을 허용하는 경우에는 조합원 자격 취득 시기, 분납 가능 횟수, 분납 완료 시기 등을 정관에 정하여야 한다.
> • 일시납일 경우, 가입일부터 ○일까지/ 분납일 경우에도 ∼까지 기간을 구체적으로 명시하여야 한다.
> • 현물출자에 대해서는 정관에 정하는 방법에 따라 규약 등으로 정할 수 있다.

제19조(출자증서등의 교부) ① 마을조합의 이사장은 조합원이 제18조의 규정에 의하여 최초 출자금을 납입한 때 및 조합원이 요구할 때에는 다음 각 호의 사항을 적은 출자증서 또는

출자를 확인할 수 있는 증표에 기명날인하여 조합원에게 발급하여야 한다.

1. 마을조합의 명칭

2. 조합원의 성명 또는 명칭

3. 마을조합 가입 연월일

4. 출자금의 납입 연월일

5. 출자금액 또는 출자좌수

6. 발행 연월일

② 마을조합의 이사장은 매년 정기총회 ○일 후까지 조합원의 출자금액 변동상황을 조합원에게 알려주어야 한다. 이 경우 우편, 전자통신매체 등을 이용하여 통지할 수 있다.

> **유의사항**
> • 출자금변동상황은 변동상황이 있는 경우에만 알려주면 된다.

제20조(출자금등의 양도와 취득금지) ① 조합원 지위의 양도 또는 조합원 출자금의 양도는 총회의 의결을 받아야 한다.

② 조합원이 아닌 자가 출자금을 양수하려고 할 때에는 가입의 예에 따른다.

③ 출자금의 양수인은 그 출자금에 관하여 양도인의 권리의무를 승계한다.

④ 조합원은 출자금을 공유하지 못한다.

⑤ 마을조합은 조합원의 출자금을 취득하거나 이를 질권의 목적으로 하여서는 아니 된다.

제21조(출자금액의 감소의결) ① 마을조합은 부득이한 사유가 있을 때에는 조합원의 신청에 의하여 출자좌수를 감소할 수 있다.

② 마을조합은 출자 1좌의 금액 또는 출자좌수의 감소(이하 '출자감소'라 한다)를 총회에서 의결한 경우에는 그 의결을 한 날부터 14일 이내에 대차대조표를 작성한다.

③ 마을조합은 제2항에 따른 의결을 한 날부터 14일 이내에 채권자에 대하여 이의가 있으면 마을조합의 주된 사무소에 이를 서면으로 진술하라는 취지를 공고하고, 이미 알고 있는 채권자에게는 개별적으로 최고하여야 한다.

④ 제3항에 따른 이의신청 기간은 30일 이상으로 한다.

⑤ 그 밖의 출자감소 절차와 방법에 관하여는 별도의 규약으로 정할 수 있다.

유의사항

- 출자좌수의 감소는 출자 1좌 금액의 감소와는 달리 법령사항은 아니지만, 조합원의 재산권과 관련되는 중요사항이므로 총회의결사항으로 정하는 것을 권고

제22조(출자감소 의결에 대한 채권자의 이의) ① 채권자가 제21조의 이의신청 기간에 출자감소에 관한 의결에 대하여 이의를 신청하지 아니하면 출자감소를 승인한 것으로 본다.

② 채권자가 이의를 신청하면 마을조합은 채무를 변제하거나 상당한 담보를 제공하여야 한다.

제23조(경비 및 사용료와 수수료) ① 마을조합은 사업운영을 위하여 조합원 및 마을조합의 사업을 이용하는 자에게 다음 각 호의 경비 및 사용료와 수수료를 부과 및 징수할 수 있다.

1. 기본회비

2. ○○할 목적으로 ○○에게 징수하는 특별회비

3. ○○사용료

4. ○○수수료

② 제1항에 따른 경비 및 사용료와 수수료의 부과대상, 부과금액, 부과방법, 징수시기와 징수방법은 규약으로 정하며, 이 경우 취약계층에 대한 감면 조항이 반드시 포함되어야 한다.

③ 조합원은 제1항에 따른 경비 및 사용료와 수수료를 납입할 때 마을조합에 대한 채권과 상계할 수 없다.

④ 제2항의 부과금에 있어서 조합원등에 대한 부과금액의 산정기준 사항에 변경이 있어도 이미 부과한 금액은 변경하지 못한다.

- 조합이 경비 및 사용료와 수수료를 징수하는 경우에는 그 명목을 구체적으로 명시하여야 한다.
- 경비 및 사용료와 수수료를 징수하지 않는 경우에는 삭제 가능하다.

제24조(과태금) ① 마을조합은 조합원이 출자금 또는 경비 등의 납입의무를 그 기한까지 이행하지 아니하는 경우에는 과태금을 징수할 수 있다.

② 조합원은 제1항에 따른 과태금을 마을조합에 대한 채권과 상계할 수 없다.

③ 과태금의 금액 및 징수방법은 규약으로 정한다.

- 조합이 징수할 수 있는 과태금의 명목을 구체적으로 명시하여야 한다.
- 과태금을 징수하지 않는 경우에는 삭제 가능하다.
- 과태금 금액은 규약으로, 과태금 징수방법은 규정으로 정하는 것도 가능하다.

제25조(법정적립금) ① 마을조합은 매 회계연도 결산의 결과 잉여금이 있는 때에는 해당 회계연도 말 출자금 납입총액의 3배가 될 때까지 잉여금의 100분의 30 이상을 적립하여야 한다.

② 제1항의 법정적립금은 손실금의 보전에 충당하거나 해산하는 경우 외에는 사용하여서는 아니 된다.

- 잉여금의 최저비율은 100분의 30으로 되어 있으나, 정관에서 그 이상으로 정할 수 있다.

제26조(임의적립금) ① 마을조합은 매 회계연도의 잉여금에서 제25조에 따른 법정적립금을 빼고 나머지가 있을 때에는 총회에서 결정하는 바에 따라 매 회계연도 잉여금의 100분의 ○○ 이상을 임의적립금으로 적립할 수 있다.

② 임의적립금은 총회에서 결정하는 바에 따라 사업준비금, 사업개발비, 교육 등 특수목적

을 위하여 지출할 수 있다.

- 임의적립금의 적립범위는 정관에 정해야 한다.
- 사업준비금 외에 임의적립금의 다양한 목적을 정할 수 있다.

제4장 총회와 이사회

제27조(총회) ① 마을조합은 총회를 둔다.

② 총회는 정기총회와 임시총회로 구분한다.

③ 총회는 조합원으로 구성하며, 이사장이 그 의장이 된다.

제28조(대의원총회) ① 조합원의 수가 200인을 초과하는 경우 총회에 갈음할 대의원 총회를 둘 수 있다.

② 대의원은 조합원 중에서 제10조제2항의 조합원 유형에 따라 각각 선출한다. 다만, 선출할 대의원 수는 이사회에서 정한다.

③ 대의원 총회를 구성하는 대의원 정수는 대의원 선출 당시 조합원 총수의 100분의 10 이상이어야 한다. 다만, 대의원 총수가 100명을 초과하는 경우에는 100명으로 할 수 있다.

④ 대의원 임기만료 또는 사임으로 인해 대의원 정수를 충족하지 못하는 경우 퇴임한 대의원은 새로운 대의원이 선임될 때까지 대의원의 권리·의무가 있다.

⑤ 대의원의 의결권 및 선거권은 대리인으로 하여금 행사하게 할 수 없다.

⑥ 대의원의 임기는 ○년으로 한다. 다만, 결원으로 인하여 선출된 대의원의 임기는 전임자의 임기의 남은기간으로 한다.

⑦ 대의원은 조합원의 선거를 통하여 선출하며, 선거방법에 관한 사항은 선거관리규정으로 정한다.

⑧ 대의원총회에 관하여는 총회에 관한 사항을 준용하며, 이 경우 '조합원'은 '대의원'으로 본다.

⑨ 대의원총회는 마을조합의 합병, 분할 및 해산에 관한 사항은 의결할 수 없다.

- 대의원총회를 두지 않기로 한 경우, 정관예시의 제29조, 제30조는 규정하지 않아도 된다.
- 다만, 대의원총회를 두는 경우에는 대의원총회 운영에 필요한 사항(임기, 선출방법 및 자격 등)은 정관 위임사항이므로 정관으로 반드시 정해야 한다.
- 사회적협동조합의 경우, 대의원은 둘 이상의 조합원 유형으로 구성하는 것이 바람직하다.
- 대의원 총수가 100명을 초과하는 경우에는 대의원을 100명 또는 100명 이상으로 정할 수도 있다.
- 대의원 임기는 정관으로 정하는 것이 바람직하며, 선출방법, 자격 등은 정관에서 정하는 방법에 따라 규약이나 규정 등으로 정할 수 있다.

제29조(대의원의 의무 및 자격상실) ① 대의원은 성실히 대의원총회에 출석하고, 그 의결에 참여하여야 한다.

② 대의원총회는 대의원이 다음 각 호의 어느 하나에 해당하는 행위를 할 때에는 그 의결로 대의원자격을 상실하게 할 수 있다. 이 경우 해당 대의원에게 서면으로 자격상실 이유를 의결일 7일 전까지 통지하고, 총회 또는 대의원총회에서 의견을 진술할 기회를 주어야 한다.

1. 대의원총회 소집통지서를 받고 정당한 사유 없이 계속하여 3회 이상 출석하지 아니하거나 대의원총회에 출석하여 같은 안건에 대한 의결에 2회 이상 참가하지 아니한 경우
2. 부정한 방법으로 대의원총회의 의사를 방해한 경우
3. 고의 또는 중대한 과실로 이 조합의 명예 또는 신용을 훼손시킨 경우

- 대의원 의무, 자격상실 등에 대해서는 조합 특성을 고려하여 정관에서 정하는 방법에 따라 규약이나 규정 등으로 정할 수 있다.

제30조(정기총회) 정기총회는 매년 1회 회계연도 종료 후 3개월 이내에 이사장이 소집한다.

- 총회 소집시기는 정관으로 정한다.

제31조(임시총회) ① 임시총회는 다음 각 호의 어느 하나에 해당하는 경우에 이사장이 소집한다.

1. 이사장 및 이사회가 필요하다고 인정할 때

2. 조합원이 조합원 5분의 1 이상의 동의를 받아 소집의 목적과 이유를 적은 서면을 제출하여 이사장에게 소집을 청구한 때

3. 감사가 조합의 재산상황이나 업무집행에 부정한 사실이 있는 것을 발견하고 그 내용을 총회에 신속히 보고할 필요가 있다고 인정하여 이사장에게 소집을 청구한 때

② 이사장은 제1항 제2호(제57조 규정에 따른 해임 요구를 포함한다) 및 제3호의 청구를 받으면 정당한 사유가 없는 한 2주 이내에 소집절차를 밟아야 한다.

③ 제1항 제2호 및 제3호의 규정에 의하여 총회의 소집을 청구하였으나 총회를 소집할 자가 없거나 그 청구가 있는 날부터 2주 이내에 이사장이 총회의 소집절차를 밟지 아니한 때에는 감사가 7일 이내에 소집절차를 밟아야 한다. 이 경우 감사가 의장의 직무를 수행한다.

④ 감사가 제3항의 기한 이내에 총회의 소집절차를 밟지 아니하거나 소집할 수 없는 경우에는 제1항 제2호의 규정에 의하여 총회의 소집을 청구한 조합원의 대표가 이를 소집한다. 이 경우 조합원의 대표가 의장의 직무를 수행한다.

> **유의사항**
> • 임시총회 소집사유, 소집방법 등에 대해서는 정관으로 정한다.

제32조(총회의 소집절차) ① 이사장은 총회 개최 7일 전까지 회의목적·안건·일시 및 장소를 정하여 우편 또는 전자통신매체 등으로 각 조합원에게 통지하여야 한다.

② 이사장이 궐위 또는 부득이한 사유로 총회를 소집할 수 없는 때에는 제52조에서 정하고 있는 순으로 이를 소집한다.

제32조의2(조합원제안권) ① 조합원이 조합원 5분의 1 이상의 동의를 받아 이사장에게 총회일의 2주 전에 서면으로 일정한 사항을 총회의 목적사항으로 할 것을 제안(이하 '조합원제안' 이라 한다)할 수 있다.

② 이사장은 제1항에 의한 조합원제안이 있는 경우에는 이를 이사회에 보고하고, 이사회는 조합원제안의 내용이 법령 또는 정관을 위반하는 경우를 제외하고는 이를 총회의 목적사항으로 하여야 한다. 이 경우 조합원제안을 한 자가 청구하면 총회에서 그 제안을 설명할 기회를 주어야 한다.

제33조(총회의 의결사항) 다음 각 호의 사항은 총회의 의결을 얻어야 한다.

1. 정관의 변경
2. 규약의 제정과 변경 또는 폐지
3. 임원의 선출과 해임
4. 사업계획 및 예산의 승인
5. 결산보고서(사업보고서, 대차대조표, 손익계산서, 잉여금처분안 또는 손실금처리안 등을 말한다. 이하 같다)의 승인
6. 감사보고서의 승인
7. 마을조합의 합병, 분할, 해산 또는 휴업
8. 조합원의 제명

9. 다른 협동조합에 대한 우선 출자

10. 탈퇴 조합원(제명된 조합원을 포함한다)에 대한 출자금 환급

11. 그 밖에 이사장 또는 이사회가 필요하다고 인정하는 사항

> **유의사항**
>
> • 조합은 법령에 반하지 않는 범위에서 총회의결사항을 추가적으로 규정할 수 있다.
>
> • 기본자산의 취득과 처분, 임원의 보수, 조합의 차입금 한도 결정, 사업계획 및 예산 중 중요한 사항의 변경 등은 총회의결사항으로 넣는 것이 바람직하다.

제34조(총회의 의사) ① 총회의 의사는 법령상 다른 규정이 있는 경우를 제외하고는 총 조합원 과반수의 출석으로 개회하고 출석조합원 과반수의 찬성으로 의결한다.

② 제1항의 규정에 의한 총회의 개의 정족수 미달로 총회가 유회된 때에는 이사장은 20일 이내에 다시 총회를 소집하여야 한다.

③ 총회는 제32조에 따라 미리 통지한 사항에 한하여 의결할 수 있다. 다만, 긴급을 요하여 총 조합원의 3분의 2이상의 출석과 출석조합원 3분의 2 이상의 찬성이 있는 때에는 그러하지 아니하다.

④ 총회에서 마을조합과 조합원간의 이익이 상반되는 사항에 대하여 의결을 행할 때에는 해당 조합원은 의결에 참가하지 못한다. 이 경우 의결에 참가하지 못하는 조합원은 의사정족 수와 의결정족수에 포함되지 아니한다.

> **유의사항**
>
> • 입법예고했던 협동조합기본법 일부 개정 법률안(기획재정부 제2020-156호, 2020.9.1.~2020.10.12.)에 포함된 내용임

제35조(특별의결사항) 다음 각 호의 사항은 조합원 과반수의 출석과 출석조합원 3분의 2 이상의 찬성으로 의결한다.

1. 정관의 변경

2. 마을조합의 합병 · 분할 · 해산 또는 휴업

3. 조합원의 제명

4. 탈퇴 조합원(제명된 조합원을 포함한다)에 대한 출자금 환급

5. 다른 협동조합에 대한 우선출자

제36조(의결권 및 선거권) ① 조합원은 출자좌수에 관계없이 각각 1개의 의결권과 선거권을 갖는다.

② 조합원은 대리인으로 하여금 의결권 및 선거권을 행사하게 할 수 있다. 이 경우 그 조합원은 출석한 것으로 본다.

③ 제37조의 자격을 갖춘 대리인이 의결권 또는 선거권을 행사할 때에는 대리권을 증명하는 서면을 의결권 또는 선거권을 행사하기 전에 마을조합이 정하는 양식에 따라 미리 마을조합에 제출하여야 한다.

> **유의사항**
> • 대리권을 증명하는 서면은 반드시 제출해야 한다.
> 다만, 서면의 양식, 행사시기 등은 정관에서 정하는 방법에 따라 규약이나 규정 등으로 정할 수 있다.

제37조(대리인이 될 자격) 전조 제2항에 따른 대리인은 다른 조합원 또는 본인과 동거하는 가족(조합원의 배우자, 조합원 또는 그 배우자의 직계 존속·비속과 형제자매, 조합원의 직계 존속·비속 및 형제자매의 배우자를 말한다)이어야 하며, 대리인이 대리할 수 있는 조합원의 수는 1인에 한정한다.

제38조(총회의 의사록) ① 총회의 의사에 관하여 의사록을 작성하여야 한다.

② 의사록에는 의사의 진행 상황과 그 결과를 적고 의장과 총회에서 선출한 조합원 3인 이상이 기명날인하거나 서명하여야 한다.

제39조(총회의 운영규약) 정관에 규정하는 외에 총회의 운영에 관하여 필요한 사항은 총회운영규약으로 정한다.

제40조(총회의 회기연장) ① 총회의 회기는 총회의 결의에 의하여 연장할 수 있다.

② 제1항의 규정에 의하여 속행된 총회는 제32조제1항의 규정을 적용하지 아니한다.

제41조(이사회) ① 마을조합에 이사회를 둔다.

② 이사회는 이사장 및 이사로 구성한다.

③ 이사장은 이사회를 소집하고 그 의장이 된다.

④ 이사회의 소집은 회의일 7일전까지 회의의 목적, 안건, 일시 및 장소를 기재한 서면을 각 이사에게 통지하여야 한다. 다만 긴급을 요하여 이사회 구성원 과반수의 동의가 있을 때에는 소집절차를 생략할 수 있다.

⑤ 이사는 이사장에게 이사회 소집을 요구할 수 있다. 이사장이 정당한 사유 없이 이사회 소집을 거절하는 경우에는 다른 이사가 이사회를 소집할 수 있다.

⑥ 감사는 필요하면 회의의 목적사항과 소집이유를 서면에 적어 이사장에게 제출하여 이사회 소집을 청구할 수 있다. 이 경우 감사가 청구를 하였는데도 이사장이 지체없이 이사회를 소집하지 아니하면 그 청구한 감사가 이사회를 소집할 수 있다.

⑥ 제5항과 제6항의 경우 이사장이 의장의 직무를 행할 수 없을 경우에는 제52조에 정한 순서대로 이사장의 직무를 대행할 이사가 그 직무를 대행한다.

> **유의사항**
>
> • 조합원 10인 미만인 경우에는 총회 의결에 따라 이사회를 두지 않을 수도 있다.
>
> • 이사의 종류 및 명칭은 필요에 따라 달리 정할 수 있다.
>
> • 이사회의 개의(開議) 등 이사회 운영에 관하여 필요한 사항은 정관으로 정한다.
>
> • 입법예고했던 협동조합기본법 일부개정법률안(기획재정부 제2020-156호, 2020.9.1.~2020.10.12.)에 포함된 내용임

제42조(이사회의 의결사항) ① 이사회는 다음 각 호의 사항을 의결한다.

1. 마을조합의 재산 및 업무집행에 관한 사항

2. 총회의 소집과 총회에 상정할 의안

3. 규정의 제정과 변경 및 폐지

4. 사업계획 및 예산안 작성

5. 간부 직원의 임면 승인

6. 그 밖에 마을조합의 운영에 중요한 사항 또는 이사장이 부의하는 사항

② 이사회는 제60조 각 호의 사업을 수행하기 위하여 필요한 위원회를 설치 운영할 수 있다.

③ 제2항의 위원회 구성 및 운영에 관하여는 별도 규정으로 정한다.

제43조(이사회의 의결 및 의사록) ① 이사회는 구성원 과반수의 출석으로 개회하고 출석이사 과반수의 찬성으로 의결한다.

② 이사회의 의사에 관하여는 의사의 경과와 그 결과를 기재한 의사록을 작성하고 참석이사 전원이 이에 기명날인하거나 서명하여야 한다.

② 이사의 개인 이익과 마을조합의 이익이 상반되는 사항이나 신분에 관련되는 사항에 관하여는 당해이사는 이사회의 의결에 관여할 수 없다. 이 경우 의결에 참가하지 못하는 이사는 의사정족수와 의결정족수에 포함되지 아니한다.

제44조(갈등관리위원회의 설치 및 운영) ① 마을조합은 마을조합의 운영 및 사업의 수행과정 등에 있어 조합원 사이에서 또는 지역주민과의 사이에서 발생할 수 있는 갈등을 예방하고, 갈등이 발생하는 경우에는 조정 또는 중재 역할을 수행할 수 있도록 갈등관리위원회를 설치·운영한다.

② 제1항에 따른 갈등관리위원회는 ○○명의 위원으로 구성하며, 관할 지방자치단체, 도시재생지원기구, 권역별 사회적경제 중간지원조직, 지역사회 사회적경제 조직 연합 소속의 전문가를 위원 총수의 2분의 1 이상 포함하여야 한다. 이사회의 의사에 관하여는 의사의 경과와 그 결과를 기재한 의사록을 작성하고 참석 이사 전원이 이에 기명날인하거나 서명하여야 한다.

유의사항

- 갈등관리위원회 위원 총수의 2분의 1이상은 반드시 외부위원으로 구성하되, 관할 지방자치단체, 도시재생지원기구는 반드시 외부위원으로 포함하여야한다.

③ 갈등관리위원회의 구성 및 운영 등에 관한 구체적인 사항은 별도 규정으로 정하며, 이 마을조합 정관 및 별도 규정에 특별한 규정이 있는 경우를 제외하고는 「공공기관의 갈등 예방과 해결에 관한 규정」을 준용한다.

제45조(위원회의 설치 및 운영) ① 이사회는 제44조에 따른 갈등관리위원회 이외에도 제62조 각 호의 사업을 수행하기 위하여 필요한 위원회를 설치·운영할 수 있다.
② 위원회의 구성과 운영 등 관하여 필요한 사항은 별도 규정으로 정한다.

제5장 임 · 직원 및 사무국, 운영전문 지원기관

제46조(임원의 정수) ① 마을조합의 임원으로 이사장 1명을 포함한 3명 이상 ○○명 이내의 이사와 1명 이상 ○명 이내의 감사를 둔다. 다만, 이사는 제10조제2항의 조합원 유형에 따라 다양한 이해관계자들로 구성하여야 한다.

② 제1항의 임원 중 이사회의 호선에 의해 상임임원을 둘 수 있다.

③ 근무형태(상근 및 비상근), 직무 등은 규약에 따른다.

> **유의사항**
>
> • 임원의 정수는 법에서 규정한 최소 정수(이사장 1명 포함한 이사 3명, 감사 1명)를 벗어나지 않는 범위에서 정관으로 정한다.

제47조(임원의 선임) ① 이사 및 감사는 총회가 조합원 중에서 선출한다. 다만, 이사회의 추천에 따라 조합원 외의 자를 선출할 수 있다.

② 제1항에 따라 조합원 중에서 선출되는 이사는 반드시 해당 도시재생활성화지역 내 주민협의체 활동에 ○년 이상 참여한 주민(선출 시 도시재생활성화지역 내 주민등록기록상 ○년 이상 거주 또는 도시재생활성화지역 내 거소 또는 주사무소를 ○년 이상 활동) 또는 이 마을조합에서 ○년 이상 조합원으로 활동한자이어야 한다.

③ 제1항 단서에 따라 조합원 외의 자 중에서 선출되는 이사는 마을조합이 운영지원전문기관으로 선정한 기관의 담당자, 해당 도시재생활성화지역 내에서 총괄코디네이터로 활동한 자 또는 해당 도시재생활성화지역 내에 주사무소를 둔 사회적경제조직의 대표로 활동한 자 중에서 선출하여야 한다.

④ 이사장은 이사 중에서 총회에서 선출한다. 다만 부이사장, 전무이사 및 상무이사는 이사회가 이사 중에서 호선할 수 있다.

- 임원은 조합원 중에 선출하는 것을 권장하나, 조합의 특성을 고려하여 조합원 합의에 따라 조합원 외의 자를 임원으로 선출하는 것도 가능하다.
- 감사는 조합의 업무집행상황, 재산상태, 장부 및 서류 등을 감독하는 것으로 회계지식이 있어야 하며, 중립적인 입장에서 직무를 수행할 수 있는 사람을 선임하여야 한다.
- 이사장은 이사 중에서 선출하여야 한다. 다만 이사장 외의 이사의 종류 및 명칭은 필요에 따라 달리 정할 수 있다.

⑤ 임원의 결원에 따른 보궐선거는 결원이 발생한 날로부터 ○개월 이내로 하여야 한다.

⑥ 임원의 임기만료 또는 사임으로 제45조에 따른 임원의 정수를 충족하지 못하는 경우, 퇴임한 임원은 새로운 임원이 선임될 때까지 임원의 권리·의무가 있다.

⑦ 제1항부터 제6항까지의 선거 방법, 절차 등에 관하여는 별도의 선거관리규약으로 정한다.

제48조(선거운동의 제한) ① 누구든지 자기 또는 특정인을 마을조합의 임원 또는 대의원으로 당선되도록 하거나 당선되지 아니하도록 할 목적으로 다음 각 호의 어느 하나에 해당하는 행위를 할 수 없다.

1. 조합원(마을조합에 가입신청을 한 자를 포함한다. 이하 이 조에서 같다)이나 그 가족(조합원의 배우자, 조합원 또는 그 배우자의 직계 존속·비속과 형제자매, 조합원의 직계 존속·비속 및 형제자매의 배우자를 말한다. 이하 이 조에서 같다) 또는 조합원이나 그 가족이 설립·운영하고 있는 기관·단체·시설에 대한 다음 각 목의 어느 하나에 해당하는 행위

   가. 금전·물품·향응이나 그 밖의 재산상의 이익을 제공하는 행위

   나. 공사의 직을 제공하는 행위

   다. 금전·물품·향응, 그 밖의 재산상의 이익이나 공사의 직을 제공하겠다는 의사표시 또는 그 제공을 약속하는 행위

2. 후보자가 되지 못하도록 하거나 후보자를 사퇴하게 할 목적으로 후보자가 되려는 사람이나 후보자에게 제1호 각 목에 규정된 행위를 하는 행위

3. 제1호 또는 제2호의 이익이나 직을 제공받거나 그 제공의 의사표시를 승낙하는 행위 또는 그 제공을 요구하거나 알선하는 행위

② 임원 또는 대의원이 되려는 사람은 선거일 공고일부터 선거일까지의 기간 중에는 선거운동을 위하여 조합원을 호별로 방문하거나 특정 장소에 모이게 할 수 없다.

> **유의사항**
>
> • '정관으로 정하는 기간'을 선거운동 기간으로 정하는 법 제37조 제2항과 동일 취지의 새마을금고법 제85조 제3항이 헌법재판소의 위헌결정(2018헌가12)을 받았으므로, 정관에는 동일 취지의 조항이나 기간을 명확히 명시한 『수산업협동조합법』 제53조 제2항 규정을 참고하여 '선거일 공고일부터 선거일까지의 기간' 으로 규정하는 것을 권고

③ 누구든지 마을조합의 임원 또는 대의원 선거와 관련하여 연설·벽보, 그 밖의 방법으로 거짓의 사실을 공표하거나 공연히 사실을 적시하여 후보자를 비방할 수 없다.

④ 누구든지 임원 또는 대의원 선거와 관련하여 다음 각 호의 방법 이외의 선거운동을 할 수 없다.

1. 선전 벽보의 부착

2. 선거 공보의 배부

3. 소형 인쇄물의 배부

4. 합동 연설회 또는 공개 토론회의 개최

5. 전화(문자메시지를 포함한다)·팩스·컴퓨터통신(전자우편을 포함한다)을 이용한 지지 호소

제49조(선거관리위원회의 구성·운영) ① 마을조합의 임원 및 대의원 선거사무를 공정하게 관리하기 위하여 본 마을조합에 선거관리위원회(이하 '위원회'라 한다)를 구성·운영할 수 있다.

② 위원회는 조합원 중에서 이사회의 의결을 거쳐 위원장 1인을 포함한 ○명 이내의 위원으로 구성한다. 이 경우 당해 선거에 임원으로 후보등록한 자는 위원이 될 수 없다.

③ 위원의 위촉기간은 위촉일로부터 ○년으로 하되 위원이 조합원자격을 상실한 때에는 위원의 직을 상실한다.

④ 위원장은 위원회를 대표하고 위원회를 소집하여 이를 주재한다.

⑤ 위원장은 중요한 사항에 대하여는 위원회에 부의하여 처리하여야 하며, 위원회는 구성원 과반수의 출석으로 개의하고 출석자 과반수의 찬성으로 의결한다.

⑥ 위원회는 다음 각 호의 사무를 관장한다.

 1. 후보자의 자격심사

 2. 선거인 명부의 확정

 3. 후보자 추천의 유ㆍ무효 판정

 4. 선거공보의 작성과 선거운동방법 결정 및 계도

 5. 선거관리, 투표관리 및 개표관리

 6. 투표의 유ㆍ무효의 이의에 대한 판정

 7. 선거관련 분쟁의 조정

 8. 선거운동 제한규정 위반여부 심사 및 조치

 9. 당선인의 확정

10. 그 밖에 선거에 필요한 사항

⑦ 위원회는 의사의 진행상황 및 그 결과를 적은 의사록을 작성하고, 참석위원이 기명날인하여야 한다.

⑧ 위원은 선거관리사무를 행함에 있어 공정을 기하여야 한다.

⑨ 그 밖에 위원회의 기능ㆍ구성 및 운영 등에 관하여 필요한 사항은 선거관리규정으로 정할 수 있다.

제50조(임원등의 결격사유) ① 다음 각 호의 어느 하나에 해당하는 자는 이 마을조합의 임원이 될 수 없다.

1. 피성년후견인
2. 피한정후견인
3. 파산선고를 받고 복권되지 아니한 사람
4. 금고 이상의 실형을 선고받고 그 집행이 끝나거나(집행이 끝난 것으로 보는 경우를 포함한다) 집행이 면제된 날부터 3년이 지나지 아니한 사람
5. 금고 이상의 형의 집행유예를 선고받고 그 유예기간 중에 있는 사람
6. 금고 이상의 형의 선고유예를 받고 그 선고유예기간 중에 있는 사람
7. 형법제303조 또는 성폭력범죄의 처벌 등에 관한 특례법 제10조에 규된 죄를 범하는 사람들로서 300만원 이상의 벌금형을 선고받고 그 형이 확정된 후, 2년이 지나지 아니한 사람
8. 법원의 판결 또는 다른 법률에 따라 자격이 상실 또는 정지된 사람

② 제1항 각호의 사유가 발생하면 해당 임원은 당연히 퇴직한다.

③ 제2항에 따라 퇴직된 임원이 퇴직 전에 관여한 행위는 그 효력을 상실하지 아니한다.

제51조(임원의 임기) ① 임원의 임기는 ○년으로 한다.

② 임원은 연임할 수 있다. 다만, 이사장은 두 차례만 연임할 수 있다.

③ 결원으로 인하여 선출된 임원의 임기는 전임자의 임기종료일까지로 한다.

제52조(임직원의 겸직금지) ① 이사장은 다른 마을조합의 이사장을 겸직할 수 없다.

② 이사장을 포함한 이사와 직원은 감사를 겸직할 수 없다.

③ 마을조합의 임직원은 국회의원 또는 지방의회의원을 겸직할 수 없다.

④ 임원 총 수의 3분의 1을 초과하여 임원은 이 마을조합의 직원을 겸직할 수 없다. 다만, 조합원의 수가 10인 이하인 마을조합은 해당 기간 동안 그러하지 아니하다.

> **유의사항**
> - 조합원의 3분의 2 이상이 직원이고, 조합원인 직원이 전체 직원의 3분의 2 이상인 사회적협동조합인 경우(임원이 직원을 겸직하기 전의 시점을 기준으로 함) 제4항을 삭제하고 규정할 수 있다.

제53조(이사장 및 이사의 직무) ① 이사장은 마을조합을 대표하고 이사회의 결정에 따라 마을조합의 업무를 집행한다.

② 이사는 이사장을 보좌하며 마을조합의 업무를 집행한다.

③ 이사장이 부득이한 사유로 직무를 수행할 수 없을 때에는 미리 이사회가 정한 순서대로 그 직무를 대행하고 해당자가 2인 이상일 경우에는 연장자 순으로 한다.

④ 제3항의 경우와 이사장이 권한을 위임한 경우를 제외하고는 이사장이 아닌 이사는 마을조합을 대표할 수 없다.

> **유의사항**
> - 이사장과 이사의 업무집행 내용은 정관으로 정해야 한다.
> - 직무대행 순서는 정관으로 정하는 바에 따라 이사회 의결 또는 규정 등으로 정할 수 있다.
> - 이사의 대표권에 대한 제한은 정관에 기재해야 함. 기재하지 아니하면 효력이 없다.(민법 제41조 준용)

제53조의2(이사의 경업금지) ① 이사는 조합원 전원의 동의를 받지 아니하고는 자기 또는 제3자의 계산으로 마을조합의 영업부류에 속한 거래를 하지 못하며, 같은 종류의 영업을 목적으로 하는 다른 회사의 이사 또는 집행임원이 되지 못한다.

② 이사가 전항의 규정에 위반하여 거래를 한 경우에 그 거래가 자기의 계산으로 한 것인 때에는 마을조합은 이를 마을조합의 계산으로 한 것으로 볼 수 있고, 제3자의 계산으로 한 것인 때에는 그 이사에 대하여 마을조합은 이로 인한 이득의 양도를 청구할 수 있다.

③ 전항의 규정은 마을조합의 그 이사에 대한 손해배상의 청구에 영향을 미치지 못한다.

④ 제2항의 권리는 다른 이사 과반수의 결의에 의하여 행사하여야 하며, 다른 이사의 1인이 그 거래를 안 날로부터 2주간을 경과하거나 그 거래가 있은 날로부터 1년을 경과하면 소멸한다.

제53조의3(이사와 마을조합 간의 거래) 다음 각 호의 어느 하나에 해당하는 자가 자기 또는 제3자의 계산으로 마을조합과 거래를 하기 위해서는 미리 총회에서 해당 거래에 관한 중요사실을 밝히고 총회의 의결을 받아야 한다. 이 경우 총회의 의결은 제34조 제1항에 따라 하여야 하고, 그 거래의 내용과 절차는 공정하여야 한다.

1. 이사장, 이사 감사 등 임원
2. 제1호의 자의 배우자 및 직계존비속
3. 제1호의 자의 배우자의 직계존비속
4. 제1호부터 제3호까지의 자가 단독 또는 공동으로 의결권 있는 발행주식 총수의 100분의 50 이상을 가진 회사 및 그 자회사
5. 제1호부터 제3호까지의 자가 제4호의 회사와 합하여 의결권 있는 발행 주식 총수의 100분의 50 이상을 가진 회사
6. 누구의 명의로 하든 자기의 계산으로 마을조합의 출자총좌수의 100분의 10 이상을 보유하거나 주요 경영사항에 대하여 사실상의 영향력을 행사하는 조합원 및 그의 배우자와 직계 존속 · 비속

제54조(감사의 직무) ① 감사는 연 ○회 이상 마을조합의 업무집행 상황, 재산상태, 장부 및 서류 등을 감사하여 총회에 보고하여야 한다.

② 감사는 예고 없이 마을조합의 장부나 서류를 대조 확인할 수 있다.

③ 감사는 이사장 및 이사가 법령 · 정관 · 규약 · 규정 또는 총회의 의결에 반하여 업무를 집행한 때에는 이사회에 그 시정을 요구하여야 한다.

④ 감사는 총회 또는 이사회에 출석하여 의견을 진술할 수 있다.

⑤ 제1항의 감사보고서 제출에 있어서 감사가 2인 이상인 경우 감사의 의견이 일치하지 아니할 경우에는 각각 의견을 제출할 수 있다.

> **유의사항**
> • 감사의 감사내용은 조합 운영의 중요사항이며, 총회보고는 법상 의무임. 따라서 조합의 연간 총회개최 계획 등의 구체적 사정을 고려하여 보고 횟수도 정관에서 규율하는 것을 권고

제55조(감사의 대표권) 마을조합이 이사장을 포함한 이사와 소송을 하는 때에는 감사가 마을조합을 대표한다.

> **유의사항**
> • 조합원의 권리보호를 위해 이사와 조합의 이해충돌이 발생하는 사안(예: 계약 등)에 대해서는 감사의 대표권을 인정하는 것이 바람직하다.

제56조(임원의 의무와 책임) ① 임원은 법령과 마을조합의 정관, 규약, 규정 및 총회와 이사회의 의결을 준수하고 마을조합을 위하여 성실히 그 직무를 수행하여야 한다.

② 임원이 법령 또는 정관을 위반하거나 그 임무를 게을리하여 마을조합에 손해를 가한 때에는 연대하여 그 손해를 배상하여야 한다.

③ 임원이 고의 또는 중대한 과실로 그 임무를 게을리하여 제3자에게 손해를 끼친 때에는 제3자에게 연대하여 그 손해를 배상하여야 한다.

④ 제2항 및 제3항의 행위가 이사회의 의결에 의한 것일 때에는 그 의결에 찬성한 이사도 제2항 및 제3항의 책임이 있다.

⑤ 제4항의 의결에 참가한 이사로서 명백한 반대의사를 표시하지 아니한 자는 그 의결에 찬성한 것으로 본다.

⑥ 제2항부터 제5항까지의 규정에 따른 구상권의 행사는 감사 및 이사에 대하여는 이사장이, 이사장에 대하여는 감사가, 전체 임원에 대하여는 조합원 5분의 1 이상의 동의를 받은 조합원 대표가 한다.

제57조(임원의 수당 등) 상임임원의 보수 및 상임임원을 제외한 임원의 여비 기타 실비변상에 대해서는 조합원 총회의 결의로 정하거나, 규정으로 정한다.

제58조(임원의 해임) ① 조합원은 조합원 5분의 1 이상의 동의로 총회에 임원의 해임을 요구할 수 있다. 이 경우 해임에 동의하는 조합원은 해임의 이유를 서면으로 총회의 의장에게 제출하여야 한다.

② 총회의 의장은 부득이한 사유가 없는 한 30일 내에 총회 소집절차를 거쳐 해임 의안을 상정하여야 한다.

③ 의장은 총회 개최 10일 전에 해당 임원에게 해임 이유를 서면으로 통보하고, 총회에서 의견을 진술할 기회를 주어야 한다.

④ 이사장 해임을 의결하는 총회에서는 제52조에 정한 순서대로 의장의 직무를 대행한다.

⑤ 임원의 해임을 의결하는 총회에서 해당 임원은 의결에 참가할 수 없다.

⑥ 임원의 해임 사유, 해임 절차 등에 관하여 기타 필요한 사항은 규약으로 정한다.

> **유의사항**
> - 해임요구는 임원이 법 제39조, 제41조, 제42조 등에서 규정한 임원의 의무와 직무 등을 위반한 사유가 있을 때에 한하여 가능하다.
> - 해임이유 통보방식과 시기는 조합별 특성을 고려하여 정관에 규정하는 것을 권고
> - 해당 임원의 총회 의견 진술기회는 반드시 부여해야 한다.
> - 임원의 해임에 대한 기타 필요 사항은 정관에 정하는 바에 따라 규약(해임사유, 해임절차 등)이나 규정(해임요구서 양식 등)으로 정하는 것을 권고

제59조(운영의 공개) ① 마을조합은 결산결과의 공고 등 운영사항을 적극 공개하여야 한다.

② 마을조합은 정관·규약·규정과 총회·이사회의 의사록, 회계장부 및 조합원 명부를 주된 사무소에 비치하여야 한다.

③ 결산보고서는 정기총회 7일 전까지 주된 사무소에 비치하여야 한다.

④ 조합원과 마을조합의 채권자는 이사장에게 제2항 및 제3항의 서류의 열람 또는 그 사본을 청구할 수 있다.

> **유의사항**
>
> - 법 제49조제1항에 정하는 서류 외에 공개할 사항에 대해서는 정관으로 정할 수 있다.
> - 사업결산보고서는 조합 운영의 중요사항 중 하나이고, 경영공시 필수공개 자료이므로 공개사항으로 규정하는 것을 권고
> - 조합은 조합원의 개인정보보호 등 정당한 사유로 서류의 사본청구를 제한하는 규정을 둘 수 있다.

⑤ 마을조합은 제4항의 청구가 있을 때에는 정당한 이유 없이 이를 거부하지 못한다.

⑥ 마을조합은 결산일로부터 4개월 이내에 기획재정부장관이 지정하는 인터넷 사이트에 다음 각 호의 자료를 게재하여야 한다.

1. 정관, 규약, 규정
2. 사업결산 보고서
3. 총회, 대의원총회 및 이사회의 활동 상황
4. 사업결과 보고서
5. 소액대출 및 상호부조 사업현황

> **유의사항**
>
> - 사업결과 보고서에 정관 제60조의 필수사업(법 제93조 제4항에서 준용하는 법 제45조 제1항)은 반드시 포함되어야 한다.

제59조의2(기부금의 공개) ① 마을조합은 회계연도 종료일로부터 3개월 이내에 마을조합 홈페이지 및 국세청의 인터넷 홈페이지에 기부금의 모금액 및 활용실적을 공개하여야 한다.

② 마을조합의 이사장은 매년 또는 기부자가 요구할 때 기부자의 기부금 현황을 알려주어야 한다. 이 경우 기부자가 인터넷 홈페이지를 통해 기부내역을 조회하고 관련 증빙을 출력할

수 있는 전산설비를 구축하거나 우편, 전자통신매체 등을 이용하여 통지할 수 있다.

③ 기부금은 별도의 통장을 통해 수입 및 지출을 관리한다.

④ 기부금을 받은 경우에는 기부금 영수증을 발급하고 기부자별 기부금 영수증 발급내역을 작성하여 5년간 보관하여야 한다.

> **유의사항**
>
> - 기부금을 모집하기 위해서는 사회적협동조합으로 인가를 받은 후, ① 지정기부금단체 추천신청서류를 국세청장(주사무소 소재지 관할 세무서장을 포함)에게 제출하여 ② 지정요건을 충족하였다고 인정되는 경우 국세청장이 해당 사회적협동조합을 기획재정부 법인세제과에 추천하고, 그 뒤 법인세제과 심사를 거쳐 ③ 최종 지정기부금단체로 지정되어야 한다.
> - 사회적협동조합 유형 중 '지역사업형', '취약계층 고용형', '취약계층 사회서비스 제공형'에 한해 기부금 모집이 가능하므로, '위탁사업형', '기타 공익증진형' 및 기부금 모집계획이 없는 사회적협동조합은 위 조항을 정관에 기재하여서는 안 된다.

제60조(사무국) ① 마을조합은 직원으로 구성된 집행조직으로서, 다음 각 호의 역할을 수행하는 사무국을 설치한다.

1. 총회 및 이사회 운영 지원
2. 마을조합 홍보 및 조합원 모집
3. 마을조합의 사업계획 수립 및 집행
4. 조합원 교육
5. 그 밖에 마을조합 사업에 필요한 활동

② 사무국의 직원은 이사장이 임면하되, 간부직원은 이사회의 결의를 거쳐 이사장이 임면한다.

③ 사무국의 조직 및 운영과 관련한 세부 사항 및 직원의 임면, 급여, 기타 직원에 관하여 필요한 사항은 이사회의 의결을 거쳐 별도의 규정으로 정한다.

> **유의사항**
>
> - 주택관리지원이 마을조합의 주요 사업 및 업무에 해당되는 경우에는 최소 1명 이상의 주택관리사를 사무국 직원으로 채용 하는 것을 권장한다.

제61조(운영지원 전문기관) ① 마을조합은 설립일로부터 3년 동안 초기 운영 및 회계 관리에 전문성을 기하기 위하여, 해당 도시재생활성화 지역 내 다음 각 호의 요건을 충족하는 기관 중에서 운영지원 전문기관을 선정한다.

1. 지역협동조합 금융기관

2. 제2항의 업무를 수행할 수 있는 기관

3. 지역사회의 사회적경제 주체들과의 협업 경험이 있는 기관

4. 도시재생사업 및 협동조합에 대한 이해를 보유한 기관

② 제1항에 따라 선정된 운영지원 전문기관은 다음 각 호의 업무를 수행한다.

1. 지역현황 및 자원에 기반한 마을조합의 사업 계획 수립 및 실행 지원

2. 마을조합의 회계관리 지원

3. 연차별 지원계획서, 지원결과보고서의 작성 및 마을조합에의 제출

4. 조합원 모집 및 마을조합 홍보 지원

5. 그 밖에 마을조합 운영 지원을 위해 필요한 사항 지원

③ 마을조합은 총회 의결을 거쳐 제1항에 따라 선정된 운영지원 전문기관에 사무국의 운영을 위탁할 수 있다.

④ 운영지원 전문기관의 지정 및 업무 위탁 등의 방법과 절차 등에 필요한 사항은 별도 규정으로 정할 수 있다.

제6장 사업과 집행

제62조(사업의 종류) ① 이 마을조합은 지역사업형으로 그 목적을 달성하기 위하여 다음 각 호의 사업을 주 사업으로 하여야 하고, 주 사업은 협동조합 전체 사업량의 100분의 40이상 이어야 한다.

1. 주택 관리 지원 사업
2. 집수리 지원 사업
3. 사회적 주택 운영 사업
4. 에너지 자립 지원 사업
5. 마을 상점 지원 사업

② 이 마을조합은 그 목적을 달성하기 위하여 다음 각 호의 사업을 기타 사업으로 할 수 있다.

1. 국가 및 지방자치단체의 지원사업 및 위·수탁사업
2. 태양광 발전시설 설치 지원사업
3. 조합원과 직원에 대한 상담, 교육·훈련 및 정보제공 사업
4. 마을조합 간 협력을 위한 사업
5. 마을조합의 홍보 및 지역사회를 위한 사업
6. 각 호에 부대하는 사업

유의사항

- 주사업 수행을 위해 부수되는 내용은 별도 사업이 아니다. 예를 들어 보육사업을 하기 위해 소요되는 홍보사업, 교육사업 등은 별도 사업이 아니라 주사업에 포함되는 부수적 활동이다. 따라서 별도의 사업으로 기재할 필요 없이 주사업 안에 포함시키도록 한다.
- 조합의 설립목적을 달성하기 위하여 필요한 사업을 정관으로 정하며, 사업의 종류 중에서 제2항 제3호부터 제5호까지의 필수사업(법 제93조 제4항에서 준용하는 법 제45조 제1항)은 반드시 포함되어야 한다.
- 기타 사업은 조합원에 대한 소액대출 사업, 조합원에 대한 상호부조 사업 등이 될 수 있다.

③ 마을조합의 사업은 관계 법령에서 정하는 목적 · 요건 · 절차 · 방법 등에 따라 적법하고 타당하게 시행되어야 한다.

④ 제1항과 제2항에도 불구하고 마을조합은 「통계법」제22조제1항에 따라 통계청장이 고시하는 한국표준산업분류에 의한 금융 및 보험업을 영위할 수 없다.

⑤ 이 마을조합이 주 사업의 목적 및 판단기준을 적용하기 위하여 수행할 사업유형은 '○○○○형(주사업유형 기재)'으로서 '○○○ 일 것(판단기준 기재)'으로 한다.

<table>
<tr><td>유의사항</td></tr>
</table>

〈 작성예시 〉

- 제4항에 해당하는 주 사업의 목적 및 판단기준은 아래에 사업유형과 판단기준에 따른 예시 중 해당되는 것을 기재하면 된다.

1. 지역사업형
– '지역사업형'으로서 '수입 · 지출 예산서 및 사업결과보고서상 전체 사업비의 100분의 40 이상을 주 사업 목적으로 지출할 것'으로 한다.
– '지역사업형'으로서 '사업계획서 및 사업결과보고서상 주 사업에 해당하는 서비스 대상인원, 시간, 횟수 등이 전체 서비스의 100분의 40이상일 것'으로 한다.

2. 취약계층 사회서비스 제공형
– '취약계층 사회서비스 제공형'으로서 '사업계획서 및 사업결과보고서상 취약계층에게 제공된 사회서비스 대상인원, 시간, 횟수 등이 전체 사회서비스의 100분의 40 이상일 것'으로 한다.

3. 취약계층 고용형
– '취약계층 고용형'으로서 '수입 · 지출 예산서 및 사업결과보고서상 전체 인건비 총액 중 취약계층인 직원에게 지급한 인건비 총액이 차지하는 비율이 100분의 40 이상일 것'으로 한다.
– '취약계층 고용형'으로서 '사업계획서 및 사업결과보고서상 전체 직원 중 취약계층인 직원이 차지하는 비율이 100분의 40 이상일 것'으로 한다.

4. 위탁사업형

- '위탁사업형'으로서 '수입 · 지출 예산서 및 사업결과보고서상 국가 및
지방자치단체로부터 위탁받은 사업 수입이 전체 사업 수입의 100분의 40 이상일
것'으로 한다.

5. 기타 공익증진형

- '기타 공익증진형'으로서 '수입 · 지출 예산서 및 사업결과보고서상 전체 사업비의
100분의 40 이상을 주 사업 목적으로 지출할 것'으로 한다.
- '기타 공익증진형'으로서 '사업계획서 및 사업결과보고서상 주 사업에 해당하는
서비스 대상인원, 시간, 횟수 등이 전체 서비스의 100분의 40 이상일 것'으로
한다.

6. 혼합형

- 주 사업으로 두 가지 이상의 유형을 선택할 경우는 해당 유형을 모두 기재

※ 예시) ④ 이 조합이 주 사업의 목적 및 판단기준을 적용하기 위하여 수행할
사업유형은 '지역사업형'과 '취약계층 고용형'으로서 각각의 판단기준은 1)
'수입 · 지출 예산서 및 사업결과보고서상 전체사업비의 100분의 40 이상을 주
사업 목적으로 지출할 것'(지역사업형) 2) '사업계획서 및 사업결과보고서상 전체
직원 중 취약계층인 직원이 차지하는 비율이 100분의 40 이상일
것'(취약계층고용형)으로 한다.

제62조2(소액대출) ① 마을조합은 상호복리 증진을 위하여 제62조의 주 사업 이외의 사업으로 조합원을 대상으로 납입 출자금 총액의 3분의 2를 초과하지 않는 범위에서 소액대출을 할 수 있다.

② 조합원 가입 후 ○개월이 경과한 조합원에 한해서 대출자격을 가진다.

③ 제1항에 따른 소액대출을 할 때 조합원 1인당 한도는 ○원으로 한다.

④ 소액대출 이자율은 ○%로 한다.

⑤ 소액대출 연체이자율은 ○%로 한다.

⑥ 대출 종류, 대출 종류별 이자율 및 연체이자율, 대출절차와 상환 등 소액대출 사업 운영에 대한 세부 사항은 별도의 규약으로 정한다.

⑦ 마을조합은 정기적으로 대출 조합원의 채무상환능력과 금융거래내용 등을 감안하여 적정한 수준의 대손충당금을 적립·유지하여야 하며, 대손충당의 구체적 적립수준 등에 관해서는 별도의 규약으로 정한다.

⑧ 소액대출 사업은 제62조에 따른 주 사업 및 기타 사업과 구분하여 따로 회계처리되어야 한다.

유의사항

- 소액대출은 정관 제60조 기타사업 및 제61조에 따라 자격, 대출 범위, 대출한도 등을 정한 사회적협동조합만 가능하다.
- 소액대출을 하지 않는 사회적협동조합은 해당 조항을 삭제하도록 한다.
- 소액대출 총액은 출자금 총액의 3분의 2를 초과할 수 없으며, 조합의 설립취지 등에 부합하는 조합원 활동을 충족한 자에 대해서 대출을 제공한다.
- 소액대출 이자율, 연체이자율은 정관에 정하여야 한다.
- 소액대출 한도는 조합원 수, 출자금 규모, 소액대출의 종류 등을 고려하여 정하되, 소액대출 이자율의 최고 한도는 한국은행이 매월 발표하는 신규취급액 기준 예금은행 가계대출 가중평균금리('20.7월 기준 2.62%)를 고려하여 정한다.(시행령 제22조)
- 소액대출 연체이자율의 최고 한도는「이자제한법」제2조 제1항에 따른 최고 이자율(24%)을 초과할 수 없다.(시행령 제22조)

제62조3(상호부조) ① 마을조합은 조합원 간 상부상조를 목적으로 조합원들이 각자 나눠 낸 상호부조회비를 기금으로 적립하여 그 기금으로 상호부조회비를 낸 조합원에게 혼례, 사망, 질병 등의 사유가 생긴 경우 일정 금액의 상호부조금을 지급한다.

② 조합원 가입 후 ○개월이 경과한 조합원 가운데 심사위원회의 승인을 얻은 조합원에 한해서 상호부조사업 참여자격을 가진다.

③ 조합원 1인당 상호부조의 범위는 ○원 이내로 한다.

④ 제1항의 상호부조회비는 ○원으로 한다. 상호부조 사업에 참여하는 조합원은 상호부조 회비를 매월 납부하여야 한다.

⑤ 상회부조 계약은 조합의 상호부조사업부 또는 계약사업부와 조합원 간에 직접 이루어지

도록 해야 하며, 제3의 판매조직이나 금융기관과의 제휴를 통한 계약은 허용되지 않는다.

⑥ 상호부조 회비 적립금의 운영은 지나친 위험에 노출되지 않도록 하여야 한다. 이를 위해 예금 및 국공채 이외의 주식, 회사채, 기타 시장성 증권에 투자하여서는 아니 된다.

⑦ 상호부조계약의 양식, 상호부조 회비의 사용, 상호부조 회비의 환급 등 사업 운영에 대한 세부 사항은 별도의 규약으로 정한다.

⑧ 상호부조 사업은 제62조에 따른 주 사업 및 기타 사업과 구분하여 따로 회계처리되어야 한다.

> **유의사항**
> - 상호부조는 정관 제60조 기타사업 및 제62조에 따라 상호부조금 지급 사유, 상호부조금 지급 한도, 수혜자격, 상호부조 계약 등 상호부조금 지급에 필요한 사항을 정관에 정한 사회적협동조합만 가능하다.
> - 상호부조를 하지 않는 사회적협동조합은 해당 조항을 삭제하도록 한다.
> - 상호부조의 범위는 납입 출자금 총액의 한도에서 정관으로 정한다.

제63조(사업의 이용) ① 마을조합은 조합원이 이용하는 데에 지장이 없는 범위에서 다음 각 호의 경우 조합원이 아닌 자에게 사업을 이용하게 할 수 있다.

1. ○○○
2. ○○○

> **유의사항**
> - 조합원이 아닌 자에게 사업을 이용하게 할 경우 정관에 그 조건을 구체적으로 명시하여야 한다.

② 제1항에도 불구하고 마을조합은 조합원이 아닌 자에게 소액대출, 상호부조 사업을 이용하게 하여서는 아니 된다.

제64조(사업계획과 수지예산) ① 이사회는 매 회계연도 경과 후 3개월 이내에 해당 연도의 사업계획을 수립하고 동 계획의 집행에 필요한 수지예산을 편성하여 총회의 의결을 받아야

한다.

② 제1항에 따른 사업계획과 예산이 총회에서 확정될 때까지는 전년도 예산에 준하여 가예산을 편성하여 집행할 수 있다. 이 경우 총회의 사후 승인을 받아야 한다.

③ 이사회가 총회에서 확정된 사업계획과 예산을 변경한 때에는 차기 총회에서 사후 변경승인을 받아야 한다.

제65조(사회적경제 조직과의 협력 등) ① 마을조합은 제62조의 사업을 수행하거나 조합원들이 필요로 하는 재화 및 서비스 등을 공급하기 위하여, 사회적경제 조직이 생산 또는 제공하는 재화 및 서비스 등을 우선하여 선정할 수 있다.

② 마을조합은 국가, 지방자치단체, 공공기관 등이 발주하는 물품공급, 용역, 건설사업 또는 민간위탁사업 등에 생산자조합원인 법인과 공동하여 입찰 및 참여할 수 있다.

③ 제1항에 따라 사회적경제 조직을 우선하거나 제2항에 따라 공동으로 입찰하는데 있어 필요한 사항은 별도 규약으로 정한다.

제7장 회계

제66조(회계연도) 마을조합의 회계연도는 매년 ○월 ○일부터 ○월 ○일까지로 한다.

제67조(회계) ① 마을조합의 회계는 일반회계와 특별회계로 구분한다.

② 당해 마을조합의 사업은 일반회계로 하고, 특별회계는 마을조합이 특정사업을 운영할 때, 특정자금을 보유하여 운영할 때, 기타 일반회계와 구분 경리할 필요가 있을 때 설치한다.

제68조(특별회계의 설치) 특별회계는 다음 각 호의 사업 또는 자금을 운영하기 위하여 설치한다.

1. ○○사업
2. ○○자금

> **유의사항**
> • 특별회계는 특정사업을 운영할 때, 특별자금을 보유·운영할 때, 일반회계와 구분하여 계리할 필요가 있을 경우 사용 가능하다.
> • 특별회계가 필요하지 않을 경우 해당 조항을 삭제하는 것도 가능하다.

제69조(결산등) ① 마을조합은 정기총회일 7일 전까지 결산보고서를 감사에게 제출하여야 한다.

② 마을조합은 제1항에 따른 결산보고서와 감사의 의견서를 정기총회에 제출하여 승인을 받아야 한다.

제70조(손실금의 보전) ① 마을조합은 매 회계연도의 결산 결과 손실금(당기손실금을 말한다)이 발생하면 미처분이월금, 임의적립금, 법정적립금 순으로 이를 보전하고, 보전 후에도 부족이 있을 때에는 이를 다음 회계연도에 이월한다.

② 마을조합은 제1항에 따른 손실금을 보전하고 제25조에 따른 법정적립금 등을 적립한 이후에 발생하는 잉여금은 임의적립금으로 적립하여야 하고, 이를 조합원에게 배당할 수 없다.

제8장 합병·분할 및 해산

제71조(합병과 분할) ① 마을조합은 합병계약서 또는 분할계획서를 작성한 후 총회의 의결을 얻어 합병 또는 분할할 수 있다.

> **유의사항**
> • 조합이 합병 또는 분할할 경우 소관 중앙행정기관장의 인가를 받아야 한다.

② 합병 또는 분할로 인하여 존속 또는 새로 설립되는 마을조합은 합병 또는 분할로 인하여 소멸되는 마을조합의 권리·의무를 승계한다.

제72조(해산) ① 마을조합은 다음 각 호의 어느 하나에 해당하는 사유가 발생하였을 때에는 해산하고 해산절차는 민법 등 관련 법령에 의한다.

1. 총회의 의결
2. 합병·분할 또는 파산
3. 설립인가의 취소

> **유의사항**
> • 필요한 해산 사유를 추가로 정관으로 정할 수 있다.

② 이사장은 마을조합이 해산한 때에는 지체 없이 조합원에게 통지하고 공고하여야 한다.

제73조(청산인) ① 마을조합이 해산한 때에는 파산으로 인한 경우를 제외하고는 이사장이 청산인이 된다. 다만, 총회에서 다른 사람을 청산인으로 선임하였을 경우에는 그에 따른다.
② 청산인은 취임 후 지체 없이 재산상태를 조사하고 재산목록과 대차대조표를 작성하여 재산처분의 방법을 정하여 총회의 승인을 얻어야 한다.
③ 청산사무가 종결된 때에는 청산인은 지체 없이 결산보고서를 작성하여 총회의 승인을 얻어야 한다.

④ 제2항 및 제3항의 경우에 총회를 2회 이상 소집하여도 총회가 구성되지 아니할 때에는 출석 조합원 3분의 2이상의 찬성이 있으면 총회의 승인이 있은 것으로 본다.

제74조(청산 잔여재산의 처리) 마을조합이 해산 후 채무를 변제하고 청산 잔여재산이 있을 때에는 국고로 귀속한다.

부칙

이 정관은 국토교통부장관의 인가를 받은 날부터 시행한다.

발기인	○ ○ ○	(인)
발기인	○ ○ ○	(인)
발기인	○ ○ ○	(인)
발기인	○ ○ ○	(인)
발기인	○ ○ ○	(인)

○○학교 사회적협동조합 정관 (예시)

제1장 총칙

제1조(설립과 명칭) 이 조합은 협동조합기본법에 의하여 설립하며, ○○학교 사회적협동조합(이하 '학교조합')이라 한다.

> **유의사항**
> • 학교협동조합 명칭은 사업분야와 내용, 사업구역, 조합원의 구성 등을 고려하여 학교명을 반영하는 등 학교 외 사회적협동조합과 구별되는 명칭 사용을 권장

제2조(목적) 학교조합은 자주적 · 자립적 · 자치적인 조합 활동을 통하여 ----------위하여 ---------- 을 목적으로 한다.

> **유의사항**
> • 조합의 유형에 맞는 설립목적을 구체적으로 기재하여야 한다.
> • 정관과 달리 법인등기부상에는 '목적'만 등재하도록 되어있으므로 등기신청 시에는 정관 제2조(목적)과 제60조(사업의 종류)를 통합하여 등기부상 '목적'사항으로 신청해야 한다.

※ 학교 사회적협동조합의 예시

제2조(목적) 학교조합은 자주적 · 자립적 · 자치적인 조합 활동을 통하여 구성원의 복리증진과 상부상조 및 국민경제의 균형 있는 발전에 기여하기 위하여 2명 이상의 서로 다른 이해관계자들이 모여 교육 자치 및 학생 중심 교육 복지를 실현하기 위한 교육경제공동체를 만들어

가는 것을 목적으로 한다.

제3조(조합의 책무) ① 학교조합은 조합원 등의 권익 증진을 위하여 교육·훈련 및 정보 제공 등의 활동을 적극적으로 수행한다.

② 학교조합은 다른 협동조합, 다른 법률에 따른 협동조합, 외국의 협동조합 및 관련 국제기구 등과의 상호 협력, 이해 증진 및 공동사업 개발 등을 위하여 노력한다.

제4조(사무소의 소재지) 학교조합의 주된 사무소는 ○○시·도에 두며, 이사회의 의결에 따라 필요한 곳에 지사무소를 둘 수 있다.

> **유의사항**
> - 정관의 주된 사무소 소재지는 상업등기법 제29조에 따라 행정구역을 특정할 수 있을 정도(특별시, 광역시, 특별자치시, 시 또는 군)까지 적는다. ('경기도'·'강원도' 등은 지양)
> - 지사무소 설치 방법은 정관 위임사항으로 정관에 정하는 방법에 따라 규약·규정 등으로 정할 수 있다.

제5조(사업구역) 학교조합의 사업구역은 ○○○로 한다.

> **유의사항**
> - 사업분야와 내용, 조합원의 자격 등을 고려하여 사업구역을 정하며, 여러 개의 행정구역에 걸쳐 있는 경우에는 이를 모두 적는다.

제6조(공고방법) ① 학교조합의 공고는 주된 사무소의 게시판(지사무소의 게시판을 포함한다) 또는 학교조합의 인터넷 홈페이지(www.○○.com)에 게시하고, 필요하다고 인정하는 때에는 ○○특별시·광역시·특별자치시·도·특별자치도에서 발간되는 일간신문 또는 중앙일간지에 게재할 수 있다.

② 제1항의 공고기간은 7일 이상으로 하며, 조합원의 이해에 중대한 영향을 미칠 수 있는 내용에 대하여는 공고와 함께 서면으로 조합원에게 통지하여야 한다.

- 공고방법으로 인터넷 홈페이지를 규정하는 경우, 정관에 사이트 주소까지 명시하여야 한다.

제7조(통지 및 최고방법) 조합원에 대한 통지 및 최고는 조합원명부에 기재된 주소지로 하고, 통지 및 최고기간은 7일 이상으로 한다. 다만, 조합원이 따로 연락받을 연락처를 지정하였을 때에는 그곳으로 한다.

제8조(공직선거 관여 금지) ① 학교조합은 공직선거에 있어서 특정 정당을 지지·반대하거나 특정인을 당선되도록 하거나 당선되지 아니하도록 하는 일체의 행위를 하여서는 아니 된다. ② 누구든지 학교조합을 이용하여 제1항에 따른 행위를 하여서는 아니 된다.

제9조(규약 또는 규정) 학교조합의 운영 및 사업실시에 관하여 필요한 사항으로서 이 정관으로 정한 것을 제외하고는 규약 또는 규정으로 정할 수 있다.

제2장 조합원

제10조(조합원의 자격 및 유형) ① 학교조합의 설립목적에 동의하고 조합원으로서의 의무를 다하고자 하는 자는 조합원이 될 수 있다. 단, 미성년자의 경우 법정대리인의 동의를 얻어야 한다.

② 조합원의 유형은 다음 각 호와 같다.

1. 생산자(사업자)조합원: 학교조합의 ○○○ 사업 등에 관련 재화 또는 서비스 공급하는 등 함께 사업수행에 참여하는 자

2. 소비자(서비스 수혜자)조합원: 학교조합의 ○○○ 사업 등으로 생산한 재화나 서비스를 공급받거나 이용하는 자

3. 직원(노동자)조합원: 학교조합에 직원으로 재직하는 자

4. 자원봉사자조합원: 학교조합에 무상으로 필요한 서비스 등을 제공하는 자

5. 후원자조합원: 학교조합에 필요한 물품 등을 기부하거나 자금 등을 후원하는 자

> **유의사항**
>
> - 사회적협동조합은 사업분야와 내용, 사업구역, 조합원의 구성 등을 고려하여 조합의 설립 목적 및 특성에 부합되는 자로 조합원의 자격을 정관으로 제한할 수 있다.(법 제21조 제2항)
> - 사회적협동조합은 둘 이상 유형의 조합원으로 구성되어야 한다(다중이해관계자협동조합, 시행령 제19조 제1항 제2호).
> - 조합원 유형은 위의 1~5호 외에도, 사업 성격 등에 따라 1~5호의 성격이 여러 가지 혼재된 경우 등 필요한 경우에는 명칭이나 역할을 정관에 자유로이 정할 수 있다.
> - 미성년자(학생 등)의 경우 민법에 따라 법정대리인의 동의 절차 필요
> - 생산자/소비자 조합원은 조합의 사업 특성에 맞게 규정할 것을 권장(예시: 교육이 주 사업인 사회적협동조합의 경우, 생산자 조합원은 ① ○○교육사업(주사업)에 참여하는 강사 ② 교육프로그램 개발자 혹은 제공하는 사업자 등으로 규정 가능하며, 소비자 조합원은 ○○ 교육사업(주사업)의 수강생 등으로 규정)
> - 「친환경 식품 매점사업」의 예시 :
> - 생산자(사업자)조합원: 매점에 친환경 제품을 납품하는 자(지역주민 등)
> - 소비자(서비스 수혜자)조합원: 매점의 제품을 소비하는 자(학생, 교직원 등)

－ 직원(노동자)조합원: 매점운영에 고용된 자(지역주민 등)
  － 자원봉사자조합원 (학부모, 지역주민, 졸업생 등)
  － 후원자조합원 (학부모, 지역주민, 졸업생 등)

제11조(조합원의 가입) ① 조합원의 자격을 가진 자가 학교조합에 가입하고자 할 때에는 가입신청서를 제출하여야 한다.

② 학교조합은 제1항에 따른 신청서가 접수되면 신청인의 자격을 확인하고 가입의 가부를 결정하여 신청서를 접수한 날부터 2주 이내에 신청인에게 서면 또는 전화 등의 방법으로 통지하여야 한다.

③ 제2항의 규정에 따라 가입의 통지를 받은 자는 학교조합에 가입할 자격을 가지며 납입하기로 한 출자좌수에 대한 금액을 가입 후 ○개월 내에 학교조합에 납부함으로써 조합원이 된다.

④ 학교조합은 정당한 사유없이 조합원의 자격을 갖추고 있는 자에 대하여 가입을 거절하거나 가입에 관하여 다른 조합원보다 불리한 조건을 붙일 수 없다.

> **유의사항**
> • 출자금 납부 시기는 조합원 자격과 연계되므로 정관에 명확히 규정하는 것이 바람직하다.

제12조(조합원의 고지의무) 조합원은 제11조제1항에 따라 제출한 가입신청서의 기재사항에 변경이 있을 때 또는 조합원의 자격을 상실하였을 때에는 지체 없이 학교조합에 이를 고지하여야 한다.

제13조(조합원의 책임) 조합원의 책임은 납입한 출자액을 한도로 한다.

제14조(탈퇴) ① 조합원은 조합에 탈퇴의사를 알리고 학교조합을 탈퇴할 수 있다.

② 조합원은 다음 각 호의 어느 하나에 해당하는 때에는 당연히 탈퇴된다.

 1. 조합원 지위의 양도 등 조합원으로서의 자격을 상실한 경우

2. 사망한 경우

3. 성년후견개시의 심판을 받은 경우

4. 조합원인 법인이 해산한 경우

> **유의사항**
> • 탈퇴의사를 알리는 방법, 형식 등을 정관에 정하는 방법에 따라 규정 등으로 정할 수 있다.
> • 그 밖의 필요에 따라 제2항의 1~4호 외의 사유를 정관에 추가로 정할 수 있다.

제15조(제명) ① 학교조합은 조합원이 다음 각 호의 어느 하나에 해당하면 총회의 의결을 얻어 제명할 수 있다.

1. 출자금 및 경비의 납입 등 학교조합에 대한 의무를 이행하지 아니한 경우

2. ○년 이상 계속해서 학교조합의 사업을 이용하지 아니한 경우

3. 학교조합의 사업과 관련된 법령·행정처분·정관 및 총회의결사항, 규약·규정을 위반한 경우

4. 고의 또는 중대한 과실로 학교조합의 사업을 방해하거나 신용을 상실하게 하는 행위를한 경우

② 학교조합은 제1항에 따라 조합원을 제명하고자 할 때에는 총회 개최 10일 전에 그 조합원에게 제명의 사유를 알리고 총회에서 의견을 진술할 기회를 주어야 한다.

③ 제2항에 따른 의견진술의 기회를 주지 아니하고 행한 총회의 제명 의결은 해당 조합원에게 대항하지 못한다.

④ 학교조합은 제명결의가 있었을 때에 제명된 조합원에게 제명이유를 서면으로 통지하여야 한다.

> **유의사항**
> • 조합에서 기간만 자율적으로 규정 가능함. 다만, 조합의 주 사업 유형·특성 및 조합원의 권리보호 취지를 고려하여 지나치게 단기간으로는 정하지 않도록 한다.
> • 1,2호 외의 제명 사유는 조합에서 자율적으로 결정할 수 있다.

제16조(탈퇴·제명조합원의 출자금환급청구권) ① 탈퇴 조합원(제명된 조합원을 포함한다. 이하 이 조와 제17조에서 같다)은 출자금의 환급을 청구할 수 있다.

② 학교조합은 탈퇴 조합원이 학교조합에 대한 채무를 다 갚을 때까지는 제1항에 따른 출자금의 환급을 정지할 수 있다. 다만, 탈퇴 조합원이 조합에 대하여 채무가 있을 때에는 제1항에 따른 환급금과 상계할 수 있다.

③ 제1항에 따른 청구권은 탈퇴(제명을 포함한다. 이하 이 조와 제17조에서 같다) 당시의 회계연도의 다음 회계연도부터 청구할 수 있다.

④ 제1항에 따른 청구권은 제3항에 따라 청구권을 행사할 수 있는 날부터 2년간 행사하지 아니하면 시효로 인하여 소멸된다.

> **유의사항**
>
> - 탈퇴·제명조합원에 대한 출자금 환급의 범위는 정관으로 정하여야 한다.
> - 행사시기는 법령사항이나 행사방법은 정관위임사항으로 출자금환급청구권은 탈퇴하거나 제명된 당시 회계연도의 다음 회계연도부터 정관으로 정하는 방법에 따라 행사할 수 있다.

제17조(탈퇴조합원의 손실액 부담) ① 학교조합은 학교조합의 재산으로 그 채무를 다 갚을 수 없는 경우에는 탈퇴 조합원의 출자금의 환급분을 계산할 때, 탈퇴 조합원이 부담하여야 할 손실액의 납입을 청구할 수 있다.

② 제1항에 따른 손실액의 납입 청구에 관하여는 제16조제4항을 준용한다.

> **유의사항**
>
> - 탈퇴·제명 조합원이 부담하여야 할 손실액의 납입(범위)는 정관위임사항으로 조합에서 결정하여 정할 수 있다.

제3장 출자와 경비부담 및 적립금

제18조(출자) ① 조합원은 ○좌 이상의 출자를 하여야 하며 출자 1좌의 금액은 ○○○원으로 한다.

② 한 조합원의 출자좌수는 총 출자좌수의 100분의 30을 초과해서는 아니 된다.

③ 출자금은 ○일까지 납입한다.

④ 학교조합에 납입할 출자금은 학교조합에 대한 채권과 상계하지 못한다.

⑤ 출자는 현물로도 할 수 있고, 현물출자의 경우 규약이 정하는 바에 따라 출자액을 계산한다. 이 경우 현물출자자는 출자의 납입기일에 출자의 목적인 재산의 전부를 학교조합 또는 학교조합에서 지정한 장소에 납입하여야 한다.

유의사항

- 조합원이 출자해야 하는 출자좌수는 1좌 이상으로 정관에 정하여야 한다.
- 출자 1좌의 금액은 균일하게 정하여야 한다.
- 한 조합원의 출자좌수는 총 출자좌수의 100분의 30의 범위 안에서 정관으로 정할 수 있다.
- 출자금은 일시납을 원칙으로 하되, 만약 분납을 허용하는 경우에는 조합원 자격 취득 시기, 분납 가능 횟수, 분납 완료 시기 등을 정관에 정하여야 한다.
- 일시납일 경우, 가입일부터 ○일까지/ 분납일 경우에도 ~까지 기간을 구체적으로 명시하여야 한다.
- 현물출자에 대해서는 정관에 정하는 방법에 따라 규약 등으로 정할 수 있다.

제19조(출자증서등의 교부) ① 학교조합의 이사장은 조합원이 제18조의 규정에 의하여 최초 출자금을 납입한 때 및 조합원이 요구할 때에는 다음 각 호의 사항을 적은 출자증서 또는 출자를 확인할 수 있는 증표에 기명날인하여 조합원에게 발급하여야 한다.

1. 학교조합의 명칭
2. 조합원의 성명 또는 명칭
3. 학교조합 가입 연월일

4. 출자금의 납입 연월일

5. 출자금액 또는 출자좌수

6. 발행 연월일

② 학교조합의 이사장은 매년 정기총회 ○일 후까지 조합원의 출자금액 변동상황을 조합원에게 알려주어야 한다. 이 경우 우편, 전자통신매체 등을 이용하여 통지할 수 있다.

> **유의사항**
> • 출자금변동상황은 변동상황이 있는 경우에만 알려주면 된다.

제20조(출자금등의 양도와 취득금지) ① 조합원 지위의 양도 또는 조합원 출자금의 양도는 총회의 의결을 받아야 한다.

② 조합원이 아닌 자가 출자금을 양수하려고 할 때에는 가입의 예에 따른다.

③ 출자금의 양수인은 그 출자금에 관하여 양도인의 권리의무를 승계한다.

④ 조합원은 출자금을 공유하지 못한다.

⑤ 학교조합은 조합원의 출자금을 취득하거나 이를 질권의 목적으로 하여서는 아니 된다.

제21조(출자금액의 감소의결) ① 학교조합은 부득이한 사유가 있을 때에는 조합원의 신청에 의하여 출자좌수를 감소할 수 있다.

② 학교조합은 출자 1좌의 금액 또는 출자좌수의 감소(이하 '출자감소'라 한다)를 총회에서 의결한 경우에는 그 의결을 한 날부터 14일 이내에 대차대조표를 작성한다.

③ 학교조합은 제2항에 따른 의결을 한 날부터 14일 이내에 채권자에 대하여 이의가 있으면 학교조합의 주된 사무소에 이를 서면으로 진술하라는 취지를 공고하고, 이미 알고 있는 채권자에게는 개별적으로 최고하여야 한다.

④ 제3항에 따른 이의신청 기간은 30일 이상으로 한다.

⑤ 그 밖의 출자감소 절차와 방법에 관하여는 별도의 규약으로 정할 수 있다.

- 출자좌수의 감소는 출자 1좌 금액의 감소와는 달리 법령사항은 아니지만, 조합원의 재산권과 관련되는 중요사항이므로 총회의결사항으로 정하는 것을 권고

제22조(출자감소 의결에 대한 채권자의 이의) ① 채권자가 제21조의 이의신청 기간에 출자감소에 관한 의결에 대하여 이의를 신청하지 아니하면 출자감소를 승인한 것으로 본다. ② 채권자가 이의를 신청하면 학교조합은 채무를 변제하거나 상당한 담보를 제공하여야 한다.

제23조(경비 및 사용료와 수수료) ① 학교조합은 사업운영을 위하여 조합원 및 학교조합의 사업을 이용하는 자에게 다음 각 호의 경비 및 사용료와 수수료를 부과 및 징수할 수 있다.
 1. 기본회비
 2. ○○할 목적으로 ○○에게 징수하는 특별회비
 3. ○○사용료
 4. ○○수수료
② 제1항에 따른 경비 및 사용료와 수수료의 부과대상, 부과금액, 부과방법, 징수시기와 징수방법은 규약으로 정한다.
③ 조합원은 제1항에 따른 경비 및 사용료와 수수료를 납입할 때 학교조합에 대한 채권과 상계할 수 없다.
④ 제2항의 부과금에 있어서 조합원등에 대한 부과금액의 산정기준 사항에 변경이 있어도 이미 부과한 금액은 변경하지 못한다.

- 조합이 경비 및 사용료와 수수료를 징수하는 경우에는 그 명목을 구체적으로 명시하여야 한다.
- 경비 및 사용료와 수수료를 징수하지 않는 경우에는 삭제 가능하다.

제24조(과태금) ① 학교조합은 조합원이 출자금 또는 경비 등의 납입의무를 그 기한까지

이행하지 아니하는 경우에는 과태금을 징수할 수 있다.

② 조합원은 제1항에 따른 과태금을 학교조합에 대한 채권과 상계할 수 없다.

③ 과태금의 금액 및 징수방법은 규약으로 정한다.

> **유의사항**
> - 조합이 징수할 수 있는 과태금의 명목을 구체적으로 명시하여야 한다.
> - 과태금을 징수하지 않는 경우에는 삭제 가능하다.
> - 과태금 금액은 규약으로, 과태금 징수방법은 규정으로 정하는 것도 가능하다.

제25조(법정적립금) ① 학교조합은 매 회계연도 결산의 결과 잉여금이 있는 때에는 해당 회계연도 말 출자금 납입총액의 3배가 될 때까지 잉여금의 100분의 30 이상을 적립하여야 한다.

② 제1항의 법정적립금은 손실금의 보전에 충당하거나 해산하는 경우 외에는 사용하여서는 아니 된다.

> **유의사항**
> - 잉여금의 최저비율은 100분의 30으로 되어 있으나, 정관에서 그 이상으로 정할 수 있다.

제26조(임의적립금) ① 학교조합은 매 회계연도의 잉여금에서 제25조에 따른 법정적립금을 빼고 나머지가 있을 때에는 총회에서 결정하는 바에 따라 매 회계연도 잉여금의 100분의 ○○ 이상을 임의적립금으로 적립할 수 있다.

② 임의적립금은 총회에서 결정하는 바에 따라 사업준비금, 사업개발비, 교육 등 특수목적을 위하여 지출할 수 있다.

> **유의사항**
> - 임의적립금의 적립범위는 정관에 정해야 한다.
> - 사업준비금 외에 임의적립금의 다양한 목적을 정할 수 있다.

제4장 총회와 이사회

제27조(총회) ① 학교조합은 총회를 둔다.

② 총회는 정기총회와 임시총회로 구분한다.

③ 총회는 조합원으로 구성하며, 이사장이 그 의장이 된다.

제28조(대의원총회) ① 조합원의 수가 200인을 초과하는 경우 총회에 갈음할 대의원 총회를 둘 수 있다.

② 대의원은 조합원 중에서 제10조제2항의 조합원 유형에 따라 각각 선출한다. 다만, 선출할 대의원 수는 이사회에서 정한다.

③ 대의원 총회를 구성하는 대의원 정수는 대의원 선출 당시 조합원 총수의 100분의 10 이상이어야 한다. 다만, 대의원 총수가 100명을 초과하는 경우에는 100명으로 할 수 있다.

④ 대의원 임기만료 또는 사임으로 인해 대의원 정수를 충족하지 못하는 경우 퇴임한 대의원은 새로운 대의원이 선임될 때까지 대의원의 권리 · 의무가 있다.

⑤ 대의원의 의결권 및 선거권은 대리인으로 하여금 행사하게 할 수 없다.

⑥ 대의원의 임기는 ○년으로 한다. 다만, 결원으로 인하여 선출된 대의원의 임기는 전임자의 임기의 남은기간으로 한다.

⑦ 대의원은 조합원의 선거를 통하여 선출하며, 선거방법에 관한 사항은 선거관리규정으로 정한다.

⑧ 대의원총회에 관하여는 총회에 관한 사항을 준용하며, 이 경우 '조합원'은 '대의원'으로 본다.

⑨ 대의원총회는 학교조합의 합병, 분할 및 해산에 관한 사항은 의결할 수 없다.

- 대의원총회를 두지 않기로 한 경우, 정관예시의 제29조, 제30조는 규정하지 않아도 된다.
- 다만, 대의원총회를 두는 경우에는 대의원총회 운영에 필요한 사항(임기, 선출방법 및 자격 등)은 정관 위임사항이므로 정관으로 반드시 정해야 한다.
- 사회적협동조합의 경우, 대의원은 둘 이상의 조합원 유형으로 구성하는 것이 바람직하다.
- 대의원 총수가 100명을 초과하는 경우에는 대의원을 100명 또는 100명 이상으로 정할 수도 있다.
- 대의원 임기는 정관으로 정하는 것이 바람직하며, 선출방법, 자격 등은 정관에서 정하는 방법에 따라 규약이나 규정 등으로 정할 수 있다.

제29조(대의원의 의무 및 자격상실) ① 대의원은 성실히 대의원총회에 출석하고, 그 의결에 참여하여야 한다.

② 대의원총회는 대의원이 다음 각 호의 어느 하나에 해당하는 행위를 할 때에는 그 의결로 대의원자격을 상실하게 할 수 있다. 이 경우 해당 대의원에게 서면으로 자격상실 이유를 의결일 7일 전까지 통지하고, 총회 또는 대의원총회에서 의견을 진술할 기회를 주어야 한다.

1. 대의원총회 소집통지서를 받고 정당한 사유 없이 계속하여 3회 이상 출석하지 아니하거나 대의원총회에 출석하여 같은 안건에 대한 의결에 2회 이상 참가하지 아니한 경우
2. 부정한 방법으로 대의원총회의 의사를 방해한 경우
3. 고의 또는 중대한 과실로 이 조합의 명예 또는 신용을 훼손시킨 경우

- 대의원 의무, 자격상실 등에 대해서는 조합 특성을 고려하여 정관에서 정하는 방법에 따라 규약이나 규정 등으로 정할 수 있다.

제30조(정기총회) 정기총회는 매년 1회 회계연도 종료 후 3개월 이내에 이사장이 소집한다.

- 총회 소집시기는 정관으로 정한다.

제31조(임시총회) ① 임시총회는 다음 각 호의 어느 하나에 해당하는 경우에 이사장이 소집한다.

1. 이사장 및 이사회가 필요하다고 인정할 때

2. 조합원이 조합원 5분의 1 이상의 동의를 받아 소집의 목적과 이유를 적은 서면을 제출하여 이사장에게 소집을 청구한 때

3. 감사가 학교조합의 재산상황이나 업무집행에 부정한 사실이 있는 것을 발견하고 그 내용을 총회에 신속히 보고할 필요가 있다고 인정하여 이사장에게 소집을 청구한 때

② 이사장은 제1항 제2호(제57조 규정에 따른 해임 요구를 포함한다) 및 제3호의 청구를 받으면 정당한 사유가 없는 한 2주 이내에 소집절차를 밟아야 한다.

③ 제1항 제2호 및 제3호의 규정에 의하여 총회의 소집을 청구하였으나 총회를 소집할 자가 없거나 그 청구가 있은 날부터 2주 이내에 이사장이 총회의 소집절차를 밟지 아니한 때에는 감사가 7일 이내에 소집절차를 밟아야 한다. 이 경우 감사가 의장의 직무를 수행한다.

④ 감사가 제3항의 기한 이내에 총회의 소집절차를 밟지 아니하거나 소집할 수 없는 경우에는 제1항 제2호의 규정에 의하여 총회의 소집을 청구한 조합원의 대표가 이를 소집한다. 이 경우 조합원의 대표가 의장의 직무를 수행한다.

유의사항

• 임시총회 소집사유, 소집방법 등에 대해서는 정관으로 정한다.

제32조(총회의 소집절차) ① 이사장은 총회 개최 7일 전까지 회의목적 · 안건 · 일시 및 장소를 정하여 우편 또는 전자통신매체 등으로 각 조합원에게 통지하여야 한다.

② 이사장이 궐위 또는 부득이한 사유로 총회를 소집할 수 없는 때에는 제52조에서 정하고 있는 순으로 이를 소집한다.

제32조의2(조합원제안권) ① 조합원이 조합원 5분의 1 이상의 동의를 받아 이사장에게 총회일의 2주 전에 서면으로 일정한 사항을 총회의 목적사항으로 할 것을 제안(이하 '조합원제안'이라 한다)할 수 있다.

② 이사장은 제1항에 의한 조합원제안이 있는 경우에는 이를 이사회에 보고하고, 이사회는 조합원제안의 내용이 법령 또는 정관을 위한하는 경우를 제외하고는 이를 총회의 목적사항으로 하여야 한다. 이 경우 조합원제안을 한 자가 청구하면 총회에서 그 제안을 설명할 기회를 주어야 한다.

제33조(총회의 의결사항) 다음 각 호의 사항은 총회의 의결을 얻어야 한다.

1. 정관의 변경
2. 규약의 제정과 변경 또는 폐지
3. 임원의 선출과 해임
4. 사업계획 및 예산의 승인
5. 결산보고서(사업보고서, 대차대조표, 손익계산서, 잉여금처분안 또는 손실금처리안 등을 말한다. 이하 같다)의 승인
6. 감사보고서의 승인
7. 학교조합의 합병, 분할, 해산 또는 휴업
8. 조합원의 제명

9. 다른 협동조합에 대한 우선 출자

10. 탈퇴 조합원(제명된 조합원을 포함한다)에 대한 출자금 환급

11. 그 밖에 이사장 또는 이사회가 필요하다고 인정하는 사항

> **유의사항**
>
> • 조합은 법령에 반하지 않는 범위에서 총회의결사항을 추가적으로 규정할 수 있다.
>
> • 기본자산의 취득과 처분, 임원의 보수, 조합의 차입금 한도 결정, 사업계획 및 예산 중 중요한 사항의 변경 등은 총회의결사항으로 넣는 것이 바람직하다.

제34조(총회의 의사) ① 총회의 의사는 법령상 다른 규정이 있는 경우를 제외하고는 총 조합원 과반수의 출석으로 개회하고 출석조합원 과반수의 찬성으로 의결한다.

② 제1항의 규정에 의한 총회의 개의 정족수 미달로 총회가 유회된 때에는 이사장은 20일 이내에 다시 총회를 소집하여야 한다.

③ 총회는 제32조에 따라 미리 통지한 사항에 한하여 의결할 수 있다. 다만, 긴급을 요하여 총 조합원의 3분의 2이상의 출석과 출석조합원 3분의 2 이상의 찬성이 있는 때에는 그러하지 아니하다.

④ 총회에서 학교조합과 조합원간의 이익이 상반되는 사항에 대하여 의결을 행할 때에는 해당 조합원은 의결에 참가하지 못한다. 이 경우 의결에 참가하지 못하는 조합원은 의사정족 수와 의결정족수에 포함되지 아니한다.

> **유의사항**
>
> • 입법예고했던 협동조합기본법 일부 개정 법률안(기획재정부 제2020-156호, 2020.9.1.~2020.10.12.)에 포함된 내용임

제35조(특별의결사항) 다음 각 호의 사항은 조합원 과반수의 출석과 출석조합원 3분의 2 이상의 찬성으로 의결한다.

1. 정관의 변경

2. 학교조합의 합병 · 분할 · 해산 또는 휴업

3. 조합원의 제명

4. 탈퇴 조합원(제명된 조합원을 포함한다)에 대한 출자금 환급

5. 다른 협동조합에 대한 우선출자

제36조(의결권 및 선거권) ① 조합원은 출자좌수에 관계없이 각각 1개의 의결권과 선거권을 갖는다.

② 조합원은 대리인으로 하여금 의결권 및 선거권을 행사하게 할 수 있다. 이 경우 그 조합원은 출석한 것으로 본다.

③ 제37조의 자격을 갖춘 대리인이 의결권 또는 선거권을 행사할 때에는 대리권을 증명하는 서면을 의결권 또는 선거권을 행사하기 전에 학교조합이 정하는 양식에 따라 미리 학교조합에 제출하여야 한다.

> **유의사항**
>
> • 대리권을 증명하는 서면은 반드시 제출해야 한다.
> 다만, 서면의 양식, 행사시기 등은 정관에서 정하는 방법에 따라 규약이나 규정 등으로 정할 수 있다.

제37조(대리인이 될 자격) 전조 제2항에 따른 대리인은 다른 조합원 또는 본인과 동거하는 가족(조합원의 배우자, 조합원 또는 그 배우자의 직계 존속 · 비속과 형제자매, 조합원의 직계 존속 · 비속 및 형제자매의 배우자를 말한다)이어야 하며, 대리인이 대리할 수 있는 조합원의 수는 1인에 한정한다.

제38조(총회의 의사록) ① 총회의 의사에 관하여 의사록을 작성하여야 한다.

② 의사록에는 의사의 진행 상황과 그 결과를 적고 의장과 총회에서 선출한 조합원 3인 이상이 기명날인하거나 서명하여야 한다.

제39조(총회의 운영규약) 정관에 규정하는 외에 총회의 운영에 관하여 필요한 사항은 총회운영규약으로 정한다.

제40조(총회의 회기연장) ① 총회의 회기는 총회의 결의에 의하여 연장할 수 있다.

② 제1항의 규정에 의하여 속행된 총회는 제32조제1항의 규정을 적용하지 아니한다.

제41조(이사회) ① 학교조합에 이사회를 둔다.

② 이사회는 이사장 및 이사로 구성한다.

③ 이사장은 이사회를 소집하고 그 의장이 된다.

④ 이사회의 소집은 회의일 7일전까지 회의의 목적, 안건, 일시 및 장소를 기재한 서면을 각 이사에게 통지하여야 한다. 다만 긴급을 요하여 이사회 구성원 과반수의 동의가 있을 때에는 소집절차를 생략할 수 있다.

⑤ 이사는 이사장에게 이사회 소집을 요구할 수 있다. 이사장이 정당한 사유 없이 이사회 소집을 거절하는 경우에는 다른 이사가 이사회를 소집할 수 있다.

⑥ 감사는 필요하면 회의의 목적사항과 소집이유를 서면에 적어 이사장에게 제출하여 이사회 소집을 청구할 수 있다. 이 경우 감사가 청구를 하였는데도 이사장이 지체없이 이사회를 소집하지 아니하면 그 청구한 감사가 이사회를 소집할 수 있다.

⑥ 제5항과 제6항의 경우 이사장이 의장의 직무를 행할 수 없을 경우에는 제52조에 정한 순서대로 이사장의 직무를 대행할 이사가 그 직무를 대행한다.

유의사항
• 조합원 10인 미만인 경우에는 총회 의결에 따라 이사회를 두지 않을 수도 있다.
• 이사의 종류 및 명칭은 필요에 따라 달리 정할 수 있다.
• 이사회의 개의(開義) 등 이사회 운영에 관하여 필요한 사항은 정관으로 정한다.
• 입법예고했던 협동조합기본법 일부개정법률안(기획재정부 제2020-156호, 2020.9.1.~2020.10.12.)에 포함된 내용임

제42조(이사회의 의결사항) ① 이사회는 다음 각 호의 사항을 의결한다.

1. 학교조합의 재산 및 업무집행에 관한 사항

2. 총회의 소집과 총회에 상정할 의안

3. 규정의 제정과 변경 및 폐지

4. 사업계획 및 예산안 작성

5. 간부 직원의 임면 승인

6. 그 밖에 학교조합의 운영에 중요한 사항 또는 이사장이 부의하는 사항

> **유의사항**
>
> • 협동조합기본법 제29조에 규정된 필요적 총회 의결사항은 이사회에 위임할 수 없다.
> • 조합은 법령에 반하지 않는 범위(1~4호, 6호는 법령사항)에서 조합의 업무집행을 위하여 필요한 사항(5호는 권고사항)을 추가적으로 이사회 의결사항으로 규정할 수 있다.

② 이사회는 제60조 각 호의 사업을 수행하기 위하여 필요한 위원회를 설치 운영할 수 있다.

③ 제2항의 위원회 구성 및 운영에 관하여는 별도 규정으로 정한다.

제43조(이사회의 의사) ① 이사회는 구성원 과반수의 출석으로 개회하고 출석이사 과반수의 찬성으로 의결한다.

② 이사의 개인 이익과 학교조합의 이익이 상반되는 사항이나 신분에 관련되는 사항에 관하여는 당해이사는 이사회의 의결에 관여할 수 없다. 이 경우 의결에 참가하지 못하는 이사는 의사정족수와 의결정족수에 포함되지 아니한다.

> **유의사항**
>
> • 이사회의 의결방법 등 이사회 운영에 관하여 필요한 사항은 정관으로 정한다.

제44조(이사회의 의사록) 이사회의 의사에 관하여는 의사의 경과와 그 결과를 기재한 의사록을 작성하고 참석 이사 전원이 이에 기명날인하거나 서명하여야 한다.

제5장 임원과 직원

제45조(임원의 정수) ① 학교조합의 임원으로 이사장 1명을 포함한 3명 이상 ○○명 이내의 이사와 1명 이상 ○명 이내의 감사를 둔다. 다만, 이사는 제10조제2항의 조합원 유형에 따라 다양한 이해관계자들로 구성하여야 한다.

② 제1항의 임원 중 이사회의 호선에 의해 상임임원을 둘 수 있다.

> **유의사항**
> • 임원의 정수는 법에서 규정한 최소 정수(이사장 1명 포함한 이사 3명, 감사 1명)를 벗어나지 않는 범위에서 정관으로 정한다.

제46조(임원의 선임) ① 이사 및 감사는 총회가 조합원 중에서 선출한다. 다만, 이사회의 추천에 따라 조합원 외의 자를 선출할 수 있다.

② 이사장은 이사 중에서 총회에서 선출한다. 다만 부이사장, 전무이사 및 상무이사는 이사회가 이사 중에서 호선할 수 있다.

> **유의사항**
> • 임원은 조합원 중에 선출하는 것을 권장하나, 조합의 특성을 고려하여 조합원 합의에 따라 조합원 외의 자를 임원으로 선출하는 것도 가능하다.
> • 감사는 조합의 업무집행상황, 재산상태, 장부 및 서류 등을 감독하는 것으로 회계지식이 있어야 하며, 중립적인 입장에서 직무를 수행할 수 있는 사람을 선임하여야 한다.
> • 이사장은 이사 중에서 선출하여야 한다. 다만 이사장 외의 이사의 종류 및 명칭은 필요에 따라 달리 정할 수 있다.

③ 임원의 결원에 따른 보궐선거는 결원이 발생한 날로부터 ○개월 이내로 하여야 한다.

④ 임원의 임기만료 또는 사임으로 제45조에 따른 임원의 정수를 충족하지 못하는 경우, 퇴임한 임원은 새로운 임원이 선임될 때까지 임원의 권리·의무가 있다.

③ 제1항~제4항의 선거 방법, 절차 등에 관하여는 별도의 선거관리규정으로 정한다.

제47조(선거운동의 제한) ① 누구든지 자기 또는 특정인을 학교조합의 임원 또는 대의원으로 당선되도록 하거나 당선되지 아니하도록 할 목적으로 다음 각 호의 어느 하나에 해당하는 행위를 할 수 없다.

1. 조합원(학교조합에 가입신청을 한 자를 포함한다. 이하 이 조에서 같다)이나 그 가족(조합원의 배우자, 조합원 또는 그 배우자의 직계 존속·비속과 형제자매, 조합원의 직계 존속·비속 및 형제자매의 배우자를 말한다. 이하 이 조에서 같다) 또는 조합원이나 그 가족이 설립·운영하고 있는 기관·단체·시설에 대한 다음 각 목의 어느 하나에 해당하는 행위

   가. 금전·물품·향응이나 그 밖의 재산상의 이익을 제공하는 행위

   나. 공사의 직을 제공하는 행위

   다. 금전·물품·향응, 그 밖의 재산상의 이익이나 공사의 직을 제공하겠다는 의사표시 또는 그 제공을 약속하는 행위

2. 후보자가 되지 못하도록 하거나 후보자를 사퇴하게 할 목적으로 후보자가 되려는 사람이나 후보자에게 제1호 각 목에 규정된 행위를 하는 행위

3. 제1호 또는 제2호의 이익이나 직을 제공받거나 그 제공의 의사표시를 승낙하는 행위 또는 그 제공을 요구하거나 알선하는 행위

② 임원 또는 대의원이 되려는 사람은 선거일 공고일부터 선거일까지의 기간 중에는 선거운동을 위하여 조합원을 호별로 방문하거나 특정 장소에 모이게 할 수 없다.

> **유의사항**
>
> • '정관으로 정하는 기간'을 선거운동 기간으로 정하는 법 제37조 제2항과 동일 취지의 새마을금고법 제85조 제3항이 헌법재판소의 위헌결정(2018헌가12)을 받았으므로, 정관에는 동일 취지의 조항이나 기간을 명확히 명시한 『수산업협동조합법』 제53조 제2항 규정을 참고하여 '선거일 공고일부터 선거일까지의 기간' 으로 규정하는 것을 권고

③ 누구든지 학교조합의 임원 또는 대의원 선거와 관련하여 연설·벽보, 그 밖의 방법으로 거짓의 사실을 공표하거나 공연히 사실을 적시하여 후보자를 비방할 수 없다.

④ 누구든지 임원 또는 대의원 선거와 관련하여 다음 각 호의 방법 이외의 선거운동을 할 수 없다.

 1. 선전 벽보의 부착

 2. 선거 공보의 배부

 3. 소형 인쇄물의 배부

 4. 합동 연설회 또는 공개 토론회의 개최

 5. 전화(문자메시지를 포함한다) · 팩스 · 컴퓨터통신(전자우편을 포함한다)을 이용한 지지 호소

제48조(선거관리위원회의 구성 · 운영) ① 학교조합의 임원 및 대의원 선거사무를 공정하게 관리하기 위하여 본 학교조합에 선거관리위원회(이하 '위원회'라 한다)를 구성 · 운영할 수 있다.

② 위원회는 조합원 중에서 이사회의 의결을 거쳐 위원장 1인을 포함한 ○명 이내의 위원으로 구성한다. 이 경우 당해 선거에 임원으로 후보등록한 자는 위원이 될 수 없다.

③ 위원의 위촉기간은 위촉일로부터 ○년으로 하되 위원이 조합원자격을 상실한 때에는 위원의 직을 상실한다.

④ 위원장은 위원회를 대표하고 위원회를 소집하여 이를 주재한다.

⑤ 위원장은 중요한 사항에 대하여는 위원회에 부의하여 처리하여야 하며, 위원회는 구성원 과반수의 출석으로 개의하고 출석자 과반수의 찬성으로 의결한다.

⑥ 위원회는 다음 각 호의 사무를 관장한다.

 1. 후보자의 자격심사

 2. 선거인 명부의 확정

 3. 후보자 추천의 유 · 무효 판정

 4. 선거공보의 작성과 선거운동방법 결정 및 계도

 5. 선거관리, 투표관리 및 개표관리

 6. 투표의 유 · 무효의 이의에 대한 판정

7. 선거관련 분쟁의 조정

8. 선거운동 제한규정 위반여부 심사 및 조치

9. 당선인의 확정

10. 그 밖에 선거에 필요한 사항

⑦ 위원회는 의사의 진행상황 및 그 결과를 적은 의사록을 작성하고, 참석위원이 기명날인하여야 한다.

⑧ 위원은 선거관리사무를 행함에 있어 공정을 기하여야 한다.

⑨ 그 밖에 위원회의 기능·구성 및 운영 등에 관하여 필요한 사항은 선거관리규정으로 정할 수 있다.

> **유의사항**
> - 선거관리위원회를 두지 않을 경우, 해당 조항 삭제 가능하다.
> - 선거관리위원회의 기능·구성 및 운영 등에 대해서는 정관에서 정하는 바에 따라 규약이나 규정 등으로 정할 수 있다.
> - 선거관리위원 자격을 조합원만 가능하도록 제한하는 것도 가능하다.
> - 선거관리위원회의 기능·구성 및 운영 등에 대해서는 정관에서 정하는 바에 따라 규약이나 규정 등으로 정할 수 있다.

제49조(임원등의 결격사유) ① 다음 각 호의 어느 하나에 해당하는 자는 이 학교조합의 임원이 될 수 없다.

1. 피성년후견인

2. 피한정후견인

3. 파산선고를 받고 복권되지 아니한 사람

4. 금고 이상의 실형을 선고받고 그 집행이 끝나거나(집행이 끝난 것으로 보는 경우를 포함한다) 집행이 면제된 날부터 3년이 지나지 아니한 사람

5. 금고 이상의 형의 집행유예를 선고받고 그 유예기간 중에 있는 사람

6. 금고 이상의 형의 선고유예를 받고 그 선고유예기간 중에 있는 사람

7. 형법제303조 또는 성폭력범죄의 처벌 등에 관한 특례법 제10조에 규   정된 죄를

범하는 사람들로서 300만원 이상의 벌금형을 선고받고 그 형이 확정된 후, 2년이 지나지 아니한 사람

8. 법원의 판결 또는 다른 법률에 따라 자격이 상실 또는 정지된 사람

② 제1항 각호의 사유가 발생하면 해당 임원은 당연히 퇴직한다.

③ 제2항에 따라 퇴직된 임원이 퇴직 전에 관여한 행위는 그 효력을 상실하지 아니한다.

제50조(임원의 임기) ① 임원의 임기는 ㅇ년으로 한다.

> **유의사항**
> • 임원의 임기는 4년 범위 안에서 정관에서 정하여야 한다.

② 임원은 연임할 수 있다. 다만, 이사장은 두 차례만 연임할 수 있다.

③ 결원으로 인하여 선출된 임원의 임기는 전임자의 임기종료일까지로 한다.

제51조(임직원의 겸직금지) ① 이사장은 다른 학교조합의 이사장을 겸직할 수 없다.

② 이사장을 포함한 이사와 직원은 감사를 겸직할 수 없다.

③ 학교조합의 임직원은 국회의원 또는 지방의회의원을 겸직할 수 없다.

④ 임원 총 수의 3분의 1을 초과하여 임원은 이 학교조합의 직원을 겸직할 수 없다. 다만, 조합원의 수가 10인 이하인 학교조합은 해당 기간 동안 그러하지 아니하다.

> **유의사항**
> • 조합원의 3분의 2 이상이 직원이고, 조합원인 직원이 전체 직원의 3분의 2 이상인 사회적협동조합인 경우(임원이 직원을 겸직하기 전의 시점을 기준으로 함) 제4항을 삭제하고 규정할 수 있다.

제52조(이사장 및 이사의 직무) ① 이사장은 학교조합을 대표하고 이사회의 결정에 따라 학교조합의 업무를 집행한다.

② 이사는 이사장을 보좌하며 학교조합의 업무를 집행한다.

③ 이사장이 부득이한 사유로 직무를 수행할 수 없을 때에는 미리 이사회가 정한 순서대로 그 직무를 대행하고 해당자가 2인 이상일 경우에는 연장자 순으로 한다.

④ 제3항의 경우와 이사장이 권한을 위임한 경우를 제외하고는 이사장이 아닌 이사는 학교조합을 대표할 수 없다.

> **유의사항**
> - 이사장과 이사의 업무집행 내용은 정관으로 정해야 한다.
> - 직무대행 순서는 정관으로 정하는 바에 따라 이사회 의결 또는 규정 등으로 정할 수 있다.
> - 이사의 대표권에 대한 제한은 정관에 기재해야 함. 기재하지 아니하면 효력이 없다.(민법 제41조 준용)

제52조의2(이사의 경업금지) ① 이사는 조합원 전원의 동의를 받지 아니하고는 자기 또는 제3자의 계산으로 학교조합의 영업부류에 속한 거래를 하지 못하며, 같은 종류의 영업을 목적으로 하는 다른 회사의 이사 또는 집행임원이 되지 못한다.

② 이사가 전항의 규정에 위반하여 거래를 한 경우에 그 거래가 자기의 계산으로 한 것인 때에는 학교조합은 이를 학교조합의 계산으로 한 것으로 볼 수 있고, 제3자의 계산으로 한 것인 때에는 그 이사에 대하여 학교조합은 이로 인한 이득의 양도를 청구할 수 있다.

③ 전항의 규정은 학교조합의 그 이사에 대한 손해배상의 청구에 영향을 미치지 못한다.

④ 제2항의 권리는 다른 이사 과반수의 결의에 의하여 행사하여야 하며, 다른 이사의 1인이 그 거래를 안 날로부터 2주간을 경과하거나 그 거래가 있는 날로부터 1년을 경과하면 소멸한다.

제52조의3(이사와 협동조합 간의 거래) 이사는 조합원 과반수의 결의가 있는 경우에만 자기 또는 제3자의 계산으로 학교조합과 거래를 할 수 있다. 이 경우에는 민법 제124조를 적용하지 아니한다.

제53조(감사의 직무) ① 감사는 연 ○회 이상 학교조합의 업무집행 상황, 재산상태, 장부

및 서류 등을 감사하여 총회에 보고하여야 한다.

② 감사는 예고 없이 학교조합의 장부나 서류를 대조 확인할 수 있다.

③ 감사는 이사장 및 이사가 법령·정관·규약·규정 또는 총회의 의결에 반하여 업무를 집행한 때에는 이사회에 그 시정을 요구하여야 한다.

④ 감사는 총회 또는 이사회에 출석하여 의견을 진술할 수 있다.

⑤ 제1항의 감사보고서 제출에 있어서 감사가 2인 이상인 경우 감사의 의견이 일치하지 아니할 경우에는 각각 의견을 제출할 수 있다.

> **유의사항**
> - 감사의 감사내용은 조합 운영의 중요사항이며, 총회보고는 법상 의무임. 따라서 조합의 연간 총회개최 계획 등의 구체적 사정을 고려하여 보고 횟수도 정관에서 규율하는 것을 권고

제54조(감사의 대표권) 학교조합이 이사장을 포함한 이사와 소송을 하는 때에는 감사가 학교조합을 대표한다.

> **유의사항**
> - 조합원의 권리보호를 위해 이사와 조합의 이해충돌이 발생하는 사안(예: 계약 등)에 대해서는 감사의 대표권을 인정하는 것이 바람직하다.

제55조(임원의 의무와 책임) ① 임원은 법령과 학교조합의 정관, 규약, 규정 및 총회와 이사회의 의결을 준수하고 학교조합을 위하여 성실히 그 직무를 수행하여야 한다.

② 임원이 법령 또는 정관을 위반하거나 그 임무를 게을리하여 학교조합에 손해를 가한 때에는 연대하여 그 손해를 배상하여야 한다.

③ 임원이 고의 또는 중대한 과실로 그 임무를 게을리하여 제3자에게 손해를 끼친 때에는 제3자에게 연대하여 그 손해를 배상하여야 한다.

④ 제2항 및 제3항의 행위가 이사회의 의결에 의한 것일 때에는 그 의결에 찬성한 이사도 제2항 및 제3항의 책임이 있다.

⑤ 제4항의 의결에 참가한 이사로서 명백한 반대의사를 표시하지 아니한 자는 그 의결에

찬성한 것으로 본다.

⑥ 제2항부터 제5항까지의 규정에 따른 구상권의 행사는 감사 및 이사에 대하여는 이사장이, 이사장에 대하여는 감사가, 전체 임원에 대하여는 조합원 5분의 1 이상의 동의를 받은 조합원 대표가 한다.

제56조(임원의 보수등) 상임임원의 보수 및 상임임원을 제외한 임원의 여비 기타 실비변상에 대해서는 규정으로 정한다.

제57조(임원의 해임) ① 조합원은 조합원 5분의 1 이상의 동의로 총회에 임원의 해임을 요구할 수 있다. 이 경우 해임에 동의하는 조합원은 해임의 이유를 서면으로 총회의 의장에게 제출하여야 한다.

② 총회의 의장은 부득이한 사유가 없는 한 30일 내에 총회 소집절차를 거쳐 해임 의안을 상정하여야 한다.

③ 의장은 총회 개최 10일 전에 해당 임원에게 해임 이유를 서면으로 통보하고, 총회에서 의견을 진술할 기회를 주어야 한다.

④ 이사장 해임을 의결하는 총회에서는 제52조에 정한 순서대로 의장의 직무를 대행한다.

⑤ 임원의 해임을 의결하는 총회에서 해당 임원은 의결에 참가할 수 없다.

⑥ 임원의 해임 사유, 해임 절차 등에 관하여 기타 필요한 사항은 규약으로 정한다.

유의사항
- 해임요구는 임원이 법 제39조, 제41조, 제42조 등에서 규정한 임원의 의무와 직무 등을 위반한 사유가 있을 때에 한하여 가능하다.
- 해임이유 통보방식과 시기는 조합별 특성을 고려하여 정관에 규정하는 것을 권고
- 해당 임원의 총회 의견 진술기회는 반드시 부여해야 한다.
- 임원의 해임에 대한 기타 필요 사항은 정관에 정하는 바에 따라 규약(해임사유, 해임절차 등)이나 규정(해임요구서 양식 등)으로 정하는 것을 권고

제58조(운영의 공개) ① 학교조합은 결산결과의 공고 등 운영사항을 적극 공개하여야 한다.

② 학교조합은 정관·규약·규정과 총회·이사회의 의사록, 회계장부 및 조합원 명부를 주된 사무소에 비치하여야 한다.

③ 결산보고서는 정기총회 7일 전까지 주된 사무소에 비치하여야 한다.

④ 조합원과 학교조합의 채권자는 이사장에게 제2항 및 제3항의 서류의 열람 또는 그 사본을 청구할 수 있다.

> **유의사항**
> - 법 제49조제1항에 정하는 서류 외에 공개할 사항에 대해서는 정관으로 정할 수 있다.
> - 사업결산보고서는 조합 운영의 중요사항 중 하나이고, 경영공시 필수공개 자료이므로 공개사항으로 규정하는 것을 권고
> - 조합은 조합원의 개인정보보호 등 정당한 사유로 서류의 사본청구를 제한하는 규정을 둘 수 있다.

⑤ 학교조합은 제4항의 청구가 있을 때에는 정당한 이유 없이 이를 거부하지 못한다.

⑥ 학교조합은 결산일로부터 4개월 이내에 기획재정부장관이 지정하는 인터넷 사이트에 다음 각 호의 자료를 게재하여야 한다.

1. 정관, 규약, 규정
2. 사업결산 보고서
3. 총회, 대의원총회 및 이사회의 활동 상황
4. 사업결과 보고서
5. 소액대출 및 상호부조 사업현황

> **유의사항**
> - 사업결과 보고서에 정관 제60조의 필수사업(법 제93조 제4항에서 준용하는 법 제45조 제1항)은 반드시 포함되어야 한다.

제58조의2(기부금의 공개) ① 학교조합은 회계연도 종료일로부터 3개월 이내에 학교조합 홈페이지 및 국세청의 인터넷 홈페이지에 기부금의 모금액 및 활용실적을 공개하여야 한다.

② 학교조합의 이사장은 매년 또는 기부자가 요구할 때 기부자의 기부금 현황을 알려주어야 한다. 이 경우 기부자가 인터넷 홈페이지를 통해 기부내역을 조회하고 관련 증빙을 출력할 수 있는 전산설비를 구축하거나 우편, 전자통신매체 등을 이용하여 통지할 수 있다.

③ 기부금은 별도의 통장을 통해 수입 및 지출을 관리한다.

④ 기부금을 받은 경우에는 기부금 영수증을 발급하고 기부자별 기부금 영수증 발급내역을 작성하여 5년간 보관하여야 한다.

유의사항

- 기부금을 모집하기 위해서는 사회적협동조합으로 인가를 받은 후, ① 지정기부금단체 추천신청서류를 국세청장(주사무소 소재지 관할 세무서장을 포함)에게 제출하여 ② 지정요건을 충족하였다고 인정되는 경우 국세청장이 해당 사회적협동조합을 기획재정부 법인세제과에 추천하고, 그 뒤 법인세제과 심사를 거쳐 ③ 최종 지정기부금단체로 지정되어야 한다.
- 사회적협동조합 유형 중 '지역사업형', '취약계층 고용형', '취약계층 사회서비스 제공형'에 한해 기부금 모집이 가능하므로, '위탁사업형', '기타 공익증진형' 및 기부금 모집계획이 없는 사회적협동조합은 위 조항을 정관에 기재하여서는 안 된다.

제59조(직원의 임면등) ① 직원은 이사장이 임면한다. 다만, 간부직원은 이사회의 결의를 거쳐 이사장이 임면한다.

② 직원의 임면, 급여, 기타 직원에 관하여 필요한 사항은 규정으로 정한다.

제6장 사업과 집행

제60조(사업의 종류) ① 이 학교조합은 ○○○형(주사업유형 제시 권고)으로 그 목적을 달성하기 위하여 다음 각 호의 사업을 주 사업으로 하여야 하고, 주 사업은 협동조합 전체 사업량의 100분의 40이상이어야 한다.

1. ○○○ 사업

2. ○○○ 사업

3. ○○○ 사업

② 이 학교조합은 그 목적을 달성하기 위하여 다음 각 호의 사업을 기타 사업으로 할 수 있다.

1. ○○○ 사업

2. ○○○ 사업

3. 조합원과 직원에 대한 상담, 교육 · 훈련 및 정보제공 사업

4. 조합 간 협력을 위한 사업

5. 조합의 홍보 및 지역사회를 위한 사업

유의사항

- 주사업 수행을 위해 부수되는 내용은 별도 사업이 아니다. 예를 들어 보육사업을 하기 위해 소요되는 홍보사업, 교육사업 등은 별도 사업이 아니라 주사업에 포함되는 부수적 활동이다. 따라서 별도의 사업으로 기재할 필요 없이 주사업 안에 포함시키도록 한다.

- 조합의 설립목적을 달성하기 위하여 필요한 사업을 정관으로 정하며, 사업의 종류 중에서 제2항 제3호부터 제5호까지의 필수사업(법 제93조 제4항에서 준용하는 법 제45조 제1항)은 반드시 포함되어야 한다.

- 기타 사업은 조합원에 대한 소액대출 사업, 조합원에 대한 상호부조 사업 등이 될 수 있다.

③ 학교조합의 사업은 관계 법령에서 정하는 목적 · 요건 · 절차 · 방법 등에 따라 적법하고 타당하게 시행되어야 한다.

④ 제1항과 제2항에도 불구하고 학교조합은 「통계법」제22조제1항에 따라 통계청장이 고시하는 한국표준산업분류에 의한 금융 및 보험업을 영위할 수 없다.

⑤ 이 학교조합이 주 사업의 목적 및 판단기준을 적용하기 위하여 수행할 사업유형은 'ㅇㅇㅇ 형(주사업유형 기재)'으로서 'ㅇㅇㅇ 일 것(판단기준 기재)'으로 한다.

유의사항

〈 작성예시 〉

- 제4항에 해당하는 주 사업의 목적 및 판단기준은 아래에 사업유형과 판단기준에 따른 예시 중 해당되는 것을 기재하면 된다.

1. 지역사업형
- '지역사업형'으로서 '수입 · 지출 예산서 및 사업결과보고서상 전체 사업비의 100분의 40 이상을 주 사업 목적으로 지출할 것'으로 한다.
- '지역사업형'으로서 '사업계획서 및 사업결과보고서상 주 사업에 해당하는 서비스 대상인원, 시간, 횟수 등이 전체 서비스의 100분의 40 이상일 것'으로 한다.

2. 취약계층 사회서비스 제공형
- '취약계층 사회서비스 제공형'으로서 '사업계획서 및 사업결과보고서상 취약계층에게 제공된 사회서비스 대상인원, 시간, 횟수 등이 전체 사회서비스의 100분의 40 이상일 것'으로 한다.

3. 취약계층 고용형
- '취약계층 고용형'으로서 '수입 · 지출 예산서 및 사업결과보고서상 전체 인건비 총액 중 취약계층인 직원에게 지급한 인건비 총액이 차지하는 비율이 100분의 40 이상일 것'으로 한다.
- '취약계층 고용형'으로서 '사업계획서 및 사업결과보고서상 전체 직원 중 취약계층인 직원이 차지하는 비율이 100분의 40 이상일 것'으로 한다.

4. 위탁사업형
- '위탁사업형'으로서 '수입 · 지출 예산서 및 사업결과보고서상 국가 및

지방자치단체로부터 위탁받은 사업 수입이 전체 사업 수입의 100분의 40 이상일 것'으로 한다.

5. 기타 공익증진형

– '기타 공익증진형'으로서 '수입 · 지출 예산서 및 사업결과보고서상 전체 사업비의 100분의 40 이상을 주 사업 목적으로 지출할 것'으로 한다.

– '기타 공익증진형'으로서 '사업계획서 및 사업결과보고서상 주 사업에 해당하는 서비스 대상인원, 시간, 횟수 등이 전체 서비스의 100분의 40 이상일 것'으로 한다.

6. 혼합형

– 주 사업으로 두 가지 이상의 유형을 선택할 경우는 해당 유형을 모두 기재

※ 예시) ④ 이 조합이 주 사업의 목적 및 판단기준을 적용하기 위하여 수행할 사업유형은 '지역사업형'과 '취약계층 고용형'으로서 각각의 판단기준은 1) '수입 · 지출 예산서 및 사업결과보고서상 전체사업비의 100분의 40 이상을 주 사업 목적으로 지출할 것'(지역사업형) 2) '사업계획서 및 사업결과보고서상 전체 직원 중 취약계층인 직원이 차지하는 비율이 100분의 40 이상일 것'(취약계층고용형)으로 한다.

제61조(소액대출) ① 학교조합은 상호복리 증진을 위하여 제60조의 주 사업 이외의 사업으로 조합원을 대상으로 납입 출자금 총액의 3분의 2를 초과하지 않는 범위에서 소액대출을 할 수 있다.

② 조합원 가입 후 ○개월이 경과한 조합원에 한해서 대출자격을 가진다.

③ 제1항에 따른 소액대출을 할 때 조합원 1인당 한도는 ○원으로 한다.

④ 소액대출 이자율은 ○%로 한다.

⑤ 소액대출 연체이자율은 ○%로 한다.

⑥ 대출 종류, 대출 종류별 이자율 및 연체이자율, 대출절차와 상환 등 소액대출 사업 운영에 대한 세부 사항은 별도의 규약으로 정한다.

⑦ 학교조합은 정기적으로 대출 조합원의 채무상환능력과 금융거래내용 등을 감안하여 적정한 수준의 대손충당금을 적립·유지하여야 하며, 대손충당의 구체적 적립수준 등에 관해서는 별도의 규약으로 정한다.

⑧ 소액대출 사업은 제60조에 따른 주 사업 및 기타 사업과 구분하여 따로 회계처리되어야 한다.

유의사항

- 소액대출은 정관 제60조 기타사업 및 제61조에 따라 자격, 대출 범위, 대출한도 등을 정한 사회적협동조합만 가능하다.
- 소액대출을 하지 않는 사회적협동조합은 해당 조항을 삭제하도록 한다.
- 소액대출 총액은 출자금 총액의 3분의 2를 초과할 수 없으며, 조합의 설립취지 등에 부합하는 조합원 활동을 충족한 자에 대해서 대출을 제공한다.
- 소액대출 이자율, 연체이자율은 정관에 정하여야 한다.
- 소액대출 한도는 조합원 수, 출자금 규모, 소액대출의 종류 등을 고려하여 정하되, 소액대출 이자율의 최고 한도는 한국은행이 매월 발표하는 신규취급액 기준 예금은행 가계대출 가중평균금리('20.7월 기준 2.62%)를 고려하여 정한다.(시행령 제22조)
- 소액대출 연체이자율의 최고 한도는「이자제한법」제2조 제1항에 따른 최고 이자율(24%)을 초과할 수 없다.(시행령 제22조)

제62조(상호부조) ① 학교조합은 조합원 간 상부상조를 목적으로 조합원들이 각자 나눠 낸 상호부조회비를 기금으로 적립하여 그 기금으로 상호부조회비를 낸 조합원에게 혼례, 사망, 질병 등의 사유가 생긴 경우 일정 금액의 상호부조금을 지급한다.

② 조합원 가입 후 ○개월이 경과한 조합원 가운데 심사위원회의 승인을 얻은 조합원에 한해서 상호부조사업 참여자격을 가진다.

③ 조합원 1인당 상호부조의 범위는 ○원 이내로 한다.

④ 제1항의 상호부조회비는 ○원으로 한다. 상호부조 사업에 참여하는 조합원은 상호부조 회비를 매월 납부하여야 한다.

⑤ 상회부조 계약은 학교조합의 상호부조사업부 또는 계약사업부와 조합원 간에 직접 이루어지도록 해야 하며, 제3의 판매조직이나 금융기관과의 제휴를 통한 계약은 허용되지 않는다.

⑥ 상호부조 회비 적립금의 운영은 지나친 위험에 노출되지 않도록 하여야 한다. 이를 위해 예금 및 국공채 이외의 주식, 회사채, 기타 시장성 증권에 투자하여서는 아니 된다.

⑦ 상호부조계약의 양식, 상호부조 회비의 사용, 상호부조 회비의 환급 등 사업 운영에 대한 세부 사항은 별도의 규약으로 정한다.

⑧ 상호부조 사업은 제60조에 따른 주 사업 및 기타 사업과 구분하여 따로 회계처리되어야 한다.

> **유의사항**
> - 상호부조는 정관 제60조 기타사업 및 제62조에 따라 상호부조금 지급 사유, 상호부조금 지급 한도, 수혜자격, 상호부조 계약 등 상호부조금 지급에 필요한 사항을 정관에 정한 사회적협동조합만 가능하다.
> - 상호부조를 하지 않는 사회적협동조합은 해당 조항을 삭제하도록 한다.
> - 상호부조의 범위는 납입 출자금 총액의 한도에서 정관으로 정한다.

제63조(사업의 이용) ① 학교조합은 조합원이 이용하는 데에 지장이 없는 범위에서 다음 각 호의 경우 조합원이 아닌 자에게 사업을 이용하게 할 수 있다.

1. ○○○

2. ○○○

> **유의사항**
> - 조합원이 아닌 자에게 사업을 이용하게 할 경우 정관에 그 조건을 구체적으로 명시하여야 한다.

② 제1항에도 불구하고 학교조합은 조합원이 아닌 자에게 소액대출, 상호부조 사업을 이용하게 하여서는 아니 된다.

제64조(사업계획과 수지예산) ① 이사회는 매 회계연도 경과 후 3개월 이내에 해당 연도의 사업계획을 수립하고 동 계획의 집행에 필요한 수지예산을 편성하여 총회의 의결을 받아야 한다.

② 제1항에 따른 사업계획과 예산이 총회에서 확정될 때까지는 전년도 예산에 준하여 가예산을 편성하여 집행할 수 있다. 이 경우 총회의 사후 승인을 받아야 한다.

③ 이사회가 총회에서 확정된 사업계획과 예산을 변경한 때에는 차기 총회에서 사후 변경승인을 받아야 한다.

제7장 회계

제65조(회계연도) 학교조합의 회계연도는 매년 ○월 ○일부터 ○월 ○일까지로 한다.

제66조(회계) ① 학교조합의 회계는 일반회계와 특별회계로 구분한다.

② 당해 학교조합의 사업은 일반회계로 하고, 특별회계는 학교조합이 특정사업을 운영할 때, 특정자금을 보유하여 운영할 때, 기타 일반회계와 구분 경리할 필요가 있을 때 설치한다.

제67조(특별회계의 설치) 특별회계는 다음 각 호의 사업 또는 자금을 운영하기 위하여 설치한다.

1. ○○사업

2. ○○자금

> **유의사항**
> - 특별회계는 특정사업을 운영할 때, 특별자금을 보유·운영할 때, 일반회계와 구분하여 계리할 필요가 있을 경우 사용 가능하다.
> - 특별회계가 필요하지 않을 경우 해당 조항을 삭제하는 것도 가능하다.

제68조(결산등) ① 학교조합은 정기총회일 7일 전까지 결산보고서를 감사에게 제출하여야 한다.

② 학교조합은 제1항에 따른 결산보고서와 감사의 의견서를 정기총회에 제출하여 승인을 받아야 한다.

제69조(손실금의 보전) ① 학교조합은 매 회계연도의 결산 결과 손실금(당기손실금을 말한다)이 발생하면 미처분이월금, 임의적립금, 법정적립금 순으로 이를 보전하고, 보전 후에도 부족이 있을 때에는 이를 다음 회계연도에 이월한다.

② 학교조합은 제1항에 따른 손실금을 보전하고 제25조에 따른 법정적립금 등을 적립한 이후에 발생하는 잉여금은 임의적립금으로 적립하여야 하고, 이를 조합원에게 배당할 수 없다.

제8장 합병 · 분할 및 해산

제70조(합병과 분할) ① 학교조합은 합병계약서 또는 분할계획서를 작성한 후 총회의 의결을 얻어 합병 또는 분할할 수 있다.

> **유의사항**
> • 조합이 합병 또는 분할할 경우 소관 중앙행정기관장의 인가를 받아야 한다.

② 합병 또는 분할로 인하여 존속 또는 새로 설립되는 학교조합은 합병 또는 분할로 인하여 소멸되는 학교조합의 권리 · 의무를 승계한다.

제71조(해산) ① 학교조합은 다음 각 호의 어느 하나에 해당하는 사유가 발생하였을 때에는 해산하고 해산절차는 민법 등 관련 법령에 의한다.

1. 총회의 의결
2. 합병 · 분할 또는 파산
3. 설립인가의 취소

> **유의사항**
> • 필요한 해산 사유를 추가로 정관으로 정할 수 있다.

② 이사장은 학교조합이 해산한 때에는 지체 없이 조합원에게 통지하고 공고하여야 한다.

제72조(청산인) ① 학교조합이 해산한 때에는 파산으로 인한 경우를 제외하고는 이사장이 청산인이 된다. 다만, 총회에서 다른 사람을 청산인으로 선임하였을 경우에는 그에 따른다.

② 청산인은 취임 후 지체 없이 재산상태를 조사하고 재산목록과 대차대조표를 작성하여 재산처분의 방법을 정하여 총회의 승인을 얻어야 한다.

③ 청산사무가 종결된 때에는 청산인은 지체 없이 결산보고서를 작성하여 총회의 승인을 얻어야 한다.

④ 제2항 및 제3항의 경우에 총회를 2회 이상 소집하여도 총회가 구성되지 아니할 때에는 출석 조합원 3분의 2이상의 찬성이 있으면 총회의 승인이 있은 것으로 본다.

제73조(청산 잔여재산의 처리) 학교조합이 해산 후 채무를 변제하고 청산 잔여재산이 있을 때에는 다음 각 호의 어느 하나에 귀속한다.
 1. 상급 사회적협동조합연합회
 2. 유사한 목적의 사회적협동조합
 3. 비영리법인 · 공익법인
 4. 국고

> **유의사항**
> • 제1호부터 제4호까지의 사항 중에서 정관으로 정한다.

부칙
이 정관은 교육부장관의 인가를 받은 날부터 시행한다.

발기인 ○ ○ ○ (인)
발기인 ○ ○ ○ (인)
발기인 ○ ○ ○ (인)
발기인 ○ ○ ○ (인)
발기인 ○ ○ ○ (인)

○○사회적협동조합 정관 (예시)

제1장 총칙

제1조(설립과 명칭) 이 조합은 협동조합기본법에 의하여 설립하며, ○○사회적협동조합이라 한다.

> **유의사항**
>
> • 조합은 사업분야와 내용, 사업구역, 조합원의 구성 등을 고려하여 다른 협동조합(연합회) 및 사회적협동조합(연합회), 이종협동조합연합회와 구별되는 명칭을 사용하여야 한다.

제2조(목적) ○○사회적협동조합(이하 '조합'이라 한다)은 자주적 · 자립적 · 자치적인 조합 활동을 통하여 ㅡㅡㅡㅡㅡㅡㅡㅡㅡㅡ 위하여 ㅡㅡㅡㅡㅡㅡㅡㅡㅡ 을 목적으로 한다.

> **유의사항**
>
> • 조합의 유형에 맞는 설립목적을 구체적으로 기재하여야 한다.
>
> • 정관과 달리 법인등기부상에는 '목적'만 등재하도록 되어있으므로 등기신청 시에는 정관 제2조(목적)과 제60조(사업의 종류)를 통합하여 등기부상 '목적'사항으로 신청해야 한다.

※ 지역아동센터 사회적협동조합의 예시

제2조(목적) ○○사회적협동조합(이하 '조합'이라 한다)은 자주적 · 자립적 · 자치적인 조합 활동을 통하여 지역사회 아동의 보호 · 교육, 건전한 놀이와 오락의 제공, 보호자와 지역사회의 연계 등 아동의 건전한 육성을 위하여 종합적인 아동복지서비스를 제공하는 시설인

지역아동센터를 운영하고 이용자 중심의 공동체적 아동복지 실천으로 아동이 중심이 되는 환경 조성과 복지 증진 등 공공의 이익을 목적으로 한다.

제3조(조합의 책무) ① 조합은 조합원 등의 권익 증진을 위하여 교육 · 훈련 및 정보 제공 등의 활동을 적극적으로 수행한다.

② 조합은 다른 협동조합, 다른 법률에 따른 협동조합, 외국의 협동조합 및 관련 국제기구 등과의 상호 협력, 이해 증진 및 공동사업 개발 등을 위하여 노력한다.

제4조(사무소의 소재지) 조합의 주된 사무소는 ○○시 · 도에 두며, 이사회의 의결에 따라 필요한 곳에 지사무소를 둘 수 있다.

> **유의사항**
> - 정관의 주된 사무소 소재지는 상업등기법 제29조에 따라 행정구역을 특정할 수 있을 정도(특별시, 광역시, 특별자치시, 시 또는 군)까지 적는다. ('경기도' · '강원도' 등은 지양)
> - 지사무소 설치 방법은 정관 위임사항으로 정관에 정하는 방법에 따라 규약 · 규정 등으로 정할 수 있다.

제5조(사업구역) 조합의 사업구역은 ○○○로 한다.

> **유의사항**
> - 사업분야와 내용, 조합원의 자격 등을 고려하여 사업구역을 정하며, 여러 개의 행정구역에 걸쳐 있는 경우에는 이를 모두 적는다.
> - 사업의 범위와 내용에 따라 '국내외' 또는 '전국'으로 정할 수도 있다.
> - 지역사업형 사회적협동조합은 필수적으로 기재하여야하며, 주 사업 이행 대상 지역 행정구역(예: ○○동/구) 단위로 사업구역을 기재할 것을 권장

제6조(공고방법) ① 조합의 공고는 주된 사무소의 게시판(지사무소의 게시판을 포함한다) 또는 조합의 인터넷 홈페이지(www.○○.com)에 게시하고, 필요하다고 인정하는 때에는 ○○특별시 · 광역시 · 특별자치시 · 도 · 특별자치도에서 발간되는 일간신문 또는 중앙일

간지에 게재할 수 있다.

② 제1항의 공고기간은 7일 이상으로 하며, 조합원의 이해에 중대한 영향을 미칠 수 있는 내용에 대하여는 공고와 함께 서면으로 조합원에게 통지하여야 한다.

> **유의사항**
>
> • 공고방법으로 인터넷 홈페이지를 규정하는 경우, 정관에 사이트 주소까지 명시하여야 한다.

제7조(통지 및 최고방법) 조합원에 대한 통지 및 최고는 조합원명부에 기재된 주소지로 하고, 통지 및 최고기간은 7일 이상으로 한다. 다만, 조합원이 따로 연락받을 연락처를 지정하였을 때에는 그곳으로 한다.

제8조(공직선거 관여 금지) ① 조합은 공직선거에 있어서 특정 정당을 지지 · 반대하거나 특정인을 당선되도록 하거나 당선되지 아니하도록 하는 일체의 행위를 하여서는 아니 된다.

② 누구든지 조합을 이용하여 제1항에 따른 행위를 하여서는 아니 된다.

제9조(규약 또는 규정) 조합의 운영 및 사업실시에 관하여 필요한 사항으로서 이 정관으로 정한 것을 제외하고는 규약 또는 규정으로 정할 수 있다.

제2장 조합원

제10조(조합원의 자격 및 유형) ① 조합의 설립목적에 동의하고 조합원으로서의 의무를 다하고자 하는 자는 조합원이 될 수 있다.

② 조합원의 유형은 다음 각 호와 같다.

1. 생산자(사업자)조합원: 조합의 ○○○ 사업 등에 관련 재화 또는 서비스를 공급하는 등 함께 사업수행에 참여하는 자

2. 소비자(서비스 수혜자)조합원: 조합의 ○○○ 사업 등으로 생산한 재화나 서비스를 공급받거나 이용하는 자

3. 직원(노동자)조합원: 조합에 직원으로 재직하는 자

4. 자원봉사자조합원: 조합에 무상으로 필요한 서비스 등을 제공하는 자

5. 후원자조합원: 조합에 필요한 물품 등을 기부하거나 자금 등을 후원하는 자

> **유의사항**
>
> - 사회적협동조합은 사업분야와 내용, 사업구역, 조합원의 구성 등을 고려하여 조합의 설립 목적 및 특성에 부합되는 자로 조합원의 자격을 정관으로 제한할 수 있다.(법 제21조 제2항)
> - 사회적협동조합은 둘 이상 유형의 조합원으로 구성되어야 한다(다중이해관계자협동조합, 시행령 제19조 제1항 제2호).
> - 조합원 유형은 위의 1~5호 외에도, 사업 성격 등에 따라 1~5호의 성격이 여러 가지 혼재된 경우 등 필요한 경우에는 명칭이나 역할을 정관에 자유로이 정할 수 있다.
> - 생산자/소비자 조합원은 조합의 사업 특성에 맞게 규정할 것을 권장(예시: 교육이 주 사업인 사회적협동조합의 경우, 생산자 조합원은 ① ○○교육사업(주사업)에 참여하는 강사 ② 교육프로그램 개발자 혹은 제공하는 사업자 등으로 규정 가능하며, 소비자 조합원은 ○○ 교육사업(주사업)의 수강생 등으로 규정)

※ **지역아동센터 사회적협동조합의 경우 예시**

제10조(조합원의 자격 및 유형) ① 조합의 설립목적에 동의하고 조합원으로서의 의무를 다하고자 하는 자는 조합원이 될 수 있다.

② 조합원의 유형은 다음 각 호와 같다.

1. 생산자(사업자)조합원: 조합의 지역아동센터 사업 등에 관련 재화 또는 서비스를 공급하는 등 함께 사업수행에 참여하는 자

2. 소비자(서비스 수혜자)조합원: 조합의 지역아동센터 사업 등으로 생산한 재화나 서비스를 공급받거나 이용하는 자

3. 직원(노동자)조합원: 조합에 직원으로 재직하는 자

4. 자원봉사자조합원: 조합에 무상으로 필요한 서비스 등을 제공하는 자

5. 후원자조합원: 조합에 필요한 물품 등을 기부하거나 자금 등을 후원하는 자

※ 지역아동센터 사회적협동조합의 모델 예시

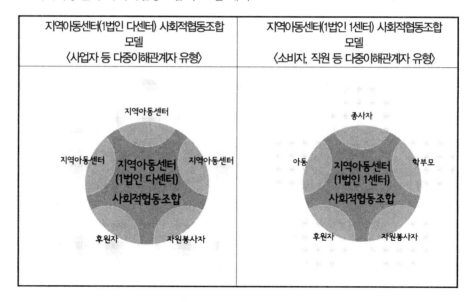

제11조(조합원의 가입) ① 조합원의 자격을 가진 자가 조합에 가입하고자 할 때에는 가입신청서를 제출하여야 한다.

② 조합은 제1항에 따른 신청서가 접수되면 신청인의 자격을 확인하고 가입의 가부를 결정하여 신청서를 접수한 날부터 2주 이내에 신청인에게 서면 또는 전화 등의 방법으로 통지하여야 한다.

③ 제2항의 규정에 따라 가입의 통지를 받은 자는 조합에 가입할 자격을 가지며 납입하기로 한 출자좌수에 대한 금액을 가입 후 ○개월 내에 조합에 납부함으로써 조합원이 된다.

④ 조합은 정당한 사유없이 조합원의 자격을 갖추고 있는 자에 대하여 가입을 거절하거나 가입에 관하여 다른 조합원보다 불리한 조건을 붙일 수 없다.

> **유의사항**
> • 출자금 납부 시기는 조합원 자격과 연계되므로 정관에 명확히 규정하는 것이 바람직하다.

제12조(조합원의 고지의무) 조합원은 제11조제1항에 따라 제출한 가입신청서의 기재사항에 변경이 있을 때 또는 조합원의 자격을 상실하였을 때에는 지체 없이 조합에 이를 고지하여야 한다.

제13조(조합원의 책임) 조합원의 책임은 납입한 출자액을 한도로 한다.

제14조(탈퇴) ① 조합원은 조합에 탈퇴의사를 알리고 조합을 탈퇴할 수 있다.

② 조합원은 다음 각 호의 어느 하나에 해당하는 때에는 당연히 탈퇴된다.

1. 조합원 지위의 양도 등 조합원으로서의 자격을 상실한 경우
2. 사망한 경우
3. 성년후견개시의 심판을 받은 경우
4. 조합원인 법인이 해산한 경우

> **유의사항**
> • 탈퇴의사를 알리는 방법, 형식 등을 정관에 정하는 방법에 따라 규정 등으로 정할 수 있다.
> • 그 밖의 필요에 따라 제2항의 1~4호 외의 사유를 정관에 추가로 정할 수 있다.

제15조(제명) ① 조합은 조합원이 다음 각 호의 어느 하나에 해당하면 총회의 의결을 얻어 제명할 수 있다.

1. 출자금 및 경비의 납입 등 조합에 대한 의무를 이행하지 아니한 경우

2. ○년 이상 계속해서 조합의 사업을 이용하지 아니한 경우

3. 조합의 사업과 관련된 법령·행정처분·정관 및 총회의결사항, 규약·규정을 위반한 경우

4. 고의 또는 중대한 과실로 조합의 사업을 방해하거나 신용을 상실하게 하는 행위를 한 경우

② 조합은 제1항에 따라 조합원을 제명하고자 할 때에는 총회 개최 10일 전에 그 조합원에게 제명의 사유를 알리고 총회에서 의견을 진술할 기회를 주어야 한다.

③ 제2항에 따른 의견진술의 기회를 주지 아니하고 행한 총회의 제명 의결은 해당 조합원에게 대항하지 못한다.

④ 조합은 제명결의가 있었을 때에 제명된 조합원에게 제명이유를 서면으로 통지하여야 한다.

유의사항

- 조합에서 기간만 자율적으로 규정 가능함. 다만, 조합의 주 사업 유형·특성 및 조합원의 권리보호 취지를 고려하여 지나치게 단기간으로는 정하지 않도록 한다.
- 1,2호 외의 제명 사유는 조합에서 자율적으로 결정할 수 있다.

제16조(탈퇴·제명조합원의 출자금환급청구권) ① 탈퇴 조합원(제명된 조합원을 포함한다. 이하 이 조와 제17조에서 같다)은 출자금의 환급을 청구할 수 있다.

② 조합은 탈퇴 조합원이 조합에 대한 채무를 다 갚을 때까지는 제1항에 따른 출자금의 환급을 정지할 수 있다. 다만, 탈퇴 조합원이 조합에 대하여 채무가 있을 때에는 제1항에 따른 환급금과 상계할 수 있다.

③ 제1항에 따른 청구권은 탈퇴(제명을 포함한다. 이하 이 조와 제17조에서 같다) 당시의 회계연도의 다음 회계연도부터 청구할 수 있다.

④ 제1항에 따른 청구권은 제3항에 따라 청구권을 행사할 수 있는 날부터 2년간 행사하지 아니하면 시효로 인하여 소멸된다.

- 탈퇴 • 제명조합원에 대한 출자금 환급의 범위는 정관으로 정하여야 한다.
- 행사시기는 법령사항이나 행사방법은 정관위임사항으로 출자금환급청구권은 탈퇴하거나 제명된 당시 회계연도의 다음 회계연도부터 정관으로 정하는 방법에 따라 행사할 수 있다.

제17조(탈퇴조합원의 손실액 부담) ① 조합은 조합의 재산으로 그 채무를 다 갚을 수 없는 경우에는 탈퇴 조합원의 출자금의 환급분을 계산할 때, 탈퇴 조합원이 부담하여야 할 손실액의 납입을 청구할 수 있다.

② 제1항에 따른 손실액의 납입 청구에 관하여는 제16조제4항을 준용한다.

- 탈퇴 • 제명 조합원이 부담하여야 할 손실액의 납입(범위)는 정관위임사항으로 조합에서 결정하여 정할 수 있다.

제3장 출자와 경비부담 및 적립금

제18조(출자) ① 조합원은 ○좌 이상의 출자를 하여야 하며 출자 1좌의 금액은 ○○○원으로 한다.

② 한 조합원의 출자좌수는 총 출자좌수의 100분의 30을 초과해서는 아니 된다.

③ 출자금은 ○일까지 납입한다.

④ 조합에 납입할 출자금은 조합에 대한 채권과 상계하지 못한다.

⑤ 출자는 현물로도 할 수 있고, 현물출자의 경우 규약이 정하는 바에 따라 출자액을 계산한다. 이 경우 현물출자자는 출자의 납입기일에 출자의 목적인 재산의 전부를 조합 또는 조합에서 지정한 장소에 납입하여야 한다.

> **유의사항**
> - 조합원이 출자해야 하는 출자좌수는 1좌 이상으로 정관에 정하여야 한다.
> - 출자 1좌의 금액은 균일하게 정하여야 한다.
> - 한 조합원의 출자좌수는 총 출자좌수의 100분의 30의 범위 안에서 정관으로 정할 수 있다.
> - 출자금은 일시납을 원칙으로 하되, 만약 분납을 허용하는 경우에는 조합원 자격 취득 시기, 분납 가능 횟수, 분납 완료 시기 등을 정관에 정하여야 한다.
> - 일시납일 경우, 가입일부터 ○일까지/ 분납일 경우에도 ~까지 기간을 구체적으로 명시하여야 한다.
> - 현물출자에 대해서는 정관에 정하는 방법에 따라 규약 등으로 정할 수 있다.

제19조(출자증서등의 교부) ① 조합의 이사장은 조합원이 제18조의 규정에 의하여 최초 출자금을 납입한 때 및 조합원이 요구할 때에는 다음 각 호의 사항을 적은 출자증서 또는 출자를 확인할 수 있는 증표에 기명날인하여 조합원에게 발급하여야 한다.

1. 조합의 명칭
2. 조합원의 성명 또는 명칭
3. 조합 가입 연월일

4. 출자금의 납입 연월일

5. 출자금액 또는 출자좌수

6. 발행 연월일

② 조합의 이사장은 매년 정기총회 ○일 후까지 조합원의 출자금액 변동상황을 조합원에게 알려주어야 한다. 이 경우 우편, 전자통신매체 등을 이용하여 통지할 수 있다.

유의사항

- 출자금변동상황은 변동상황이 있는 경우에만 알려주면 된다.

제20조(출자금등의 양도와 취득금지) ① 조합원 지위의 양도 또는 조합원 출자금의 양도는 총회의 의결을 받아야 한다.

② 조합원이 아닌 자가 출자금을 양수하려고 할 때에는 가입의 예에 따른다.

③ 출자금의 양수인은 그 출자금에 관하여 양도인의 권리의무를 승계한다.

④ 조합원은 출자금을 공유하지 못한다.

⑤ 조합은 조합원의 출자금을 취득하거나 이를 질권의 목적으로 하여서는 아니 된다.

제21조(출자금액의 감소의결) ① 조합은 부득이한 사유가 있을 때에는 조합원의 신청에 의하여 출자좌수를 감소할 수 있다.

② 조합은 출자 1좌의 금액 또는 출자좌수의 감소(이하 '출자감소'라 한다)를 총회에서 의결한 경우에는 그 의결을 한 날부터 14일 이내에 대차대조표를 작성한다.

③ 조합은 제2항에 따른 의결을 한 날부터 14일 이내에 채권자에 대하여 이의가 있으면 조합의 주된 사무소에 이를 서면으로 진술하라는 취지를 공고하고, 이미 알고 있는 채권자에게는 개별적으로 최고하여야 한다.

④ 제3항에 따른 이의신청 기간은 30일 이상으로 한다.

⑤ 그 밖의 출자감소 절차와 방법에 관하여는 별도의 규약으로 정할 수 있다.

- 출자좌수의 감소는 출자 1좌 금액의 감소와는 달리 법령사항은 아니지만, 조합원의 재산권과 관련되는 중요사항이므로 총회의결사항으로 정하는 것을 권고

제22조(출자감소 의결에 대한 채권자의 이의) ① 채권자가 제21조의 이의신청 기간에 출자감소에 관한 의결에 대하여 이의를 신청하지 아니하면 출자감소를 승인한 것으로 본다.

② 채권자가 이의를 신청하면 조합은 채무를 변제하거나 상당한 담보를 제공하여야 한다.

제23조(경비 및 사용료와 수수료) ① 조합은 사업운영을 위하여 조합원 및 조합의 사업을 이용하는 자에게 다음 각 호의 경비 및 사용료와 수수료를 부과 및 징수할 수 있다.

1. 기본회비
2. ○○할 목적으로 ○○에게 징수하는 특별회비
3. ○○사용료
4. ○○수수료

② 제1항에 따른 경비 및 사용료와 수수료의 부과대상, 부과금액, 부과방법, 징수시기와 징수방법은 규약으로 정한다.

③ 조합원은 제1항에 따른 경비 및 사용료와 수수료를 납입할 때 조합에 대한 채권과 상계할 수 없다.

④ 제2항의 부과금에 있어서 조합원등에 대한 부과금액의 산정기준 사항에 변경이 있어도 이미 부과한 금액은 변경하지 못한다.

- 조합이 경비 및 사용료와 수수료를 징수하는 경우에는 그 명목을 구체적으로 명시하여야 한다.
- 경비 및 사용료와 수수료를 징수하지 않는 경우에는 삭제 가능하다.

제24조(과태금) ① 조합은 조합원이 출자금 또는 경비 등의 납입의무를 그 기한까지 이행하지 아니하는 경우에는 과태금을 징수할 수 있다.

② 조합원은 제1항에 따른 과태금을 조합에 대한 채권과 상계할 수 없다.

③ 과태금의 금액 및 징수방법은 규약으로 정한다.

> **유의사항**
> - 조합이 징수할 수 있는 과태금의 명목을 구체적으로 명시하여야 한다.
> - 과태금을 징수하지 않는 경우에는 삭제 가능하다.
> - 과태금 금액은 규약으로, 과태금 징수방법은 규정으로 정하는 것도 가능하다.

제25조(법정적립금) ① 조합은 매 회계연도 결산의 결과 잉여금이 있는 때에는 해당 회계연도 말 출자금 납입총액의 3배가 될 때까지 잉여금의 100분의 30 이상을 적립하여야 한다.

② 제1항의 법정적립금은 손실금의 보전에 충당하거나 해산하는 경우 외에는 사용하여서는 아니 된다.

> **유의사항**
> - 잉여금의 최저비율은 100분의 30으로 되어 있으나, 정관에서 그 이상으로 정할 수 있다.

제26조(임의적립금) ① 조합은 매 회계연도의 잉여금에서 제25조에 따른 법정적립금을 빼고 나머지가 있을 때에는 총회에서 결정하는 바에 따라 매 회계연도 잉여금의 100분의 ○○ 이상을 임의적립금으로 적립할 수 있다.

② 임의적립금은 총회에서 결정하는 바에 따라 사업준비금, 사업개발비, 교육 등 특수목적을 위하여 지출할 수 있다.

> **유의사항**
> - 임의적립금의 적립범위는 정관에 정해야 한다.
> - 사업준비금 외에 임의적립금의 다양한 목적을 정할 수 있다.

제4장 총회와 이사회

제27조(총회) ① 조합은 총회를 둔다.

② 총회는 정기총회와 임시총회로 구분한다.

③ 총회는 조합원으로 구성하며, 이사장이 그 의장이 된다.

제28조(대의원총회) ① 조합원의 수가 200인을 초과하는 경우 총회에 갈음할 대의원 총회를 둘 수 있다.

② 대의원은 조합원 중에서 제10조제2항의 조합원 유형에 따라 각각 선출한다. 다만, 선출할 대의원 수는 이사회에서 정한다.

③ 대의원 총회를 구성하는 대의원 정수는 대의원 선출 당시 조합원 총수의 100분의 10 이상이어야 한다. 다만, 대의원 총수가 100명을 초과하는 경우에는 100명으로 할 수 있다.

④ 대의원 임기만료 또는 사임으로 인해 대의원 정수를 충족하지 못하는 경우 퇴임한 대의원은 새로운 대의원이 선임될 때까지 대의원의 권리·의무가 있다.

⑤ 대의원의 의결권 및 선거권은 대리인으로 하여금 행사하게 할 수 없다.

⑥ 대의원의 임기는 ○년으로 한다. 다만, 결원으로 인하여 선출된 대의원의 임기는 전임자의 임기의 남은기간으로 한다.

⑦ 대의원은 조합원의 선거를 통하여 선출하며, 선거방법에 관한 사항은 선거관리규정으로 정한다.

⑧ 대의원총회에 관하여는 총회에 관한 사항을 준용하며, 이 경우 '조합원'은 '대의원'으로 본다.

⑨ 대의원총회는 조합의 합병, 분할 및 해산에 관한 사항은 의결할 수 없다.

- 대의원총회를 두지 않기로 한 경우, 정관예시의 제29조, 제30조는 규정하지 않아도 된다.
- 다만, 대의원총회를 두는 경우에는 대의원총회 운영에 필요한 사항(임기, 선출방법 및 자격 등)은 정관 위임사항이므로 정관으로 반드시 정해야 한다.
- 사회적협동조합의 경우, 대의원은 둘 이상의 조합원 유형으로 구성하는 것이 바람직하다.
- 대의원 총수가 100명을 초과하는 경우에는 대의원을 100명 또는 100명 이상으로 정할 수도 있다.
- 대의원 임기는 정관으로 정하는 것이 바람직하며, 선출방법, 자격 등은 정관에서 정하는 방법에 따라 규약이나 규정 등으로 정할 수 있다.

제29조(대의원의 의무 및 자격상실) ① 대의원은 성실히 대의원총회에 출석하고, 그 의결에 참여하여야 한다.

② 대의원총회는 대의원이 다음 각 호의 어느 하나에 해당하는 행위를 할 때에는 그 의결로 대의원자격을 상실하게 할 수 있다. 이 경우 해당 대의원에게 서면으로 자격상실 이유를 의결일 7일 전까지 통지하고, 총회 또는 대의원총회에서 의견을 진술할 기회를 주어야 한다.

1. 대의원총회 소집통지서를 받고 정당한 사유 없이 계속하여 3회 이상 출석하지 아니하거나 대의원총회에 출석하여 같은 안건에 대한 의결에 2회 이상 참가하지 아니한 경우
2. 부정한 방법으로 대의원총회의 의사를 방해한 경우
3. 고의 또는 중대한 과실로 이 조합의 명예 또는 신용을 훼손시킨 경우

- 대의원 의무, 자격상실 등에 대해서는 조합 특성을 고려하여 정관에서 정하는 방법에 따라 규약이나 규정 등으로 정할 수 있다.

제30조(정기총회) 정기총회는 매년 1회 회계연도 종료 후 3개월 이내에 이사장이 소집한다.

- 총회 소집시기는 정관으로 정한다.

제31조(임시총회) ① 임시총회는 다음 각 호의 어느 하나에 해당하는 경우에 이사장이 소집한다.

1. 이사장 및 이사회가 필요하다고 인정할 때
2. 조합원이 조합원 5분의 1 이상의 동의를 받아 소집의 목적과 이유를 적은 서면을 제출하여 이사장에게 소집을 청구한 때
3. 감사가 조합의 재산상황이나 업무집행에 부정한 사실이 있는 것을 발견하고 그 내용을 총회에 신속히 보고할 필요가 있다고 인정하여 이사장에게 소집을 청구한 때

② 이사장은 제1항 제2호(제57조 규정에 따른 해임 요구를 포함한다) 및 제3호의 청구를 받으면 정당한 사유가 없는 한 2주 이내에 소집절차를 밟아야 한다.

③ 제1항 제2호 및 제3호의 규정에 의하여 총회의 소집을 청구하였으나 총회를 소집할 자가 없거나 그 청구가 있은 날부터 2주 이내에 이사장이 총회의 소집절차를 밟지 아니한 때에는 감사가 7일 이내에 소집절차를 밟아야 한다. 이 경우 감사가 의장의 직무를 수행한다.

④ 감사가 제3항의 기한 이내에 총회의 소집절차를 밟지 아니하거나 소집할 수 없는 경우에는 제1항 제2호의 규정에 의하여 총회의 소집을 청구한 조합원의 대표가 이를 소집한다. 이 경우 조합원의 대표가 의장의 직무를 수행한다.

> **유의사항**
>
> • 임시총회 소집사유, 소집방법 등에 대해서는 정관으로 정한다.

제32조(총회의 소집절차) ① 이사장은 총회 개최 7일 전까지 회의목적 · 안건 · 일시 및 장소를 정하여 우편 또는 전자통신매체 등으로 각 조합원에게 통지하여야 한다.

② 이사장이 궐위 또는 부득이한 사유로 총회를 소집할 수 없는 때에는 제52조에서 정하고 있는 순으로 이를 소집한다.

- 통지방법은 정관으로 자유로이 정할 수 있다. 다만, 상대방에게 도달했음이 입증 가능한 방법을 정해야 한다.
- 공고 제목에 결정내용이나 주요 공고 내용을 포함하여 상대방이 쉽게 인식 가능하도록 작성하는 것이 바람직하다.

제32조의2(조합원제안권) ① 조합원이 조합원 5분의 1 이상의 동의를 받아 이사장에게 총회일의 2주 전에 서면으로 일정한 사항을 총회의 목적사항으로 할 것을 제안(이하 '조합원제안'이라 한다)할 수 있다.

② 이사장은 제1항에 의한 조합원제안이 있는 경우에는 이를 이사회에 보고하고, 이사회는 조합원제안의 내용이 법령 또는 정관을 위반하는 경우를 제외하고는 이를 총회의 목적사항으로 하여야 한다. 이 경우 조합원제안을 한 자가 청구하면 총회에서 그 제안을 설명할 기회를 주어야 한다.

- 입법예고했던 협동조합기본법 일부개정법률안(기획재정부 제2020-156호, 2020.9.1.~2020.10.12.)에 포함된 내용임

제33조(총회의 의결사항) 다음 각 호의 사항은 총회의 의결을 얻어야 한다.

1. 정관의 변경
2. 규약의 제정과 변경 또는 폐지
3. 임원의 선출과 해임
4. 사업계획 및 예산의 승인
5. 결산보고서(사업보고서, 대차대조표, 손익계산서, 잉여금처분안 또는 손실금처리안 등을 말한다. 이하 같다)의 승인
6. 감사보고서의 승인
7. 조합의 합병, 분할, 해산 또는 휴업
8. 조합원의 제명

9. 다른 협동조합에 대한 우선 출자

10. 탈퇴 조합원(제명된 조합원을 포함한다)에 대한 출자금 환급

11. 그 밖에 이사장 또는 이사회가 필요하다고 인정하는 사항

> **유의사항**
> - 조합은 법령에 반하지 않는 범위에서 총회의결사항을 추가적으로 규정할 수 있다.
> - 기본자산의 취득과 처분, 임원의 보수, 조합의 차입금 한도 결정, 사업계획 및 예산 중 중요한 사항의 변경 등은 총회의결사항으로 넣는 것이 바람직하다.

제34조(총회의 의사) ① 총회의 의사는 법령상 다른 규정이 있는 경우를 제외하고는 총 조합원 과반수의 출석으로 개회하고 출석조합원 과반수의 찬성으로 의결한다.

② 제1항의 규정에 의한 총회의 개의 정족수 미달로 총회가 유회된 때에는 이사장은 20일 이내에 다시 총회를 소집하여야 한다.

③ 총회는 제32조에 따라 미리 통지한 사항에 한하여 의결할 수 있다. 다만, 긴급을 요하여 총 조합원의 3분의 2이상의 출석과 출석조합원 3분의 2 이상의 찬성이 있는 때에는 그러하지 아니하다.

④ 총회에서 조합과 조합원간의 이익이 상반되는 사항에 대하여 의결을 행할 때에는 해당 조합원은 의결에 참가하지 못한다. 이 경우 의결에 참가하지 못하는 조합원은 의사정족수와 의결정족수에 포함되지 아니한다.

> **유의사항**
> - 입법예고했던 협동조합기본법 일부 개정 법률안(기획재정부 제2020-156호, 2020.9.1.~2020.10.12.)에 포함된 내용임

제35조(특별의결사항) 다음 각 호의 사항은 조합원 과반수의 출석과 출석조합원 3분의 2 이상의 찬성으로 의결한다.

1. 정관의 변경

2. 조합의 합병·분할·해산 또는 휴업

3. 조합원의 제명

4. 탈퇴 조합원(제명된 조합원을 포함한다)에 대한 출자금 환급

5. 다른 협동조합에 대한 우선출자

제36조(의결권 및 선거권) ① 조합원은 출자좌수에 관계없이 각각 1개의 의결권과 선거권을 갖는다.

② 조합원은 대리인으로 하여금 의결권 및 선거권을 행사하게 할 수 있다. 이 경우 그 조합원은 출석한 것으로 본다.

③ 제37조의 자격을 갖춘 대리인이 의결권 또는 선거권을 행사할 때에는 대리권을 증명하는 서면을 의결권 또는 선거권을 행사하기 전에 조합이 정하는 양식에 따라 미리 조합에 제출하여야 한다.

> **유의사항**
> • 대리권을 증명하는 서면은 반드시 제출해야 한다.
> 다만, 서면의 양식, 행사시기 등은 정관에서 정하는 방법에 따라 규약이나 규정 등으로 정할 수 있다.

제37조(대리인이 될 자격) 전조 제2항에 따른 대리인은 다른 조합원 또는 본인과 동거하는 가족(조합원의 배우자, 조합원 또는 그 배우자의 직계 존속·비속과 형제자매, 조합원의 직계 존속·비속 및 형제자매의 배우자를 말한다)이어야 하며, 대리인이 대리할 수 있는 조합원의 수는 1인에 한정한다.

제38조(총회의 의사록) ① 총회의 의사에 관하여 의사록을 작성하여야 한다.

② 의사록에는 의사의 진행 상황과 그 결과를 적고 의장과 총회에서 선출한 조합원 3인 이상이 기명날인하거나 서명하여야 한다.

제39조(총회의 운영규약) 정관에 규정하는 외에 총회의 운영에 관하여 필요한 사항은 총회운영규약으로 정한다.

제40조(총회의 회기연장) ① 총회의 회기는 총회의 결의에 의하여 연장할 수 있다.

② 제1항의 규정에 의하여 속행된 총회는 제32조제1항의 규정을 적용하지 아니한다.

제41조(이사회) ① 조합에 이사회를 둔다.

② 이사회는 이사장 및 이사로 구성한다.

③ 이사장은 이사회를 소집하고 그 의장이 된다.

④ 이사회의 소집은 회의일 7일전까지 회의의 목적, 안건, 일시 및 장소를 기재한 서면을 각 이사에게 통지하여야 한다. 다만 긴급을 요하여 이사회 구성원 과반수의 동의가 있을 때에는 소집절차를 생략할 수 있다.

⑤ 이사는 이사장에게 이사회 소집을 요구할 수 있다. 이사장이 정당한 사유 없이 이사회 소집을 거절하는 경우에는 다른 이사가 이사회를 소집할 수 있다.

⑥ 감사는 필요하면 회의의 목적사항과 소집이유를 서면에 적어 이사장에게 제출하여 이사회 소집을 청구할 수 있다. 이 경우 감사가 청구를 하였는데도 이사장이 지체없이 이사회를 소집하지 아니하면 그 청구한 감사가 이사회를 소집할 수 있다.

⑥ 제5항과 제6항의 경우 이사장이 의장의 직무를 행할 수 없을 경우에는 제52조에 정한 순서대로 이사장의 직무를 대행할 이사가 그 직무를 대행한다.

> **유의사항**
> • 조합원 10인 미만인 경우에는 총회 의결에 따라 이사회를 두지 않을 수도 있다.
> • 이사의 종류 및 명칭은 필요에 따라 달리 정할 수 있다.
> • 이사회의 개의(開議) 등 이사회 운영에 관하여 필요한 사항은 정관으로 정한다.
> • 입법예고했던 협동조합기본법 일부개정법률안(기획재정부 제2020-156호, 2020.9.1.~2020.10.12.)에 포함된 내용임

제42조(이사회의 의결사항) ① 이사회는 다음 각 호의 사항을 의결한다.

1. 조합의 재산 및 업무집행에 관한 사항

2. 총회의 소집과 총회에 상정할 의안

3. 규정의 제정과 변경 및 폐지

4. 사업계획 및 예산안 작성

5. 간부 직원의 임면 승인

6. 그 밖에 조합의 운영에 중요한 사항 또는 이사장이 부의하는 사항

> **유의사항**
> - 협동조합기본법 제29조에 규정된 필요적 총회 의결사항은 이사회에 위임할 수 없다.
> - 조합은 법령에 반하지 않는 범위(1~4호, 6호는 법령사항)에서 조합의 업무집행을 위하여 필요한 사항(5호는 권고사항)을 추가적으로 이사회 의결사항으로 규정할 수 있다.

② 이사회는 제60조 각 호의 사업을 수행하기 위하여 필요한 위원회를 설치 운영할 수 있다.

③ 제2항의 위원회 구성 및 운영에 관하여는 별도 규정으로 정한다.

제43조(이사회의 의사) ① 이사회는 구성원 과반수의 출석으로 개회하고 출석이사 과반수의 찬성으로 의결한다.

② 이사의 개인 이익과 조합의 이익이 상반되는 사항이나 신분에 관련되는 사항에 관하여는 당해이사는 이사회의 의결에 관여할 수 없다. 이 경우 의결에 참가하지 못하는 이사는 의사정족수와 의결정족수에 포함되지 아니한다.

> **유의사항**
> - 이사회의 의결방법 등 이사회 운영에 관하여 필요한 사항은 정관으로 정한다.

제44조(이사회의 의사록) 이사회의 의사에 관하여는 의사의 경과와 그 결과를 기재한 의사록을 작성하고 참석 이사 전원이 이에 기명날인하거나 서명하여야 한다.

제5장 임원과 직원

제45조(임원의 정수) ① 조합의 임원으로 이사장 1명을 포함한 3명 이상 ○○명 이내의 이사와 1명 이상 ○명 이내의 감사를 둔다. 다만, 이사는 제10조제2항의 조합원 유형에 따라 다양한 이해관계자들로 구성하여야 한다.

② 제1항의 임원 중 이사회의 호선에 의해 상임임원을 둘 수 있다.

유의사항

- 임원의 정수는 법에서 규정한 최소 정수(이사장 1명 포함한 이사 3명, 감사 1명)를 벗어나지 않는 범위에서 정관으로 정한다.

제46조(임원의 선임) ① 이사 및 감사는 총회가 조합원 중에서 선출한다. 다만, 이사회의 추천에 따라 조합원 외의 자를 선출할 수 있다.

② 이사장은 이사 중에서 총회에서 선출한다. 다만 부이사장, 전무이사 및 상무이사는 이사회가 이사 중에서 호선할 수 있다.

유의사항

- 임원은 조합원 중에 선출하는 것을 권장하나, 조합의 특성을 고려하여 조합원 합의에 따라 조합원 외의 자를 임원으로 선출하는 것도 가능하다.
- 감사는 조합의 업무집행상황, 재산상태, 장부 및 서류 등을 감독하는 것으로 회계지식이 있어야 하며, 중립적인 입장에서 직무를 수행할 수 있는 사람을 선임하여야 한다.
- 이사장은 이사 중에서 선출하여야 한다. 다만 이사장 외의 이사의 종류 및 명칭은 필요에 따라 달리 정할 수 있다.

③ 임원의 결원에 따른 보궐선거는 결원이 발생한 날로부터 ○개월 이내로 하여야 한다.

④ 임원의 임기만료 또는 사임으로 제45조에 따른 임원의 정수를 충족하지 못하는 경우, 퇴임한 임원은 새로운 임원이 선임될 때까지 임원의 권리·의무가 있다.

③ 제1항~제4항의 선거 방법, 절차 등에 관하여는 별도의 선거관리규정으로 정한다.

제47조(선거운동의 제한) ① 누구든지 자기 또는 특정인을 조합의 임원 또는 대의원으로 당선되도록 하거나 당선되지 아니하도록 할 목적으로 다음 각 호의 어느 하나에 해당하는 행위를 할 수 없다.

1. 조합원(조합에 가입신청을 한 자를 포함한다. 이하 이 조에서 같다)이나 그 가족(조합원의 배우자, 조합원 또는 그 배우자의 직계 존속·비속과 형제자매, 조합원의 직계 존속·비속 및 형제자매의 배우자를 말한다. 이하 이 조에서 같다) 또는 조합원이나 그 가족이 설립·운영하고 있는 기관·단체·시설에 대한 다음 각 목의 어느 하나에 해당하는 행위
    가. 금전·물품·향응이나 그 밖의 재산상의 이익을 제공하는 행위
    나. 공사의 직을 제공하는 행위
    다. 금전·물품·향응, 그 밖의 재산상의 이익이나 공사의 직을 제공하겠다는 의사표시 또는 그 제공을 약속하는 행위
2. 후보자가 되지 못하도록 하거나 후보자를 사퇴하게 할 목적으로 후보자가 되려는 사람이나 후보자에게 제1호 각 목에 규정된 행위를 하는 행위
3. 제1호 또는 제2호의 이익이나 직을 제공받거나 그 제공의 의사표시를 승낙하는 행위 또는 그 제공을 요구하거나 알선하는 행위

② 임원 또는 대의원이 되려는 사람은 선거일 공고일부터 선거일까지의 기간 중에는 선거운동을 위하여 조합원을 호별로 방문하거나 특정 장소에 모이게 할 수 없다.

> **유의사항**
> • '정관으로 정하는 기간'을 선거운동 기간으로 정하는 법 제37조 제2항과 동일 취지의 새마을금고법 제85조 제3항이 헌법재판소의 위헌결정(2018헌가12)을 받았으므로, 정관에는 동일 취지의 조항이나 기간을 명확히 명시한 『수산업협동조합법』 제53조 제2항 규정을 참고하여 '선거일 공고일부터 선거일까지의 기간'으로 규정하는 것을 권고

③ 누구든지 조합의 임원 또는 대의원 선거와 관련하여 연설·벽보, 그 밖의 방법으로 거짓의 사실을 공표하거나 공연히 사실을 적시하여 후보자를 비방할 수 없다.

④ 누구든지 임원 또는 대의원 선거와 관련하여 다음 각 호의 방법 이외의 선거운동을 할

수 없다.

1. 선전 벽보의 부착

2. 선거 공보의 배부

3. 소형 인쇄물의 배부

4. 합동 연설회 또는 공개 토론회의 개최

5. 전화(문자메시지를 포함한다) · 팩스 · 컴퓨터통신(전자우편을 포함한다)을 이용한 지
   지 호소

제48조(선거관리위원회의 구성 · 운영) ① 조합의 임원 및 대의원 선거사무를 공정하게 관리
하기 위하여 본 조합에 선거관리위원회(이하 '위원회'라 한다)를 구성 · 운영할 수 있다.
② 위원회는 조합원 중에서 이사회의 의결을 거쳐 위원장 1인을 포함한 ○명 이내의 위원으로
구성한다. 이 경우 당해 선거에 임원으로 후보등록한 자는 위원이 될 수 없다.
③ 위원의 위촉기간은 위촉일로부터 ○년으로 하되 위원이 조합원자격을 상실한 때에는
위원의 직을 상실한다.
④ 위원장은 위원회를 대표하고 위원회를 소집하여 이를 주재한다.
⑤ 위원장은 중요한 사항에 대하여는 위원회에 부의하여 처리하여야 하며, 위원회는 구성원
과반수의 출석으로 개의하고 출석자 과반수의 찬성으로 의결한다.
⑥ 위원회는 다음 각 호의 사무를 관장한다.

1. 후보자의 자격심사

2. 선거인 명부의 확정

3. 후보자 추천의 유 · 무효 판정

4. 선거공보의 작성과 선거운동방법 결정 및 계도

5. 선거관리, 투표관리 및 개표관리

6. 투표의 유 · 무효의 이의에 대한 판정

7. 선거관련 분쟁의 조정

8. 선거운동 제한규정 위반여부 심사 및 조치

9. 당선인의 확정

10. 그 밖에 선거에 필요한 사항

⑦ 위원회는 의사의 진행상황 및 그 결과를 적은 의사록을 작성하고, 참석위원이 기명날인하여야 한다.

⑧ 위원은 선거관리사무를 행함에 있어 공정을 기하여야 한다.

⑨ 그 밖에 위원회의 기능 · 구성 및 운영 등에 관하여 필요한 사항은 선거관리규정으로 정할 수 있다.

> **유의사항**
> - 선거관리위원회를 두지 않을 경우, 해당 조항 삭제 가능하다.
> - 선거관리위원회의 기능 • 구성 및 운영 등에 대해서는 정관에서 정하는 바에 따라 규약이나 규정 등으로 정할 수 있다.
> - 선거관리위원 자격을 조합원만 가능하도록 제한하는 것도 가능하다.
> - 선거관리위원회의 기능 • 구성 및 운영 등에 대해서는 정관에서 정하는 바에 따라 규약이나 규정 등으로 정할 수 있다.

제49조(임원등의 결격사유) ① 다음 각 호의 어느 하나에 해당하는 자는 이 조합의 임원이 될 수 없다.

1. 피성년후견인

2. 피한정후견인

3. 파산선고를 받고 복권되지 아니한 사람

4. 금고 이상의 실형을 선고받고 그 집행이 끝나거나(집행이 끝난 것으로 보는 경우를 포함한다) 집행이 면제된 날부터 3년이 지나지 아니한 사람

5. 금고 이상의 형의 집행유예를 선고받고 그 유예기간 중에 있는 사람

6. 금고 이상의 형의 선고유예를 받고 그 선고유예기간 중에 있는 사람

7. 형법제303조 또는 성폭력범죄의 처벌 등에 관한 특례법 제10조에 규정된 죄를 범하는 사람들로서 300만원 이상의 벌금형을 선고받고 그 형이 확정된 후, 2년이 지나지 아니한 사람

8. 법원의 판결 또는 다른 법률에 따라 자격이 상실 또는 정지된 사람

② 제1항 각호의 사유가 발생하면 해당 임원은 당연히 퇴직한다.

③ 제2항에 따라 퇴직된 임원이 퇴직 전에 관여한 행위는 그 효력을 상실하지 아니한다.

제50조(임원의 임기) ① 임원의 임기는 ○년으로 한다.

> **유의사항**
> • 임원의 임기는 4년 범위 안에서 정관에서 정하여야 한다.

② 임원은 연임할 수 있다. 다만, 이사장은 두 차례만 연임할 수 있다.

③ 결원으로 인하여 선출된 임원의 임기는 전임자의 임기종료일까지로 한다.

제51조(임직원의 겸직금지) ① 이사장은 다른 조합의 이사장을 겸직할 수 없다.

② 이사장을 포함한 이사와 직원은 감사를 겸직할 수 없다.

③ 조합의 임직원은 국회의원 또는 지방의회의원을 겸직할 수 없다.

④ 임원 총 수의 3분의 1을 초과하여 임원은 이 조합의 직원을 겸직할 수 없다. 다만, 조합원의 수가 10인 이하인 조합은 해당 기간 동안 그러하지 아니하다.

> **유의사항**
> • 조합원의 3분의 2 이상이 직원이고, 조합원인 직원이 전체 직원의 3분의 2 이상인 사회적협동조합인 경우(임원이 직원을 겸직하기 전의 시점을 기준으로 함) 제4항을 삭제하고 규정할 수 있다.

제52조(이사장 및 이사의 직무) ① 이사장은 조합을 대표하고 이사회의 결정에 따라 조합의 업무를 집행한다.

② 이사는 이사장을 보좌하며 조합의 업무를 집행한다.

③ 이사장이 부득이한 사유로 직무를 수행할 수 없을 때에는 미리 이사회가 정한 순서대로 그 직무를 대행하고 해당자가 2인 이상일 경우에는 연장자 순으로 한다.

④ 제3항의 경우와 이사장이 권한을 위임한 경우를 제외하고는 이사장이 아닌 이사는 조합을 대표할 수 없다.

- 이사장과 이사의 업무집행 내용은 정관으로 정해야 한다.
- 직무대행 순서는 정관으로 정하는 바에 따라 이사회 의결 또는 규정 등으로 정할 수 있다.
- 이사의 대표권에 대한 제한은 정관에 기재해야 함. 기재하지 아니하면 효력이 없다.(민법 제41조 준용)

제52조의2(이사의 경업금지) ① 이사는 조합원 전원의 동의를 받지 아니하고는 자기 또는 제3자의 계산으로 조합의 영업부류에 속한 거래를 하지 못하며, 같은 종류의 영업을 목적으로 하는 다른 회사의 이사 또는 집행임원이 되지 못한다.

② 이사가 전항의 규정에 위반하여 거래를 한 경우에 그 거래가 자기의 계산으로 한 것인 때에는 조합은 이를 조합의 계산으로 한 것으로 볼 수 있고, 제3자의 계산으로 한 것인 때에는 그 이사에 대하여 조합은 이로 인한 이득의 양도를 청구할 수 있다.

③ 전항의 규정은 조합의 그 이사에 대한 손해배상의 청구에 영향을 미치지 못한다.

④ 제2항의 권리는 다른 이사 과반수의 결의에 의하여 행사하여야 하며, 다른 이사의 1인이 그 거래를 안 날로부터 2주간을 경과하거나 그 거래가 있은 날로부터 1년을 경과하면 소멸한다.

제52조의3(이사와 협동조합 간의 거래) 이사는 조합원 과반수의 결의가 있는 경우에만 자기 또는 제3자의 계산으로 조합과 거래를 할 수 있다. 이 경우에는 민법 제124조를 적용하지 아니한다.

제53조(감사의 직무) ① 감사는 연 ○회 이상 조합의 업무집행 상황, 재산상태, 장부 및 서류 등을 감사하여 총회에 보고하여야 한다.

② 감사는 예고 없이 조합의 장부나 서류를 대조 확인할 수 있다.

③ 감사는 이사장 및 이사가 법령ㆍ정관ㆍ규약ㆍ규정 또는 총회의 의결에 반하여 업무를 집행한 때에는 이사회에 그 시정을 요구하여야 한다.

④ 감사는 총회 또는 이사회에 출석하여 의견을 진술할 수 있다.

⑤ 제1항의 감사보고서 제출에 있어서 감사가 2인 이상인 경우 감사의 의견이 일치하지 아니할 경우에는 각각 의견을 제출할 수 있다.

> **유의사항**
>
> - 감사의 감사내용은 조합 운영의 중요사항이며, 총회보고는 법상 의무임. 따라서 조합의 연간 총회개최 계획 등의 구체적 사정을 고려하여 보고 횟수도 정관에서 규율하는 것을 권고

제54조(감사의 대표권) 조합이 이사장을 포함한 이사와 소송을 하는 때에는 감사가 조합을 대표한다.

> **유의사항**
>
> - 조합원의 권리보호를 위해 이사와 조합의 이해충돌이 발생하는 사안(예: 계약 등)에 대해서는 감사의 대표권을 인정하는 것이 바람직하다.

제55조(임원의 의무와 책임) ① 임원은 법령과 조합의 정관, 규약, 규정 및 총회와 이사회의 의결을 준수하고 조합을 위하여 성실히 그 직무를 수행하여야 한다.

② 임원이 법령 또는 정관을 위반하거나 그 임무를 게을리하여 조합에 손해를 가한 때에는 연대하여 그 손해를 배상하여야 한다.

③ 임원이 고의 또는 중대한 과실로 그 임무를 게을리하여 제3자에게 손해를 끼친 때에는 제3자에게 연대하여 그 손해를 배상하여야 한다.

④ 제2항 및 제3항의 행위가 이사회의 의결에 의한 것일 때에는 그 의결에 찬성한 이사도 제2항 및 제3항의 책임이 있다.

⑤ 제4항의 의결에 참가한 이사로서 명백한 반대의사를 표시하지 아니한 자는 그 의결에 찬성한 것으로 본다.

⑥ 제2항부터 제5항까지의 규정에 따른 구상권의 행사는 감사 및 이사에 대하여는 이사장이,

이사장에 대하여는 감사가, 전체 임원에 대하여는 조합원 5분의 1 이상의 동의를 받은 조합원 대표가 한다.

제56조(임원의 보수등) 상임임원의 보수 및 상임임원을 제외한 임원의 여비 기타 실비변상에 대해서는 규정으로 정한다.

제57조(임원의 해임) ① 조합원은 조합원 5분의 1 이상의 동의로 총회에 임원의 해임을 요구할 수 있다. 이 경우 해임에 동의하는 조합원은 해임의 이유를 서면으로 총회의 의장에게 제출하여야 한다.

② 총회의 의장은 부득이한 사유가 없는 한 30일 내에 총회 소집절차를 거쳐 해임 의안을 상정하여야 한다.

③ 의장은 총회 개최 10일 전에 해당 임원에게 해임 이유를 서면으로 통보하고, 총회에서 의견을 진술할 기회를 주어야 한다.

④ 이사장 해임을 의결하는 총회에서는 제52조에 정한 순서대로 의장의 직무를 대행한다.

⑤ 임원의 해임을 의결하는 총회에서 해당 임원은 의결에 참가할 수 없다.

⑥ 임원의 해임 사유, 해임 절차 등에 관하여 기타 필요한 사항은 규약으로 정한다.

> **유의사항**
> • 해임요구는 임원이 법 제39조, 제41조, 제42조 등에서 규정한 임원의 의무와 직무 등을 위반한 사유가 있을 때에 한하여 가능하다.
> • 해임이유 통보방식과 시기는 조합별 특성을 고려하여 정관에 규정하는 것을 권고
> • 해당 임원의 총회 의견 진술기회는 반드시 부여해야 한다.
> • 임원의 해임에 대한 기타 필요 사항은 정관에 정하는 바에 따라 규약(해임사유, 해임절차 등)이나 규정(해임요구서 양식 등)으로 정하는 것을 권고

제58조(운영의 공개) ① 조합은 결산결과의 공고 등 운영사항을 적극 공개하여야 한다.

② 조합은 정관 · 규약 · 규정과 총회 · 이사회의 의사록, 회계장부 및 조합원 명부를 주된 사무소에 비치하여야 한다.

③ 결산보고서는 정기총회 7일 전까지 주된 사무소에 비치하여야 한다.

④ 조합원과 조합의 채권자는 이사장에게 제2항 및 제3항의 서류의 열람 또는 그 사본을 청구할 수 있다.

> **유의사항**
> - 법 제49조제1항에 정하는 서류 외에 공개할 사항에 대해서는 정관으로 정할 수 있다.
> - 사업결산보고서는 조합 운영의 중요사항 중 하나이고, 경영공시 필수공개 자료이므로 공개사항으로 규정하는 것을 권고
> - 조합은 조합원의 개인정보보호 등 정당한 사유로 서류의 사본청구를 제한하는 규정을 둘 수 있다.

⑤ 조합은 제4항의 청구가 있을 때에는 정당한 이유 없이 이를 거부하지 못한다.

⑥ 조합은 결산일로부터 4개월 이내에 기획재정부장관이 지정하는 인터넷 사이트에 다음 각 호의 자료를 게재하여야 한다.

1. 정관, 규약, 규정
2. 사업결산 보고서
3. 총회, 대의원총회 및 이사회의 활동 상황
4. 사업결과 보고서
5. 소액대출 및 상호부조 사업현황

> **유의사항**
> - 사업결과 보고서에 정관 제60조의 필수사업(법 제93조 제4항에서 준용하는 법 제45조 제1항)은 반드시 포함되어야 한다.

제58조의2(기부금의 공개) ① 조합은 회계연도 종료일로부터 3개월 이내에 조합 홈페이지 및 국세청의 인터넷 홈페이지에 기부금의 모금액 및 활용실적을 공개하여야 한다.

② 조합의 이사장은 매년 또는 기부자가 요구할 때 기부자의 기부금 현황을 알려주어야 한다. 이 경우 기부자가 인터넷 홈페이지를 통해 기부내역을 조회하고 관련 증빙을 출력할

수 있는 전산설비를 구축하거나 우편, 전자통신매체 등을 이용하여 통지할 수 있다.

③ 기부금은 별도의 통장을 통해 수입 및 지출을 관리한다.

④ 기부금을 받은 경우에는 기부금 영수증을 발급하고 기부자별 기부금 영수증 발급내역을 작성하여 5년간 보관하여야 한다.

> **유의사항**
>
> - 기부금을 모집하기 위해서는 사회적협동조합으로 인가를 받은 후,
>   ① 지정기부금단체 추천신청서류를 국세청장(주사무소 소재지 관할 세무서장을 포함)에게 제출하여 ② 지정요건을 충족하였다고 인정되는 경우 국세청장이 해당 사회적협동조합을 기획재정부 법인세제과에 추천하고, 그 뒤 법인세제과 심사를 거쳐 ③ 최종 지정기부금단체로 지정되어야 한다.
> - 사회적협동조합 유형 중 '지역사업형', '취약계층 고용형', '취약계층 사회서비스 제공형'에 한해 기부금 모집이 가능하므로, '위탁사업형', '기타 공익증진형' 및 기부금 모집계획이 없는 사회적협동조합은 위 조항을 정관에 기재하여서는 안 된다.

제59조(직원의 임면등) ① 직원은 이사장이 임면한다. 다만, 간부직원은 이사회의 결의를 거쳐 이사장이 임면한다.

② 직원의 임면, 급여, 기타 직원에 관하여 필요한 사항은 규정으로 정한다.

제6장 사업과 집행

제60조(사업의 종류) ① 이 조합은 ○○○형(주사업유형 제시 권고)으로 그 목적을 달성하기 위하여 다음 각 호의 사업을 주 사업으로 하여야 하고, 주 사업은 협동조합 전체 사업량의 100분의 40이상이어야 한다.

 1. 지역아동센터 등 아동복지시설 설치 및 운영사업

 2. 주 사업과 관련하여 국가 및 지방자치단체로부터 위탁받은 사업

 3. ○○○ 사업

② 이 조합은 그 목적을 달성하기 위하여 다음 각 호의 사업을 기타 사업으로 할 수 있다.

 1. 조합원과 직원에 대한 상담, 교육·훈련 및 정보제공 사업

 2. 조합 간 협력을 위한 사업

 3. 조합의 홍보 및 지역사회를 위한 사업

> **유의사항**
>
> • 주사업 수행을 위해 부수되는 내용은 별도 사업이 아니다. 예를 들어 보육사업을 하기 위해 소요되는 홍보사업, 교육사업 등은 별도 사업이 아니라 주사업에 포함되는 부수적 활동이다. 따라서 별도의 사업으로 기재할 필요 없이 주사업 안에 포함시키도록 한다.
>
> • 조합의 설립목적을 달성하기 위하여 필요한 사업을 정관으로 정하며, 사업의 종류 중에서 제2항 제3호부터 제5호까지의 필수사업(법 제93조 제4항에서 준용하는 법 제45조 제1항)은 반드시 포함되어야 한다.
>
> • 기타 사업은 조합원에 대한 소액대출 사업, 조합원에 대한 상호부조 사업 등이 될 수 있다.
>
> ※ 의료복지사회적협동조합의 경우
>
> • 주 사업으로 의료기관 개설·운영을 반드시 포함하여야 함(보건복지부 고시 제2017-66호 제3조제1호)

③ 조합의 사업은 관계 법령에서 정하는 목적·요건·절차·방법 등에 따라 적법하고 타당

하게 시행되어야 한다.

④ 제1항과 제2항에도 불구하고 조합은 「통계법」제22조제1항에 따라 통계청장이 고시하는 한국표준산업분류에 의한 금융 및 보험업을 영위할 수 없다.

⑤ 이 조합이 주 사업의 목적 및 판단기준을 적용하기 위하여 수행할 사업유형은 'ㅇㅇㅇㅇ형 (주사업유형 기재)'으로서 'ㅇㅇㅇ 일 것(판단기준 기재)'으로 한다.

유의사항

〈 작성예시 〉

• 제4항에 해당하는 주 사업의 목적 및 판단기준은 아래에 사업유형과 판단기준에 따른 예시 중 해당되는 것을 기재하면 된다.

1. 지역사업형
- '지역사업형'으로서 '수입 · 지출 예산서 및 사업결과보고서상 전체 사업비의 100분의 40 이상을 주 사업 목적으로 지출할 것'으로 한다.
- '지역사업형'으로서 '사업계획서 및 사업결과보고서상 주 사업에 해당하는 서비스 대상인원, 시간, 횟수 등이 전체 서비스의 100분의 40이상일 것'으로 한다.

2. 취약계층 사회서비스 제공형
- '취약계층 사회서비스 제공형'으로서 '사업계획서 및 사업결과보고서상 취약계층에게 제공된 사회서비스 대상인원, 시간, 횟수 등이 전체 사회서비스의 100분의 40 이상일 것'으로 한다.

3. 취약계층 고용형
- '취약계층 고용형'으로서 '수입 · 지출 예산서 및 사업결과보고서상 전체 인건비 총액 중 취약계층인 직원에게 지급한 인건비 총액이 차지하는 비율이 100분의 40 이상일 것'으로 한다.
- '취약계층 고용형'으로서 '사업계획서 및 사업결과보고서상 전체 직원 중 취약계층인 직원이 차지하는 비율이 100분의 40 이상일 것'으로 한다.

4. 위탁사업형
- '위탁사업형'으로서 '수입 · 지출 예산서 및 사업결과보고서상 국가 및

지방자치단체로부터 위탁받은 사업 수입이 전체 사업 수입의 100분의 40 이상일 것'으로 한다.

5. 기타 공익증진형

– '기타 공익증진형'으로서 '수입·지출 예산서 및 사업결과보고서상 전체 사업비의 100분의 40 이상을 주 사업 목적으로 지출할 것'으로 한다.

– '기타 공익증진형'으로서 '사업계획서 및 사업결과보고서상 주 사업에 해당하는 서비스 대상인원, 시간, 횟수 등이 전체 서비스의 100분의 40 이상일 것'으로 한다.

6. 혼합형

– 주 사업으로 두 가지 이상의 유형을 선택할 경우는 해당 유형을 모두 기재

※ 예시) ④ 이 조합이 주 사업의 목적 및 판단기준을 적용하기 위하여 수행할 사업유형은 '지역사업형'과 '취약계층 고용형'으로서 각각의 판단기준은 1) '수입·지출 예산서 및 사업결과보고서상 전체사업비의 100분의 40 이상을 주 사업 목적으로 지출할 것'(지역사업형) 2) '사업계획서 및 사업결과보고서상 전체 직원 중 취약계층인 직원이 차지하는 비율이 100분의 40 이상일 것'(취약계층고용형)으로 한다.

제61조(소액대출) ① 조합은 상호복리 증진을 위하여 제60조의 주 사업 이외의 사업으로 조합원을 대상으로 납입 출자금 총액의 3분의 2를 초과하지 않는 범위에서 소액대출을 할 수 있다.

② 조합원 가입 후 ○개월이 경과한 조합원에 한해서 대출자격을 가진다.

③ 제1항에 따른 소액대출을 할 때 조합원 1인당 한도는 ○원으로 한다.

④ 소액대출 이자율은 ○%로 한다.

⑤ 소액대출 연체이자율은 ○%로 한다.

⑥ 대출 종류, 대출 종류별 이자율 및 연체이자율, 대출절차와 상환 등 소액대출 사업 운영에 대한 세부 사항은 별도의 규약으로 정한다.

⑦ 조합은 정기적으로 대출 조합원의 채무상환능력과 금융거래내용 등을 감안하여 적정한

수준의 대손충당금을 적립 · 유지하여야 하며, 대손충당의 구체적 적립수준 등에 관해서는 별도의 규약으로 정한다.

⑧ 소액대출 사업은 제60조에 따른 주 사업 및 기타 사업과 구분하여 따로 회계처리되어야 한다.

> **유의사항**
>
> • 소액대출은 정관 제60조 기타사업 및 제61조에 따라 자격, 대출 범위, 대출한도 등을 정한 사회적협동조합만 가능하다.
> • 소액대출을 하지 않는 사회적협동조합은 해당 조항을 삭제하도록 한다.
> • 소액대출 총액은 출자금 총액의 3분의 2를 초과할 수 없으며, 조합의 설립취지 등에 부합하는 조합원 활동을 충족한 자에 대해서 대출을 제공한다.
> • 소액대출 이자율, 연체이자율은 정관에 정하여야 한다.
> • 소액대출 한도는 조합원 수, 출자금 규모, 소액대출의 종류 등을 고려하여 정하되, 소액대출 이자율의 최고 한도는 한국은행이 매월 발표하는 신규취급액 기준 예금은행 가계대출 가중평균금리('20.7월 기준 2.62%)를 고려하여 정한다.(시행령 제22조)
> • 소액대출 연체이자율의 최고 한도는「이자제한법」제2조 제1항에 따른 최고 이자율(24%)을 초과할 수 없다.(시행령 제22조)

제62조(상호부조) ① 조합은 조합원 간 상부상조를 목적으로 조합원들이 각자 나눠 낸 상호부조회비를 기금으로 적립하여 그 기금으로 상호부조회비를 낸 조합원에게 혼례, 사망, 질병 등의 사유가 생긴 경우 일정 금액의 상호부조금을 지급한다.

② 조합원 가입 후 ○개월이 경과한 조합원 가운데 심사위원회의 승인을 얻은 조합원에 한해서 상호부조사업 참여자격을 가진다.

③ 조합원 1인당 상호부조의 범위는 ○원 이내로 한다.

④ 제1항의 상호부조회비는 ○원으로 한다. 상호부조 사업에 참여하는 조합원은 상호부조회비를 매월 납부하여야 한다.

⑤ 상회부조 계약은 조합의 상호부조사업부 또는 계약사업부와 조합원 간에 직접 이루어지도록 해야 하며, 제3의 판매조직이나 금융기관과의 제휴를 통한 계약은 허용되지 않는다.

⑥ 상호부조 회비 적립금의 운영은 지나친 위험에 노출되지 않도록 하여야 한다. 이를 위해

예금 및 국공채 이외의 주식, 회사채, 기타 시장성 증권에 투자하여서는 아니 된다.

⑦ 상호부조계약의 양식, 상호부조 회비의 사용, 상호부조 회비의 환급 등 사업 운영에 대한 세부 사항은 별도의 규약으로 정한다.

⑧ 상호부조 사업은 제60조에 따른 주 사업 및 기타 사업과 구분하여 따로 회계처리되어야 한다.

유의사항

- 상호부조는 정관 제60조 기타사업 및 제62조에 따라 상호부조금 지급 사유, 상호부조금 지급 한도, 수혜자격, 상호부조 계약 등 상호부조금 지급에 필요한 사항을 정관에 정한 사회적협동조합만 가능하다.
- 상호부조를 하지 않는 사회적협동조합은 해당 조항을 삭제하도록 한다.
- 상호부조의 범위는 납입 출자금 총액의 한도에서 정관으로 정한다.

제63조(사업의 이용) ① 조합은 조합원이 이용하는 데에 지장이 없는 범위에서 다음 각 호의 경우 조합원이 아닌 자에게 사업을 이용하게 할 수 있다.

1. ○○○
2. ○○○

유의사항

- 조합원이 아닌 자에게 사업을 이용하게 할 경우 정관에 그 조건을 구체적으로 명시하여야 한다.

② 제1항에도 불구하고 조합은 조합원이 아닌 자에게 소액대출, 상호부조 사업을 이용하게 하여서는 아니 된다.

제64조(사업계획과 수지예산) ① 이사회는 매 회계연도 경과 후 3개월 이내에 해당 연도의 사업계획을 수립하고 동 계획의 집행에 필요한 수지예산을 편성하여 총회의 의결을 받아야 한다.

② 제1항에 따른 사업계획과 예산이 총회에서 확정될 때까지는 전년도 예산에 준하여 가예산을 편성하여 집행할 수 있다. 이 경우 총회의 사후 승인을 받아야 한다.

③ 이사회가 총회에서 확정된 사업계획과 예산을 변경한 때에는 차기 총회에서 사후 변경승인을 받아야 한다.

제7장 회계

제65조(회계연도) 조합의 회계연도는 매년 ○월 ○일부터 ○월 ○일까지로 한다.

제66조(회계) ① 조합의 회계는 일반회계와 특별회계로 구분한다.

② 당해 조합의 사업은 일반회계로 하고, 특별회계는 조합이 특정사업을 운영할 때, 특정자금을 보유하여 운영할 때, 기타 일반회계와 구분 경리할 필요가 있을 때 설치한다.

제67조(특별회계의 설치) 특별회계는 다음 각 호의 사업 또는 자금을 운영하기 위하여 설치한다.

1. ○○사업
2. ○○자금

> **유의사항**
> • 특별회계는 특정사업을 운영할 때, 특별자금을 보유·운영할 때, 일반회계와 구분하여 계리할 필요가 있을 경우 사용 가능하다.
> • 특별회계가 필요하지 않을 경우 해당 조항을 삭제하는 것도 가능하다.

제68조(결산등) ① 조합은 정기총회일 7일 전까지 결산보고서를 감사에게 제출하여야 한다.

② 조합은 제1항에 따른 결산보고서와 감사의 의견서를 정기총회에 제출하여 승인을 받아야 한다.

제69조(손실금의 보전) ① 조합은 매 회계연도의 결산 결과 손실금(당기손실금을 말한다)이 발생하면 미처분이월금, 임의적립금, 법정적립금 순으로 이를 보전하고, 보전 후에도 부족이 있을 때에는 이를 다음 회계연도에 이월한다.

② 조합은 제1항에 따른 손실금을 보전하고 제25조에 따른 법정적립금 등을 적립한 이후에 발생하는 잉여금은 임의적립금으로 적립하여야 하고, 이를 조합원에게 배당할 수 없다.

제8장 합병·분할 및 해산

제70조(합병과 분할) ① 조합은 합병계약서 또는 분할계획서를 작성한 후 총회의 의결을 얻어 합병 또는 분할할 수 있다.

> **유의사항**
> • 조합이 합병 또는 분할할 경우 소관 중앙행정기관장의 인가를 받아야 한다.

② 합병 또는 분할로 인하여 존속 또는 새로 설립되는 조합은 합병 또는 분할로 인하여 소멸되는 조합의 권리·의무를 승계한다.

제71조(해산) ① 조합은 다음 각 호의 어느 하나에 해당하는 사유가 발생하였을 때에는 해산하고 해산절차는 민법 등 관련 법령에 의한다.

1. 총회의 의결
2. 합병·분할 또는 파산
3. 설립인가의 취소

> **유의사항**
> • 필요한 해산 사유를 추가로 정관으로 정할 수 있다.

② 이사장은 조합이 해산한 때에는 지체 없이 조합원에게 통지하고 공고하여야 한다.

제72조(청산인) ① 조합이 해산한 때에는 파산으로 인한 경우를 제외하고는 이사장이 청산인이 된다. 다만, 총회에서 다른 사람을 청산인으로 선임하였을 경우에는 그에 따른다.
② 청산인은 취임 후 지체 없이 재산상태를 조사하고 재산목록과 대차대조표를 작성하여 재산처분의 방법을 정하여 총회의 승인을 얻어야 한다.
③ 청산사무가 종결된 때에는 청산인은 지체 없이 결산보고서를 작성하여 총회의 승인을 얻어야 한다.

④ 제2항 및 제3항의 경우에 총회를 2회 이상 소집하여도 총회가 구성되지 아니할 때에는 출석 조합원 3분의 2이상의 찬성이 있으면 총회의 승인이 있은 것으로 본다.

제73조(청산 잔여재산의 처리) 조합이 해산 후 채무를 변제하고 청산 잔여재산이 있을 때에는 다음 각 호의 어느 하나에 귀속한다.

1. 상급 사회적협동조합연합회
2. 유사한 목적의 사회적협동조합
3. 비영리법인 · 공익법인
4. 국고

유의사항
• 제1호부터 제4호까지의 사항 중에서 정관으로 정한다.

부칙

이 정관은 보건복지부장관의 인가를 받은 날부터 시행한다.

발기인　ㅇ ㅇ ㅇ　(인)

발기인　ㅇ ㅇ ㅇ　(인)

발기인　ㅇ ㅇ ㅇ　(인)

발기인　ㅇ ㅇ ㅇ　(인)

발기인　ㅇ ㅇ ㅇ　(인)

[○○○ 지역아동센터 운영규정]

제1장 총 칙

제1조(목적) 지역사회 아동의 보호 · 교육, 건전한 놀이와 오락의 제공, 보호자와 지역사회의 연계 등 아동의 건전한 육성을 위하여 종합적인 아동복지서비스를 제공하는 시설인 ○○○ 지역아동센터(이하 '센터'라 한다)를 운영함에 있어 필요한 사항을 규정함을 목적으로 한다.

제2조(명칭) 우리 시설의 명칭은 '○○○지역아동센터'로 한다.

제3조(소재) 우리 시설은 ○○○시 ○○○구 ○○○동○○○-○○○번지에 둔다.

제4조(아동의 권리보장) ① 센터는 대한민국 헌법, 아동복지법, 기타 관련 법률 및 아동의 권리에 관한 국제협약에서 천명한 아동의 권리를 신장하기 위해 노력한다.
② 센터는 아동에게 어떠한 형태의 체벌 등 아동의 권리를 해하는 일체의 행위가 발생하지 않도록 한다.
③ 아동의 권리를 해하는 일체의 행위가 발생한 경우 시설장은 법적절차에 따라 신속히 처리하며, 기타 추가 조치가 필요한 경우 운영위원회의 의결에 따른다.

제2장 운영위원회

제5조(위원회의 기능) ① 위원회는 시설 운영과 관련한 다음 각 호의 사항을 심의한다.

1. 시설운영계획의 수립·평가에 관한 사항

2. 센터 운영 프로그램의 개발·평가에 관한 사항

3. 시설종사자의 근무환경 개선에 관한 사항

4. 시설 이용아동의 생활환경 개선 및 고충처리 등에 관한 사항

5. 시설 종사자와 이용아동의 인권보호 및 권익증진에 관한 사항

6. 시설과 지역사회와의 협력에 관한 사항

7. 그 밖에 시설의 장이 운영위원회의 회의에 부치는 사항

② 위원회는 당해 시설장으로부터 다음 각 호의 사항을 보고 받는다.

1. 시설의 회계 및 예산·결산에 관한 사항

2. 후원금 조성 및 집행에 관한 사항

3. 그 밖에 시설운영과 관련된 사건·사고에 관한 사항

제6조(위원회의 구성) ① 위원회는 위원장을 포함하여 5명 이상 15명 이하의 위원으로 구성한다.

② 위원회의 위원은 다음 각 호의 어느 하나에 해당하는 사람 중에서 관할 시장·군수·구청장이 임명하거나 위촉한다.

1. 시설의 장

2. 시설 이용 아동 대표

3. 시설 이용자의 보호자 대표

4. 시설 종사자의 대표

5. 해당 시·군·구 소속의 사회복지업무를 담당하는 공무원

6. 후원자 대표 또는 지역주민

7. 공익단체에서 추천한 사람

8. 그 밖에 시설의 운영 또는 사회복지에 관하여 전문적인 지식과 경험이 풍부한 자

③ 위원회의 위원장은 위원 중에서 호선한다.

④ 위원의 임기는 3년으로 하되, 보궐된 위원의 임기는 전임자 임기의 남은 기간으로 한다.

⑤ 위원회에는 부위원장 1인과 간사 1인을 두되 위원장이 임명한다.

제7조(위원장 등의 임무) ① 위원장은 위원회를 대표하고, 위원회의 임무를 총괄한다.

② 부위원장은 위원장이 부득이한 사유로 직무를 수행할 수 없을 때에는 그 직무를 대행한다.

③ 간사위원은 위원장을 보좌하고 위원회 운영에 대한 행정적 지원 등을 담당한다.

제8조(회의) ① 위원장은 회의를 소집하고 그 의장이 된다.

② 위원회의 회의는 다음의 경우에 소집한다.

1. 정기회의

2. 위원장의 소집요구가 있는 경우

3. 재적위원 3분의 1 이상의 소집요구가 있는 경우

③ 위원회는 재적위원 과반수의 출석과 출석위원 과반수의 찬성으로 의결한다.

④ 공무원인 위원은 공무국외여행 등 회의참석이 불가능한 경우 그 직근 하급자로 하여금 회의에 참석하여 발언 또는 의결케 할 수 있다.

제9조(자문위원회) ① 위원장은 사회복지시설 운영과 관련된 전문적인 사항에 관하여 자문을 구하기 위하여 5인 이내의 전문가로 구성된 자문위원회를 둘 수 있다.

② 자문위원회의 위원은 회의에 참석하여 의장의 요청에 따라 안건에 대해 발언할 수 있으며, 의결에는 참여할 수 없다.

제10조(의견의 청취 등) 위원회는 필요한 경우 관계공무원 · 관계전문가 또는 관계기관 · 단체등에 조사 · 연구를 의뢰하거나 공청회 · 세미나 등의 개최를 통하여 관련기관 · 단체 · 관계 전문가의 의견을 들 수 있다.

제11조(회의공개) ① 회의는 이용아동, 학부모, 지역주민, 종사자 등에게 공개를 원칙으로 한다. 다만, 위원장이 개인정보보호 등 불가피한 사유가 있다고 판단될 때에는 그 회의의 공개를 제한할 수 있다. 이 경우 비공개 사유는 공개해야 한다.

② 회의록은 참석 위원의 날인을 받아 센터 내에 비치하여 이용 아동, 학부모, 지역주민, 종사자가 열람할 수 있도록 공개한다. 다만, 개인정보보호 등 불가피한 사유시 운영위원회 위원장이 비공개 결정을 할 수 있으며, 비공개사유는 공개한다.

제12조(회의공개의 제한) 회의는 이용아동, 종사자 등에게 공개를 원칙으로 한다. 다만, 위원장이 개인정보보호 등 불가피한 사유가 있다고 판단될 때에는 그 회의의 공개를 제한할 수 있다. 이 경우 비공개 사유는 공개해야 한다.

제13조(수당 등) 위원장, 부위원장, 위원, 기타 관계공무원 또는 관계전문가에 대해서는 시설 예산의 범위 안에서 수당·여비 기타 필요한 경비를 지급할 수 있다. 다만, 공무원이 그 소관업무와 관련하여 위원회에 출석하는 경우에는 그러하지 아니하다.

제14조(운영규정의 개정) ① 위원회는 재적위원 과반수 발의로 운영규정 개정안을 발의할 수 있다.

② 위원회는 재적위원 3분의 2 이상이 찬성으로 운영규정을 개정할 수 있다.

③ 개정된 운영규칙은 특별한 규정이 없는 한 위원회의 의결 즉시 시행된다.

제15조(운영세칙) 이 규정에 규정된 것 외에 위원회의 운영에 관하여 필요한 사항은 위원회의 의결을 거쳐 위원장이 정한다.

제3장 이용 아동의 인권 보장

제16조(이용 아동의 비밀보장) ① 지역아동센터는 이용 아동의 사생활이 존중되며 개인 정보의 비밀보장이 철저히 이루어질 수 있도록 개인정보의 수집 · 이용 · 제공에 철저를 기한다.

② 법령의 근거 없이 개인정보 수집 목적과 다르게 이용하거나 제3자에게 제공하지 않는다.

③ 시설 이용 아동의 개인정보 관리 및 보호를 위해 종사자 교육을 매년 1회 이상 실시한다.

제17조(정보제공) ① 시설 이용 아동과 보호자에게 서비스 선택에 필요한 정보를 제공하기 위해 시설현황, 서비스 제공의 목적, 서비스 내용, 이용자격요건, 이용방법, 이용자의 권리와 의무, 연락처 등이 기재된 안내문을 비치하여 서비스 선택에 필요한 정보를 제공한다.

② 홈페이지 등 온라인 및 소식지 등을 통해 시설 정보를 제공한다.

③ 보호자가 아동 이용의 권리와 의무, 서비스 제공 내용 등의 정보를 서면으로 요청하는 경우 10일 이내 서면으로 충분히 제공한다.

제18조(시설 이용자 권리에 대한 정보제공등) ① 이용 아동 또는 보호자의 권리와 책임에 대해 명문화하고 이를 공개한다.

② 이용 아동 또는 보호자의 권리와 책임에 대한 정보를 이용 아동 또는 보호자에게 시설 이용일 이전에 서면으로 제공하고 설명한다.

③ 이용 아동 또는 보호자에게 충분한 정보를 제공하고, 이용 아동 스스로 서비스를 선택할 수 있도록 자기결정권을 존중한다.

제19조(고충처리) ① 이용 아동 또는 보호자의 이용 아동의 환경 개선 및 고충 처리를 위해 건의함을 설치하고, 제기한 고충은 15일 이내(단, 합당한 사유가 있을 시에는 30일 이내)에 그 처리결과 또는 진행과정을 해당자에게 통보한다. 다만, 고충과 관련하여 시설 운영에 중대한 영향을 미치는 사항, 고충처리 결과에 대해 이의를 신청한 경우에는 운영위원회에서 심의한다.

② 이용 아동의 고충상담을 위해 시설장을 고충처리담당자로 지정하여 운영한다.

③ 고충처리를 위한 회의 개최 및 처리 내용을 기록하고 관리한다.

제20조(차별금지) 이용 아동의 성별, 장애, 인종, 종교, 문화, 언어, 정치적 이유 등으로 서비스 제공에 차별을 두지 않으며 소수집단을 합리적으로 배려하고 동등한 참여를 보장한다.

제21조(자치활동) ① 이용 아동이 참여하는 아동자치회의 활동에 관한 사항을 연간 사업계획 등에 반영하고 시행한다.

② 아동자치회의에서 시설 이용자가 지켜야할 생활수칙, 프로그램 운영에 대해 논의·결정할 수 있도록 운영을 보장하고 지원한다.

제22조(아동인권) ① 이용 아동, 종사자를 대상으로 지역아동센터 인권보호와 실천에 대해 연간 1회 이상 교육을 실시한다.

② 종사자로부터 학대금지에 대한 서약서를 받아서 보관한다.

③ 학대금지 및 괴롭힘 방지에 대한 시설 이용아동(필요시 보호자 포함)에 대한 교육을 연 1회 이상 실시한다.

④ 시설장, 종사자가 시설 이용 아동에 대한 학대나 체벌시 관련 법령에 따라 신고하고 조치한다.

제4장 사업계획 및 평가

제23조(사업계획 등) ① 시설 운영목표, 운영방향, 아동관리, 프로그램, 자원봉사자, 아동의 안전에 대한 5대 의무교육, 아동자치회의, 성과목표와 평가, 예산 등 사업계획을 매년 수립하고, 이에 따른 월간 세부 사업계획을 수립·운영한다.

② 아동프로그램은 아동의 욕구, 흥미나 적성 등을 파악하여 필요한 서비스 계획을 수립·실행·평가하고, 실행 후에는 프로그램 평가서를 작성한다.

③ 사업계획의 수립·평가결과는 운영위원회에서 심의하고, 사업계획의 평가결과 및 외부환경 변화를 감안하여 차기 사업계획에 반영한다.

④ 시설은 3년마다 보건복지부 시설운영평가를 받고, 매년 자체평가를 실시한다.

⑤ 이용아동에 대한 서비스만족도 조사를 매년 1회 이상 정기적으로 자체 실시하고, 조사결과를 시설운영 및 서비스 개발에 반영한다.

제5장 직원 및 업무분장

제24조(시설의 장 등) ① 시설장은 센터를 대표하며 운영전반을 관장한다.

② 센터에는 ○○명의 직원을 둔다. 종사자의 자격기준은 아동복지법령에 따르며, 기타 법령에 의해 결격사유가 있는 자는 직원이 될 수 없다.

③ 별도의 업무분장표를 작성하여 시설장의 결재를 받은 후 직원은 각자의 업무를 수행한다.

④ 종사자의 고충해소를 위한 의견수렴을 연1회 이상 듣고 근로환경 개선을 위해 노력한다.

⑤ 종사자의 전문성 향상을 위해 법령이나 지침에 따른 의무교육과 관련 협회교육 등을 보장하고 지원하며, 종사자들의 업무 수행에 필요한 슈퍼비전을 내부 슈퍼바이저 혹은 외부 전문가를 통해 1년에 최소 1회 이상 공식적인 모임을 통해 제공한다.

⑥ 신규 종사자를 교육할 수 있는 적절한 교육과정이 있으며, 교육내용은 시설의 인사관리 지침과 절차, 직무내용, 시설 최소기준 등을 포함한다. 신규종사자의 교육은 입사 후 1개월 이내에 시작한다.

제6장 복무규정

제25조(복무자세) ① 직원은 아동에게 모범이 되도록 고운말을 사용하여야 하며 본 시설의 명예와 신용을 손상하지 아니하도록 노력한다.

② 직원 간의 서로 예절을 지키고 상호 협력관계를 유지하면서 화목한 분위기 조성에 노력해야 한다.

③ 직원은 아동, 후원자, 자원봉사자 등에게 사명과 봉사의 정신으로 친절하게 대한다.

④ 사무실, 집단지도실, 화장실 등 시설환경을 항상 깨끗하게 정리·정돈하여야 한다.

⑤ 직원은 항상 창의적이고 합리적인 방법으로 맡은 바 직무의 성과 달성을 위해 최선을 다해야 한다.

⑥ 직원은 공·사의 구별을 명확히 하여야 하며 개인적 혹은 사적인 행동으로 본 시설의 이익에 위배되는 행위를 하여서는 안 된다.

제26조(직무와 관련한 의무 및 제한) ① 직원은 재직 중은 물론, 퇴직 후라도 업무상 취득한 비밀을 누설해서는 안 된다.

② 직원은 영리를 목적으로 다른 업무에 종사하여서는 안 된다.

③ 직원은 고의 또는 중대한 과실로 인하여 사업장에 손해를 끼쳤을 때에는 이를 배상해야 한다.

④ 직원은 시설장 허가 없이 근무시간에 정해진 근무지를 무단이탈하거나 직무 외의 다른 일을 해서는 안 된다.

⑤ 아동복지시설의 종사자로서 아동학대 및 성범죄 등 중대한 사실을 알게 된 때에는 관련 법에 근거하여 지체 없이 신고하여야 하며 시설장은 이러한 사실을 직원 모두에게 교육시켜야 한다.

제27조(근무시간) ① 직원의 근무시간은 주5일 근무로 하며 시설 특성을 반영하여 시설장이 근무시간을 조정하여 운영할 수 있다.

① 직원의 근무시간은 1일 8시간, 주40시간을 기본으로 한다.

② 휴게시간은 12시부터 13시까지 1시간으로 한다. 단, 업무특성에 따라 조정할 수 있다.

③ 업무시 필요가 있을 때에는 근무시간을 법정 시간근무 한도 내에서 변경하거나 연장할 수 있다.

제28조(휴가) ① 직원의 휴가는 병가 · 병가 · 공가 및 특별휴가로 구분하며 이는 시설 내부규정으로 정하여 운영한다.

② 휴가를 사용할 경우 먼저 시설장에서 결재를 득하고 사용한다.

③ 시설 · 사무 · 이동관리 위해 직원 간의 휴무일은 사전에 조정하여 협의한다.

제7장 업무수행

제29조(업무수행) ① 모든 업무는 시설장의 결재를 받아 집행한다.

② 업무집행 관한 지침을 작성하여 직원이 이를 숙지하고 준수하도록 한다.

제30조(아동관리) ① 반드시 주1회 이상의 직원회의를 하여 직원들이 아동들의 정보를 상호 교환하며 긴밀히 협조하여 아동지도에 최선을 다해야 한다.

② 시설에 반드시 종사자가 상주하여 아동들만 있게 하지 않는다.

③ 시설 이용 아동의 모든 외부활동은 시설장의 관리 하에 이루어진다.

④ 아동보호를 위한 가정방문, 자원봉사자 및 후원자 방문, 유관기관 방문 등의 외부방문은 반드시 시설장의 관리 하에 이루어진다.

⑤ 아동의 출석상황과 가정한경 변화 등을 정기적으로 점검으로 시설에 잘 적응하고 생활할 수 있도록 한다.

제31조(아동지도) ① 아동을 안전하게 보호하고, 아동은 신체적 정신적으로 건강하게 자랄 수 있는 아동복지서비스를 제공하도록 노력한다.

② 관찰을 통해 아동들의 의사소통 수준을 이해한다.

③ 종사자들의 언어표현과 행동을 아이에 맞는 수준으로 수정한다.

④ 아동 각자의 능력을 고려하여 역할을 부여한다.

⑤ 아동들에게 고운말과 올바른 행동을 하도록 지도하고 종사자가 모범을 보인다.

⑥ 아동의 개별상담, 가족상담, 각 프로그램 기획과 관련한 상담과 사회복지서비스를 제공한다.

제32조(아동훈육) ① 아동을 훈육하는데 있어서 아동의 권익보호를 위한 아동훈육지침을 마련하여 실천하고, 아동을 훈육하는데 있어서 일관성과 형평성이 있어야 한다.

② 문제행동이 나타난 직후에 바로 훈육하도록 하며, 문제해결을 위한 가장 효과적인 훈육방

법을 습득하여 아동의 행동을 변화시킬 수 있도록 해야 한다.

③ 어떠한 형태의 체벌(신체적, 정신적)도 아동훈육의 방법으로 이용해서는 안된다.

제33조(위생 및 생활지도) ① 식사 전이나 방과 후등 필요한 경우에는 반드시 손을 씻어야 함을 훈련시키고 실천할 수 있도록 일관성 있게 지도한다.

② 평상시에는 비상약품(소독약, 연고, 밴드, 붕대 등)을 구비하여 관리하고 아동의 건강에 이상이 있을 시에는 병원에 동행하여 진료를 받을 수 있게 하며 응급처치동의서에 기록된 보호자의 연락처로 알린다.

③ 평상시 아동이 감기 등에 걸리지 않도록 위생교육(손씻기, 양치질하기 등)을 시키고 유행병이 도는 시기에는 각별한 위생지도를 한다.

④ 날씨와 계절에 알맞게 청결한 복장을 할 수 있도록 지도한다.

제34조(급식 및 시설관리) ① 아동 급식에 관하여 안전하고 영양적인 식사가 제공되도록 지침을 마련하여 제공한다.

1. 식사를 정해진 시간에 제공한다.

2. 전문가 또는 관련 전문기관(아동권리보장원 등)에서 작성한 식단표에 의해 제공한다.

3. 검증받은 유기농재료 등을 기본으로 한 질 높은 식자재를 사용한다.

4. 식중독 등의 사고가 발생하지 않도록 급식시설 및 조리기구를 위생적으로 관리한다.

② 아동들이 안전하고 쾌적한 환경에서 지낼 수 있도록 시설관리 지침을 작성하여 실천한다.

1. 매일 청소와 정리정돈을 하여 청결을 유지하고, 내외부 청결상태를 확인하는 담당자를 지정하여 점검기록한다.

2. 고장수리 여부를 수시로 확인하여 필요시 즉시 개ㆍ보수한다.

3. 냉난방기구를 철저히 관라하여 안전사고 및 화재발생을 예방한다.

4. 방범 안전시스템 등에 가입하여 야간시 발생할 수 있는 도난, 화재 등을 방지한다.

③ 시설물의 안전관리를 위해 아래와 같이 관리한다.

1. 아동복지법에서 정하고 있는 시설물의 피난시설 및 화재방지시설, 응급조치를 위한

비상약품 등 구비, 응급환자 등 대비 긴급수송대책, 비상시 대피경로 안내문, 종사자 안전교육, 재발방지대책 등을 지킨다.

2. 시설장은 매 반기 시설에 대한 정기안전점검을 실시하고, 정기안전점검 결과 해당 시설의 구조·설비의 안전도가 취약하여 위해의 우려가 있는 때에는 안전점검 기관에 수시안전점검을 실시한다.

3. 사회복지사업법에 따라 건물화재보험에 가입하여야 하며, 아동 대상 각종 사고에 대해 아동의 안전을 보장하는 보험에 가입한다. 특히, 야외현장체험 프로그램을 운영할 때는 사고에 대비한 여행자 보험을 가입한다.

4. 화재 등 안전사고에 대비한 자체 모의훈련을 실시하고, 비상연락체계 확립 및 응급조치반을 편성·운영 및 기록한다.

5. 시설은 아동복지법 시행령 제28조의 아동의 성폭력 및 아동학대 예방, 실종·유괴의 예방과 방지, 약물의 오남용 예방, 재난대비 안전, 교통안전 등 아동의 안전에 대한 교육계획을 수립하여 교육을 실시하고, 교육계획 및 교육실시 결과를 시군구에게 매년 1회 보고한다. 다만, 시설장은 이용 아동 중 어린이집, 유치원, 초·중등학교에서 교육을 받은 아동에 대해서는 교육을 실시하지 아니할 수 있다.

제35조(자원봉사자 등) ① 자원봉사활동 전에 반드시 오리엔테이션을 실시하고, 활동 전 자원봉사자 신청서를 작성하며 활동 후 일지를 작성한다.

② 시설은 자원봉사 활동의 범위와 내용에 대해 알리고 자원봉사 활동 중 아동에 대해 알게 된 중요한 정보는 반드시 시설에 알리고, 비밀을 지키게 한다.

③ 시설장의 책임 하에 아동을 지도할 수 있도록 한다.

④ 자원봉사자는 자원봉사 활동시 맡겨진 업무에 최선을 다하고 시설에서 안내한 자원봉사 활동범위를 넘어 활동하지 않아야 하며 부득이한 경우 반드시 사전에 시설장과 협의하여야 한다.

⑤ 자원봉사자 관리(모집, 교육, 활동 등)를 사업계획에 포함하여 작성하며, 자원봉사자의 인적사항 및 봉사활동을 체계적 관리하고, 자원봉사자를 위한 프로그램(지지·격려, 수퍼

비전, 인증서발급, 야유회 등)을 운영한다.

⑥ 지역사회 시민단체, 기업, 학교, 공공기관, 단체 등과 공식적인 연계(협약)체계를 구축하고, 지역사회 연계사업과 관련된 정기적 모임 또는 평가를 실시한다.

제36조(홍보) ① 자원개발을 위해 작성된 홍보물의 내용이 정확하고 사실을 기록해야 하며 지역사회의 다양한 매체를 활용하여 홍보한다.

② 사업을 안내하고 홍보하는 안내자료(리플렛, 가이드북, 핸드북 등)를 구비한다.

제37조(대외업무 처리) ① 행정기관, 유관기관 및 단체 등 대외 업무 및 협조에 있어 정확히 업무를 파악하고 시설장의 지시에 따라 처리한다.

② 행정기관, 유관기관 등의 교육, 회의에 적극적으로 참석하도록 노력한다.

제38조(문서관리) ① 문서는 시설장의 결재를 득한 후에 처리해야 한다. 다만, 긴급을 요하는 사안은 구두결재 후 담당자의 책임 아래 먼저 진행하고 이후에 서면결재 한다.

② 문서의 접수 및 발송은 시설장의 책임 아래 이루어지며 반드시 접수대장과 발송대장에 기입해야 한다.

③ 시설장의 결재를 받은 모든 문서는 문서보관 및 관리 규정에 의해 일정한 기한동안 보관한다.

④ 아동과 보호자의 상담, 사례관리, 종사자 등을 기록하여 문서로 보관하여야 한다. 사생활보호 및 비밀보장을 위하여 접근권한을 설정하고 일반문서와 달리 별도의 장소에 보관·관리하고 잠금장치를 하며, 시설장의 허가에 의해서만 열람할 수 있도록 한다.

⑤ 사회복지시설정보시스템을 통해 개별 아동에 대한 관리카드, 건강이력, 발달지원 계획, 개별상담 및 보호자 상담, 관찰일지, 평가 및 이용종결 등을 관리하고, 그 관련기록을 보관해야 한다. 다만, 동 시스템으로 확인된 경우에는 보관하지 않을 수 있다.

제39조(물품관리) ① 물품이라 함은 센터 소유의 비품, 소모품 등을 말한다.

② 모든 물품관리는 비품대장을 작성하여 담당자의 책임 하에 관리한다.

제8장 자산 및 회계

제40조(자산) ① 센터의 자산은 재산대장에 등록하여 관리한다.

② 자산의 취득, 처분에 관한 사항은 법인이사회 또는 운영위원회에서 심의한다.

제41조(재정) 본 센터의 재정은 다음과 같이 충당한다.

1. 정부 및 지방자치단체 보조금

2. 후원금

3. 사업수입

4. 기타수입

제42조(회계) 센터의 회계연도는 1월1일부터 12월31일까지로 한다.

제43조(회계의 투명성) ① 시설의 회계 및 예산·결산에 관한 사항에 대해 운영위원회에 보고한다.

② 지역아동센터 운영지침과 사회복지법인 및 사회복지시설 재무회계규칙에 따라 예산·결산을 관리하고 회계장부를 비치하여야 하며 지출 원칙과 방법이 적절하고 관련 증빙서류 갖춘다.

③ 예산서와 결산서를 연 1회 이상 사회복지법인 및 사회복지시설 재무회계규칙에 따라 지자체에 보고하고 공개한다.

④ 법인 및 시설의 후원금전용계좌는 반드시 각각 구분하여 사용하고, 구분된 사실을 후원자에게 사전에 반드시 안내한다.

⑤ 시설은 후원자의 사생활을 존중하고 후원자의 개인정보를 후원자의 의도대로 관리하도록 한다.

⑥ 후원금을 받은 때에는 후원금 영수증 교부 후 발급목록을 별도 장부로 관리하여 비치한다. 연 1회 이상 해당 후원금의 수입 및 사용내용을 후원금을 낸 법인·단체 또는 개인에게

통보하여야 한다. 이 경우 법인이 발행하는 정기간행물 또는 홍보지등을 이용하여 일괄 통보할 수 있다.

⑦ 후원금은 후원자가 지정한 용도 이외로 사용할 수 없다. 다만, 지정후원금의 15%는 후원금 모집, 관리, 운영, 사용, 결과보고 등 필요한 비용으로 사용할 수 있다.

⑧ 비지정후원금은 시설의 운영비로 사용하되, 간접비에 사용하는 비율은 비지정후원금 수입의 50%를 초과하지 못한다.

⑨ 후원금의 수입 및 사용결과를 시군구에 사회복지시설정보시스템을 통해 입력하고 보고서를 제출하며, 연 1회 홈페이지, 소식지, 게시판 등에 공개한다.

⑩ 사회복지시설정보시스템(사회복지시설정보시스템 사용 및 사회복지시설정보 시스템과 연동 가능한 전산회계 프로그램 사용 등)에 아동 및 종사자를 등록하고, 보조금 신청·보고를 온라인으로 하며 지자체는 보고된 정보를 기준으로 보조금을 교부받는다. 아울러, 사회복지시설정보시스템의 인사, 급여, 세무관리에 관하여 통합하여 관리 하도록 노력한다.

부 칙

제1조(시행일) 이 규정은 이사회에서 의결한 날부터 시행한다.

○○○ 협동조합 창립총회 의사록

1. 총회 개최 공고일 : 20 . . (○요일)

> ※ 총회 개최 7일 전까지 (개최일과 공고일은 산입하지 아니한다.) 회의목적 · 안건 · 일시 및
> 장소를 정하여 정관으로 정한 방법에 따라 총회소집을 통지하여야 한다.

2. 총회일시 및 장소

가. 일시 : 20 . . (○요일) ○○시

나. 장소 : ○○시 ○○구 ○○○로 ○○○-○, ○○빌딩 ○○○호

3. 참석자

가. 재적 설립동의자 : ○○명(개인 ○○명, 법인 ○개)

 - ○○○, △△△, ▢▢▢, … ▽▽▽(재적 설립동의자 이름 나열)

나. 참석 설립동의자 : ○○명(개인 ○○명, 법인 ○개)

 - ○○○, △△△, … ▽▽▽(참석 설립동의자 이름 나열)

4. 총회 안건

 - 제1호 의안. 정관 승인의 건

 - 제2호 의안. 임원 선출의 건

 - 제3호 의안. 20○○년 사업계획(안) 및 수입 · 지출예산(안) 승인의 건

- 제4호 의안. 설립경비 등 기타 설립에 필요 안건

5. 총회 내용

가. 발기인대표 ○○○가 (임시)의장으로 회의를 진행하다.

나. 성원 보고와 개회 선언
- 전체 설립동의자 ○○명 중 ○○명 참석으로 성원되었음을 확인하고 의장이 개회를 선언하다.

다. 의사록 서기와 기명날인인 지명
- 의장이 회의의 기록과 확인을 위한 서기로 ○○○ 조합원을, 기명날인인으로 ○○○, △△△, … ▽▽▽를 지명하고 수락여부를 확인하여 전원 수락하다.

> ※ 기명날인 및 간인은 이사장을 비롯한 이사장이 지목한 3인 이상 총 4인 이상이 진행한다.
> 기명날인인을 별도로 지명하지 않고 설립동의자 중 이사와 감사 등 임원으로 선출된 자 3인 이상이 기명날인하여도 무방하다.

라. 의사일정 확정
- 의장이 공고된 상정 의안에 대해 설명하고 의사일정 및 의안심의 순서에 따라 진행할 것을 묻고, 전원 동의로 의안 순서를 확정하다.

마. 제1호 의안. 정관 승인의 건
- 의장이 ○○○ 조합원에게 정관에 대해 설명해 줄 것을 요청하다.
- ○○○ 조합원이 정관의 목적, 조합의 책무, 조합원의 자격 등 각 조항에 대해 배경과 내용을 설명하다.
- 의장이 정관에 대해 질문이 있는지 묻다.
- △△△ 조합원이 정관 제○조에서 '○○○○'를 '△△△△'로 수정하자는 제안을 하다.

– □□□ 조합원이 제○○조 제○항의 문구에 '▽▽▽▽▽▽'를 추가하자는 제안을 하다.

– 의장이 정관 제○조, 제○○조 제○항의 수정안에 대해 조합원의 동의와 재청을 묻다.

– ◇◇◇ 조합원의 재청, 전원 동의로 수정인이 성립되다.

– 의장이 정관 제○조, 제○○조 제○항를 제안과 같이 수정하여 정관을 확정하는 것에 대한 승인을 묻고, 조합원 전원의 동의로 수정안을 수정하고 정관을 확정하다.

바. 제2호 의안. 임원 선출의 건

– (후보추천 예시①) 의장이 임원 후보를 추천해 줄 것을 요청하여 이사로 ○○○, △△△, … ▽▽▽, 감사로 ◇◇◇가 추천되다.

〈이사후보〉

– ○○○(발기인 대표)

– △△△(발기인, ○○○○ 대표)

…

〈감사후보〉

– ○○○(발기인)

– 임원후보 전원이 인사말을 하다.

– 의장이 추천된 임원 후보 전원을 거수로 선출하는 방법을 제안하고 이에 대해 조합원 전원의 이의가 없음을 확인하여 선출방법을 확정하다.

– 의장이 추천된 임원 후보 전원에 대한 찬성하는 조합원은 거수할 것을 주문하여 전원이 동의하여 후보 전원이 임원으로 선출되다.

– 의장이 선출된 임원 전원에 대해 수락여부를 묻고 선출된 임원 전원이 수락하다.

– 의장이 이사로 선출된 자 가운데 이사장 후보를 추천해 줄 것을 주문하고, ○○○ 이사를 이사장으로 추천하다.

– ▽▽▽ 이사가 다른 후보가 없는지 확인하고, ○○○ 이사를 이사장으로 선출하는 것에

대한 총회의 승인을 주문하여 전원 동의로 선출하다.

> ※ 이사장은 반드시 이사 중에서 선출한다. 임원으로서 이사장 1명을 포함한 3명 이상의
> 이사와 1명 이사의 감사를 둔다.

사. 제3호 의안. 20○○년 사업계획(안) 및 수입ㆍ지출예산(안) 승인의 건
　- 의장이 ○○○ 조합원에게 20○○년 사업계획(안) 및 수입ㆍ지출예산(안)에 대해 설명해
　　줄 것을 요청하다.
　- ○○○ 조합원이 20○○년 사업계획(안) 및 수입ㆍ지출예산(안)에 대해 총회에 참석한
　　조합원들에게 설명하다.
　- 의장이 20○○년 사업계획(안) 및 수입ㆍ지출예산(안)에 대해 승인해 줄 것을 주문하고
　　조합원 전원의 동의로 승인하다.

아. 제4호 의안. 설립경비 등 기타 설립에 필요 안건
　- 의장이 협동조합 설립과정에서 경비가 소요된 내역 및 설립 시까지 소요 될 예상 경비를
　　보고하고 설립에 필요한 경비는 우선 ○○○○○○하여 사용하도록 하고 차후 설립인가
　　후 출자금 납입이 되면 비용으로 처리하는 것에 대해 승인해 줄 것을 주문하다.
　- 조합원 ○○○이 동의하고 조합원 △△△의 재청 및 조합원 전원의 동의로 승인되었음을
　　선언하다.
　- 의장이 본 협동조합의 주사무소를 '서울특별시 ○○구 ○○로 ○○(주소, 지번까지 기재)'
　　에 설치함이 상당하다는 취지를 설명하고 그 가부를 묻다.
　- 조합원 ○○○이 동의하고 조합원 △△△의 재청 및 조합원 전원의 동의로 승인되었음을
　　선언하다.

자. 폐회 선언
　- 의장이 참석자들에게 상정할 다른 안건이 있는지를 묻고 없음을 확인한 후 폐회에 대한

의사를 묻고 조합원들에게 의결사항을 재차 확인한 다음 ㅇㅇㅇ 협동조합 창립총회 폐회
를 선언하다.

20 . . .

(가칭) ㅇㅇㅇ 협동조합 창립총회

이사장 ㅇ ㅇ ㅇ (인)
이사 또는 의사록 기명날인인 ㅇ ㅇ ㅇ (인)
이사 또는 의사록 기명날인인 ㅇ ㅇ ㅇ (인)
이사 또는 의사록 기명날인인 ㅇ ㅇ ㅇ (인)

참고목록 및 기관

1. 기획재정부, 아름다운 협동조합 만들기, 2013.

2. COOP 협동조합 홍보포탈 www.coop.go.kr

3. 서울시협동조합지원센터: 메인 www.15445077.net

저자약력

김동근(법학박사 · 행정사)
숭실대학교 법학과 졸업
숭실대학교 대학원 법학과 졸업(법학박사 −행정법)

현, 청신호 행정사사무소 대표행정사
숭실대학교 초빙교수
공인행정심판학회 학회장
공인행정사협회 법제위원회 위원장
공인행정사협회 행정심판전문가과정 전임교수
대한행정사회 대위원
중앙법률사무교육원 교수(행정법)
YMCA병설 월남시민문화연구소 연구위원
내외일보 논설위원

전, 서울시장후보 법률특보단장

저서, 비영리법인 설립절차 실무총람(법률출판사)

협동조합 · 사회적 협동조합 설립절차 실무총람

2021년 5월 20일 1판 1쇄 인쇄
2021년 5월 30일 1판 1쇄 발행

저　　자　　김동근
발 행 인　　김용성
발 행 처　　법률출판사
　　　　　　서울시 동대문구 휘경로2길 3, 4층
　　　　　　☎ 02) 962-9154　　팩스 02) 962-9156
등 록 번 호　　제1-1982호
ISBN　　　978-89-5821-385-7 13360
e-mail :　　lawnbook@hanmail.net

정 가 48,000원